Zu diesem Buch

«Für alle, die Jonke seit seinen literarischen Anfängen beobachtet und gelesen haben, wurde hier ein besonders spannendes Buch geschaffen: Man kann nämlich vergleichen, was vor Jonkes nun weitaus anspruchsvolleren Kriterien, vor seinem geschärften Sprachsinn Bestand hatte, was geändert worden ist und wie. Und für alle, die Jonkes funkelnde, weil so brillant gehandhabte Sprache, seine glitzernden und immer vieldeutigen Wort- und Satzkaskaden noch nicht kennen, ist dieser Band ein durchaus geeigneter Einstieg in die Kenntnis eines Autors, der vom Grazer Forum Stadtpark aus ausgezogen ist, die literarische Welt auf seine eigene, unverwechselbare Weise zu erobern» («Neue Zeit», Graz).

Gert Jonke, 1946 in Klagenfurt geboren, studierte vorübergehend u. a. Germanistik, Geschichte, Philosophie. Nach längeren Aufenthalten in Berlin, London und Buenos Aires lebt er heute als freier Schriftsteller in Wien. 1977 erhielt er den Ingeborg-Bachmann-Preis.

In der Reihe der rororo-Taschenbücher liegen außerdem von ihm vor der Band mit Erzählungen «Schule der Geläufigkeit» (Nr. 4665) und der Roman «Der Ferne Klang» (Nr. 4988).

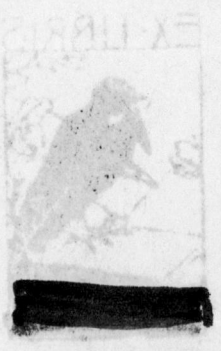

GERT JONKE

Die erste Reise
zum unerforschten Grund
des stillen Horizonts

Von Glashäusern, Leuchttürmen, Windmaschinen
und anderen Wahrzeichen der Gegend

ROWOHLT

Veröffentlicht im Rowohlt Taschenbuch Verlag GmbH,
Reinbek bei Hamburg, Oktober 1983
Copyright © 1980 by Residenz Verlag, Salzburg und Wien
Umschlagentwurf Klaus Detjen
Gesamtherstellung Clausen & Bosse, Leck
Printed in Germany
1280-ISBN 3 499 15196 0

INHALT

Vorbemerkung
7

Wiederholung des Festes
9

Das System von Wien
15

Geometrischer Heimatroman
75

Glashausbesichtigung
205

Die Hinterhältigkeit der Windmaschinen
283

Die Vermehrung der Leuchttürme
321

VORBEMERKUNG

Wenn alte Werke neu erscheinen, erhebt sich die Frage, ob man sie unverändert lassen oder ein wenig frisieren will.
Fürs erstere spräche, daß die sogenannte Ursprünglichkeit der Texte erhalten bleiben sollte. Ich habe mich dennoch dafür entschieden, einige Änderungen vorzunehmen, weil ich nach »Quellenforschungen« in eigener Sache, nach Durchsicht der alten Handschriften und Typoskripte bemerken mußte, daß ich damals einige Passagen aus mir heute nicht ganz einsehbaren Gründen gestrichen habe, die ich jetzt teils wieder eingesetzt, andererseits damals einige Stellen aus mir heute nicht erfindlichen Gründen stehengelassen, die ich jetzt gestrichen habe.
Die Sammlung beginnt mit der ersten Prosageschichte, die ich überhaupt je geschrieben habe (1965) und zu der ich auch heute noch voll und ganz stehe. (Dasselbe Thema hat mich in Gedanken mindestens die folgenden zehn Jahre beschäftigt und dann in meiner »Schule der Geläufigkeit« seine endgültige Gestalt bekommen.)
»Das System von Wien« hätte ein Roman werden sollen, dessen Geschichten sich am Straßenbahnsystem der Stadt entlanggerankt hätten, der aber ein Fragment geblieben ist, welches einmal schon (1970) in einer nicht sehr sorgfältig gearbeiteten Fasson (und noch dazu aufgeteilt auf zwei Bücher, »Musikgeschichte« und »Beginn einer Verzweiflung«) erschienen ist und jetzt neu geordnet und redigiert wurde.
Am »Geometrischen Heimatroman«, zugunsten dessen »Das System von Wien« zur Seite gelegt und nicht mehr aufgegriffen worden war, und an der »Glashausbesichtigung« wurden nur kleine stilistische Änderungen vorgenommen. In die »Glashausbesichtigung« wurde ferner eine Passage neu aufgenommen, die ich damals aus mir heute unverständlichen Gründen »vergessen« habe hineinzugeben, anders kann ich mir das nicht erklären. Ferner ist die Geschichte vom Bahnbeamten aus einer früheren Fassung,

die mir damals wahrscheinlich zu kindlich oder kindisch vorkam, mir aber heute besser gefällt, aufgenommen.

»Die Vermehrung der Leuchttürme« entstand in einer privat schwierigen Krisenzeit und ist mir deshalb damals mißglückt. Dennoch habe ich versucht, aus ihr herauszuretten, was mir bis heute daran wert geblieben ist, und dabei ebenso eine während der Entstehungszeit verlorengegangene und später rekonstruierte und gesondert erschienene Geschichte mit hineingenommen.

Von der »Hinterhältigkeit der Windmaschinen«, eigentlich ursprünglich ein Theaterstück, hatte ich zwei Jahre später, nachdem niemand diesen dramatischen Versuch realisierte, mehr für mich privat eine Art Prosafassung hergestellt, die hier zum ersten Mal veröffentlicht wird und mir heute als die dem Werk vorteilhafter zukommende Fasson erscheint. Die eingestreuten Gedichte sind zwischendurch entstanden, kleine Haltestellen auf dieser Prosareise durch die inzwischen befahrene Gegend.

G. J.

P. S. Das hört sich so einfach an, wurde aber, um ehrlich zu sein, geschrieben, als die Arbeit noch nicht beendet war. Im weiteren Verlauf stellte sich immer klarer heraus, daß mir große Partien über weite Strecken nicht mehr gefielen und auch nicht mehr genügten. So begann ich mir zu wünschen, das alles schon damals ganz anders gemacht zu haben, und noch ehe ich mich umschaute, hatte ich begonnen gehabt, viele Sachen noch einmal neu und anders zu schreiben. Daß dabei dann auch viel ganz Neues dazugeschrieben wurde, ist für das ursprünglich nur als Revidierungsarbeit geplante Vorhaben nunmehr beinahe selbstverständlich.

Letztendlich hege ich die Hoffnung, daß mit diesem Buch außer »gesammelten Erzählungen aus fünfzehn Jahren« gleichzeitig alles auch von Ihnen neu empfunden werden wird.

WIEDERHOLUNG DES FESTES

Eigentlich ist alles der Wiederholung gemäß gekommen.
Alles ist der Wiederholung zu Hilfe gekommen.
Man hat sogar die selben Lampions wie vor einem Jahr an die Wände und Plafonds gehängt.
Es hat sehr viel Mühe gekostet, in die selben Kaufhäuser zu gehn und nach den gleichen Kerzen, dem gleichen Whisky, dem gleichen Cognac, den gleichen Farben, die zur Dekoration verwendet worden waren und worden sind, dem gleichen Papier, den gleichen Tischen und Tischtüchern, den gleichen Aschenbechern und den gleichen Kleidern zu suchen.
Es hat den Friseuren sehr viel Mühe bereitet, die gleichen Frisuren anzufertigen.
In den Drogerien hat man die gleichen Parfums und Rasierwasser gekauft.
Man hat auch letzten Endes die selben Leute eingeladen.
Jedenfalls ist alles geschehen, um eine Wiederholung des Festes, das im vorigen Jahr zu Beginn des Sommers veranstaltet worden war, zu ermöglichen.
Man hat keine Mühe gescheut.
Man wollte wissen, ob die Wiederholung eines Festes möglich ist.
Der Versuch einer *zeitlich hintereinander gereihten Kongruenz* von Empfindungen, Gefühlen und menschlichen Beziehungen.
Dem ist freilich auch zugute gekommen, daß im vorigen Jahr, als noch niemand etwas über die beabsichtigte Wiederholung des Festes ein Jahr später gewußt hat, das Fest in verhältnismäßig kleinem Rahmen aufgezogen worden ist.
Warum hat man denn alles wiederholen wollen?
Wahrscheinlich aus Neugier, ob auch jene Gäste, die nichts von der Absicht der Wiederholung des Festes gewußt haben, – außer den Veranstaltern und mir, der ich der Sache auf den Grund gegangen bin, ist nie jemand etwas Diesbezügliches zu Ohren gekommen – unbewußt in den Verlauf der Handlungen, Gefühle und Beziehungen »vorschriftsmäßig«, wie vor einem Jahr, eingehen würden.

Am Abend sind die selben Gäste empfangen worden, die selben Lampions haben aufgeleuchtet, und die gleichen Kerzen sind angezündet worden.
Plötzlich haben sich die selben Leute miteinander unterhalten, sind zu den selben bestimmten gleichen Stunden die selben bestimmten gleichen Leute gleich an der selben bestimmten gleichen Theke gestanden, haben auf die selbe Art und Weise die selben bestimmten gleichen Getränke wie im vorigen Jahr getrunken und über die selbe bestimmte gleiche Politik wie im vorigen Jahr geschimpft.
Was übriggeblieben ist:
Die gleichen zerschlagenen Lampen wie im vorigen Jahr, das gleiche am Boden zerronnene Wachs wie im vorigen Jahr und die selben, einiges befürchtenden Gedanken des selben Personals, die gleichen mühsamen Aufräumungsarbeiten am gleichen darauffolgenden selben Nachmittag.
Es ist wie im vorigen Jahr in keiner Weise ein besonderes Fest gewesen.
Es ist trotzdem gelungen.
Man hat erreicht, was man erreichen wollte.
Man hat plötzlich gewußt, daß die Wiederholung eines Festes, eine zeitlich hintereinander gereihte Kongruenz, auf einmal möglich sein kann.
Zumindest ist es bei diesem Fest möglich gewesen.
Für die Veranstalter ist es ein Erfolg gewesen, wie man ihn sich nie zu erträumen gewagt hätte.
Auch zwei Freunde sind während des Festes von der Wiederholung des Festes in Bann gezogen worden, wie auch ich von der Wiederholung des Festes in Bann gezogen worden bin.
Das hat sich insofern ausgewirkt, als wir nach dem gleichen Ende der gleichen Veranstaltung das gleiche Bedürfnis gehabt haben, im selben See, die selben paar Kilometer von uns entfernt, zu baden.
Ein kühler Morgen, etwa fünf Uhr früh, wir sind die selbe Chaussee wie im vorigen Jahr entlang gegangen und haben kein einziges Wort gewechselt.

Als wir den See erreicht hatten, haben wir bemerkt, daß das Strandbad genau wie im vorigen Jahr noch versperrt war.
Da die übrigen Uferteile von einem breiten Schilfgürtel umgeben sind, ist es unmöglich, in diesem See woanders als im Strandbad zu baden.
Wir sind über den Zaun gestiegen.
Da sich in meiner Kabine nur zwei Leute zugleich umziehen können, da drei Leute in der Kabine nicht Platz haben, sind zwei von uns in die Kabine gegangen, um sich umzuziehen, der dritte ist auf die Brücke vorausgegangen, um sich dort umzuziehen, was durchaus möglich gewesen ist, da um diese Zeit genau wie im vorigen Jahr noch kein Mensch im Strandbad gewesen ist.
Auch im vorigen Jahr hatten sich zwei in der Kabine umgezogen, und der dritte war auf die Brücke vorausgegangen.
Wir sind dann auf die Brücke gegangen, wo die Kleider unseres Freundes herumgelegen sind.
Wir sind dann ins Wasser gesprungen und haben ein paar Kraulbewegungen gemacht, doch ist uns bald kalt geworden.
Wir sind dann in die Kabine zurückgelaufen und haben uns wieder angezogen.
Wir sind dann wieder auf die Brücke zurückgegangen, um auf ihn zu warten.
Auch im vorigen Jahr hatten wir sehr lange, mindestens eine halbe Stunde, auf ihn warten müssen.
Wie im vorigen Jahr haben wir kein einziges Wort gewechselt.
Es ist noch nicht sieben Uhr gewesen.
Um diese Zeit wird das Strandbad geöffnet.
Da wir befürchteten, von den Strandwärtern als Einbrecher, Diebe oder Landstreicher verhaftet zu werden, da wir ja über den Zaun gestiegen waren und das Bad, wenn es geschlossen ist, nur über den Zaun betreten werden kann, haben wir uns wieder vorsichtig über den Zaun davongeschlichen, um nicht gesehen zu werden.

Wir sind uns wirklich ein wenig wie Landstreicher oder Diebe vorgekommen, weil wir nicht auf ihn gewartet, sondern ihn im Stich gelassen hatten.
Wir haben ihn nie wieder gesehen.
Auch die anderen Leute haben ihn seit damals nicht mehr gesehn, geschweige denn aufgefunden.
Einige Leute behaupteten, er sei wahrscheinlich ertrunken, müsse im See auf alle Fälle unglücklicherweise ertrunken sein.
Aber auch das konnte niemand beweisen, denn man suchte mit Booten und Tauchern nach seiner Leiche, man tastete den gesamten Grund des Sees mit Tauch- und Sondiergeräten ab, man durchstreifte den Schilfgürtel, tagelang, man fand ihn nicht.
Die einzigen auf ihn hindeutenden Spuren waren seine Kleider auf der Brücke, die noch bis zum Abend des folgenden Tages dort lagen, da niemand sie zu berühren wagte, weil allerlei mysteriöse Gerüchte umhergingen, er sei in Wirklichkeit der feindliche Spion eines fremden Landes, der, nachdem ihm etwas Ungeheuerliches unser Land Betreffendes zu Ohren gekommen und der Boden zu heiß geworden war, ohne daß es jemand bemerkt hätte, von einem geheimnisvollen Wasserflugzeug abgeholt worden war und seine Kleider nur deshalb zurückgelassen hatte, um den Anschein zu erwecken, er sei ertrunken etc.
Er muß irgendwie spurlos verschwunden sein.
Es ist durchaus möglich, daß sein Verschwinden, sein spurloses Verschwinden notwendig war, da sein Verschwinden das einzige darstellte, was sich im vorigen Jahr nicht abgespielt hat.
Wäre er nicht verschwunden, hätte sich wahrscheinlich von diesem Zeitpunkt an alles weiterhin wie im vorigen Jahr wiederholt, vermutlich hätte sich alles weiterhin wie im vorigen Jahr abgespielt, und alles wäre plötzlich auf einmal immer wieder so gewesen wie im vorigen Jahr.

DAS SYSTEM VON WIEN

Sehr geehrte Kollegen auf den diversen Universitäten, Akademien und in der Praxis!

Ich erlaube mir hiemit, Ihnen meine Arbeit DIE ELEMENTE DER FUGE BEI ROBERT SCHUMANN vorzulegen.
Da ich weiß, daß über die wesentlichen Fragen der Musikwissenschaft bisher weder Entscheidungen getroffen wurden, noch befriedigende Ergebnisse vorliegen, und aus dem daraus folgenden Zwang, Ihnen auch nicht mehr als meine eigenen mehr oder weniger oberflächlich übersichtlichen Beobachtungen zeigen zu können, und weil außerdem ein jeder von Ihnen eine andere Richtung der Musikwissenschaft vertritt, will ich Ihnen meine Meinung über die Elemente der Fuge bei Schumann in keiner Weise dogmatisch aufzwingen, sondern stelle es Ihnen frei, sich für oder gegen meine jeweiligen Ausführungen zu entscheiden.
Es handelt sich um den Versuch einer Untersuchung, woran Robert Schumann gescheitert ist.
Ich halte es nämlich für durchaus möglich, daß Robert Schumann unter anderem auch an den Elementen der Fuge zerbrach.
Somit ersuche ich Sie, meine Arbeit aufgrund der musikwissenschaftlichen Unklarheit, von der heutzutage das ganze Leben und die Welt beherrscht wird, nicht nur als eine rein wissenschaftliche, sondern auch persönliche verstehen zu wollen, und nun liegt es an und bei Ihnen, geehrte Kollegen auf den diversen Universitäten, Akademien und in der Praxis, die für Sie nötigen Folgerungen und Konsequenzen daraus zu ziehen.
Ich meine jedenfalls, daß die Musikwissenschaft und insonderheit Robert Schumann und die Elemente der Fuge uns allen zu einem ganz besonderen Anliegen werden sollten!

Gestatten Sie mir zunächst zur Erleichterung des allgemeinen Verständnisses, ganz kurz nur ein paar Worte über die Methodik der Arbeitsweise, nach der ich vorgegangen bin, und somit auch über mich selbst und meine akademische Entwicklung zu verlieren.

Wie Ihnen wahrscheinlich bereits bekannt sein wird, bin ich im Winter 1946 in einer kleinen Provinzstadt geboren worden, und erwähnt man bezüglich meiner Geburt einige Komplikationen eher landläufiger Natur.

Die Erzählung beginnt mit der Beschreibung der kalten Winternacht, und angeblich habe meine Mutter ihre Schuhe zunächst lange nicht finden können, erst nach ausführlich verzweifeltem Suchen, und habe sie sich dann angezogen und sei in der Finsternis der Februarnacht verschwunden.

Anschließend folgt die Beschreibung des ihr damals unendlich lang erscheinenden Weges zu einem ganz in der Nähe befindlichen Nebeneingang des Landeskrankenhauses und die Erzählung, wie sie verzweifelt am versperrten Tor des Nebeneinganges rüttelt, der tief schlafende Nachtportier langsam erwacht, das Fenster seines Portierhäuschens öffnet und mißmutig herausschaut, was denn da schon wieder los.

Er soll meiner Mutter erklärt haben, sie habe nicht hier, sondern zum Haupteingang ins Krankenhaus hereinzukommen, in der Nacht sei es nicht üblich, das Krankenhaus durch seine Nebeneingänge zu betreten, und auch gar nicht möglich, diese zu öffnen, der Haupteingang hingegen sei die ganze Nacht über geöffnet, dort könne sie durchaus hinein, wenn sie schon unbedingt wolle, aber er könne nicht aufsperren, habe seine strikten Anweisungen von oben, die er einzuhalten verpflichtet, wie es ja für einen jeden von uns gewisse strikte Anweisungen von oben gebe, denen man keinen Gehorsam verweigern dürfe, denn wozu gebe es sonst diese strikten Anweisungen, wenn es nicht wichtig, wesentlich wäre, sie zu befolgen, und in jedem Beruf gebe es Vorschriften, mit denen man sich abfinden müsse, so in seinem Beruf als Nachtportier, diesen Nebeneingang in der Nacht auf keinen Fall zu öffnen, was immer auch vorfallen sollte, nicht auszudenken, wenn jemand ihn beim Aufsperren beobachte, schlimme Folgen, und er dann seine Stelle als

Nachtportier ein für allemal los, für alle Zeiten, und er dann schaun, wie sich er, seine Frau und seine Kinder von der Luft ernähren.
Darauf erzählt man weiter, wie der Portier sich im letzten Moment doch noch erweichen lassen habe, man spricht von einem klingelnden Hervorsuchen, Herbeiholen des Schlüsselbundes, endlich einem zunächst knarrenden und dann schließlich quietschenden Landeskrankenhausnebeneingangstoröffnen.
Die Erzählung auflösend, läßt man noch einmal den Nachtportier zu Wort kommen, da habe die Mutter aber noch Glück gehabt, daß er überhaupt da sei, weil man vor kurzem erwogen, ihn von diesem Nebeneingang zum Haupteingang zu versetzen, dann wäre sie dem verschlossenen Tor gegenübergestanden und hätte womöglich zum Haupteingang des Landeskrankenhauses gehen müssen, oder sie hätte höchstens über den eisendornenverzierten Gitterzaun steigen können.
Ich sei dann, wie man sich abschließend ausdrückt, »in Kürze dagewesen« und, die Erzählung zu Ende führend, schildert man meine damals völlig blaue Haut.

Wissen Sie, immer bringe ich diese kleine Stadt, in der ich aufgewachsen bin, mit Straßenbahnen in Verbindung, obwohl dort gar keine Straßenbahnen fahren. Was aber darauf schließen läßt, daß dort einmal Straßenbahnen gefahren sein müssen, denn wie käme ich sonst auf die Idee, diesen Ort mit Straßenbahnen in Verbindung zu bringen.
Ja, durch diese Stadt sind einmal Straßenbahnen gefahren, und zwar von einem Bahnhof zu einem Friedhof, von einem Friedhof zu einem Bahnhof und auch, wenn ich ganz scharf nachdenke, zu einem Seeufer, einer Schiffsanlegestelle und zum Eingang einer Badeanstalt mit Kleiderkabinen und Badehäuschen, die aus braunen Holzbrettern gezimmert waren und zu gewissen Jahreszeiten, meistens im Herbst, einen äußerst intensiven Teergeruch absonderten.

Wenn Sie dort über den sogenannten ALTEN PLATZ gehen, werden Sie von den goldenen Hörnern auf der Spitze der Pestsäule geblendet werden oder auch von der goldenen Gans, unter der Sie, aus dem Landhaushof herauskommend, die Hirschkäfergestalten des sogenannten zwielichtigen Gesindels sich im Schatten des Landhauscafés verstecken sehen. Sie streifen weiter entlang der kunstvoll glänzenden Tänze der Beißzangen in der Auslage des Eisengeschäftes Zwick, schwimmen durchs Blitzschlaggelächter der Elektriker des Meisters Senekowitsch, wobei Ihnen die hilfreich entgegengespannten Zwirne und Wollfäden des Kurzwarenhändlers Dörfler sehr hilfreich sein werden, der in seinen Regalen aufgeregt herumhüpft und eine Revolte der Knöpfe, die aus den Schachteln herausspringen, niederschlägt, durchs Spektralspiegelfarbenkabinett des Farbenhübners über die aus den Fenstern rauschend Ihnen entgegen hervorquellenden, zu kunstvoll gemusterten Bewölkungen gebauschten Tuchballen des Stoffhändlers Stuller gelangen Sie zu den gut riechenden, regelmäßig aus den Mauern der Drogerie Leist herausschäumenden Seifenblasen, die manchmal eine Dimension erreichen, die es ohne weiteres möglich macht, daß Sie von einer solchen umhüllt sich vorfinden und in ihr gefangen ein paar Meter weiterschweben, bis Ihnen das alles zu viel wird, bis zum Hals steht und Sie den Alten Platz hinter sich einfach in braunes Packpapier sorgfältig einwickeln und das so entstandene etwas länglich geratene Platzpaket auch noch ordentlich zuschnüren.

Wenn Sie die Bahnhofstraße überquert haben, die Priesterhausgasse Richtung Osten gehen, berühren Sie die Getreidegasse, durch die Sie, nach Norden weitergleitend, den Rauscherpark mit einem Denkmal, das man zu Ehren und Gedenken des Dichters Rauscher aufgestellt hat, erreichen könnten, aber Sie können natürlich auch weiter durch die

Priesterhausgasse bis zu einem weiteren Platz gehen, in dessen Mitte man zu Ehren eines schon lange verstorbenen Herrn Feldmarschall Conrad, den ich persönlich nicht mehr gekannt habe, einen brüllenden Schieferlöwen aufgestellt hat, hinter dem aber in gerader Fortsetzung bald alles aufhört, weil da schon die eisernen Hütten der riesigen Gewitterwerksanlagen am Stadtrand anfangen.

Gehen Sie nach rechts, könnten Sie jetzt bald im Hof vom Alteisenfrick die blühenden Gartenanlagen seiner verrosteten Küchenherde, Öfen und Rohre sichten und in der Salmstraße an die schwarzen Tore des Großgemüsehändlers Valentin di Lenardo gelangen, hinter denen vielleicht gerade eines der berühmten Maskenfeste der Kohlköpfe, Karfiole, Kohlrabis und aller anderen Glashausfamilienmitglieder stattfindet.

Gehen Sie aber in die andere Richtung, gelangen Sie einen Hügel aufwärts ebenso zu einem Tor, und zwar des Obsthändlers Pagitz, hinter dem schon lange die Sintflut der Fruchtsäfte vorbereitet wird, weshalb ständig Lastwagen im Hof ein und aus fahren, hölzerne Kisten mit leeren Flaschen abladen und andere mit frisch gefüllten Flaschen aufladen.

Sie gelangen wieder abwärts, vorbei an einem Wirt im Sternbild des Geyers, zurück in die Bahnhofstraße, wo Ihnen sofort der glitzernde Turm der Kapuzinerkirche entgegenblinzeln wird, die von einem schwarzen Zaun umgeben ist, an dem ein Schaukasten mit Bildern vom Papst samt seinen wichtigsten Unterrichtsministern hängt.

Jemand muß den Alten Platz, den Sie doch vor kurzem noch in braunes Packpapier eingewickelt und sorgfältig zu einem länglichen Paket verschnürt, wieder ausgebreitet haben, denn es ist auf einmal auch für Sie ganz leicht geworden, ihn wieder zu überqueren und auf der anderen Seite hinter Ihrer kalten Schulter liegen zu lassen, um bald darauf aber einen Kanal und dessen grassträuchergestrüppbewachsenen zwei Böschungen entlang wieder auf einem Luftfloß stadtauswärts zu segeln unter mehreren Brückenhindernissen hindurch, deren Stegflächen aber so nieder quer zu Ihrer Reise von Ufer zu Ufer schweben oder hängen, daß Sie sich besser ducken sollten, um nicht Ihre Stirne oder Ihre Schläfen an deren Geländergitter zu stoßen, auf deren Brüstungen aber vielleicht ein paar angelrutengerüstete Fischer gelehnt ins dunkelgrünschwarz völlig schlingpflanzenalgenwolkige Wasser des Binnenkanales und somit auch manchmal in durchaus nur versehentlicher Absicht Ihnen auf Ihr langes blondes Haardach spucken, Sie meine verlorene Geliebte, ja, vielleicht Sie, die Sie ungeachtet dessen weiter durchs ausrinnende Weichbild stadtauswärts gleiten aus dem Dunst über jener überraschend kurzen Wasserstraße einen See hineinwärts fort für wie lange schon wieder, nein, was rede ich da uferlos von einem See, vielleicht, ja, vielleicht ist es schon längst das Meer, sind es die unaufhörlichen Strandküsten des Ozeans, die sich Ihnen geöffnet haben, und sind sie auch schon wieder so weit fort, daß Ihnen diese kleine Stadt hier mit mir am Ufer des vorliegenden, aus den Wetterflecktaschen aller bisher versammelten Spätnachmittagshimmelhorizontflächen in dieses Talbecken geworfenen, unendlich gut überschaubar riesigen Landschaftsspiegels, dessen Oberfläche von den in der Gegend sorgfältig durcheinander herumliegenden Hügelgeflechten eingerahmt wird, der beim Betreten zunächst lange nur ganz kniehoch seicht ist, dann aber viel weiter drinnen um seinen Mittelpunkt oft mehrere hundert Meter bis zum unerforschten Grund des von ihm wiederholten stillen Horizonts abwärts reicht, welcher von vielen Segelflughausbooten, die ich mir weder leisten kann, geschweige denn deren Fahrt handzuhaben verstünde, immer nur hauteng überquert, aber nie erreicht wird, ja, und daß Ihnen dies und viel anderes auch, was mich Ihnen vielleicht noch nicht so bald gewohnheitstierhörig vertrauenswürdig wegverfremdet hätte, oder hingegen ebenso, schon so lange in die unerreichbar derart tiefen – daß man den Schädel sich stößt, springt man kopfvorauseinwärts – gewissenhaft abgeklärten Erinnerungslagunen Ihres Vergessens versenkt worden ist ganz so, als wäre man völlig sich lange doch nie wirklich verfügbar gewesen und dennoch eines Tages einander verlorengegangen, obwohl man die ganze verstrichene Zeit über hinweg immer nacheinander gesucht hatte?

Wenn ich an jene Stadt, in der ich aufwuchs, dachte, war jene Stadt, in der ich schon jahrelang lebte, nichts anderes als eine Stadt, in die ich dauernd unterwegs war.
Die Stadt, in der ich lebte, war eine andere Stadt als jene, an die ich dachte.
Die Stadt, in der ich schon jahrelang lebte, war eine andere als jene, in die ich dauernd unterwegs war. Oft dachte ich dauernd an jene und war dadurch dauernd unterwegs in eine andere.
Der Ort, in dem ich lebte, war immer ein Ort, in den ich gerade unterwegs war.
Der Ort, an den ich dachte, der gleiche, in dem ich wohnte, war immer ein anderer als der, in den ich gerade unterwegs war.
Die Erinnerung, die in mir dann aufkam, war stets eine andere Erinnerung als jene, in die ich unterwegs war.
Meine Sehnsucht strebte danach, zu erlangen, was mir eigentlich schon zur Verfügung stand, ohne daß ich davon wußte, und dorthin zu gelangen, wo ich bereits zu sein schien, ohne es bemerken zu können.

Die heißen Sommer jener Jahre aber verbrachte ich meist am Land bei einer Großtante, in deren Garten ich wie in einen subtropischen Regenwald versank, vom Schatten des Rittersporns an den Lianen der in der Hitze platzenden Hülsenfruchtsträucher in die Dämmerungen der bedrohlichen Schachtelhalmsteppen und Schierlingswälder am Rand eines Tümpelozeansumpfes, in dessen säuerlich riechender Brandung die Nachmittage fortrollten, verkleidet als regenbogengebundene Libellenvölkerwanderungen im Lichthagel

aller geflügelten Krebse des Himmels, unter dessen Abendgarderobe die Großtante von der aufregendsten und für sie entscheidendsten Begegnung ihres Lebens erzählte, nämlich der sogenannten *Neumarkter Luft,* der guten, der gesunden.
Leider habe sie nur einmal im Leben die Gelegenheit gehabt, sie auch zu atmen ganz kurz nur, und zwar während einer Bahnfahrt durch Neumarkt, und dabei die günstige Gelegenheit, die Nase aus dem Fenster des fahrenden Zuges zu halten.
Wie oft sie bei der Gebietskrankenkasse um einen Krankenurlaub zur Erholung in Neumarkt angesucht, aber die Gebietskrankenkasse sie nie nach Neumarkt, sondern immer anderswohin verschickt, deshalb nie die Gelegenheit, die Neumarkter Luft länger als ein paar Sekunden, und zwar während jener denkwürdigen Bahnfahrt, als sie die Nase aus dem Fenster des fahrenden Zuges gestreckt, vorher sie noch mehrmals den Schaffner gefragt, wann denn Neumarkt, damit sie nichts versäume. Da habe sie bemerkt und sich auch davon überzeugt, was das für eine Luft, die nirgendwo sonst. Und sie beschrieb auch diese Luft, indem sie ihre Arme lebhaft umherschwang, sie durch die rauchige Küchenluft fliegen ließ, daß die Festungsmauern ihrer Kredenzen zu krachen begannen, um mit ihren Bewegungen möglichst anschaulich den Sauerstoffreichtum der Lichtlagunen zu demonstrieren, die über den Dächern jenes ihr unbekannt gebliebenen Dorfes schwebten.
Oft träumte ich damals nachts von meiner Großtante. Ich sah sie ihre Nase aus dem Fenster des fahrenden Zuges strecken, sah ihre Nase die Neumarkter Luft einsaugen, und plötzlich war ihre Nase an einem Telegraphenmast zerschellt. Sie wich erschrocken zurück und las erst jetzt viel zu spät das unterm Fenster angebrachte Schild mit der Aufschrift WÄHREND DER DURCHFAHRT DES ZUGES DURCH NEUMARKT IST ES VERBOTEN, DIE NASE AUS DEM FENSTER HINAUSZUHALTEN!
Und während meines letzten Sommerbesuches bei ihr am

Land sah ich meine Großtante im Traum bei der Durchfahrt des Zuges durch Neumarkt zum geöffneten Fenster hinausschweben fliegend über die Hügel mit ihren riesigen an den Schulterblättern gewachsenen Nasenflügeln durch die Luft schlagend über die Dächer des Dorfes hinwegflattern durch den Neumarkter Sattel gleiten in die Berge hinauf zu den Quellen der dort entspringenden Luftströme aus meinem Traum hinaus, ehe sie ein paar Wochen später ganz überraschend starb.

Viele Jahre, wahrscheinlich wesentlich mehr als ein Jahrzehnt später, übersiedelte ich nach Wien in die Musikwissenschaftsgebäude der Universität.
Jedes Gehirn schließt seine ihm zukommende Philosophie und Wissenschaft in sich ein, und ich glaube, daß auch jede Wissenschaft und Philosophie die ihr zukommenden Hirne in sich einschließt.
So habe ich es dazu gebracht, mich selbst in ein Problem einer *komparativen* Musikwissenschaft verwandelt vorzufinden.

Manche Tage fangen morgens so an, als seien sie bereits zu Ende. Der Nebel bildet unüberquerbare Strahlengänge, und das sogenannte »Licht« der schon zerplatzten, ausgeronnenen Nacht belegt schimmelpilzartig die Häuserwände, welche dann, noch vom Morgengrauen berührt, bald noch schneller abbröckeln und somit noch wütender verwahrlosen als sonst ohnedies immer.
An einem solchen Tag bin ich beim Schottentor in einen Straßenbahnzug der Linie D eingestiegen und bis Nußdorf gefahren und habe dort auf einen Autobus der Autobusgesellschaft »Dr. Richard« Richtung Klosterneuburg gewartet.
Während des Wartens auf diesen Dr.-Richard-Autobus nach Klosterneuburg habe ich plötzlich das Bedürfnis ge-

habt, den Bahnhof Nußdorf einer näheren Betrachtung zu unterziehen, insbesondere das Pissoir mit seinen Teerwänden, die einen salmiakgeistähnlichen Geruch im Raum verbreiten.
Die öffentlichen Wiener Pissoirs in den alten Jugendstilvorstadtbahnhöfen sind etwas äußerst Geheimnisvolles.
An den Teerwänden klebt etwas Ähnliches wie gelber Kalk, auf den Gittern der Ausgüsse findet man häufig zerrissene Präservative, die Ausgüsse sind häufig verstopft, so daß der ganze Pissoirraum von verdünntem Urin überflutet wird, und an den Wänden hängen Messingtafeln, auf denen deutlich darauf aufmerksam gemacht wird, daß aus Schicklichkeitsgründen die Kleider noch vor dem Verlassen der Bedürfnisanstalt zu schließen und in Ordnung zu bringen sind, und rundherum haben unzählige Leute ihre Namen und die durch die einfache Anmut schlichter Volkskunst verklärten Darstellungen der menschlichen Geschlechtsorgane in den schmierigen, glänzenden Teerbelag geritzt, und zwar oft in einer solchen Höhe, daß eine zumindest zwei oder drei Meter hohe Leiter erforderlich wäre, um durch Zeichnungen und Schriften da oben fast schon den Himmel des Raumes zu verzieren.
Ich habe Angst gehabt, es könnte plötzlich jemand hereinkommen, mich bedrohen, niederschlagen, mir einen Schlag auf den Hinterkopf versetzen, einen gemeinen Handkantenschlag ins Genick, und mein Gesicht, mein ganzer Kopf müßte sich dann im abfließenden Urin auflösen.
Oft habe ich befürchtet, daß plötzlich einer den Raum betrete, der mir schon lange aufgelauert, auf mich gewartet hat, endlich an mich heranzukommen. Man sagt, schon oft sollen Männer beobachtet worden sein, die ganze Tage und Wochen in den Bedürfnisanstalten verbringen, meistens verstecken sie sich in einer Ecke, um nicht allzusehr aufzufallen, und manchmal stellen sie sich vor die Rinne, um dabei die urinierenden Nachbarn links und rechts so genau wie möglich zu beobachten. Oft habe ich Angst gehabt, von so jemandem zusammengeschlagen zu werden, und mein Ge-

sicht, mein Kopf würde dann im abfließenden Urin davonschwimmen.
Diese erlernbare Krankheit der Wiener Jugendstilpissoirs.

Ich habe den Besuch der Bedürfnisanstalt im Nußdorfer Bahnhof hinter mich gebracht, ohne einem bedrohlichen Stammgastbewohner dieser Räumlichkeiten begegnet zu sein, den Bahnhof durch den leeren Wartesaal, in dem noch die Zigarettenstummel der vergangenen Nacht auf dem öligen Boden gelegen sind, verlassen, dann ist der Dr.-Richard-Autobus gekommen, ich bin eingestiegen, habe eine Fahrkarte gelöst und bin bis Klosterneuburg gefahren.

Ich besichtige nicht, wie ich ursprünglich beabsichtigt, das Stift, auch nicht die Kirche, sondern gehe durch eine Eisenbahnunterführung zur Donau.
Ich erwähne die Schrebergärten, in den Schrebergärten die Holzhütten, eine in Zeilen unlesbarer Schrift eingeteilte Landschaft, die Tafeln BRUNNENSCHUTZGEBIET BETRETEN UND JEDE VERUNREINIGUNG VERBOTEN, die eingezäunten Brunnenanlagen, das Schmelzwasser der Wiener Vorberge, das die Straße unterhöhlt, zwischendurch herumliegende, weggeworfene verrostete Benzinkanister, zerbrochene Einsiedegläser zwischen den Sträuchern, auch Staubwedel, Ziegelteile, Telefonautomaten ohne Telefone, die in diesem Sumpf versinken, und endlich den Hinweis auf verfallene Sandgruben.
Am Ufer der Donau finde ich die Rollfähre als »nicht in Betrieb« vor; im Gebälk des Häuschens, in dem man vor kurzem noch die Fahrkarten für den Fährbetrieb gelöst hat, aber keine Karte lösen kann, da die Fähre nicht in Betrieb ist, hat sich ein Wespenschwarm eingenistet, der in der Kälte des vergangenen Winters erfroren, glasbrüchig erstarrt ist, manchmal sehe ich die durchsichtige Hülle eines der in vergangener Kälte frostig von der Luft zerdrückten Insekten aus dem Dachgebälk schweben. Das ESPRESSO ZUR ALTEN

Rollfähre ist abgebrannt, das halbe Haus verkohlt, auf der Terrasse riecht es nach Asche. Ich hätte gute Lust, Ihnen die Silos und Kessel der Raffinerie Korneuburg am gegenüberliegenden Ufer der Donau genauer zu beschreiben, würde in dem Zusammenhang einen vorbeigleitenden Schleppkahn erwähnen und in dieser Beschreibung das Boot »eine schwarze Linie durch das gehämmerte Flußmetall ziehen« lassen, es zieht mich aber wieder zurück Richtung Klosterneuburg, unterwegs auf der Straße, die vom Schmelzwasser der Wiener Vorberge unterhöhlt wird, begegne ich einem Arbeiter, der einen Sandhaufen, den vermutlich ein Kipper während meines Aufenthaltes am Donauufer an dieser Stelle der Straße abgeladen hat, bearbeitet, indem er mit seiner Schaufel den Sand von der Straße wegschaufelt, in den Sumpf und in das im Sumpf fließende, die Straße unterhöhlende Schmelzwasser der Wiener Vorberge hineinschaufelt.

Der Sand rieselt von der Straße in den Straßengraben, bedeckt kurze Zeit das fließende Schmelzwasser, und es hat den Anschein, als könnte der Sand das fließende Schmelzwasser in sich aufnehmen, der Sand, sage ich mir, wird das Schmelzwasser in sich einschließen und bedecken, es hat ganz den Anschein, denke ich, alles deutet schon darauf hin, aber dann beginnt das Wasser wieder zu fließen, und nicht der Sand nimmt das Wasser in sich auf, sondern das Wasser den Sand.

Die unaufhaltbaren Wiederholungen dieses Vorganges veranlassen den Arbeiter, immer heftiger, immer schneller zu schaufeln, worauf ein immer schnelleres und unüberschaubareres Sandrieseln folgt, wobei ich nicht übersehen kann, daß dann auch das Wasser dementsprechend immer schneller zu fließen beginnt, und die Straße weiter unterhöhlt.

Ich spreche den Arbeiter ungefähr folgendermaßen an: »Entschuldigen Sie, es ist zwar nicht meine Art, jemanden einfach anzusprechen, den ich nicht kenne, und ich halte es sogar für eine bodenlose Unverschämtheit, jemanden, den man nicht kennt, und jemanden, der einen nicht kennt, an-

zusprechen«, erkläre ich ihm, und ich könne die Fälle, in denen ich mir unbekannte Personen angesprochen hätte, an den Fingern einer Hand abzählen, denn nur wenn es unbedingt notwendig gewesen sei, hätte ich fremde Personen angeredet.
»Nun habe ich aber«, erkläre ich weiter, »während ich Sie bei Ihrer Arbeit, die mir zumindest momentan noch vergeblich erscheint, beobachte, ein Bedürfnis, Sie darauf aufmerksam zu machen, daß mich die Art und Weise Ihrer Tätigkeit mit Trauer erfüllt.«
Der Arbeiter schaufelt weiter den Sand vom Sandhaufen auf der Straße in den Straßengraben, und wenn kein Sand, kein Sandhaufen mehr auf der Straße liegt, wird man ihm einen zweiten Sandhaufen herbeitransportieren, oder wird man ihn woanders Sand von einem Sandhaufen irgendwohin schaufeln lassen.
Er unterbricht seine Arbeit, schaut mich freundlich an und sagt, das mache ihm durchaus nichts aus, nicht im geringsten, daß ich ihn einfach anspreche, er habe ohnedies gerade eine kurze »Schnaufpause« machen wollen, und jetzt endlich ein Grund, ein willkommener Anlaß, sich diese Schnaufpause nicht nur vorzunehmen, sondern sie auch durchzuführen.
Der Arbeiter stützt sich auf seinen Schaufelstiel und schnauft.
Was ich denn gerne wissen wolle, fragt er.
Wann denn die Rollfähre wieder in Betrieb sei, frage ich.
Erstens, antwortet er, wisse er nichts von einer Rollfähre, noch nie habe er was von einer Rollfähre in dieser Gegend gehört, und zweitens, sollte diese Rollfähre existieren, könne er gar nicht wissen, wann sie in Betrieb sei und wann nicht, weil erstens er von einer Fähre noch nie was gehört, geschweige denn gesehen habe, und zweitens er heute das erstemal hier in dieser Gegend arbeite und man ihm diesen Sandhaufen vorgesetzt und zur Bearbeitung übergeben habe.
Er gibt mir den guten Rat, im Fremdenverkehrsbüro von

Klosterneuburg zu fragen, denn die dort müßten es wissen, seien dafür zuständig.

Ich bedanke mich für die Auskunft, entschuldige mich nochmals, ihn einfach angesprochen zu haben, und verabschiede mich, worauf er seine Arbeit fortsetzt, Sand vom Sandhaufen auf der Straße in den Sumpf des Straßengrabens schaufelt.

Diese Sandschaufelei wird den ganzen Tag nicht mehr aus meinen Gedanken herauszutreiben sein, denke ich, während sich die Kleingartenanlage von Klosterneuburg mir nähert und durch die in Zeilen unlesbarer Schrift eingeteilte Landschaft voll von teils vermorschten, teils gepflegten, bewohnten oder unbewohnten Holzhütten und Schrebergartenhäuschen zu meinem Erstaunen an für mich nicht erklärbare Phänomene der Mathematik erinnert werde, an die geheimnisvollen Rätsel unendlich geometrischer Reihengleichungsnatur.

Ich kehre zum Ausgangspunkt zurück, komme aber weder dazu, die im Sumpf versinkenden gelben apparatlosen Telefonhäuschen noch die in Zeilen unlesbarer Schrift eingeteilte Schrebergartenlandschaft näher zu beschreiben, denn plötzlich hege ich den Verdacht, die Leute in dieser Gegend sind »Luftredner«. Einiges scheint mir darauf hinzudeuten, ich höre ein glitzernd schwingendes Keifen in den Himmel sich erheben, es liegt in der Luft, und ich befürchte, einer von ihnen könnte versuchen, mir zu begegnen.

Aber keiner von ihnen zeigt sich, sondern aus einer geöffneten Gartentüre stürzt ein Hund, bellt mich an, springt mir fast an den Hals, ich zittere am ganzen Leib. Natürlich bemerkt der Hund sofort, daß ich vor ihm Angst habe, worauf er mich noch mehr belästigt, denn je mehr man sich vor einem Hund fürchtet, desto heftiger wird man von ihm bedrängt.

Dieser zappelnde Großdackel beginnt meine Hose anzubei-

ßen, und ich kann mir nur denken, daß ich für diesen Hund eine lächerliche Person bin, er zerrt an meiner Hose, jeden Moment wird er meine Hose zerreißen, in Stücke gefetzt haben.
Endlich höre ich einen schrillen Pfiff aus dem Inneren des Hauses im Garten. Der Hund hört sofort auf, an meiner Hose herumzubeißen, läuft in den Garten zurück, verschwindet in seiner Hundehütte und jault vergnügt auf.
Ich möchte schon weitergehn, doch ehe ich mich in Bewegung setzen kann, erscheint ein dickbäuchiger Herr, dessen runde Brille überhaupt nicht zu seinem roten, aufgeschwemmten Gesicht paßt, aus dem Kleingartenhaus, kommt auf mich zu, entschuldigt sich höflich für den ihm unangenehmen Zwischenfall, der nur seiner Fahrlässigkeit zuzuschreiben sei, denn er habe vergessen, die Gartentür zu schließen, so daß der Hund die Möglichkeit gehabt, herauszulaufen und mich zu belästigen, aber sei er gerade jetzt aus der Stadt gekommen, wo er ein Weinlager besitze, Wein verkaufe, er sei also ein Weinhändler und gerade erst jetzt vom Weinlager in der Stadt ins Schrebergartenhaus zurückgekehrt, und habe, wie leider so oft schon, vergessen, die Gartentür hinter sich zu schließen, was sein Hund vermutlich sofort erkannt und die Gelegenheit, diese günstige ungünstige Gelegenheit, sofort ausgenützt, erfaßt hat, mich zu belästigen.
»Wissen Sie, ein lebhaftes Tier mit einem übertriebenen Spieltrieb, sehr nervös, sonst aber harmlos; nur eines, wissen Sie, nur eines: auf die Hosen geht er, ist ganz verrückt darauf, Hosen zu zerreißen, ein geradezu leidenschaftlicher Hosenzerbeißer ist er. Oft werfe ich meinem Hund eine alte Hose, die ich nicht einmal mehr bei der Arbei benützen kann, vor, um ihm wenigstens von Zeit zu Zeit die Möglichkeit zu geben, hie und da eine Hose zu zerreißen. Übrigens bin ich sehr erstaunt, daß mein Hund vorhin Ihre Hose nicht gleich zerbissen hat, sonst hat er oft in wenigen Sekunden eine Hose zerrissen, ohne daß ich es verhindern kann, ich glaube, Sie können von Glück reden, daß Ihre Hosen

noch ganz sind. Wie ich gerade bemerke, tragen Sie sehr weite Hosen, deshalb ist es um so erstaunlicher, daß mein Hund ausgerechnet Ihre Hosen verschont hat, denn er ist ein leidenschaftlicher Liebhaber weiter, besonders weiter, womöglich im Wind flatternder Hosen, und je weiter die jeweilige Hose ist, desto schneller wird sie von meinem Hund zerbissen, und am Radius der Hosenröhren kann man die Kapazität und Intensität seiner Reiß- und Beißschnelligkeit ablesen, auch an der Stärke des Windes, in dem sie flattert. Deshalb trage ich ähnlich weite Hosen wie Sie, damit, wenn ich die Hose nicht einmal mehr zur Arbeit tragen kann, ich meinem Hund möglichst weite Hosen vorwerfen kann, um ihm die Möglichkeit zu bieten, möglichst oft möglichst weite Hosen zu zerreißen. Gut, daß ich aber im letzten Moment noch verhindern hab können, daß er Ihre Hose zerreißt, denn sonst wären Sie ja plötzlich ohne Hosen dagestanden«, sagt der Weinhändler.

Ich nehme die Einladung des Weinhändlers auf ein Glas »Kellerstolz« an, was ich aber schon im nächsten Augenblick bereue.

»Wissen Sie«, sagt er, »ich bin in dieser Gegend nicht gern gesehen, sondern äußerst unbeliebt. Warum das so ist, kann ich mir nicht erklären, insbesondere deshalb nicht, weil die Weinhändler sonst allgemein das höchste Ansehen in ihrem Dorf oder in ihrer Stadt genießen, denn normalerweise sind alle Einwohner des jeweiligen Ortes von ihrem Weinhändler oder von ihren Weinhandlungen abhängig. Obwohl ich dauernd in Wien Wein lagere, die besten Weine Europas, genieße ich hier nicht das geringste Ansehen, sondern überhaupt keines. In dieser Gegend scheint es üblich zu sein, gegen den Weinhändler zu intrigieren, und es gehört schon zur Regel, daß ich hier rücksichtslos übergangen werde. Vielleicht werde ich deshalb verachtet, weil ich nicht von hier bin; ich bin ein Wiener, und die anderen, ob es sich um Schrebergartenbesitzer oder sogenannte ›Häuselbauer‹ handelt, sind keine Wiener, sondern Klosterneuburger, so bin ich für diese Leute ein ihnen wohl lästiger Fremdkörper.

Außerdem haben mir die sogenannten ›Häuselbauer‹, wie man sie nennt, eines Nachts eine beträchtliche Menge Bauholz gestohlen, einfach hinter meinem Rücken wegtransportiert! Ich verlasse eines Morgens mein Haus, will noch einmal die Qualität meines Bauholzes, das ich ein paar Tage vorher gekauft hatte, überprüfen, gehe zum Platz, wo ich es aufschlichten ließ, und was sehe ich: Sie werden sich wundern, keine Spur von einem Bauholz, nichts, was auf Holz, sogar die Sägespanreste fort, hinweisen würde; anstatt einen Platz voll Bauholz zu sehen, sehe ich einen holzlosen Fleck am Boden. Solchen Schikanen bin ich wehrlos ausgesetzt, die Leute versuchen alles, schrecken vor nichts zurück, um mich aus dieser Gegend hinauszubeißen. Aber ich lasse mich aus dieser Gegend nicht hinausbeißen, nicht um die Burg lasse ich mich hinausbeißen, und obwohl mir dieses Land immer widerlicher wird, bleibe ich hier, gerade zum Trotz, und führe ein sichtlich angenehmes Leben, um den Leuten hier zu zeigen, daß man mich nicht so einfach hinausbeißen kann, und ich werde den Leuten beweisen, daß ich mir das Leben nicht versauen lasse, und es ist wichtig, immer und überall von vornherein allen Leuten zu zeigen, daß man sich von ihnen nichts gefallen lassen wird.«

Während des Weinhändlergeredes erinnere ich mich, in der vergangenen Nacht von meiner Kopfhaut geträumt zu haben.
Im Traum habe ich meine eigene Kopfhaut gesehn und große weiße Kreise darauf. Ich habe die weißen Kreise aus dem Haar geschüttelt, daß aus meiner Kopfhaut es zu schneien angefangen hat, weil in der Ebene meines Schädels der Winter ausgebrochen war.
Während der Weinhändler weitergeredet, hat mich die Erinnerung an den Traum beherrscht, bis ich dem Weinhändler gar nicht mehr zuhören kann, weil ich schon wieder den Januar meiner Haare vor mir sehe, dann verschwinden die großen weißen Kreise, verflüchtigen sich, nur mehr weiße

Punkte und Flecken. Ich versuche, diese weißen Punkte und Flecken von meiner Kopfhaut zu entfernen, herunterzukratzen, aber während ich, nachdem ich glaube, endlich den ersten weißen Punkt oder Fleck entfernt zu haben, darangehe, den nächsten abzukratzen, entdecke ich, daß der erste, den ich vorher entfernt zu haben glaube, wieder zum Vorschein kommt. Dann beschränke ich mich darauf, hinkünftig nur den ersten Fleck oder Punkt fortzuscheuchen, konzentriere mich auf diesen Punkt des Lebens, von dem ich weiß, er käme neuerlich zum Vorschein, ginge ich daran, den nächsten Fleck zu entfernen, und momentan ist wichtig, daß wenigstens *ein* weißer Fleck oder Punkt von meiner Kopfhaut abwesend bleibt. Dann bemerke ich den Unsinn, auch nur einen einzigen Fleck oder Punkt von der Hochebene meines Schädels entfernen zu wollen, denn alle weißen Punkte oder Flecken vergrößern sich zunehmend, bis jeder einzelne mindestens halb so groß ist wie meine ganze Kopfhaut, und ich wundere mich, daß es möglich ist, so viele kopfhauthälftengroße Punkte und Flecken auf meiner Kopfhaut unterzubringen. Dann bemerke ich, daß meine Kopfhaut in Wirklichkeit nur ein einziger großer weißer Fleck ist, ein vereistes Schneedach, der Winter über den Gedanken.

Nach den Schilderungen der Intrigen und Schikanen, denen er in dieser Gegend wehrlos ausgesetzt, fragt mich der Weinhändler hinterhältig, was ich denn in dieser Gegend zu tun hätte, was hier zu suchen oder verloren, und ich antworte ihm, wegen der Rollfähre hierher gekommen zu sein, eine reine Rollfährenangelegenheit, müsse aber jetzt gleich gehn, sofort, ein wichtiger, jetzt folgender Termin sei der Grund, daß ich sofort wegginge,
und gehe auch sofort, nicht ohne mich verabschiedet zu haben, nein, gehe nicht, laufe, fahre sofort zurück an einem dieser Tage, die schon beendet sind, bevor sie begonnen haben,
in dieser abendvormittäglichen Nachmittagsnacht,
ja, ist dieser Tag noch gar nicht angebrochen.

Ich besuche das Seminar »Das Kostüm und seine dramaturgische Bedeutung in der Barockoper«, und eines Tages bittet der Professor ausgerechnet mich, ich solle ihm bei einem Lichtbildervortrag über das chinesische und indische Theater in der Musikakademie assistieren, und er glaube, ich sei eine geeignete Persönlichkeit, ihm die Bilder durch den Projektor zu schieben.
Im Seminar spricht er sehr oft von der chinesischen Oper und dem indischen Schauspiel, obwohl das Thema des Seminars nur entfernt gar nichts damit zu tun hat.
Er ist jahrelang in diesen fernöstlichen Ländern gewesen, in Indonesien geboren, selbstverständlich aber kein Indonesier.
Wieder erzählt er von den chinesischen Schauspielern, erklärt die Methoden des fernöstlichen Schminkens, die verschiedenen Kostüme und ihre symbolische Bedeutung, und warum ein Schauspieler sein ganzes Leben lang jenes und kein anderes Kostüm verwende. Die Schauspieler wurden, betont er immer wieder, schon als Kinder ihren Eltern abgekauft, jawohl, ordnungsgerecht abgekauft, und an den jeweiligen Theateranstalten von Schauspielern und Spielleitern von klein auf zu Schauspielern erzogen.
Während ich mir denke, es sei unsinnig, ihm zu assistieren, obwohl ich gar nicht will, und überhaupt ist kennzeichnend für mich, etwas zu tun, obwohl ich nicht will, warte ich schon wie vereinbart beim Schottentor auf den Professor, da kommt er schon, wir fahren zusammen mit der Linie D bis zum Schwarzenbergplatz, dann mit der Linie 71 bis zur Metternichgasse, betreten die Opernabteilung der Musikakademie, er macht mich auf die Architektur des Palais, in dem die Hochschule untergebracht ist, aufmerksam:
»Sehn Sie, so hat man gegen Ende des vergangenen Jahrhunderts gebaut, diese Neureichen, die damals die Gesellschaft erobert, haben diese Palais hingestellt.«
Er führt mich durch den Hof, weist mich auf die verschnörkelten Hoffenster hin, interpretiert die Stukkaturen, Karyatiden und Atlanten an den Wänden und führt mich durch

den kleinen Theatersaal zur Probebühne.
»Wir älteren Leute sind in dieser Atmosphäre aufgewachsen«, erklärt er dann, »wissen Sie.«
Wir steigen durch das verwirrende und unüberschaubare Treppen- und Korridorsystem in den letzten Stock des Hauses, stellen in einer Klasse den Projektor auf, er befestigt ein Stück weißes Packpapier an der Tafel, auf welches vermutlich die Bilder projiziert werden sollen.
Das Packpapier habe er vorhin in der Papierhandlung gekauft, sagt er, denn er wisse, daß hier in der Opernabteilung keine Leinwand existiere, deshalb er vorhin das Stück Packpapier gekauft, dabei ihm aufgefallen sei, daß die Verkäuferin im Geschäft außerordentlich dick sei.
Er findet seine Dias nicht, sie scheinen unauffindbar, obwohl er mindestens dreimal genau seine Aktentasche durchwühlt.
»Ich finde meine Dias nicht«, sagt er, »ohne die Dias kann ich meinen Vortrag nicht halten, es wäre eine Katastrophe, wahrscheinlich habe ich sie vorhin beim Portier vergessen, natürlich habe ich sie beim Portier vergessen, könnten Sie bitte hinunter zum Portier gehen und die Dias holen.«
Ich gehe hinunter, finde aber den Portier nicht.
Ich öffne alle Türen, betrete den kleinen Theatersaal mit der Probebühne und frage dann jemanden, wo der Portier sich befinde.
Der Mann zeigt mir einen kleinen Korridor, durch den ich gehen muß.
Schon ehe ich den Mann gefragt hatte, wollte ich durch den Korridor gehen, aber ich hielt ihn für eine tief in die Mauer hineingebaute Wandnische.
Ich frage den Portier, der wie alle Portiere hinter einer Glaswand sitzt, nach den Dias, die der Professor vermutlich bei ihm vergessen hat. Der Portier durchsucht sein gläsernes Gehäuse, findet aber nichts.
Ich gehe wieder hinauf oder versuche, hinaufzugehen, finde aber die Klasse nicht, gehe in den kleinen Theatersaal, setze mich nieder, einschlafen, denke ich, nein, nicht einschlafen.

Während ich einzuschlafen versuche, betritt eine Gruppe von Studenten den Theatersaal, bevölkert die Probebühne, und merke ich jetzt richtig erst, daß ich hier fehl am Platz bin, diesen Raum schleunigst verlassen müßte, falle aber unglücklicherweise dem Professor der Studentengruppe, der hinter den Hochschülern den Raum betritt, in die Arme, und schaue ihn genauso verwundert und erstaunt an, wie er mich, bis er mich fragt:

»Was wollen Sie hier, was suchen Sie eigentlich, wen suchen Sie denn?«

»Ich suche den Professor, der hier den Lichtbildervortrag über das chinesische und indische Theater hält«, antworte ich.

Er entgegnet, er könne mir nicht helfen, wisse nichts von einem Lichtbildervortrag, der in diesem Haus gehalten werden soll, und von einem chinesischen oder indischen Theater habe er noch nie was gehört, geschweige denn gesehen.

Ich durchquere weiterhin verschiedene Korridore, versuche, versperrte Türen aufzureißen.

Manchmal öffne ich eine Klasse, in der unterrichtet wird, und entschuldige mich für die Störung.

Endlich frage ich jemanden, wo die Klasse sein könne, in der mein Professor den Lichtbildervortrag über das chinesische und indische Theater hält.

Der Mann zeigt mir einen Korridor, durch den ich schon oft gehen wollte, aber nicht gegangen bin, da ich ihn nicht als Korridor empfunden, sondern für eine tief in die Mauer hineinversenkte Nische gehalten habe.

Ich gehe durch, möchte dem Professor endlich mitteilen, daß er die Dias nicht beim Portier vergessen haben kann, aber der Raum ist schon dunkel, verdunkelt, zu spät, der Vortrag hat schon begonnen, der Professor steht beim Projektor und schiebt höchstpersönlich die Bilder durch den Apparat.

Ich gehe gebückt, um den Lichtstrahl, der die Bilder auf das weiße Packpapier an der Tafel wirft, nicht zu unterbrechen, schleiche mich leise, möglichst leise, um die Worte des Vortragenden nicht zu stören, an ihn heran, stehe dann hinter ihm, setze fort, die Bilder durchzuschieben, ihm endlich die Möglichkeit zu geben, sich voll und ganz auf seine Ausführungen zu konzentrieren.

Der Lichtbildervortrag geht zu Ende, ich entschuldige mich, erkläre, wie ich die Klasse nicht mehr gefunden. Der Professor lächelt, sagt, das mache nichts, könne passieren, sei schon vielen passiert, bedankt sich, sei nett, daß ich ihm geholfen hätte, eine große Hilfe, und solche Mißgeschicke gar nicht erwähnenswert.

Er nimmt mich mit dem Taxi mit, wir fahren über den Schwarzenbergplatz, wo er mich auf die Französische Botschaft aufmerksam macht.

»Kommt es Ihnen nicht sehr eigenartig vor, daß dieses Gebäude dort, ausgerechnet dort steht?« fragt er.

»Nein«, antworte ich.

»Fällt Ihnen an diesem Gebäude nichts auf?« fragt er weiter.

»Nein.«

»Es fällt Ihnen gar nichts Besonderes auf?«

»Ich wüßte nicht, was mir Besonderes auffallen sollte.«

»Glauben Sie denn, daß dieses Gebäude auch woanders stehen könnte?«

Ich wisse es nicht.

»Ist Ihnen nie die Idee gekommen, daß dieses Haus irrtümlich dort steht, irrtümlicherweise dort aufgestellt worden ist?«

»Nein.«

»Sehn sie, schaun Sie, dieses Gebäude steht aber irrtümlicherweise dort, diese Französische Botschaft ist irrtümlich hier, gerade hier aufgestellt worden, obwohl zuerst niemand eine solche Absicht gehabt hatte; aber man hat den Baumeistern die falschen Pläne übergeben; den Baumeistern der Französischen Botschaft in Wien hat man die Pläne für das Gebäude der Französischen Botschaft in Bangkok, und den Baumeistern des Gebäudes der Französischen Botschaft in Bangkok hat man die Pläne für das Gebäude der Französischen Botschaft in Wien übergeben; man hat die Pläne verwechselt; das Gebäude der Französischen Botschaft, das in Wien stehen sollte, steht in Bangkok, und das Gebäude der Französischen Botschaft, das in Bangkok stehen sollte, steht hier in Wien, hier, dort drüben! Und so etwas haben wir hier auf dem Schwarzenbergplatz!«

An jenem heißen Tag habe ich eine Ausstellung der Wiener Möbelindustrie besucht. Ich habe die Ausstellung aber nur deshalb besucht, da mir jemand erzählt hat, die Möbel seien nicht nur in Ausstellungsräumen ausgestellt, sondern stünden auch im Freien, heraußen auf den die Ausstellungsräume umgebenden Wiesen. Vor allem deshalb bin ich in die Ausstellung überhaupt gegangen, den Anblick von auf Wiesen stehenden Kleiderschränken, Küchenkredenzen, Nachtkästen, Betten etc. wollte ich mir nicht entgehen lassen, und wenn mir das nicht jemand erzählt hätte, ich hätte die Ausstellung nie besucht, da mich Möbel nicht interessieren, nie interessiert haben, und ich auch nie Interesse an Möbeln haben werde.
Als ich das Ausstellungsgelände betreten hatte, hat mich plötzlich ein schwarz gekleideter Herr, der aus einer versammelten Menge von schwarz gekleideten Herren getreten ist, angesprochen: »Es ist mir in Vertretung des Herrn Kanzlers, der leider verhindert ist, persönlich zu erscheinen, eine äußerst große Ehre, Sie als den hunderttausendsten Besucher der Wiener Möbelausstellung begrüßen zu dürfen.«
Er hat mir herzlich die Hände geschüttelt und mir ein Buch in die Hand gedrückt. Titel des Buches: »Das System von Wien«.
Die anderen zwanzig oder dreißig schwarz gekleideten Herren sind dann nach der Reihe mir entgegengekommen, ein zwanzig- oder dreißigfaches Händeschütteln ist die Folge gewesen, und jeder dieser zwanzig oder dreißig schwarz

gekleideten Herren hat mich gefragt, was ich denn machte, wie es mir ginge, welchen Beruf ich hätte, und ich habe jedem dieser zwanzig oder dreißig Herren zwanzig oder dreißig Mal erklärt, daß sie einen Musikwissenschaftler vor sich hätten.
Anschließend hat mich dann der Vertreter oder Vertraute des Kanzlers zur Seite gezogen und mir fragend zugeflüstert »darf ich Sie auf ein Krügel Bier einladen?«, und ich habe ihm geantwortet, »selbstverständlich dürfen Sie«.
Ich bin dann mit ihm in ein sich in der Nähe befindliches Gasthaus gegangen, wir haben uns niedergesetzt, und er hat zwei Krügel Bier bestellt. Plötzlich hat er mir zugeflüstert: »Wissen Sie, manchmal kommt es mir sehr merkwürdig vor, daß ich der Vertraute des Kanzlers bin, ausgerechnet ich, und manchmal glaube ich, ich sei gar nicht der Vertraute des Kanzlers, ein bedauerlicher Irrtum, in Wirklichkeit sei ein ganz anderer der Vertraute des Kanzlers.« Und manchmal, hat der Vertraute des Kanzlers gesagt, ginge es dem Kanzler ganz gleich wie ihm, seinem Vertrauten. »Der Kanzler sagte mir einmal«, hat der Vertraute gesagt, »es komme ihm manchmal sehr merkwürdig vor, daß er der Kanzler sei, ausgerechnet er, sei«, und manchmal glaube er, habe der Kanzler seinem Vertrauten gesagt, er sei gar nicht der Kanzler, ein bedauerlicher Irrtum, daß er der Kanzler sei, und in Wirklichkeit sei wahrscheinlich ein ganz anderer der Kanzler. Aber dann, hat der Vertraute des Kanzlers gesagt, rafft sich der Kanzler ganz plötzlich wieder auf und sagt ihm, seinem Vertrauten, daß er ganz selbstverständlich der Kanzler sei, wie er, der Kanzler, nur auf die Idee kommen könne, nicht der Kanzler zu sein?
Der Vertraute des Kanzlers hat noch zwei Krügel Bier bestellt, ist dann ganz plötzlich erschrocken aufgefahren und hat gefragt: »Wie konnte es denn vorhin dazu kommen, daß ich Ihnen sagte, es käme mir manchmal merkwürdig vor, daß ich der Vertraute des Kanzlers sei, daß ich manchmal glaube, ich sei gar nicht der Vertraute des Kanzlers, obwohl ich ja der Vertraute des Kanzlers bin?« Der Vertraute des

Kanzlers hat gesagt, natürlich sei er der Vertraute des Kanzlers, wie könne er nur auf die Idee kommen, nicht der Vertraute des Kanzlers zu sein.
Ich glaube, der Vertraute des Kanzlers suchte in seinen folgenden Worten die Ursache der Art und Weise seines Gespräches mit mir in der in dieser Jahreszeit alle Köpfe durch das Firmament umherwerfenden Hitze.
Das Gespräch in diesem Gasthaus einem Ende zuführend, hat der Vertraute des Kanzlers noch einmal den Kanzler erwähnt und erzählt, der Kanzler werde nach ein paar erfolgreichen Kanzlerjahren vermutlich auf der Universität eine Lehrkanzel übernehmen.
Wir haben das Gasthaus verlassen, ich habe mich vom Vertrauten des Kanzlers verabschiedet und mich für das Bier bedankt.
Dann wollte ich das Gelände der Möbelausstellung sofort wieder verlassen, weil ich die auf den die Ausstellungsräume umgebenden Wiesen ausgestellten Möbel nicht vorgefunden habe und mich die in den Ausstellungsräumen ausgestellten Möbel nicht interessiert haben, Möbel haben mich überhaupt nie interessiert. Da haben mich einige der schwarzgekleideten Herren, die noch immer am Eingang des Möbelausstellungsgeländes herumgestanden sind, gefragt, ob ich mir denn nicht die Möbelausstellung anschauen wolle. Darauf habe ich dann den zwanzig oder dreißig schwarzgekleideten Herren ganz klipp und klar erklärt, ich sei nicht wegen der Möbelausstellung dahergekommen, besuchte Möbelausstellungen nicht, es sei nicht meine Art, Möbelausstellungen zu besuchen, sondern nur dahergekommen, da mir jemand erzählt habe, die Möbel seien nicht nur in den Ausstellungsräumen, sondern auch auf den die Ausstellungsräume umgebenden Wiesen ausgestellt, und der Anblick von auf Wiesen stehenden Möbeln habe mich dazu veranlaßt, diese Möbelausstellung zu besuchen, ich habe noch nie Möbel auf Wiesen stehen gesehen, nun stünden da aber gar keine Möbel auf den Wiesen, und Möbel in Räumen, besonders Möbel in Ausstellungsräumen, interessierten mich nicht.

Ich habe dann sofort das Gelände der Möbelausstellung verlassen. Das Buch, das mir der Vertraute des Kanzlers überreicht hat, habe ich in den nächsten Papierkorb *hineingelegt*. Es ist ein sehr heißer Tag gewesen, und ich habe es als zu umständlich, unbequem und auch unnötig empfunden, ein Buch unter dem Arm zu tragen. Titel des Buches: *Das System von Wien*.

Schon jahrelang fahre ich von der Station »Jörgerbad« *mit einem roten Straßenbahnzug der Linie 43 in die Musikwissenschaft hinein* und *vom Schottentor Richtung Jörgerbad wieder heraus.*
Eines Tages fahre ich wieder in die Musikwissenschaften hinein, um an mein Ziel zu gelangen, aber der Straßenbahnzug scheint mir irgendwie unfähig, anzukommen, allzu lasch hängen die Bügel, baumeln von der Oberleitung, und ein verdächtiges Flattern der pneumatischen Türen wie im Wind das Flattern von Hemden am Wäschestrick, und dieses klirrende Türflattern aus den Rahmen fallend scheint sich auf die ganze Garnitur zu übertragen, deren äußere Karosseriehaut mir beim flüchtig schrägen Blick aus dem Fenster auf einmal eingefallen runzelig faltig vorkommt, als wollte sich der ganze Zug, mitten auf der Straße immer weiter in sich gefurcht, zu einem kugelig gewölbten Alteisenhaufen einrollen.
Somit muß ich auf einmal erwägen, daß alle meine bisherigen Jahre an der Wiener Universität ein fabelhafter Schwindel gewesen sind, ein einmaliger Betrug, wie er in seiner Hinterhältigkeit und Gemeinheit den wirtschaftspolitischen Korruptionsaffairen der österreichischen Bauskandale nicht nachsteht: sowohl ein Betrug meinerseits an der Wissenschaft, von der ich geglaubt habe, sie mir zu erwerben, als auch ein Betrug der Wissenschaft an mir, die mich glauben ließ, für sie unentbehrlich zu sein.
»Alles aussteigen!«, brüllt der Schaffner, ich dränge mich

aus der Straßenbahn und gehe doch wieder wie an jedem anderen Tag in die Universität hinein und hinauf, alles scheint gerade noch einmal gelaufen, und während ich von einem Gangfenster des ersten Stockes aus die schlierenbedeckten Straßenbahnschienen beobachte, auf deren Hitzewellen die bunten Schmetterlingsschwärme dieses hervorbrechenden Sommers herbei- und hinwegschwimmen und in die Luft dieses Tages wie ein lebhaft vielfarbig schwankendes Muster hineingestrickt sind, zieht mich plötzlich einer jener vertrottelten Assistenten, die ich noch immer zu ertragen habe, zur Seite und flüstert mir mit heiserer Stimme ins Ohr: »Ich habe eine Musikgeschichte für Sie, immer halte ich eine Musikgeschichte für Sie bereit, und Sie sollten mir dankbar sein...« Dann drückt er mir ein Kuvert in die Hand und verschwindet im nächsten Hörsaal.

Als ich den Umschlag öffne, finde ich aber zu meinem Erstaunen *keine* der erwarteten üblichen Abschriften eines schon wieder neu entwickelten Verfahrens einer mit Notenbeispielen belegten Methodenbeschreibung der Hoffnung, *Die Kunst der Fuge* eines Tages doch noch beinahe authentisch fertigstellen zu können, *sondern,* mit dem handschriftlich versehenen Bleistiftvermerk »Für uns nicht verwendbar«, *einen Auslandskrankenschein der Kärntner Gebietskrankenkasse,* und zwar unmißverständlich ausgestellt auf meinen Namen.

Obwohl ich mir zunächst vorgenommen habe, den Abschluß der Vorlesungen über *Die Entwicklung der Toccata von Frescobaldi bis J. S. Bach,* die mich bis zu diesem Tag immer sehr interessiert hatten, unbedingt zu besuchen, gehe ich sofort aus der Universität heraus, da ich das Gefühl habe, *in dieser Universität nichts mehr zu suchen* zu haben, in dieser Universität eigentlich nie weder etwas gesucht noch gefunden zu haben, und *obwohl ich eigentlich jahrelang in diese Universität hineingegangen bin, bin ich eigentlich nie wirklich drinnengewesen.*

Als ich durch den Haupteingang das Gebäude verlasse, trete ich aber *nicht* wie erwartet sonst immer *auf den Ring beim*

Schottentor, sondern völlig woanders ganz unerwartet universitätsjenseits abgelegen und schon ganz dort oben ungefähr auf jener Höhe *in die Alserstraße* hinaus, als wäre ich soeben aus den invaliden Hallen und geborstenen Höfen des alten Allgemeinen Krankenhauses herausgeblasen worden, dessen abbröckelnde Mauern hinter mir sich in das kompliziert schlampige Holzbalkengefüge riesiger Krücken stützen, welche ihnen vermutlich von einem jener womöglich in die korruptesten Skandalaffairen hineinverstrickten Baumeister angepaßt worden waren.

Eines Tages bin ich am Gürtel in die Stadtbahn eingestiegen, bis Hietzing gefahren, von der Hietzinger Brücke dann mit der Sechzigerlinie Richtung Rodaun, aber schon bei der Station Rosenhügel-Riedelgasse ausgestiegen, dann zuerst die Riedelgasse entlang den Zäunen gegangen, die den Park der Nervenheilanstalt von der Straße trennen.
Ich kann mich nur flüchtig an die hohen Zäune, die Schneedecke, die Häuser und Villen am Rand der Straße und an einen Bauplatz erinnern, wo ein Arbeiter ein Brettergerüst genagelt hat.
Es hat mich gestört, daß dieser Arbeiter die Bretter alle parallel waagrecht vom Boden aus in die Höhe genagelt hat, so bin ich zu ihm hingegangen, habe ihn beschwört: »Geben Sie doch dieses Brett bitte senkrecht zu den anderen, sehen Sie nicht, daß es so sein müßte?«
Der andere hat mich nur dumm angeschaut und auch jenes und alle folgenden Bretter parallel zu den anderen genagelt und mir, der ich die Straße wahrscheinlich weiter hinaufgegangen, verwundert nachgeschaut.
Das spürt man, wenn einem jemand nachschaut, das spürt man sehr genau.
Dann muß ich auf einem Hügel angelangt sein, vor mir wurde ein dunkler Laubwald errichtet.
Ich erinnere mich, die einzelnen Bezirke von Wien gesehen

zu haben, wie sie im Nebel an solchen Tagen daliegen, an denen man glaubt, das Leben folge unter der Straßendecke verborgen katakombischen Bahnen.
Dann habe ich den Bildhauer gesehen, wie er unter einem Baum eine Gipsskulptur aufgestellt hat, bin auf ihn zugegangen und habe mich neben ihn gestellt.
»Gefällt es Ihnen«, hat der Bildhauer gefragt, und ich habe der Höflichkeit halber die Frage bejaht.
Ich kann mich an die Figur, die er modelliert hat, nicht mehr erinnern, weiß nur, daß ich sie als eine in feste Materie übersetzt geformte Darstellung der grauen Herbstluft genauso unangenehm empfunden habe wie diese nebligen Tage, an denen alles wie fortgehüllt weggedreht ist. *Sie werden nun glauben, ich sei ein Bildhauer,* hat der Bildhauer gesagt, *aber das ist ein Irrtum.*
Sie glauben, ich stände hier unter diesem Baum und beschäftigte mich mit dieser zugegebenermaßen eigenartigen Skulptur, aber das verhält sich keineswegs so, nein, auch daß Sie jetzt hier stehen, neben mir stehen, ist eine reine Vorstellungsangelegenheit, und selbstverständlich befinden wir uns naturgemäß immer irgendwo anders, als uns eigentlich den Gegebenheiten gemäß erscheint, horchen Sie, wahrscheinlich befinden wir uns nirgendwo anders, jawohl, als in einem, wie sagt man, mehr oder weniger abgeschlossenen Raum, einem uns verdächtig bekannt vorkommenden Zimmer, Sie werden es nicht für möglich halten, ja was machen wir denn dort, nun, Sie werden schon wieder nicht glauben, aber horchen Sie, wir sitzen, ja, sitzen vermutlich an einem Tisch, und was machen wir da, Sie werden staunen, wir schreiben, jawohl, wir schreiben, was, zunächst schreiben wir, daß wir in diesem Raum, wie sagt man, sitzen, aber das wird uns nicht genügen, Sie verstehen, seit wann genügt es, wenn man schon etwas schreibt, einfach zu schreiben, man säße in einem verdächtig in sich abgeschlossenen Zimmer, nein, also schreiben wir was anderes, wir schreiben also nicht, wir säßen nicht in diesem Zimmer, nein, was schreiben wir dann, Sie werden sich gar nicht wundern, jawohl,

Sie werden einzusehen wissen, daß wir alles mögliche, nur nichts von diesem Zimmer schreiben, und während Sie geschrieben haben, Sie seien am Gürtel in die Stadtbahn eingestiegen, bis Hietzing gefahren, dann mit der Sechzigerlinie Richtung Rodaun, aber schon bei der Station Rosenhügel-Riedelgasse ausgestiegen, dann zuerst bei der Nervenheilanstalt vorbei gegangen und hätten eine Baustelle erreicht, jawohl, horchen Sie, während Sie geschrieben haben, Sie hätten auf dieser Baustelle einen Arbeiter beobachtet, der ein Brettergerüst nach einer ganz bestimmten Konstruktionsart genagelt, dessen Strukturen Ihnen nicht ins Konzept gepaßt haben, was aber, und das werden Sie ohne Abstriche zugeben müssen, keineswegs bloß die Schuld dieses Arbeiters, sondern wahrscheinlich viel eher die Schuld Ihrer unklaren Schreib- und Ausdrucksweise auf Grund Ihrer mangelnden Schilderungstechnik gewesen ist, Sie müssen sich künftig klarer ausdrücken, um solche Konflikte mit der Arbeiterschaft zu vermeiden, während Sie also geschrieben haben, vielmehr während Ihrer Darstellung vorgegeben haben, es sei Ihnen nichts anderes übrig geblieben, als den Arbeiter mit unklaren Formulierungen aus dem Konzept bringen und somit mutwillig stören zu wollen, was Ihnen auf Grund Ihrer Ausdrucksweise aber nicht ganz gelungen sein dürfte, horchen Sie, werden Sie sich hinkünftig schon etwas klarer fassen müssen, um solche Konflikte mit dem Proletariat zu vermeiden, dergleichen Streitigkeiten mit schwerschuftenden Leuten können schlimmere Folgen zeitigen als verständnisloses Kopfschütteln, jawohl, während Sie also geschrieben haben, daß sie die Straße wahrscheinlich weiter hinauf gegangen, diesen Hügel heraufgekommen seien und diese von Ihnen beschriebene Stadt von oben besichtigt hätten, ich betone, von Ihnen beschriebene Stadt, und dann weiter geschrieben haben, Sie hätten dann plötzlich mich gesehen, jawohl, mich mit meiner von mir und dann auch von Ihnen beschriebenen Skulptur, und dann haben Sie weiter geschrieben, Sie hätten sich, jawohl, neben mich gestellt, währenddessen habe ich es mir wesentlich einfacher gemacht und einfach beschrieben, wie ich hier unter diesem Baum stehe, auf Sie warte und bis zum endlichen Erscheinen Ihrer Gestalt mich mit einer angeblichen Skulptur, wie man das so nennt, beschäftige, verstehen Sie, die mir und auch Ihnen als eine in feste Materie übertragen geformte Darstellung der grauen Herbstluft begreiflich werden kann im Nebel dieses Tages, an dem man glaubt, das Leben folge unter der Straßendecke verborgen katakombischen Bahnen.

Ich weiß nicht mehr, wie ich wieder zurück zur Straßenbahnstation gekommen bin.

Ein Kollege hat mir berichtet, dieser hat es wieder von einem anderen erfahren, ich sei dort von Mittag bis abends vor der Straßenbahnhaltestelle gestanden und habe auf einen Straßenbahnzug der Linie 60 gewartet.

Aber ich soll in keine Straßenbahn eingestiegen, obwohl fahrplanmäßig hunderte vorbeigekommen und stehengeblieben sein sollen. Der Schaffner soll mich oftmals aufgefordert haben einzusteigen, aber ich sei ganz still dort angeblich weiter gestanden und habe auf nichts reagiert.

Das einzige, woran ich mich erinnere, ist das Haus nebenan und eine Frau, die aus einem Fenster die ganze Zeit ihre Tücher ausgestaubt hat.

Als es schon dunkel geworden war, soll mich ein ängstlicher Bürger in die Polizeistation gegenüber zu befördern versucht haben, da er vermutlich vermutet haben dürfte, ein verdächtiges Element zumindest in Form eines aus der Nervenklinik Entsprungenen vor sich zu haben.

Jedenfalls bin ich dann am nächsten Tag zu Hause aufgetaucht zurück im Zimmer.

Ich habe meine täglichen Kleider angehabt, als ich aufgewacht bin und mich auf dem Diwan liegend gefunden habe.

Es ist unmöglich, musikwissenschaftlich eine Wohnung zu suchen, zu finden, geschweige denn, in eine musikwissenschaftliche Wohnung einzuziehen.

Ich mache einen Spaziergang durch den Wienerwald.
Da höre ich den Ruf eines Käuzchens.
Da es nicht üblich ist, bei Tag ein Käuzchen zu hören, weil es sich bei diesen Tieren um typische Nachtvögel handelt, wundere ich mich sehr.
Während ich mir alles überlege, springt hinter einer Felswand ein Mann, der einen schwarzen Mantel und eine Melone trägt, hervor, zieht den Hut und sagt »Guten Tag«.
»Guten Tag«, antworte ich.
Ich bin mir fast sicher, daß nicht ein Käuzchen, sondern eher dieser Mann mit schwarzem Mantel und Melone den Ruf des Nachtvogels von sich gegeben, ja, der Mann mit Mantel und Melone könnte den Käuzchenruf imitiert haben, ja, das traue ich ihm ohne weiteres zu.
Natürlich fühle ich mich gefoppt, aber wahrscheinlich hat der Mann mich gar nicht foppen oder an der Nase herumführen wollen, es ist ja möglich, denke ich, daß der mit der Melone und dem schwarzen Mantel zu seinem eigenen Vergnügen bei Tag die Stimme eines Nachtvogels nachgemacht hat, während ich zufällig vorbeigekommen bin.
Weil ich ihn überrascht habe, dürfte ihm nichts anderes übriggeblieben sein, als hinter dem Felsen hervorzuspringen und mich zu grüßen. Wobei ich ihn überrascht haben könnte, ist mir ein Rätsel.
Er tritt auf mich zu, gibt mir die Hand.
Wahrscheinlich hat er – vollkommen zu Recht übrigens – das Gefühl, er könnte in meinen Augen zu einer komischen Figur geworden sein.
Der Mann dürfte den Verdacht hegen, er sei in meinen Augen eine lächerliche Person, was auch den Tatsachen ent-

spricht, aber niemand möchte eine lächerliche Gestalt sein, jeder will ernst genommen werden, und er will beweisen, daß er eine sehr ernst zu nehmende Persönlichkeit darstellt.
Also will er sich mir gegenüber rehabilitieren.
»Fett mein Name«, sagt er, »Christian Fett, aber wenn Sie sich den Namen Fett nicht merken sollten, können Sie ruhig Christian zu mir sagen.«
Herr Fett fragt, ob er mich ein Stück begleiten dürfe, er habe denselben Weg. Es bleibt mir nichts anderes übrig, als ihm zu antworten: »Natürlich dürfen Sie.«
Wie soll ich denn verhindern, daß er mich begleitet, es ist unmöglich, seine Begleitung abzuschütteln.
»Wenn Sie Schwierigkeit haben, sich meinen Familiennamen zu merken oder ihn auszusprechen, nennen Sie mich ruhig beim Vornamen, denn obwohl es immer wieder den Anschein hat, mein Name sei leicht zu merken und auszusprechen, hat sich doch meistens das Gegenteil herausgestellt; übrigens ist es der Gemeinde Wien nicht hoch genug anzurechnen, daß dieses Gebiet naturbelassen bleibt und nicht verbaut wird; aber gerade solche Gebiete sind ungemein gefährlich, da man in einsamen Landschaften in Versuchung kommt, zu viel über sich selbst nachzudenken, nur mehr über sich selbst; da aber solche Landstriche von den wenigsten Leuten aufgesucht werden und die meisten von einer intensiven Selbstabgewandtheit beherrscht werden, stellen auch solche unbebauten und naturbelassenen Gebiete keine besondere Gefahr mehr dar.«
Plötzlich kommen uns einige dieser zahmen Wildschweine, wie sie im Lainzer Tiergarten zu Hunderten herumlaufen, entgegen und reiben ihre dunkelgrauen Rücken an seinem langen schwarzen Mantel, bis er ihnen mehrere Stück Brot, die er aus der Manteltasche herausholt, in die Rüssel steckt, worauf die Wildschweine wieder davonhüpfen.
»Sehen Sie«, erklärt mir Herr Fett, »so etwas kann man nur in einer solchen unverbauten und naturbelassenen Landschaft erleben.« Lange noch horcht er auf das Rauschen

und Rascheln der Zweige im Davonhüpfen der Wildschweine.

»Eigentlich bin ich Philatelist, leidenschaftlicher Markensammler«, setzt er sein Gespräch fort und versucht, mir die Vorteile der Markensammlerei auseinanderzusetzen. »Die Philatelisten sind das Gedächtnis der heutigen Gesellschaft, da von ihnen die wesentlichsten Faktoren der Gegenwart und Vergangenheit katalogisiert werden. Die Briefmarke, natürlich auch die Wert- und Stempelmarke, die Stempel- und Wertmarke jedoch in etwas geringerem Maße als die Briefmarke, ist das Ausdrucksmittel der jeweiligen Zeit, jede Epoche findet auf den ihr zukommenden Marken ihren Niederschlag; ich fordere für meine Leidenschaft, daß sie nicht nur als Leidenschaft, sondern in erster Linie als Wissenschaft eingestuft wird; denn ob es sich um die Natur handelt, den Fortschritt, ob es sich um das Glück oder um die Verzweiflung der Menschen dreht, alles wird auf der Briefmarke festgehalten; die Philatelistik ist nicht nur eine Naturgeschichte und Naturwissenschaft, sondern auch eine Geschichte, Soziologie, Philosophie, Pharmazie oder eine politische Wissenschaft: ich halte die Philatelistik für eine der heute noch am ehesten ernst zu nehmenden Forschungsgebiete, da die anderen Wissenschaften, ob sie Mathematik oder Physik genannt werden, ihre Bedeutung offensichtlich eingebüßt haben.

Wenn man glaubt, daß an den wissenschaftlichen Instituten der Universitäten wirklich Wissenschaft betrieben wird, unterliegt man einem bedauerlichen Irrtum. Hat ein Mensch zwanzig Hosen an, glaubt ein jeder, der diesem Menschen begegnet, dieser Mensch habe nicht zwanzig Hosen, sondern eine Pumphose an. Eigentlich müßte jeder gleich erkennen, daß das Denken an unseren Universitäten richtiger ein *Pumphosendenken* ist. Selbst wenn man das erkannt hat, läuft man Gefahr, einem weiteren bedauerlichen Irrtum zu erliegen. Die Leute an unseren Universitäten haben nämlich gar keine Pumphosen an, man glaubt das immer nur, weil es ganz den Anschein hat, als hätten sie Pumphosen an, in Wirklichkeit haben sie aber *zwanzig Hosen* an: zwanzig zerrissene Hosen. Deshalb ist die Wissenschaft, wie sie an diesen Instituten betrieben wird, nicht einmal eine Pumphosenwissenschaft, sondern nur eine *Zwanzighosenwissenschaft*. Es wäre ja schön, wenn die Wissenschaft, wie sie dort betrieben wird, wenigstens eine Pumphosenwissenschaft wäre, aber sie ist nur eine traurige *Zwanzighosenuniversitätswissenschaft,* und das Denken an unseren Universitätsinstituten ist leider nicht einmal ein Pumphosendenken, sondern ein *Zwanzighosendenken.* Meistens jedoch haben die Leute, die die Wissenschaft dort betreiben, nicht einmal zwanzig, sondern überhaupt keine Hosen an. Deshalb ist die Wissenschaft, wie sie auf unseren Universitäten betrieben wird, nicht einmal eine Zwanzighosenwissenschaft, sondern überhaupt keine, und das Denken an unseren Universitäten ist nicht einmal ein Zwanzighosendenken, sondern eine unvorstellbare Kette von Gedankenlosigkeiten. Dieser Sachverhalt ist an unseren Universitäten selbst zum Großteil sehr bekannt, weshalb die Leute, die dort das betreiben, was sie als Wissenschaft bezeichnen, nun versuchen, diese von ihnen als Wissenschaft bezeichnete Wissenschaft, die aber nicht einmal eine Pumphosenwissenschaft darstellt, wenigstens als eine Zwanzighosenwissenschaft zu tarnen. So betreiben sie eine *Scheinpumphosenwissenschaft* oder eine *Scheinzwanzighosenwissenschaft* und werden von ihrem eigenen *Scheinpumphosendenken* und *Scheinzwanzighosendenken* getäuscht.

Während die anderen Wissenschaften in ihrem Niveau immer tiefer sinken, steigt das Niveau der Philatelistik zusehends; ich verwende absichtlich das Wort ›Philatelistik‹, weil es im Deutschen noch keinen geeigneten Begriff dafür gibt und die Bezeichnung ›Markensammlerei‹ den Bereich zu einer gefälligen Liebhaberei abstufen würde.«

Ob ich mir schon einmal Gedanken darüber gemacht hätte, fragt Herr Fett, worin der Unterschied zwischen der jugoslawischen Briefmarke mit dem Kopf des jugoslawischen Königs Alexander vor seinem Tod und der jugoslawischen

Briefmarke mit dem Kopf des jugoslawischen Königs Alexander unmittelbar nach seinem Tod bestehe.
Nein, entgegne ich.
»Sehen Sie«, erklärt Herr Fett, »die Briefmarke mit dem Kopf des Königs Alexander vor seinem Ableben hat einen weißen Rand, und die Briefmarke mit dem Kopf des Königs Alexander unmittelbar nach dessen Ableben hat einen schwarzen Rand.«
Anschließend versucht mich der Markensammler auf die Bedeutung der Natur- und Tierserien aufmerksam zu machen und versichert mir, daß man in nächster Zeit in Österreich eine ganze Wildschweinserie herausbringen wird; Abbildungen von Wildschweinen auf rotem, gelbem, schwarzem, blauem, braunem und violettem Untergrund.
»Sie müssen wissen«, erklärt der Markensammler weiter, »ich bin nämlich der Präsident der Österreichischen Philatelistischen Gesellschaft und werde beim kommenden Philatelistischen Kongreß wahrscheinlich zum Präsidenten der Europäischen Philatelistischen Gesellschaft gewählt werden, da der jetzige Präsident der Europäischen Philatelistischen Gesellschaft in den Ruhestand treten will, und wenn Sie einmal etwas von einem Lehrstuhl für Philatelistik hören sollten«, erklärt Herr Fett, »dann denken Sie an mich, denn ich habe die Absicht, *systematische und allgemeine Philatelistik* sowie *Geschichte der Philatelistik* zu lehren.«
Ich solle doch einmal in die Philatelistische Gesellschaft kommen, sagt er, solle mir dort einen seiner Vorträge anhören, solle bitte bei der Philatelistischen Gesellschaft anrufen, die Nummer könne ich in jedem Telefonbuch finden, und dann am Telefon nur einmal den Namen *Fett* erwähnen und sagen, ich solle sagen, ich riefe deshalb an, weil mir der Herr Fett empfohlen habe, anzurufen, und wenn man dort den Namen Fett erst einmal gehört habe, werde man mir jede erwünschte Auskunft erteilen, denn sobald sein Name falle, könne einfach nichts mehr schiefgehen.

Schon lange, nachdem sich Herr Fett von mir verabschiedet hatte, fällt mir ein, daß ich das Wichtigste vergessen hatte, ihn zu fragen, ob vorhin er den Ruf eines Käuzchens imitiert habe oder ob es tatsächlich ein Käuzchen gewesen, was bei herrschendem Tageslicht mit dem Erlebnis eines unvergleichlichen Naturwunders ausgezeichnet worden zu sein bedeutet haben könnte.

An klaren Frühlingsabenden bin ich oft am Donaukanal auf und ab spaziert.
Ich erwähnte die Luft, die aus dem Donaukanal gestiegen ist, die Spiegelungen der Versicherungspaläste und deren Leuchtreklamen im Wasser. Ebenso die Bögen der beleuchteten oder schwarzen Brücken, die sich umgekehrt proportional im Wasser wiederholen, ich spreche von Steinmauern und Backstein am Ufer. Ebenso ist von einem Fischgroßmarkt die Rede, der mich ans Meer erinnert, die Fischverkäuferhütten am Ufer.
An einem dieser lauen Frühlingsabende bin ich bei einer solchen Fischgroßhändlerhütte vorbeigegangen und habe einen Fischgroßhändler beobachtet, der gerade das eiserne Tor seiner Fischgroßhändlerhütte geschlossen hat.
Ich bin bei ihm vorbeigegangen, als jener gerade das eiserne Tor hinter sich geschlossen hatte. Der Fischgroßhändler hat danach ein übermäßig lautes »endlich« ausgestoßen. Gerade während dieses übermäßig lauten »endlich« bin ich bei ihm vorbeigegangen und habe mich nicht enthalten können, meiner Verwunderung darüber durch einen vermutlich sehr eigenartigen, ihm zugewandten Blick Ausdruck zu verleihen.
Dieser verwunderte Blick meinerseits hat dann wahrscheinlich ihn dazu veranlaßt, mich anzusprechen, wie es ja oft Leute gibt, die einen, wenn man sie aus irgendeinem Grund verwundert oder auch gar nicht verwundert anschaut, ansprechen.

»Sie haben vielleicht eine Ahnung!«, hat er gesagt. »Sie haben vielleicht eine Ahnung! Wenn Sie den ganzen Tag in der Gesellschaft von Fischen, in der Gesellschaft von toten Fischen, die Sie abwiegen, abwiegen müssen, verbringen; wenn Sie den ganzen Tag lang Befehle geben müssen, Fische abzuwiegen.«

Er hat mich zur Seite gezogen, gesagt: »Kommen Sie, ich sperre dieses Tor noch einmal auf, Ihretwegen sperre ich dieses Tor noch einmal auf.«

Er hat in seiner Hosentasche den Schlüssel gesucht, seinen kleinen, dicken Körper schräg nach abwärts gebeugt, während er mit seiner Hand in der Hosentasche herumgekramt, hat er Schwierigkeiten gehabt, seinen Schlüssel wieder zu finden, hat seinen Mantel beiseitegeschoben und dann unter seinem aschfarbenen Mantel den Schlüsselbund in der Hosentasche doch noch gefunden.

Dann hat er sich niedergehockt, um das zehn Zentimeter über dem Boden liegende Schlüsselloch zu erreichen, den Schlüssel ins Schlüsselloch eingeführt, ihn umgedreht und das Tor hochgeschoben.

Er hat mich dann in seine Fischgroßhandlung hineingeführt und gesagt: »Wenn Sie hier den ganzen Tag verbringen müßten in der Gesellschaft dieser toten Fische!«

Es hat mich jedoch sehr, aufs äußerste, gewundert, so sehr ich auch herumgeschaut habe, keinen einzigen Fisch zu sehen, keinen einzigen Fisch in diesem Fischgroßverkaufsladen, aus dessen Wänden in Brusthöhe hölzerne, abgewetzte, tischflächenartige Bretter »gewachsen« sind.

Ich habe keinen einzigen Fisch gesehen, obwohl ich auf Grund des Geruches in dieser Gegend dauernd erwartet hatte, Fischen, toten Fischen zu begegnen.

Es ist aber auch möglich, daß jene von mir vermuteten Fische in für mich nicht sichtbaren Wandschränken aufbewahrt gewesen sind.

»Sie werden nun glauben«, hat er dann zu reden begonnen, »ich sei ein Fischgroßhändler, aber das ist ein weitreichender Irrtum!« In Wirklichkeit sei er nämlich gar kein Groß-

fischhändler, es schaue nur so aus, als sei er ein Großfischhändler, und sei es aber auch durchaus berechtigt, dauernd zu glauben, er sei ein solcher, ja, gut so, hat er gesagt, daß man dauernd glaube, er sei ein Fischgroßhändler, man könne das nie hoch genug einschätzen und wisse nie, wofür das alles gut, daß da ein jeder glaube, er sei ein Großfischhändler. In Wirklichkeit sei er nämlich gar kein Großfischhändler, habe wirklich ganz andere Interessen als Fischgroßhandlungen betreffende, sein Großfischhändlerdasein sei nur eine ganz hervorragende Tarnmethode. In Wirklichkeit, hat er gesagt und mich geheimnisvoll beiseitegezogen, in Wirklichkeit sei er, von dem alle meinten, er sei Großfischhändler, gar kein Fischgroßhändler, nein, er sei kein Großfischhändler, sondern *Politiker!*
»Wenn Sie glauben«, hat er gesagt, »daß die Politik von jenen Leuten betrieben wird, die sich Politiker nennen, erliegen Sie einem schweren Irrtum! Denn für jene, die sich Politiker nennen, ist der Beruf des Politikers nur eine Täuschung, eine fabelhafte Tarnung der Öffentlichkeit gegenüber, genauso wie für mich der Beruf des Fischgroßhändlers eine Täuschung, eine fabelhafte Tarnung der Öffentlichkeit gegenüber darstellt. Jene Leute nennen sich Politiker, sind aber in Wirklichkeit gar keine, sie wollen nur allen Leuten glaubhaft machen, sie seien es, obwohl sie doch gar keine sind«, wie auch er, der Fischgroßhändler, allen Leuten glaubhaft machen wolle, er sei ein Großfischhändler, aber in Wirklichkeit sei er doch gar keiner, sondern eben Politiker. »Es ist«, hat er weiter erklärt, »durchaus möglich, daß die Politiker, die als Politiker bezeichnet werden, in Wirklichkeit Schneider, Weinhauer, Faßbinder, Schreiner, Sonderschullehrer, Maurer, Krankenpfleger oder Fleischhauer sind«, wie auch er, der Fischgroßhändler, eben kein Großfischhändler, sondern in Wirklichkeit Politiker. Und jene Leute, die sich als Politiker bezeichneten, glaubten ebenso, gut sei der allgemeine Anschein, sie seien Politiker, obwohl sie gar keine seien, sondern Lebensmittelverkäufer oder Schienenwärter, wie auch er, der Fischgroßhändler, glaube,

gut sei der allgemeine Anschein, er sei Großfischhändler, obwohl er gar keiner sei, sondern Politiker.
»Man kann nie wissen, wofür das alles gut sein kann«, hat er weiter erklärt: »Die Politik wird nie von den Politikern gemacht, wie auch die Großfischhandlungen nie von den Fischgroßhändlern betrieben werden. Die Politik wird von Leuten betrieben, die man nie in der Politik vermuten würde. Viele Leute sagen, die Politik wird von sogenannten Logen oder geistigen, hochgeistigen Vereinen oder Vereinigungen betrieben. Aber in Wirklichkeit seien selbst jene sogenannten Logen oder geistigen, hochgeistigen Vereine oder Vereinigungen dazu da, um die Möglichkeit zu bieten, gewissen Kreisen Anlaß zur Behauptung zu geben, sie, diese Logen, machten die eigentliche Politik und hätten alles zu bestimmen. »Die eigentliche Politik«, hat er nochmals erklärt, »wird von Leuten betrieben, die man nie der Politik zuzuordnen wagen wird.« Und er sei eine Art geistiges Oberhaupt dieser Leute, welche die eigentliche Politik betreiben und zu bestimmen hätten, was vor sich geht. Das Oberhaupt dieser Leute sei er, der Fischgroßhändler, er, von dem man behaupte, er sei der und der Großfischhändler am Donaukanal.
Er hat gesagt: »Viele, fast alle behaupten, der Kanzler sei das Oberhaupt der Regierung; selbstverständlich ist das ein Irrtum; denn der Kanzler hat den Parteiideologen hinter sich; der Kanzler ist nur eine Marionette des Parteiideologen und hat alle Befehle des Parteiideologen auszuführen. Nur wenige Eingeweihte wissen das. Jetzt wird man meinen, der Parteiideologe sei das eigentliche Oberhaupt der Regierung, weil er, der Parteiideologe, dem Kanzler die jeweiligen Befehle erteilt; aber auch das ist ein Irrtum, denn der Parteiideologe hat hinter sich seinen Sekretär; der Parteiideologe ist nur eine Marionette seines Sekretärs und hat alle Befehle seines Sekretärs auszuführen, der Parteiideologe muß die Befehle seines Sekretärs dem Kanzler weitergeben.« Der Kanzler glaube dann, die Befehle des Parteiideologen seien auf dem Mist des Parteiideologen gewachsen, aber der

Kanzler irre sich, denn diese Befehle hätten nicht in der Person des Parteiideologen ihren Ursprung, sondern stammten vom Sekretär des Parteiideologen.
»Jetzt«, hat der Fischgroßhändler seine Ausführungen fortgesetzt, »wird man meinen, der Sekretär des Parteiideologen sei das eigentliche Oberhaupt der Regierung, weil er die Befehle dem Parteiideologen gibt, der sie dem Kanzler weitervermittelt. Aber das ist der kurioseste Irrtum in dieser Geschichte«, denn, hat der Fischgroßhändler ausdrücklich gesagt, hinter dem Sekretär des Parteiideologen stehe nämlich er, der Großfischhändler, selbst, er, der Fischgroßhändler, stehe hinter dem Sekretär des Parteiideologen, er, der Großfischhändler, von dem alle glaubten, er sei dieser Fischgroßhändler am Donaukanal, und der Sekretär des Parteiideologen sei nur seine Marionette und habe alle seine Befehle auszuführen, dem Parteiideologen weiterzugeben, der sie dem Kanzler vermittle. »Der Parteiideologe«, hat der Großfischhändler fortgesetzt, »glaubt dann immer, die ihn erreichenden Befehle seien auf dem Mist seines Sekretärs gewachsen, genau wie der Kanzler glaubt, diese Befehle seien auf dem Mist des Parteiideologen gewachsen; aber das ist ein Irrtum, denn weder sind die Befehle des Parteiideologen auf dem Mist des Parteiideologen, noch sind die Befehle des Sekretärs des Parteiideologen auf dem Mist des Sekretärs des Parteiideologen gewachsen, sondern alle Befehle sind *auf meinem Mist gewachsen!*« Und wenn man jetzt der Meinung, er, der Großfischhändler, sei das eigentliche Oberhaupt der Regierung, dann habe man gar nicht so unrecht, im Gegenteil, man sei über die tatsächlichen Zustände und Sachverhalte vollauf und wahrheitsgemäß informiert, da er, der Fischgroßhändler, das eigentliche Oberhaupt der Regierung, weil der Kanzler – über Umwege – nur seine Marionette sei und er alle seine Fischgroßhändlerbefehle, die ihm über jene genannten Umwege, von denen der Kanzler aber nicht die kleinste Ahnung habe, zukommen, ausführen müsse. »Also«, hat der Großfischhändler gesagt, »ich bin der eigentliche Kanzler, weil alles so durchgeführt

wird und vor sich geht, wie ich es bestimme.«
Die Umwege dieser Befehlsvermittlungen und Anweisungsweitergaben hätten allerdings große Nachteile. Der Großfischhändler hat über unnötigen Energieausfall zu sprechen begonnen. »Diese oft äußerst komplizierten Befehlsvermittlungsumwege und Anweisungsweitergabenverwicklungen spielen sich nicht reibungslos, sondern reibungsvoll ab; durch dauernde Reibung fällt Energie aus, bei Reibungen fällt immer Energie als Wärme aus, die nicht mehr genutzt werden kann; meine Befehle und Anweisungen verlieren Energie!« Zu viel Befehlsenergie ginge verloren; nicht mehr nutzbare Anweisungsenergie.
Darin sei auch der Grund und die Ursache zu suchen, warum in dieser Regierung manchmal, meistens manchmal, des öfteren, manchmal des öfteren, meistens manchmal des öfteren, meistens des öfteren, manchmal meistens meistens, meistens, meistens nicht immer alles so, wie es sein sollte.
»Weil zu viel Befehlsenergie verlorengeht.« Deshalb werde es für den Großfischhändler eines Tages keinen anderen Ausweg mehr geben, als dem Sekretär des Parteiideologen den Befehl zu erteilen, daß er auf der Stelle die Stelle des Kanzlers einzunehmen gezwungen, weil es nicht mehr so wie bisher weitergehe, nicht anders möglich, sondern notwendig, endlich einen Kanzler, der keine Marionette, als Oberhaupt der Regierung einzusetzen. Der Sekretär des Parteiideologen werde dann den Befehl dem Parteiideologen weiterleiten, der ihn dem Kanzler überbringen werde.
Der Fischgroßhändler ist plötzlich in ein schallendes Gelächter ausgebrochen, hat einen richtigen Lachkrampf bekommen und hat seine Rede schadenfroh, während seines noch andauernden Lachens ein wenig lallend, fortgesetzt: »Der Kanzler wird zwar im ersten Moment erstaunt sein, weil er von mir, dem Großfischhändler am Donaukanal, nicht die geringste Ahnung hat; wahrscheinlich wird er versuchen, den Befehl zu verweigern, weil er noch gar nicht die Absicht haben dürfte, seinen Posten aufzugeben, aber letztlich wird ihm nichts anderes übrigbleiben, als abzudanken,

da er nur eine Marionette des Parteiideologen, der Parteiideologe nur eine Marionette seines Sekretärs und der Sekretär des Parteiideologen nur meine Marionette ist!«
Von seinem momentanen beinahe leidenschaftlichen Heiterkeitsausbruch zu einer gewissen Sachlichkeit zurückkehrend, hat der Fischgroßhändler schließlich erläutert, es werde sehr lange dauern, bis letzterer Befehl ausgeführt, weil durch vorhin geschilderte komplizierte Methode der Befehlsübermittlung viel Befehlsenergie unbrauchbar ausfalle, und auch durchaus möglich wäre, daß gerade bei einem Kanzlerwechselbefehl so viel Befehlsenergie verlorenginge, daß er ihn ein zweites, viertes, sechstes, achtes, zehntes, fünfzigstes, hundertstes Mal wiederholen werde müssen. »Aber einmal wird der Befehl zur Kenntnis genommen werden, der Kanzler wird abdanken, ich werde seine Funktion übernehmen, man wird nichts Absonderliches dabei finden; ich werde ein wirklicher Kanzler und keine Marionette sein!« Da werde er aber ganz andere Saiten aufziehn. »Ganz andere Saiten!«
Vorläufig aber sei er noch der Fischgroßhändler, der Großfischhändler, von dem alle meinen, er sei der Fischgroßhändler, der in Wirklichkeit er gar nicht sei, aber gut so, daß man allerseits glaube, er sei es, und man wisse nie, wofür das alles einmal gut sein werde. Dann hat er gesagt, er könne jetzt eigentlich die Fischgroßhandlung schließen, da er mir die Großfischhandlung nun ausführlich gezeigt, in der ich keinen einzigen Fisch gesehen, obwohl der Geruch von totem Fisch mir fast den Magen umgedreht hätte. Der Fischhändler hat mit einer seiner Hände den aschgrauen Mantel beiseitegeschoben, aus einem seiner Hosensäcke den Schlüssel hervorgeholt, das eiserne Tor der Fischgroßhandlung heruntergeschoben, sich gebückt, den Schlüssel in das zehn Zentimeter über dem Boden liegende Schlüsselloch des Fischgroßhandlungstores eingeführt und das Tor abgesperrt.
Dann hat er sich wieder erhoben und ein übermäßig lautes »endlich« ausgestoßen.

Er hat sich dann von mir noch sehr freundlich verabschiedet. In den Spiegelungen der Versicherungspaläste und deren Leuchtreklamen im Wasser, welche die Luft aus dem Donaukanal geweht hat, bin ich lange weiter entlanggegangen, bis die Finsternis des Stromes meine Augen aufgelöst hat.

Sehr geehrter Herr!
Können Sie sich noch an den vergangenen Samstag erinnern? Haben Sie an diesem Tag nicht plötzlich Lust verspürt, in die Konditorei zu gehen? Ein positives Lustgefühl, oder nicht? Sie sind doch dann, wie mir immer wieder glaubwürdig versichert wird, in die Konditorei in der Jörgerstraße gegangen, oder? Wahrscheinlich waren Sie vorher wohl noch nie in Ihrem Leben dort gewesen, weil mein Vater, der in diesem Geschäft beinahe ständiger Stammgast ist, Sie damals zum ersten Male dort gesehen hat.
Sie haben doch die gläserne Tür der Konditorei geöffnet, während Sie noch einen seitlich schrägen Blick geworfen auf die *grünen und roten nachgemachten künstlichen Naturgebilde aus Süßstoffen* im Schaufenster. Sind Sie dann nicht drinnen gewesen in der Konditorei und so plötzlich auf einem roten Plastikpolstersessel gesessen; und haben Sie wohl das Schließendergläsernentürhintersich, Ihr Hineingehenindenkaffeehausduft, Aussuchendessitzplatzes, Hingehenzueinemdieserrotenplastikpolstersessel und das Niedersetzen Ihrer Gestalt gar nicht richtig bemerkt, so daß Ihnen vorgekommen ist, dergleichen wäre niemals vorgefallen, weil Sie währenddem nach wie vor die *nachgemachten künstlichen Naturgebilde aus Süßstoffen* in der Auslage besichtigt und darnach noch immer als Farbnegativabbildung auf Ihrer Netzhaut behalten haben? Können Sie nur so sich erklären, daß auf einmal im roten Plastikpolstersessel Sie gesessen sind, ohne vorher zum Sessel hingegangen zu sein und sich auch niedergesetzt zu haben? Sie haben doch dar-

auf ein Punschkrapferl sich bestellt, gegessen und ein Glas
Wasser dazu getrunken, sind aber sehr bald schon aus der
Konditorei wieder hinaus, weil Sie es im süßlichen Kaffeeduft wahrscheinlich nicht mehr ausgehalten haben, das
kann ich verstehen. Ja, Sie haben gezahlt und sind aus dem
Geschäft sofort hinaus.
Aber vor Ihnen ist doch ein älterer Herr mit schwarzem Hut
und schwarzem Mantel, in den Händen ein Paket Süßigkeiten, eingewickelt in das Firmenpapier der Konditorei in der
Jörgerstraße, aus dem Geschäft hinaus, wissen Sie noch?,
dieses Paket hat der ältere Herr waagrecht in seinen Händen
gehalten, hat die Hände als Stützfläche für das Paket benützt, beide Hände, und deshalb die Tür des Geschäftes
nicht selbst zu öffnen vermocht, da er beide Hände zum
Tragen des Paketes Süßigkeiten benötigt und keine Hand
zum Öffnen der Konditoreitürklinke freigehabt hat, weshalb
eine rosarot gekleidete Verkäuferin mit einer kleinen kreisförmigen Schürze am Bauch (Schürzenradius etwa 25 cm)
ihm insofern behilflich gewesen ist, als sie ihm die Tür geöffnet hat, damit er die Konditorei verlassen kann. Hinter
ihm sind doch Sie aus dem Geschäft hinausgegangen, ohne
daß die Tür vorher zugefallen wäre, denn Sie haben der
rosaroten Konditoreiverkäuferin den schon geöffneten Türflügel aus der Hand genommen, sind heraus auf die Jörgerstraße, in Ihrem Mund wahrscheinlich einen bitteren Nachgeschmack von den Überresten des Punschkrapferls, die
sich in den Höhlen Ihrer Zähne verfangen hatten. Sie sind
hinter dem Herrn hergegangen (Richtung Hernalser Gürtel),
haben gesehn, wie er seinen Blick nach links gewandt in das
Schaufenster. Der vor Ihnen hergehende alte Herr hat *die
roten und grünen künstlich nachgemachten Naturgebilde
aus Süßstoffen* in der Auslage betrachtet. Er hat dann seinen Kopf wieder geradeaus gewandt, da er die etwa sieben
Meter lange Strecke, innerhalb derer der Gehsteig die Auslage begleitet, überwunden gehabt, so daß sich für seinen
Blickwinkel der Gehsteig nicht mehr die Auslage, sondern
graue schmutzige Hauswände entlang hingezogen. Ja, er hat

seinen Kopf vermutlich deshalb wieder geradeaus gewandt, da er sicher keine Lust verspürt, seinen Augen den Anblick grauer schmutziger Hauswände darzubieten. Hinter dem Auslagenbereich haben dann Sie den alten Mann gerade überholen wollen, weil er ziemlich langsam gegangen ist. Aber gerade in dem Augenblick, da Sie Ihre Schritte zum Überholmanöver beschleunigt, haben Sie gesehn, wie der alte Herr sich an der grauen schmutzigen Hauswand angelehnt hat, und dann ist er umgefallen (!), wissen Sie noch, während des Aufschlagens am Gehsteigasphalt hat sein Hinterkopf doch wahrscheinlich einen dumpfen Trommelschlag verursacht! Wenn Sie nicht seitlich rasch ausgewichen wären, wäre er direkt auf Sie hinaufgefallen, hätte Sie mit zu Boden gerissen, Sie wären genauso am Boden dagelegen, und Ihr Hinterkopf hätte beim Aufschlag auf den Gehsteigasphalt vermutlich einen ähnlich dumpfen Trommelschlag wie der Hinterkopf des Herrn beim Aufschlag auf den Gehsteigasphalt verursacht. Wie eine Holzlatte, die man schlecht an eine Wand anlehnt und die deshalb umfällt mit lautem Gepolter, so hat der alte Herr sich schlecht an die graue schmutzige Hauswand gelehnt und ist rücklings umgefallen mit lautem Gepolter. Es hat sich sofort eine größere Menschenmenge versammelt, und einer hat versucht, das Paket Süßigkeiten, eingewickelt in das Firmenpapier der Konditorei in der Jörgerstraße, das der alte Herr noch immer in seinen Händen gehalten, in beiden Händen, ihm zu entwenden, das ist aber nicht möglich gewesen, denn die Hände des am Boden Liegenden haben das Paket nicht von sich gegeben, sein ganzer Körper vollkommen steif, als sei er plötzlich zu Holz geworden, habe er sich in eine Ansammlung von Holzlatten verwandelt.

Jemandem der Leute, die sich da auf einmal angesammelt, um den alten Herrn, der steif am Boden gelegen, in den Händen das Paket Süßigkeiten, eingewickelt in das Firmenpapier der Konditorei in der Jörgerstraße, welches jener derart kräftig in den Händen gehalten hat, daß unmöglich gewesen wäre, es ihm zu entreißen, jemandem der Menge, die sich angesammelt, den am Boden liegenden Herrn zu betrachten, ist es eingefallen, daß man etwas tun müsse, es müsse unbedingt etwas getan werden, hat ein Mann der Menge, die sich versammelt, den am Boden liegenden Herrn zu besichtigen, gesagt, dem plötzlich eingefallen, daß etwas getan werden muß. Der Mann, dem der Gedanke gekommen, es müsse etwas getan werden, ist zu einem Telefonautomaten am nahegelegenen Hernalser Gürtel gelaufen und hat vermutlich die Rettung verständigt, während die versammelten Leute noch immer dagestanden sind und den am Boden liegenden alten Herrn betrachtet haben.

Aber als der Mann der Menge, dem eingefallen ist, daß etwas getan werden muß, gerade weggelaufen zu einem Telefonautomaten am nahegelegenen Hernalser Gürtel, um vermutlich die Rettung zu verständigen, als der Mann der Menge, die sich angesammelt, hernach verdoppelt und verdreifacht, um den alten, am Boden liegenden Herrn zu besichtigen, der ein Paket Süßigkeiten, eingewickelt in das Firmenpapier der Konditorei in der Jörgerstraße derart fest in den Händen gehalten hat, daß es unmöglich gewesen ist, es ihm zu entreißen, als der Mann der Menge, die sich angesammelt, hernach vervierfacht hat, um den rücklings am Boden daliegenden Herrn zu betrachten, als der Mann jener Menge, dem eingefallen ist, daß etwas getan werden muß, gerade weggelaufen zum nahegelegenen Hernalser Gürtel zu einem Telefonautomaten, vermutlich, um die Rettung anzurufen, als der Mann gerade weggelaufen ist, hat der alte Herr, der rücklings dagelegen, in den Händen ein Paket Süßigkeiten, eingewickelt in das Firmenpapier der Konditorei in der Jörgerstraße, das Paket derart fest in den Händen, daß es unmöglich gewesen ist, es ihm zu entwenden, als der Mann gerade weggelaufen, hat der alte, rücklings am Boden liegende Herr sich plötzlich erhoben, ist plötzlich aufgestanden, so mir nichts dir nichts ist der Herr einfach aufgestanden, auferstanden und hat sehr interessiert die angesammelte Menschenmenge, die angesammelt, um ihn, der er noch vor kurzem rücklings am Boden gelegen, in den Hän-

den ein Paket Süßigkeiten, eingewickelt in das Firmenpapier der Konditorei in der Jörgerstraße, zu betrachten, betrachtet, interessiert betrachtet und gefragt, was es denn gebe, was denn passiert sei, daß sich da plötzlich eine derart interessiert schauende Menschenmenge angesammelt habe, und es komme ihm schon sehr eigenartig vor, hat der Herr gesagt, er komme da nur aus der Konditorei in der Jörgerstraße, gehe die Jörgerstraße hinunter zum nahegelegenen Hernalser Gürtel, und da versammle sich plötzlich eine Menge von interessiert schauenden Menschen, so mir nichts dir nichts schaue da interessiert eine Menge von Menschen auf einen ganz bestimmten Punkt, und es sei eigenartig und merkwürdig, habe der Herr erklärt, daß er den Vorgang des Sichsomirnichtsdirnichtsansammelns der interessiert und auf einen ganz bestimmten Punkt konzentriert schauenden Menschenmenge gar nicht bemerkt habe.
Die so mir nichts dir nichts versammelte Menschenmenge hat die Fragen des sich so mir nichts dir nichts erhoben habenden alten Herrn mit eisigem Schweigen beantwortet, und die so mir nichts dir nichts versammelte interessiert konzentriert schauende Menge hat sich auch schon langsam wieder aufzulösen begonnen, und zum Schluß sind Sie und der alte Herr allein einander gegenübergestanden und haben einander angesehen, wie zwei Ochsen einander plötzlich als neue Tore betrachten, ein Ochs sieht den anderen Ochsen als ein neues Tor an, und Sie beide sind voreinander gestanden wie zwei Ochsen vor zwei neuen Toren, als seien Sie beide zwei Ochsen, von denen ein Ochs den anderen als ein neues Tor betrachte, so haben Sie den alten Herrn als ein neues Tor betrachtet, und der alte Herr hat Sie, sehr geehrter Herr, als ein neues Tor betrachtet, Sie sind vor ihm gestanden wie ein Ochs vor dem neuen Tor, und auch er ist vor Ihnen gestanden wie ein Ochs vor dem neuen Tor in der Jörgerstraße fast schon am nahegelegenen Hernalser Gürtel.
Und während Sie einander so gegenübergestanden sind, hat der Herr plötzlich zu reden angefangen, ja. Er hat gefragt: »Vielleicht können Sie, der Sie als einziger dieser sich so mir

nichts dir nichts versammelten interessiert konzentriert schauenden und ebenso mir nichts dir nichts sich wieder aufgelösten Menschenmenge noch übriggeblieben sind, mir eine Aufklärung über den Vorfall geben, der sich hier abgespielt hat oder vielleicht noch immer abspielt, wissen Sie, ich komme nur aus der Konditorei in der Jörgerstraße, halte in meinen Händen ein Paket Süßigkeiten eingewickelt in das Firmenpapier des Geschäftes, gehe die Jörgerstraße hinunter zum nahegelegenen Hernalser Gürtel, und auf einmal hat sich eine interessiert schauende Menschenmenge versammelt, es kommt mir sehr komisch vor, daß ich das Versammeln der konzentriert schauenden Menge weder beobachten noch sonstwie bemerken konnte, weil die Leute, so plötzlich sie auch dagewesen, genauso plötzlich wieder verschwunden sind, und Sie sind als einziger übriggeblieben, und vielleicht wüßten Sie etwas Näheres über den Vorfall, der die vielen Leute angelockt hat. Sie haben dem alten Herrn geantwortet, Sie könnten ihm auch nicht mehr sagen, als was in Ihren Augen tatsächlich vorgefallen sei, Sie könnten nur versuchen, ihm den ganzen Fall zu schildern und sich bemühen, ein möglichst lückenloses Bild der sich zugetragenen oder noch immer zutragenden Vorgänge zu zeichnen. Haben Sie nicht folgendes dem alten Herrn wörtlich ungefähr gesagt?: »Bin heute in die Konditorei gegangen, habe Lust verspürt, in die Konditorei zu gehn, ein positives Lustgefühl, das kann ich Ihnen verraten! Bin in die Konditorei in der Jörgerstraße, nachdem ich vorher noch nie in meinem Leben dort gewesen war, heute zum erstenmal. Habe die gläserne Tür geöffnet, während ich noch einen seitlich schrägen Blick ins Schaufenster auf die grünen und roten nachgemachten künstlichen Naturgebilde aus Süßstoffen geworfen. Bin dann plötzlich in der Konditorei drinnengewesen und auf einem roten Plastikpolstersessel gesessen, ohne hineingegangen zu sein oder mich niedergesetzt zu haben. Habe das Schließendergläsernentürhintermir, mein Hineingehenindenkaffeehausduft, das Aussuchendessitzplatzes, das Hingehenzueinemdieserrotenplastikpolstersessel und das Niedersetzen gar nicht richtig bemerkt, weil ich währenddem noch immer, ja, noch immer die roten und grünen nachgemachten künstlichen Naturgebilde aus Süßstoffen besichtigt und später als Farbnegativabbildung nach wie vor auf meiner Netzhaut behalten. Nur so kann ich mir erklären, daß ich plötzlich dagesessen bin, ohne mich niedergesetzt zu haben. Habe dann in der Konditorei ein Punschkrapferl bestellt, gegessen und ein Glas Wasser dazu getrunken, bin aber bald wieder aus dem Geschäft hinaus, weil ich es im süßlichen Kaffeeduft nicht mehr ausgehalten habe. Habe also gezahlt und bin hinaus. Habe dann Sie, der ich Ihnen das schildere, zum erstenmal gesehn. Sie haben doch vor mir noch die Konditorei verlassen, in Ihren Händen ein Paket Süßigkeiten, eingewickelt in das Firmenpapier des Geschäfts; ja, haben Sie das Paket waagerecht in Ihren beiden Händen gehalten, haben Sie Ihre Hände als Stützfläche für das Paket benützt, und habe ich genau gesehn, wie Sie nicht die Konditoreitür selber öffnen konnten, weil Sie beide Hände zum Tragen des Paketes benötigt haben und dadurch keine Hand zum Ergreifen der messingfarbenen Türklinke freigehabt hätten, weshalb eine rosarote Verkäuferin mit einer kleinen halbkreisförmigen Schürze (Schürzenradius etwa 25 cm) Ihnen die Tür geöffnet hat, damit Sie die Konditorei verlassen können. Hinter Ihnen bin ich dann aus dem Geschäft hinaus, im Mund einen bitteren Nachgeschmack von den Überresten des Punschkrapferls, die sich in den Höhlen meiner Zähne verfangen hatten. Bin dann hinter Ihnen Richtung Gürtel, habe gesehn, wie Sie die roten und grünen nachgemachten künstlichen Naturgebilde aus Süßstoffen im Schaufenster betrachtet. Wollte Sie dann gerade überholen, weil Sie mir zu langsam gegangen sind, wissen Sie, aber gerade, als ich meine Schritte zum Überholmanöver beschleunigen wollte, haben Sie sich an die graue schmutzige Hauswand angelehnt und sind plötzlich rücklings umgekippt, umgefallen, Ihr Hinterkopf hat beim Aufschlag am Gehsteigasphalt einen dumpfen Trommelschlag von sich gegeben. Wenn ich nicht seitwärts rasch ausgewichen wäre, dann wären Sie glatt auf mich draufgefallen, denken Sie. Sofort hatte sich eine größere Menge von Menschen angesammelt, und einer hat versucht, Ihnen das Paket Süßigkeiten, eingewickelt in das Firmenpapier der Konditorei in der Jörgerstraße, das Sie noch immer in Ihren Händen gehalten, zu entwenden, da es mit höchster Wahrscheinlichkeit als unbequem für Ihre Lage empfunden worden ist, daß Sie ein Paket in Ihren Händen gehalten und jetzt noch immer halten, jedoch ist unmöglich gewesen, Ihnen das Paket aus den Händen zu nehmen, weil Sie es derart fest gehalten haben, Ihr ganzer Körper vollkommen steif, als hätte er sich in Holz, in ein Gestell verwandelt. Jemandem der Leute, die sich angesammelt hatten, um Sie, der Sie steif am Boden gelegen sind, zu besichtigen, ist plötzlich eingefallen, daß etwas getan werden muß, es müsse unbedingt etwas getan werden, ist jemandem eingefallen, dem eingefallen ist, daß etwas getan werden muß, ja, dieser Mann mit diesem Einfall ist dann hinuntergelaufen zum nahegelegenen Hernalser Gürtel, vermutlich, um die Rettung zu verständigen. Aber gerade in dem Moment, als der Mann weggelaufen war, haben Sie sich plötzlich wieder erhoben, sind Sie auf einmal aufgestanden und haben die Sie sehr interessiert anschauenden Leute sehr interessiert angeschaut, sie gefragt, was denn vorgefallen, was passiert sei, komme Ihnen komisch vor, Sie kämen nur aus der Konditorei in der Jörgerstraße, gingen die Jörgerstraße hinunter zum nahegelegenen Hernalser Gürtel, und plötzlich sei eine sehr interessiert konzentriert schauende Menschenmenge versammelt, merkwürdig, haben Sie gesagt, denn Sie hätten den Vorgang des Versammelns der Leute nicht im geringsten wahrnehmen können. Die Menge der interessiert schauenden Leute hat Ihre Fragen mit eisigem Schweigen beantwortet, begonnen, sich wieder aufzulösen; zum Schluß sind dann wir einander gegenübergestanden, allein, und haben einander angestarrt wie zwei Ochsen zwei neue Tore. Haben Sie mich dann gefragt, was denn passiert, ob ich Ihnen eine

Erklärung geben könne, worauf ich Ihnen das erzählt, was ich Ihnen soeben gesagt habe, womit aber meine Weisheit zu Ende, weil ich Ihnen nur zu schildern vermocht, wie ich persönlich und nur ich den Sachverhalt zu verzeichnen imstande gewesen bin.«

Hat der alte Herr sich bei Ihnen darauf nicht sehr schön bedankt und hat er nicht folgendes ungefähr wörtlich erwidert?:

»Ich glaube, Ihre Aussage genügt mir zur Auflösung des Rätsels. Zwei Teile Ihrer Erzählung erklären mir alles: wie Sie zu Beginn gesagt haben, seien Sie in die Konditorei hineingegangen, hätten während des Öffnens der gläsernen Tür einen seitlich schrägen Blick in das Schaufenster auf die roten und grünen nachgemachten künstlichen Naturgebilde aus Süßstoffen geworfen; wie Sie gesagt haben, seien Sie dann plötzlich drinnengesessen in einem roten Plastikpolstersessel, ohne daß Sie sich niedergesetzt hätten, weil Sie noch immer die roten und grünen nachgemachten künstlichen Naturgebilde aus Süßstoffen gesehen und später als Farbnegativabbildung auf Ihrer Netzhaut behalten; nur so, haben Sie mir erklärt, könnten Sie sich erklären, daß Sie einfach dagesessen seien, ohne sich dessen erinnern zu können, sich gesetzt zu haben. Dann, so haben Sie mir erklärt, seien Sie hinter mir aus dem Geschäft hinaus, Richtung Hernalser Gürtel, und hätten beobachtet, wie ich die roten und grünen nachgemachten künstlichen Naturgebilde aus Süßstoffen besichtigt.

Die Lösung des Rätsels ist folgende: genauso wie Sie nicht bemerkt haben, daß Sie sich niedergesetzt haben, obwohl Sie genau wissen, daß Sie sich niedergesetzt haben müssen, weil Sie ja gesessen sind, doch haben Sie noch immer die roten und grünen nachgemachten künstlichen Naturgebilde aus Süßstoffen in der Auslage besichtigt und dann als Farbnegativabbildung auf Ihrer Netzhaut behalten, genauso habe auch ich weder bemerkt, daß ich rücklings umgefallen bin, noch, daß sich deshalb eine

Menge von interessiert schauenden Menschen versammelt hat, noch, daß ich wieder aufgestanden bin, weil ich noch immer die roten und grünen nachgemachten künstlichen Naturgebilde aus Süßstoffen betrachtet und später als Farbnegativabbildung auf meiner Netzhaut behalten habe. In dem Maße, in dem Sie von den roten und grünen künstlich nachgemachten Naturgebilden aus Süßstoffen in der Auslage der Konditorei verwirrend verklärt gewesen sind, bin auch ich von diesen nachgemachten Naturgebilden aus Süßstoffen verwirrend verklärt gewesen, so daß ich nicht bemerkt habe, daß sich um mich herum eine Menge von Leuten versammelt und aufgelöst hat. IST DENN DAS ALLES NICHT SAUBLÖD?!«
Natürlich sei das alles saublöd, haben Sie dem alten Herrn erwidert, und Sie beide sind noch immer einander gegenübergestanden, aber plötzlich ist ein grüner Rettungswagen mit kreisendem Blaulicht dahergekommen und neben Ihnen beiden stehengeblieben. Der Fahrer ist ausgestiegen, ganz aufgeregt, hat gefragt, wo es denn passiert, wo der alte Mann denn liege, man habe angerufen von einem Telefonautomaten am Hernalser Gürtel, geschildert, ein alter Mann sei mitten am Gehsteig zusammengebrochen, liege mitten am Gehsteig in der Jörgerstraße bei der Konditorei. Der alte Mann hat dem Fahrer des Rettungswagens erklärt: »Sie sind einem bedauerlichen Irrtum erlegen; es tut mir sehr leid, aber«, und dabei hat der alte Herr seinen Zeigefinger auf Sie gerichtet, »der Herr hier ist mein Zeuge: ich bin in der Konditorei gewesen, aus der Konditorei wieder herausgekommen; dieser Herr ist zufällig hinter mir hergegangen; ich habe in der Auslage der Konditorei die roten und grünen künstlich nachgemachten Naturgebilde aus Süßstoffen bewundert, und dann weiß ich nichts mehr. Dieser Herr hat mir freundlicherweise erzählt, was vorgefallen ist. Ich soll plötzlich umgefallen und ganz steif dagelegen sein; dann soll ich zum Erstaunen der Leute, die sich um mich versammelt hatten, plötzlich wieder aufgestanden sein. Wenn dieser Herr mir nicht alles erzählt hätte, ich wüßte von nichts. Ist

denn das alles nicht saublöd?«
Ja, natürlich saublöd, hat der Fahrer des Rettungswagens bestätigt, aber ob er nicht doch vielleicht einen Sprung wenigstens mitkommen wolle, hat der Fahrer des Rettungswagens dem alten Herrn gesagt, denn es könne durchaus sein, daß er sich beim Aufprall auf den harten Gehsteigasphalt eine leichte Gehirnverschiebung zugezogen; aber der alte Herr hat entgegnet, nein, das glaube er nicht, daß er eine Gehirnverschiebung erlitten, denn er fühle sich sauwohl, wie ein Fisch sich im Wasser fühle, so fühle er sich jetzt in der Jörgerstraße, unmöglich, hat der Herr dem Fahrer des Rettungswagens erklärt, daß er einfach ohne Grund mitkomme, denn er habe zu Hause bei sich ein kleines Enkerl, dem er was mitbringen müsse, extra wegen seinem Enkerl sei er in die Konditorei gegangen und trage in seinen Händen ein Paket Süßigkeiten für das Enkerl, und er müsse das Paket, eingewickelt in das Firmenpapier der Konditorei in der Jörgerstraße, seinem Enkerl mitbringen, das Enkerl warte schon schwer darauf, nein, das ginge nicht, auf keinen Fall, daß er mitkomme, wegen seinem Enkerl vor allem, und außerdem glaube er an keine Gehirnverschiebung, er sich im Gegenteil vollkommen klar fühle. Der Fahrer des Rettungswagens hat erwidert, ja, das habe schon so manch einer gesagt, daß er sich sauwohl fühle, so manch einer das schon gesagt habe, und kaum ein paar Stunden zu Hause, umgekippt, umgefallen, tot, aber er ihm ja nur gut zureden, doch aufdrängen er sich durchaus nicht wolle, und wenn der Alte nicht wolle, solle er's bleiben lassen. Der alte Herr hat entgegnet, wie gern er mitfahren würde, aber das gehe nicht wegen seinem Enkerl, das schon schwer auf ihn warte, auf das Paket Süßigkeiten warte das Enkerl schon schwer, und glaube er nicht an seinerseitige Gehirnverschiebung, glaube überhaupt nicht an Gehirnverschiebungen, fühle sich gut. Der Fahrer des Rettungswagens ist dann etwas mißmutig eingestiegen und abgefahren. Der alte Herr hat sich bei Ihnen nochmal schön bedankt für die Aufklärung und sich dann verabschiedet. Sie sind hinunter zum nahegelegenen

Hernalser Gürtel gegangen, hinter Ihnen der alte Herr, in den Händen ein Paket Süßigkeiten, eingewickelt in das Firmenpapier der Konditorei in der Jörgerstraße, er hat doch einen schwarzen Hut getragen und einen schwarzen Mantel angehabt, und seine Schritte sind sehr gemächlich gewesen, nicht wahr?

Sie werden, sehr geehrter lieber Herr, sich vielleicht wundern, daß ich Ihnen das alles schreibe, aber dieser ältere Herr ist niemand anderer als mein eigener Vater. Daheim hat er mir damals sofort noch immer bis heute ganz aufgeregt von seinem gefährlichen Erlebnis alles ganz genau erzählt, wie Sie aus meinem Schreiben bemerkt haben werden, erzählt er mir so gut wie täglich neuerlich jenen Samstagnachmittag, um eventuell einigen noch außer acht gelassenen Überlegungen des lehrreichen Ereignisses auf die Spur zu kommen. Als sein Sohn möchte ich Ihnen, lieber sehr geehrter Herr, für Ihre meinem Vater gegenüber an den Tag gelegte menschliche Sorgfalt sehr danken, ist doch mein Vater nur mehr von der festen Überzeugung beherrscht, hätten Sie nicht solche Mühe walten lassen, an diesem Punkt seines Lebens ihn derart gewissenhaft aufzuklären, er hätte sich von damals an womöglich bis heute nicht mehr zurechtzufinden gewußt.

Selbstverständlich läßt auch er Ihnen nochmal seinen höchsten Dank übermitteln und entschuldigt sich, daß er wegen seiner schlechten Augen nicht persönlich Ihnen zu schreiben in der Lage ist, weshalb er mich als seinen rechtlichen Stellvertreter damit beauftragt, Sie auf diesem Wege möglichst ausführlich für Ihren ihm erwiesenen Dienst hiemit seiner innigsten Verbundenheit mit Ihnen zu versichern, und läßt er deshalb anfragen, ob er sich wohl erlauben dürfte, falls Ihnen dies auch von Ihrer werten Zeit erlaubt werde, Sie manchmal in die Konditorei in der Jörgerstraße zu bitten, vielleicht am besten jeden Samstagnachmittag um die gleiche Zeit, damit er die oben erwähnte Sachlage samt allen daraus gestern, heute und morgen sich ergebenden Konsequenzen mit Ihnen weiter und einmal in ferneren Tagen auch zuende besprechen kann, aber auch, um Sie dabei hin und wieder auf ein Punschkrapferl einzuladen. Mit freundlichen Grüßen und dem Ausdruck vorzüglicher Hochachtung.

PS. Ist es nicht durchaus möglich, daß der Ablauf unseres gesamten Daseins von nichts anderem bestimmt wird, als einer ununterbrochen bedauernswerten Gefangenschaft auf Grund einer kuriosen Ansammlung von präzise endlosen, unglaublich pausenlosen posthypnotischen Befehlen?

Oft gehe ich stundenlang pausenlos im Zimmer auf und ab, ohne zu wissen, warum, und während ich heute soeben wieder stundenlang pausenlos im Zimmer auf und ab gehe, ohne zu wissen, warum, muß ich auf einmal bemerken, daß mein gesamtes Dasein bis jetzt noch immer nie was anderes gewesen ist, als ein einziges stundenlang endloses Aufundabgehen im Raum

In die dunklen Flecken, mit denen die Gehsteige und Straßen hier übersät sind, muß ich hineinschauen, als würde ich von diesen dämmrigen katzensilbergemusterten Asphaltaugen zu Boden gezogen.
Zuerst glaube ich, es sind die verbliebenen Spuren großer Regentropfen, die aus der Nacht herunter auf die Straßen und Gehsteige gefallen. Aber als die Flecken auch von der Mittagshitze nicht aufgesaugt werden, kann ich mir nur mehr denken, daß die Gehsteige und Straßen dauernd vom verbrennenden Himmel des jeweilig vorliegenden Tages herunter oder aber viel eher auch von der Wiener Bevölkerung höchstpersönlich systematisch angespuckt, vollgespuckt werden, letzteres mich gar nicht wunderte, daß solche

Schandflecken darauf nie verschwänden.
In letzter Zeit habe ich immer wieder den Verdacht und das Gefühl, von den Wienerdächern des Himmels über der Stadt herunter sehr oft, zu oft mutwillig angespuckt, richtig *abgespuckt* zu werden

Und überhaupt wenn die Stadtverwaltung mit versehentlicher Absicht bei Tag viele Straßenlaternenreihen in Festbeleuchtung brennend in Betrieb hält

Weil ich täglich um vier Uhr früh davon überfallen werde, habe ich begonnen, den sogenannten Gesang, die Gewitterausbrüche der aus der nebligen Nachtluft aufs Haus herabstürzenden Vogelvölker systematisch zu studieren.
Mit langsam einsetzendem Verstehen nach ersten flüchtig halbwegs verständlich übertragenen Übersetzungsversuchen komme ich aber bald unweigerlich zur festen Überzeugung, daß diese Bewohner der von ihnen verschlampten Atmosphäre wirklich ordinär genug sind, mir von den Wolkendachrinnen des beginnenden Morgengrauens herab die unanständigsten Wortkaskaden und Sätzegeschwader wohlgezielt durchs offene Fenster ins Zimmer über mich hinweg hereinfluten zu lassen

Die genauen Bedeutungen der durch die Zeitalter hindurch unverändert heulenden Litaneiensignale der Lachtaubenschwarmchöre dürften inzwischen ohnedies bald schon zu den Voraussetzungen einer mittleren Allgemeinbildung zählen
Robert Schumann

*Bin Schriftsteller verwende meine Füllfeder als Aussichtsturm
den Aussichtsturm als Schiffsmast
den Schiffsmast aber als Uhrzeiger welcher
auch der zu Stein fossilierte Speer eines
Schwertfisches sein soll den man zwischen zwei
flügelförmige Himmelshälften gespannt hat um
mit deren Hilfe ordentlich diesen Tag zu
überqueren und hernach im Gasthaus zu verschwinden*

*Am Scheitel dieser gebogenen Flugbahn
klettere ich einen Morgen weiter*

GEOMETRISCHER HEIMATROMAN

Der Dorfplatz

Der Dorfplatz ist viereckig, grenzt an die um ihn versammelten Häuser, Straßen und Wege münden in ihn, außer dem Brunnen in der Mitte, in dem die Pflastersteinsysteme ihren Ursprung suchen, strahlenartig sich verteilen, befindet sich nichts auf dem Dorfplatz.
Eine auf den Platz hingeworfene Figur nähert sich dem Brunnen, schöpft Wasser, daß die Winde knarrt; sie wendet sich vom Brunnen ab, den Krug am Kopf, verschwindet in einer Seitengasse. Oder aber an den Rändern die vier Hausmauerlinien entlang die einander austauschenden Vormittagsbesuche, die sich rasch hinter den Türen verbergen, in den Türspalten verschwinden Haare und Kopftücher.
Zu Mittag dann tummeln sich einige herum, die Kinder kommen aus der Schule, werfen Mützen und Schultaschen über die Dächer, der Lehrer geht ins Wirtshaus, der Pfarrer schließt das Fenster.
– *Wir können über den Dorfplatz gehn.*
– *Ja, gehn wir über den Dorfplatz.*
– *Ausgenommen den Brunnen in der Mitte ist der Dorfplatz ansonsten leer.*

Nein, das ist nicht wahr, denn es sind Bänke aufgestellt entlang den Rändern, die Rückseiten der Lehnen zu den Mauern gewandt.
Wir hatten uns in der Werkstatt des Schmiedes versteckt, die Wangen eng an die Mauern gepreßt, niemand hat uns gesehn, und du hast gesagt
– *gehn wir über den Dorfplatz.*
– *Nein, gehn wir nicht über den Dorfplatz,*
habe ich entgegnet, denn ich habe die Leute auf den Bänken sitzen gesehn auf einmal wie hingeworfen plötzlich auf jeder Bank zwei.

Wir konnten nicht über den Dorfplatz gehn, weil wir nicht gesehn werden durften.
— *Gehn wir doch über den Dorfplatz.*
— *Wir können nicht über den Dorfplatz gehn,*
habe ich noch einmal gesagt,
währenddem hat sich die erste auf der ersten uns am nächsten liegenden Bank sitzende Figur erhoben, während sich die auf jener der ersten Bank gegenüberstehenden Bank sitzende Figur ebenfalls erhoben hat,
dann sind sie einander entgegengegangen, auf der den Dorfplatz teilenden Mittellinie begegnet, haben ihre rechten Hände gehoben, deren Handflächen einander zugestreckt, umschlossen, auf und ab geschüttelt, gelöst, sich voneinander wieder abgewandt, sind zu ihren Bänken zurückgegangen, haben sich wieder gesetzt,
während die zweite auf der ersten uns am nächsten liegenden Bank sitzende Figur sich erhoben hat, während die auf jener der ersten Bank gegenüberstehenden Bank sitzende zweite Figur sich ebenfalls erhoben hat, dann sind sie einander entgegengegangen...

...bis alle auf den einander gegenüberstehenden Bänken gegenübersitzenden Figuren sich erhoben hatten, einander entgegengegangen waren, die Hände einander geschüttelt hatten, zu den jeweiligen Bänken zurückgegangen waren und sich wieder gesetzt hatten.
Wir konnten nicht über den Dorfplatz gehn, weil wir nicht gesehn werden durften von diesen auf den Bänken sitzenden, aufstehenden, einander entgegengehenden, händeschüttelnden, sich voneinander abwendenden, sich wieder setzenden Figuren, wir hatten uns in der Werkstatt des Schmiedes versteckt, die Wangen eng an die Mauern gepreßt, niemand hat uns gesehn,
und so haben wir beobachtet, wie die auf den Bänken sitzenden Leute uns nicht sehen konnten, weil wir nicht über den Dorfplatz gegangen sind,
ja, wir haben gesehn,
wie sie uns nicht gesehn haben.

Das Dorf

Das Dorf liegt in einem Kessel.
Es ist von Bergen umgeben.
Der Silhouettenrand der Bergkette im Norden des Dorfes hat die Form vierer Kurven, die ineinander übergehen: eine Sinuskurve, eine Cosinuskurve und eine Sinus- und eine Cosinuskurve um je eindreiviertel Phasen verschoben.
Die Bergkette im Süden des Dorfes ist ein schroffes Kalkgebirge, dessen Silhouettenrand dem Diagramm eines unterbrochenen Kraftvorganges gleicht.
Die Bergkette im Osten ist vorgebirgsartigen Charakters.
Es ist am günstigsten, das Dorf von Osten her zu bereisen, weil die Wege über jene Berge gut gepflegt, markiert, beschildert und gekennzeichnet sind, nur wenige von den Steinschlägen des Gebirges auf die Straße herabgestürzte Felsblöcke verzögern den Ablauf der Reise, und auch verhältnismäßig wenige Schlaglöcher bringen deinen Schritt zum Stolpern.
Alle hundert Meter sind an den Wegrändern Tafeln aufgestellt.
ACHTUNG
BEI SCHNEELAGE UND GLATTEIS DÜRFEN IN DEN ANLAGEN NUR DIE BESTREUTEN WEGE BEGANGEN WERDEN
DAS ANLEGEN VON »SCHLEIFEN« SOWIE DAS RODELN UND SCHIFAHREN IST VERBOTEN.
Es gibt Warnschilder und Straßenzustandsmeldungen:
DIESER WEG WIRD BEI SCHNEELAGE NICHT GESÄUBERT
UND BEI GLATTEIS NICHT BESTREUT
DIE BENÜTZUNG ERFOLGT DAHER
AUF EIGENE GEFAHR.
Die Wege ins Dorf werden von grünspanüberwachsenen Weidenzäunen begrenzt, deren rechteckige Muster das Land einteilen.
Es ist gut, daß die Wege von Zäunen geschützt werden, weil

die Stiere, deren dunkle Felle braune Flecken in die Gegend streuen, es schwerer haben, den Wanderer zu behindern, wenn er ins Dorf will. So müssen die Wanderer vor den Stieren nicht dauernd davonlaufen, sondern können die Pistolen beruhigt in den Rucksäcken verpackt lassen und die Säbel bequem am Rücken aufbinden.

Nur manchmal steht ein Stier hinterm Zaun beim Weg und brüllt dich, der du ins Dorf willst, an. Der Stier möchte gern über den Zaun, aber er kann nicht. Der Zaun hindert ihn daran, dich zu belästigen, du kannst deinen Weg ins Dorf ruhig weiter fortsetzen. Der Stier hinterm Zaun wird dich zwar noch eine Weile begleiten, beide werdet ihr ein Stück gemeinsamen Weges hinter euch bringen, voneinander durch den Zaun getrennt; der Bulle wird versuchen, den Zaun mit seinen Hörnern beiseitezuschieben, aber meistens ist er zu schwach, ihn zu durchbrechen. Sollte er aber im Zaun eine schwache Stelle ausfindig machen und durchbrechen mit dem bösen Gedanken

warte nur, Dich kriege ich schon noch,

so sollst du dich durch die schlimmen Gedanken des Stieres, die du jetzt auf einmal entdeckst, nicht aus der Ruhe bringen lassen, es wird dir aber nichts anderes übrigbleiben, als zu laufen, Haken zu schlagen, den Bullen mit Hilfe der List zum Narren zu halten. Der Wanderer wird versuchen, den Säbel von seinem Rücken zu schnallen, den Rucksack vom Rücken, die Pistole aus dem Rucksack zu holen.

Glückt ihm das, wird er ein leichtes Spiel haben.

Während er mit dem Säbel vor dem Stier herumfuchtelt, entsichert er die Pistole.

Gelingt es, noch vor dem Gebrauch der Pistole den Stier nach der Art der Stierkämpfer aufzuspießen, kann man am Abend sagen

– du hast wohl gehandelt heute, denn du hast eine Patrone gespart.

Gelingt es dem Wanderer aber nicht, den Bullen schon mit dem Säbel zu erledigen, ist ihm unbedingt der Gebrauch der Schußwaffe anzuraten.

Wenn er den Stier ins Hirn trifft, braucht er nicht mehr weiterzuschießen und kann sich jede folgende Patrone sparen. Der Stier wird zwar weiter noch wütend auf dich losrennen, wenige Sekunden später aber kraftlos sterbend zusammensinken.

Wenn der Wanderer ihn aber nur in ein Bein trifft oder in die Hoden, sei es ihm angeraten, dem Stier zusätzlich auch noch ins Hirn zu schießen, wenn der Bulle zusammengebrochen am Weg daliegt und seine vier Beine brüllend von sich schlägt im Todeskampf. Der Wanderer soll mit seinen Mitleidsgefühlen nicht sparsam umgehen, seine Pistole an der Stirne des Stieres ansetzen, er braucht keine Angst zu haben, daß der Stier ihn dabei verletzt, belästigt oder stört, sondern er wird ihm den Kopf geduldig entgegenstrecken, seine Stirne oder die Schläfe der Mündung der Pistole zuwenden und auf den erlösenden Schuß warten.

Deine Devise sei aber allgemein:

Lieber zwei Schüsse ins Hirn als gar keinen.

Vor allem der streng im Dorf amtierende Tierschutzverein wird es dir danken.

Sollte sich also der Wanderer unsicher sein, den Stier wirklich ins Hirn getroffen zu haben, oder sollte es nur den Anschein haben, als habe er ihn ins Hirn getroffen, aber in Wirklichkeit hat er vielleicht gar nicht, er glaubt es nur, den Stier ins Hirn getroffen zu haben, aber dies ist gar nicht der Fall, so soll er ihm ein zweites Mal ins Hirn schießen, dann kann er in Sicherheit gewiegt dem Frohsinn ergeben ins Dorf einkehren.

Wenn der Wanderer auf dem Weg ins Dorf einen Stier erledigt hat, so hat er die Pflicht, den Sachverhalt im Dorf zu melden, worauf sich dort eine Gruppe von Männern zusammenschließen wird, zur angegebenen Stelle im Land aufzubrechen, um den Bullen ins Dorf zu schaffen.

Der Stier wird dann am Dorfplatz aufgespießt und gebraten.

Jeder bekommt ein Stück gebratenes Fleisch. Auch dem

Wanderer wird man eines geben.
Die Hoden des Tieres aber sind dem Bürgermeister vorbehalten, werden stets seiner Magd übergeben, die sie in die Küche des Rathauses bringt, der Köchin des Bürgermeisters übergibt, die sie unter Beifügung seltener Kräuter in heißem Fett herausbrät und dem Bürgermeister auftischt.
Wenn der Bürgermeister die Stiereier verspeist hat, geht er auf den Dorfplatz, wo der restliche Stier, aufgespießt über dem Feuer, gedreht wird.
Der Bürgermeister pflegt stets mit den Leuten des Dorfes zusammen ein Stück Fleisch zu essen. Man sagt aber, der Bürgermeister pflege dies weniger aus kulinarischen Gründen, sondern handle psychologisch. Er pflege durch das gemeinsame Mahl mit der Bevölkerung eine gewisse Popularität. Während des Mahles werden die Probleme des Dorfes besprochen. Der Bürgermeister hört die Probleme des Dorfes von seinen Leuten und handelt danach. Man sagt, er handle psychologisch. Er sei ein guter Psychologe, behauptet man. Er pflege die Leutseligkeit. Im geheimen flüstern einige, er habe in seiner Jugend in der Stadt zwei Semester Wirtschaftsphilosophie studiert. Hernach soll er angeblich verblödet sein. Das weiß man aber nicht so genau. Es ist aber auch möglich, daß dergleichen nur geredet wird, damit es keiner glaubt. Dadurch kann darüber gestritten werden, ob der Bürgermeister verblödet ist oder nicht:
die einen sagen, er sei es, das beweise schon allein die Tatsache, daß man es verbergen wolle, indem man ein solches Gerücht umlaufen lasse, das nur umlaufen solle, damit es keiner glaube, keiner für möglich halte; so wolle man verbergen, daß der Bürgermeister verblödet sei, denn, behauptet diese Partei gar nicht unrichtig, unglaubliche Wahrheit könne nur mit derselben unglaublichen Wahrheit wieder unglaublich gemacht werden;
so reden im Dorf meistens die Intellektuellen;
die anderen sagen, unmöglich, daß der Bürgermeister verblödet sei, denn das Gerücht sei nur eine böswillige Machenschaft derer, die ihm schaden wollen, weil man ihm seine

hohe, ehrenvolle Stellung neide und das Gute ihm aberkennen wolle, welches er für das Dorf getan habe.
Aber gerne redet man nicht darüber, sondern nur ganz verborgen und heimlich und immer hinter den schützenden Wänden der Scheunen. Denn die Politik, das weiß man auch im Dorf, ist schon immer ein heißes Eisen gewesen.
Hat der Bürgermeister zwei Stücke gebratenes Stierfleisch mit seinen Leuten gegessen, zieht er sich wieder ins Rathaus zurück. Bevor er hinter der Tür des Rathauses verschwindet, hebt er grüßend die Rechte und lächelt den Leuten des Dorfes zu.
Dann schließt sich das Tor des Rathauses hinter ihm.
Die Leute des Dorfes verspeisen dann den restlichen Stier. Nach der Beendigung des Mahles bekommen auch die Hunde und Katzen ihren Teil. Hernach wird das Skelett des Tieres im Norden des Dorfes hinter der Friedhofsmauer vergraben.
Nächsten Tag kannst du schwarze Kreise auf der weißen Kalksteinpflasterung des Dorfplatzes sehen, die Spuren der Holzkohle, der Geruch des verbrannten Holzes liegt noch in der Luft, verbrannter Talg, der Gerbergeruch der in den Höfen zum Trocknen aufgespannten, im Wind zitternden Felle.

Es ist aber auch möglich,
daß kein Fell im Wind zittert, in den Höfen keine Rindshäute zum Trocknen aufgespannt werden, weder Gerbergeruch noch Geruch verbrannten Talges, noch verbrannten Holzes in der Luft spürbar ist, keine Holzkohlenspuren sichtbar sind, du keinen einzigen schwarzen Kreis auf der weißen Kalksteinpflasterung des Dorfplatzes sehen kannst,
es ist möglich,
daß kein Stierskelett im Norden des Dorfes hinter der Friedhofsmauer vergraben wird, die Hunde und Katzen keinen Teil abkriegen, das Mahl nicht beendet wird, die Leute des Dorfes den restlichen Stier nicht verspeisen, das Tor des

Rathauses hinter dem Bürgermeister sich nicht schließt, er den Leuten des Dorfes weder zulächelt noch grüßend die Rechte hebt, hinter der Tür des Rathauses nicht verschwindet,
es ist möglich,
daß der Bürgermeister sich nicht wieder ins Rathaus zurückzieht, nicht zwei Stücke gebratenes Stierfleisch mit seinen Leuten gegessen hat, nicht die Leutseligkeit pflegt, kein guter Psychologe ist, nicht psychologisch handelt, der Bürgermeister in keiner Weise die Probleme des Dorfes weder von seinen Leuten hört noch danach handelt, während des Mahles nicht die Probleme des Dorfes besprochen werden, der Bürgermeister nicht durch das gemeinsame Mahl mit der Bevölkerung eine gewisse Popularität pflegt, dadurch auch in keiner Weise psychologisch handelt, keine Gelegenheit hat, dies nicht nur aus kulinarischen Gründen zu pflegen, der Bürgermeister kein Fleisch zusammen mit den Leuten ißt, der restliche Stier weder über dem Feuer gedreht noch aufgespießt wird,
es ist durchaus möglich,
daß der Bürgermeister nicht auf den Dorfplatz geht, die Stiereier nicht verspeist, die Köchin im Rathaus die Hoden des Bullen dem Bürgermeister nicht auftischt, nicht unter Beifügung seltener Kräuter in heißem Fett herausbrät, die Magd des Bürgermeisters die Hoden des Stieres weder der Köchin übergibt noch ins Rathaus bringt, die Hoden des Bullen nicht der Magd des Bürgermeisters übergeben werden, keine Hoden dem Bürgermeister vorbehalten sein können,
es ist möglich,
daß man dem Wanderer kein Stück Fleisch gibt, niemand ein Stück gebratenes Stierfleisch bekommt, der Bulle am Dorfplatz weder gebraten noch aufgespießt wird, niemand den Stier ins Dorf schafft, niemand aufbricht zur angegebenen Stelle im Land, keine Gruppe von Männern sich zusammenschließt, der Wanderer im Dorf nicht meldet, daß er am Weg ins Dorf einen Stier erledigt hat,

aus dem einfachen Grund,
weil er, der Wanderer, es gar nicht melden kann im Dorf,
weil er, der Wanderer, den Stier gar nicht erledigt hat, sondern ganz im Gegenteil er, der Stier,
ihn,
den Wanderer.

Das Land ist in Rechtecke eingeteilt. Die Konturen der Rechtecke sind die Zäune. Ein Rechteck hat eine Länge von hundert Metern, eine Breite aber von fünfzig bis siebenzig Metern. Es gibt aber auch kleinere und größere Rechtecke. Grün und mit braunem Rand. Die Zäune sind vom Grünspan überwachsen.
Auch im Westen wird das Dorf durch eine Bergkette von den übrigen Teilen des Landes getrennt. Der Silhouettenrand der Bergkette im Westen hat etwa die Form der Umrandungen eines langgestreckten Trapezes.

> nichtsdestoweniger hat sich aber eine richtige epidemie in der landschaft entwickelt später und die zäune sind gestanden neben den blättern neben den zweigen neben den ästen neben den stämmen halmen blüten büschen herden schiffen kähnen brücken zäunen wo man auch nur immer hingekommen ist und es ist unmöglich gewesen sich zu bewegen von einem geometrisch vermessenen ort zum anderen weil immer nur zäune dagewesen sind wohin man auch getreten ist wohin man auch gegangen ist eine richtige epidemie im land also und nichts anderes

Der Dorfplatz

– *Der Dorfplatz ist leer.*
– *Wir können über den Dorfplatz gehn.*
– *Außer dem Brunnen befindet sich nichts auf dem Dorfplatz.*
– *Die Schatten der Häuser bedecken den Stein.*
– *Wenn es Mittag wird, fehlen die Schatten.*
– *Der Stein des Bodens beginnt in der Sonne zu glänzen.*
– *Ja, du kannst darauf die Schritte hören, den Takt ungleichmäßiger Gehbewegungen.*
– *Gehn wir doch über den Dorfplatz.*
– *Der Dorfplatz ist leer.*

Nein, das ist nicht wahr, denn es sind Bäume gepflanzt worden, Jahre alte Bäume mit dicken Stämmen, mit Messern hat man Zeichnungen in die Borken geschnitzt, Namen, Zahlen, Viereck, drei, Anton, zehn, Kreis, Ludwig, Dreieck, Paula, fünf, Trapez, zweiundsiebzig, Hans, Herz, Pfeil.

Auf den Stämmen sind Tafeln montiert, darauf ist folgende Weisung zu lesen:

DER AUFENTHALT UNTER DEN BÄUMEN
BEI WIND UND STURM IST GEFÄHRLICH
UND ERFOLGT AUF EIGENE GEFAHR
MAGISTRATSABTEILUNG 42 GARTENBAUAMT.

Die Bäume werfen ihre Schatten auf den Stein, der morgens feucht ist vom Tau, der aus den Blättern fällt, das Laub liegt am Boden, wird vom Wind genau auf die Fläche des Platzes verteilt, wodurch es notwendig wird, den Platz zu kehren, zu reinigen, wodurch es notwendig geworden ist, jemanden in Dienst zu nehmen, der die Blätter kehrt.

Ich sehe einen Fremden zum Rathaus gehn.

Er öffnet das Tor und verschwindet im Haus.

Durch das geöffnete Fenster der Amtsstube im ersten Stock

sehe und höre ich ihn mit dem Bürgermeister reden. Der Fremde sagt
— *ham Se nix zan arrbeitn firr mii?*
Der Bürgermeister antwortet ihm sofort
— *der Dorfplatz muß gekehrt werden.*

Vorführung des Künstlers

Es sei das erstemal vorgekommen, daß ein Künstler oder Artist oder wie man einen solchen Mann nennen soll, ins Dorf gekommen ist. Die Leute sagen, der Mann sei weder auf einem Pferd noch auf einem Esel noch auf einem Maultier, weder auf irgendeinem Rindvieh noch auf einem irgendwie anders gearteten Tragtier, sei es ein Kamel, ein Dromedar, ein Lama oder Elefant, geritten, er soll auch auf keinem von irgendwelchen Tieren gezogenen Wagen gefahren sein, noch sei er in einer Sänfte getragen worden, sondern den üblichen Weg zu Fuß ins Dorf gekommen, drei Leute, zwei Gehilfen und ein Trommler, wie sich später herausgestellt habe, haben ihn angeblich begleitet.

> ja ich erinnere mich früher ich habe ein zischen in der luft gehört dann ist hinter uns das trommelgeräusch den hügel heruntergerollt ich habe mich umgedreht und den künstler gesehn wie er das weichbild des dorfes betreten hat die zwei gehilfen hinter ihm der trommler vorne die zwei gehilfen haben eine kiste getragen einer auch ein verpacktes zelt auf der wiese hinter uns haben sie dann das zelt aufgestellt es ist schwarz wenn du hineinschaust siehst du hölzerne tragepfeiler und stangen mit tief eingeschnitzten ornamenten zacken kerben deren schatten auf deiner netzhaut das holz vom regen durchnäßt erscheinen lassen später dann habe ich in den gassen wieder das trommelgeräusch gehört zwischen den mauern habe ich den trommler auf und ab gehn gesehn während der künstler und die zwei gehilfen schon lange den dorfplatz betreten hatten die kiste niedergestellt aufgemacht ein seil heraus auf zwei gegenüberstehende bäume hinauf zugleich jeder ein ende des seiles bei sich oben haben sie dann die seilenden an den obersten stärksten ästen festgebunden das seil angezogen gestrafft gespannt wenn du

hinaufschaust kannst du ziemlich einige meter über dem brunnen einen scharfen riß den himmel teilen sehen der schwarze strich es zittert in der luft

hinter den mauern in den höfen hatten die leute sträucher angepflanzt in den gassen haben sich die türen halb geöffnet in den türspalten sind köpfe und augenpaare erschienen durch die schlitze der türspalten habe ich das innere der häuser und höfe erahnen können
     feuer
        strauch
           fächer
               dann sind die türflügel zusammengeklappt und der trommler hat seinen gang beendet wenig später waren die türen wieder geöffnet und die leute sind in scharen aus den mauern herausgekommen samt kind und kegel haben die gassen bevölkert sind auf den dorfplatz gegangen haben sich an den rändern des platzes im kreis aufgestellt

Der Künstler oder Artist, oder wie man den Mann nennen soll, hat den am Dorfplatz versammelten Leuten die verschiedensten Kunststücke vorgeführt.
Zunächst habe der Mann seinen zwei Gehilfen eine eiserne Stange in die Hand gedrückt, die beiden Gehilfen, wird behauptet, sollen die Stange in Brusthöhe an den Enden eingehalten haben, der Mann sei zurückgetreten, die Hände waagrecht nach vorne gestreckt, sei der eisernen Stange entgegengelaufen, die Hände waagrecht nach vorne gestreckt, bis die Stange von seinen inneren Handflächen berührt, hernach kräftig gedrückt worden sei, die zwei sollen sich aber dagegen gestemmt haben, daraufhin habe der Mann noch kräftiger gedrückt, gestoßen, worauf sich gemäß der Erzählung die Stange verbogen hat.

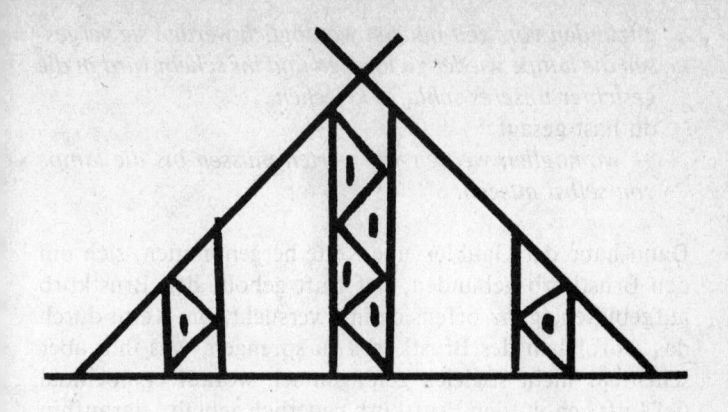

(-die ebenen rollen
bis sie als schnüre im horizont hängen
ich bin der seiltänzer).

Fig. I Das Zelt des Künstlers

Die Leute seien zunächst sehr erstaunt dagestanden, aber schließlich zu freundlichen Applauskundgebungen verleitet worden, worauf sich der Mann, der Künstler, Artist oder wie man so jemand nennen soll, wahrscheinlich verneigt hat.
Einer soll mit einem Zinnteller zwischen den Leuten herumgegangen sein, den Teller vor die Nase der Leute gehalten haben, worauf die Zuschauer, wie behauptet wird, in ihre Rocktaschen gegriffen, Münzen hervorgeholt und in den Teller geworfen, angeblich haben die Münzen im Zinn geklappert.

ja ich erinnere mich du hast gesagt
— womöglich werden wir die nacht abwarten müssen hören wie er mit seinen gehilfen und dem trommler sehr spät das gasthaus verläßt die schritte am pflaster die schritte im gras wahrscheinlich werden sie auch die lampe

anzünden vors zelt hängen womöglich werden sie vergessen die lampe wieder zu löschen und ihr schein wird in die gesichter unseres schlafes kriechen
du hast gesagt
— womöglich werden wir warten müssen bis die lampe von selbst ausgeht

Dann habe der Gaukler eine Kette hergenommen, sich um den Brustkorb gebunden, tief Luft geholt, den Brustkorb aufgeblasen, ganz offensichtlich versucht, die Kette durch das Aufblähen des Brustkorbs zu sprengen, was ihm aber scheinbar nicht sogleich gelungen sei, worauf er nochmal tief Luft geholt, den Brustkorb neuerlich gebläht, daraufhin soll, wird behauptet, die Kette endlich entzweigesprungen und auf den Boden geklirrt sein, worauf die Leute begeistert applaudiert, und der Mann sich wohlwollend verneigt habe. Die Vorführung des Künstlers soll von den Leuten des Dorfes sehr positiv beurteilt worden sein,
solide Arbeit, ordentliche Leistung, ehrlich und anständig, nicht die üblichen Finten, da weiß man wenigstens, woran man ist, da kann einem keiner was vormachen.
Man habe die verschiedensten Stimmen gehört,
kennt sein Gewerbe, weiß, was er will, sowas gibts heute selten, Nerven müßte man haben, ein feiner Knabe, ein Träger von Verdienstkreuzen erster und zweiter Klasse.
Einer soll mit einem Zinnteller zwischen den Leuten herumgegangen sein und habe den Teller vor die Nase der Leute gehalten,
dürfte einiges abheben, aber das Risiko, wenn einmal was schiefgeht, dann hilft ihm kein Förster, dann kann er sehen, wie er da wieder rauskommt, da muß sich jeder selbst wieder rausholen.
Die Leute sollen in ihre Rocktaschen gegriffen, Münzen hervorgeholt und in den Teller geworfen haben, denn man habe die Münzen im Zinn klappern gehört,
das Risiko, daß einmal was schiefgeht, und einmal geht immer was schief.

Dann habe der Künstler eine dicke Spirale hervorgeholt, sie am Boden befestigt, das obere Ende der Spirale zwischen die Zähne genommen, mit den Zähnen gezogen, das Gesicht verzerrt, mit den Zähnen gezogen, das Gesicht verzerrt, mit den Zähnen gezogen, bis die Spirale endlich gedehnt auseinandergegangen gerissen sei, worauf, wie berichtet wird, die Leute heftig applaudiert, und der Künstler oder Artist oder wie man ihn nennen soll, sich verneigt habe. Allerdings, so erzählt man, sollen auch ziemlich einige Leute die Vorführung des Künstlers sehr negativ beurteilt haben,
altes Eisen, kalter Kaffee, die üblichen Tricks, kennt seine Kunden, nichts Neues zu bieten.
Man habe die verschiedensten Stimmen gehört,
weiß, wie mans macht, am besten nämlich so, daß keiner was merkt, auch nichts besser als die anderen, keiner mehr was vormachen, reichlich zu viel erlebt, Dahergelaufener, nichtsnutziger Clown, Hurenbock und Viertelputzer, von Christus und allen Mitmenschen verlassener Kreuzritter, durch Landschaften streunender Herrgottsucher.
Einer sei mit einem Zinnteller zwischen den Leuten herumgegangen und habe den Teller vor die Nase der Leute gehalten,
dürfte einiges abheben, landet aber alles wieder beim Wirt, darauf kannst du Gift nehmen.
Die Leute sollen in ihre Rocktaschen gegriffen, Münzen hervorgeholt und in den Teller geworfen haben, man habe die Münzen im Zinn klappern gehört,
diese Leute trinken sehr viel, brauchen es auch, aber einen Tropfen über das Quantum, dann ist es besser, man geht nicht in die Nähe, diese Sorte von Leuten wird nämlich unwahrscheinlich schnell rabiat.

Zum Schluß habe der Mann einen Seiltanz vorgeführt.
Er sei auf einen Baum hinaufgestiegen und habe sich auf das Seil, dessen Enden an den obersten stärksten Ästen von zwei gegenüberstehenden Bäumen befestigt gewesen seien, hinaufgestellt.

ja ich erinnere mich
- *stellt sich auf den schwarzen strich am himmel*
- *hände seitlich waagrecht gestreckt*
- *beginnt den himmel entlang zu gehn*
- *kommt weiter*
- *setzt einen fuß vor den andern*
- *kennt kein pardon*
- *hält sich an den durchsichtigen durch die zitternden schlieren verwischt gemusterten vom licht nicht ganz deutlich gezeichneten luftmauernspalten fest*
- *die kanten der mauern sind rund sage ich*
- *die leute haben die hinterköpfe in ihre rücken gelegt*
- *der ast nein der ast schwankt*
- *die schwarze linie die den wolkengänger trägt*
- *wenn er nur einmal den geometrischen luftort lotrecht überm brunnen erreicht hätte*
- *die hälfte des weges ist schon beinah der ganze weg*
- *die leute schweigen gespannt mit offenem mund*
- *er schafft es sage ich*
- *richtig setzt einen fuß vor den andern*
- *kennt kein pardon*
- *die durchsichtigen luftmauern weiter entlang*
- *die kanten der mauern sind rund*
- *der ast nein der ast schwankt*
- *die blätter am ast sie werden vom wind bewegt*
- *nein es geht gar kein wind sie werden vom schwanken des astes bewegt der sich durch die spannung des an ihm befestigten seiles immer wieder durchbiegt*
- *nein nicht durchbiegt*
- *ja durchbiegt*
- *unmöglich nicht auszudenken die weiteren folgen*
- *die leute haben die hinterköpfe in ihre rücken gelegt*
- *der schwarze strich schwankt stärker*
- *der dunkle riß, der den himmel zerschneidet*
- *die blätter am ast sie werden vom wind bewegt*
- *nein vom seil das vom gewicht des wolkengängers viel zu stark belastet wird*

- *hat jetzt genau den geometrischen luftort lotrecht
überm brunnen erreicht*
- *die hälfte des weges hinter sich ist die hauptsache*
- *in der weißen luft*
- *der ast nein*

Plötzlich habe man beobachten müssen, wie der Ast gebrochen, das Seil unter seinen Sohlen, seinen Füßen abwärts geglitten, entwichen sei, aber er sich nichtsdestoweniger am durchsichtigen Himmel festgehalten, seine Finger in die Spalten, Ritzen und Zwischenräume der Luftmauern gekrallt, weiter den durchsichtigen Himmel aufwärts geklettert, obwohl der Strick ganz offensichtlich unter ihm hinabgefallen sein muß, ja, er sei durch die zitternden Schlieren gestiegen, bis er noch etwas weiter oben die Kuppe der ersten Luftmauer erreicht habe, sei darübergestiegen und im durchsichtig weißen Himmel verschwunden.

Anderen Erzählungen zufolge soll er allerdings samt dem Seil heruntergefallen sein, und zwar so unglücklich, daß sein Rücken auf der Stange der Brunnenwinde aufgekommen und sein Körper reglos abgeknickt über dem Brunnen, worauf einige Leute geschrien, wie am Spieß gebrüllt haben sollen, andere wiederum Hüte in die Luft geworfen oder in die Rocktaschen gegriffen, die restlichen Münzen hervorgeholt, in die Mitte des Platzes geworfen, man habe das viele Geld eingesammelt, wahrscheinlich wohl für das Begräbnis, sagt man, und angeblich sollen die Gehilfen mit den Aufräumungsarbeiten begonnen haben, wäre auch gar nichts anderes übriggeblieben, hätte nicht alles so liegenbleiben können, soll richtig unanständig ausgeschaut haben.

ja ich erinnere mich später dann haben sich die leute wieder in die mauern zurückgezogen samt kind und

kegel sind zwischen den türspalten verschwunden
durch die schlitze der türspalten habe ich das innere der
häuser und höfe erahnen können
                      feuer
                            strauch
                                    fächer
dann habe ich geglaubt wieder ein zischen in der luft
gehört zu haben
                pelz
                        knopf
                              keil
                                    das hinter uns die andere
seite des hügels hinuntergerollt ist
                      haar
                            fenster
                                  holz
                                        sich
immer weiter entfernt hat
                    fugen
                          schatten
                                pflaster
                                      ich habe mich
umgedreht
           teich
                 rauchfang
                         muster
                             und nichts gesehn
                                    kuppe
zaun
    schild

(Es wird am besten sein, wenn wir uns an den objektiven
und wahrheitsgetreuen Bericht der Presse halten.)

Bericht auf der Kulturseite der Zeitung

Bedauerlicherweise wird immer wieder sogenannten »Künstlern« der Weg in die Öffentlichkeit geebnet, die dann als schludernde Aufrührer und Gleichmacher ihren Dilettantismus und ihr Unvermögen unter den fadenscheinigen Vorwänden einer angeblich »modernen Richtung« verbergen müssen und ihre Tätigkeit in den Dienst linksradikaler Machenschaften stellen. Diesmal aber hatten wir es mit einem ernst zu nehmenden Meister zu tun, der die verschiedenen Situationen des Daseins im Auf und Ab der Stimmung froh und lebensbejahend, freundlich und aufgeschlossen, temperamentvoll und ausdrucksstark, getrieben von überragendem Sendungsbewußtsein, seelisch ergreifender Beteiligung, tiefem Ernst, lauterster Heiterkeit und innerster Sammlung sondergleichen, in ausgezeichneter Weise zu deuten verstand.

Der Trommler war durch die Gassen gegangen und hatte die Leute zusammengeholt. Am Dorfplatz standen die Leute im Kreis.

Zunächst gab der Künstler eine kleine Kostprobe seines Könnens zum besten. Er ließ seine zwei Gehilfen Aufstellung nehmen und gab ihnen eine dicke eiserne Stange, deren Enden sie in Brusthöhe einhielten. Dann ging der Künstler etwa fünf Schritte nach rückwärts und raste mit einer derartigen Plötzlichkeit und unglaublichen Heftigkeit auf die Stange zu, daß – niemand hätte es auch nur im entferntesten für möglich gehalten – sich die Stange vollkommen verbog. Die Leute waren begeistert und applaudierten heftig. Die technische Perfektion und Eleganz des Künstlers wurde allgemein bewundert und auf lebhafteste Weise diskutiert und kommentiert. Lobende Erwähnung verdienen auch die tüchtigen zwei Gehilfen, ohne deren ehrliche Standhaftigkeit dieser erste Programmpunkt sicher nicht gelungen wäre. Die beiden geraden Burschen haben sich tapfer geschlagen; sie müssen wirklich sehr stark sein, denn sonst hätte der Künstler sie zweifellos samt der Stange durch

das Publikum hindurch an die nächste Hauswand geschleudert.
Als nächsten Programmpunkt nahm der Künstler eine Kette, band sie sich um den Brustkorb und blies selbigen, angespornt vom immer stärker werdenden Trommelwirbel, derart mächtig auf, daß – keiner hätte es für möglich gehalten – ein Glied der Kette entzweisprang, die Kette sich von seinem Brustkorb wieder löste und klirrend auf den Boden fiel. Das Publikum dankte mit reichem Applaus. Besonders bewundert und auf lebhafteste Weise diskutiert und kommentiert wurde die sprühende Vitalität des Künstlers, man war allgemein der Meinung, daß er ein Meister seines Faches sei.
Als nächsten Punkt seines Programmes nahm der Künstler eine große dicke Spirale, befestigte sie am Boden, nahm deren oberes Ende zwischen seine Zähne und zog derart zäh und heftig, daß – keiner hätte es für möglich erachtet – die Spirale auseinandergezogen wurde. Das Publikum war begeistert, applaudierte heftig und spendete reichen Beifall. Allgemein bewundert, diskutiert und kommentiert wurde auch das große Einfühlungsvermögen des Künstlers sowie die Vielseitigkeit des Repertoires, welches er auf Lager hat. Wie war das alles gekonnt, kann man da nur verkünden!
Unser Meister, während des gesamten streng in sich geschlossenen Programmes auch wirklich ganz hervorragend disponiert, war aber auch durchaus imstande, seinen weit ausholenden, gediegenen Darbietungen einen mystischen Mantel umzuhängen und von Wandel und Läuterung zu berichten, so daß jedermann wußte, hier war einer am Werk, der sich durch seine erworbene Reife offen und ehrlich sein Können mit redlichem Fleiß hart erarbeitet hat.
Höhepunkt und Abschluß des Programmes bildete der sogenannte »Seiltanz«. Die tüchtigen zwei Gehilfen hatten schon vor Beginn der Veranstaltung ein Seil von der Spitze eines Baumes über den Dorfplatz zur Spitze des gegenüberstehenden Baumes gespannt, etwa acht Meter (!) über dem Boden. Der Künstler stieg auf den Baum, erreichte die Höhe

des Seiles, stellte sich regelrecht auf das Seil und begann, langsam und vorsichtig einen Fuß vor den anderen setzend, am Seil in der Luft (!) den Dorfplatz zu überqueren. Der Ast des einen Baumes, an dessen Spitze das Seil angebunden war, wurde durch das Gewicht des Künstlers so stark belastet, daß er brach, und das Seil mit ihm zu Boden sauste.
Der Künstler hatte sich zu diesem Zeitpunkt in der Luft über dem Brunnen befunden, und unser Meister fiel auf solche Art und Weise vom Himmel, daß – keiner hätte es auch nur im entferntesten für möglich gehalten – sein Rücken genau auf der Stange der Brunnenwinde aufkam, und dadurch seine Wirbelsäule genau in der Mitte (!) entzweibrach, so daß sein Körper vollkommen abgeknickt über dem Brunnen baumelte. Die Leute waren begeistert, bedankten sich mit enthusiastischem Applaus und brachen in frenetische Beifallskundgebungen aus. Allgemein bewundert und auf lebhafteste Weise diskutiert und kommentiert wurde auch die stille Bescheidenheit und Zurückhaltung des Künstlers. Endlich wieder einmal einer, der es kraft seiner edlen Herzensbildung, seiner ergreifenden Lebensweisheit und seines trefflichen und hintergründigen Humors nicht nötig hat, jenen linksfreundlichen, negativen, modernistischen Tendenzen zu huldigen, mit Hilfe derer gewisse subversive Elemente unter dem verhängnisvollen und falschen Deckmantel »Kunst« die natürliche Ordnung, die gesunde Disziplin und das einfache Empfinden der Bevölkerung untergraben möchten; aber es wird nicht gelingen, denn, wie wir sehen, es gibt noch Leute mit Rückgrat und Charakter, die dem Publikum aus tiefer Seele sprechen, das Herz auf dem rechten Fleck haben und wissen, wo der Pfeffer wächst, und wo man die Kirschen holt. Es muß unbedingt auch noch erwähnt werden, daß der Künstler sein Programm vollkommen frei aus dem Kopf (!), auswendig und ohne die Verwendung einer Vorlage bewältigte, was einmalig dastehend auf einsamer Höhe eine kolossale und geradezu phänomenale Gedächtnisleistung darstellt.
Es bleibt zu hoffen, daß diese Veranstaltung nicht die ein-

zige und letzte ihrer Art war, sondern solche Vorführungen öfters stattfinden, was unumgänglich für die Weiterbildung, Erweiterung des Horizontes, Belebung und Vervollständigung des Wissens unserer Schuljugend sein wird, und andererseits einen überaus wesentlichen Faktor und lebendigen Beitrag zur Fortschreitung der Erwachsenenbildung darstellen würde. Die Veranstaltung wurde mit Erfolg beendet. Dank gebührt den rührigen Organisatoren, ohne deren beispielhafte und mustergültige Arbeit uns dieser denkwürdig erlesene Kunstgenuß sicher entgangen wäre!
Viel Beifall.

Der Dorfplatz

Der Dorfplatz ist leer.
Du kannst den Straßenkehrer sehen, der hinter dem Rathaus hervorkommt, er zieht einen Wagen mit vier Rädern hinter sich her, die Bretter des Laderaumes sind gelb gestrichen, der Straßenkehrer trägt Schaufel und Besen am Rücken, stützt die über die Schultern gelegten Stiele mit der rechten Hand, mit der linken zieht er den Wagen.
Du kannst sehen, wie er die Blätter mit dem Besen auf die Schaufel kehrt, die mit Blättern gefüllte Schaufel hebt, über der Öffnung des Wagenladeraumes umdreht, du kannst das Laub in den Wagen fallen sehen, er senkt die Schaufel wieder, schiebt ihre vordere geschärfte Eisenkante in eine Fuge zwischen den Steinplatten, kehrt mit dem Besen die nächsten Blätter, du kannst die Rutenborsten des Besens am Stein zischen hören.
Er hat die eine Hälfte des Platzes gekehrt, beginnt die andere Hälfte zu reinigen, während auf die von den Blättern gerade gereinigte Dorfplatzhälfte wieder neue Blätter von den Bäumen fallen, vom Wind genau auf die Fläche verteilt werden, und während der Straßenkehrer auf der zweiten Dorfplatzhälfte die Blätter gekehrt hat, ist die erste Dorfplatzhälfte wieder von neuen Blättern bedeckt worden, die währenddem von den Bäumen gefallen, vom Wind genau auf die Fläche verteilt worden sind. Der Straßenkehrer beginnt die erste Dorfplatzhälfte von neuem zu kehren, ich kann sein Fluchen, Murren und Schimpfen hören,
– Irr Pläta da faln da faln und faln und i kan kärrn und kärrn und kärrn irr Pläta irr Pama irr.
Der Stein, der unter den Bewegungen des Besens sichtbar wird, glänzt im Licht, das durch die Zweige fällt, während auf die zweite gerade gereinigte Dorfplatzhälfte von neuem die Blätter zu fallen beginnen. Der Besen des Straßenkehrers zischt in den Fugen, der Straßenkehrer hat kurze Hosen,

löchrige Schuhe, hinuntergekrempelte Stutzen, haarige Beine, sein Oberkörper ist nackt, sein Haupt kahl, auf seiner Haut glitzert der Schweiß, er zieht den Wagen von einer gekehrten Stelle zur nächsten noch nicht gekehrten, schleift Besen und Schaufel hinter sich nach, während die Blätter von den Zweigen fallen und fallen, ich sehe aus den Narben in den Zweigen neue Keime wachsen, kleine grüne Keime, die sich vergrößern, zu Blättern vergrößern, die dann wieder herunterfallen, während wieder neue grüne Keime aus den Zweigen schießen und neuerlich...

...nur die Zeichen, Namen, Zahlen, eingeschnitzt in die Borken, Herz, Pfeil...

...und die Tafeln auf den Stämmen mit der Aufschrift
DER AUFENTHALT UNTER ALTEN BÄUMEN
DER AUFENTHALT UNTER DEN BÄUMEN
BEI WIND UND STURM ÜBERHAUPT IST GEFÄHRLICH
WER SICH NICHT DARAN HÄLT
HAT DIE FOLGEN SELBER ZU TRAGEN
MAGISTRATSABTEILUNG 42 GARTENBAUAMT.

Die Brücke

Ehe du das Vorgebirge erreichst, mußt du den Fluß überqueren.
Am Ufer entlang sind alle fünfhundert Meter auf Ständern Rettungsringe montiert. Auf den Tafeln unter den Ringen ist folgende Weisung zu lesen:
RETTUNGSRINGHANDHABUNG
SEIL NICHT AUS DEM SACK NEHMEN
SONDERN SEILSCHLAUFE MIT EINER HAND FESTHALTEN
UND RETTUNGSRING VOR DEN SCHWIMMENDEN WERFEN
BEIM WERFEN GLEITET DAS SEIL AUS DEM SACK
MISSBRAUCH WIRD GERICHTLICH VERFOLGT.
Du wirst die Brücke erreichen.
Die Brücke ist beiderseits nur durch Türen zu betreten.
Auf beiden Seiten der Brücke befinden sich fünf Meter hinter den Brückenköpfen auf der Brücke selbst je ein Türstock, auf jeder Seiten des Stromes einer, in den Türstöcken Holztüren, die unteren Türhälften in sich geschlossene Holzquadratflächen, lückenlos aus Brettern zusammengefügt,
die oberen Türhälften holzvergittert, ähnlich gesprieselten Holzlagentüren oder Hasenkäfigöffnungen,
die Türen tragen Vorhängeschlösser, Ketten schließen Ellipsen um die rechten äußeren Gitterstangen und Türstockpfosten, sie werden mit Nummernschlössern gesichert, die Türklinken sind matt, das Eisen ist grau geworden von der andauernd aus dem Fluß sich erhebenden trüben Luft, die Klinken quietschen, wenn sie niedergedrückt werden,
die Balken, Bretter und Rahmen sind mit khaki und giftgrüner Ölfarbe gestrichen und lackiert worden, die Farbe glänzt,
das Glänzen wird von den Schattenbewegungen der Ufersträucher unterbrochen.
An beiden Ufern des Flusses sind an der Stelle kleine Häus-

chen für die einander abwechselnden Brückenwärter, in deren Verwahrung sich die Schlüssel befinden, in deren Hirnen die Zahl, welche die Nummernschlösser auf den Ketten öffnet, gebaut worden. Wenn du über die Brücke willst, mußt du zunächst zum Brückenwärterhäuschen gehn, bei der Brückenwärterhäuschentür anklopfen,
worauf sich das Brückenwärterhäuschenfenster öffnen wird,
der Kopf des jeweiligen Brückenwärters wird in ihm erscheinen, um zu schaun, wer denn da wohl über die Brücke gehn will,
der Kopf wird im Fenster verschwinden, hernach wird sich die Tür des Brückenwärterhäuschens öffnen, der jeweilige Brückenwärter in seiner ganzen Größe und Macht wird in ihr erscheinen,
er wird dir ein Zeichen geben, auf daß du mit ihm kommen sollst, zusammen mit dir wird er zur Brücke gehn, in den Händen den klingelnden, baumelnden Schlüssel, er wird die Kettenellipse mit dem Nummernschloß auflösen, wobei er dir den Befehl erteilen wird, die geschlossenen Handflächen über die Augen zu legen, auf daß du die Nummer, welche das Schloß öffnet, nicht sehen kannst, er wird das Schloß in der Tür aufsperren, die Tür öffnen, um dir den Weg über die Brücke freizugeben, du wirst die Brücke betreten, der jeweilige Brückenwärter aber wird die Brückentür wieder hinter dir verschließen, während du deinen Weg über die Brücke zum anderen Ufer des Flusses beginnst, der jeweilige Brückenwärter an einem Hebel über dem Türstock zieht, worauf du ein kurzes helles Glockenläuten vernehmen wirst, ich habe früher vergessen, dir zu sagen, daß sich über den Türstöcken Glocken befinden, deren Klöppel glitzern, weil der Fluß seine Spiegelung ihnen zuwirft, die Glocke wird geläutet, damit der jeweilige Brückenwärter am anderen Ufer des Flusses weiß, daß jetzt jemand über die Brücke kommt,

unter der brücke gibt es schiffe und kleine boote ohne laderaum ohne vertiefung für den insassen des fahrzeuges wer mit dem boot den fluß hinunter ins meer fährt steht auf der dem wasser abgekehrten glatten bootsoberfläche die füße gespreizt daß die äußeren dem beschauer von beiden ufern des flusses sichtbaren sohlenkanten der nackten füße einen halben meter von den zwei äußeren vorne spitz zulaufenden dem beschauer von beiden ufern des flusses sichtbaren fünfzehn zentimeter über dem wasser liegenden und schaukelnden bootsoberflächenkanten entfernt sind und hält eine äußerst lange hölzerne stange in brusthöhe waagrecht in den fäusten deren beide enden das land das ufer berühren mit der er nämlich die bewegung des bootes über den wellen beiderseitig ausbalanciert um ein kippen des bootes nach links oder rechts zu verhindern du siehst die schiffer unter die brücke hindurchfahren aufrechtstehend am buchen lärchen erlen espen fichten weiden zedern föhren oder eichenholz zwischen den pfeilern während du über den bohlen stehst die boote sind glatte spitz zulaufende längliche flächen vierzehn meter lang sechs meter aber breit etwa rechtecke deren obere kanten aber ihre wirklichen ecken verloren haben weil der bootsbauer sie abgeschliffen hat um die zwei seitlichen längen in einander etwa vier oder mehr meter später schneidenden spitz aufeinander zulaufenden nach wunsch verschiedenartigsten kongruenten kurventeilen fortzusetzen

$P_2(-3, -10)$ $P_1(3, -10)$

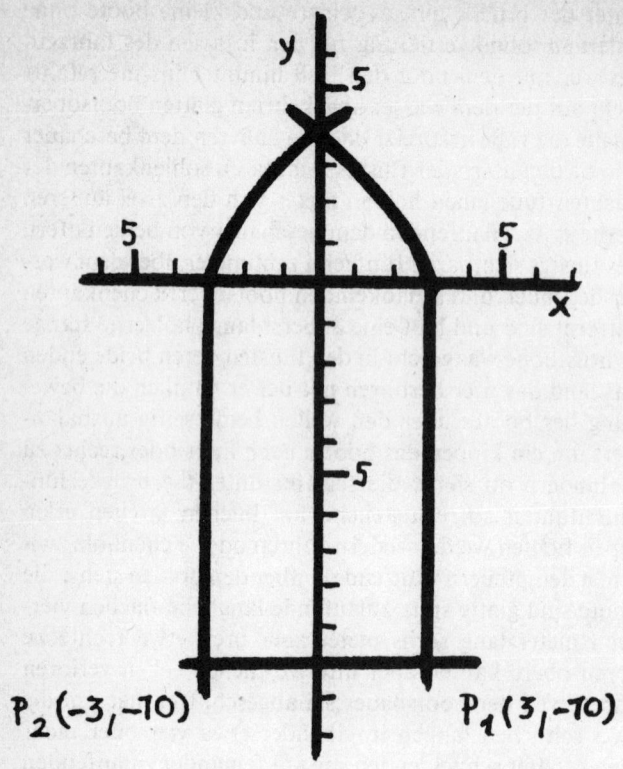

Fig. 2

ohne oberflächenunterschiede ohne vertiefung für den
insassen des bootes ähnlich einfachen sperrholzflächen
die neun oder zehn oder elf oder zwölfjährige buben aus-
schneiden um hampelmänner zu basteln sie rot grün gelb
weiß oder indigo anzustreichen mit bewegten beinen für
die schimmlige tapetenwand in der rauchigen küche des
septembers

und während der jeweilige Brückenwärter wieder hinter der Tür seines Brückenwärterhäuschens verschwindet, öffnet sich am anderen Ufer des Flusses das Fenster des Brückenwärterhäuschens auf der anderen Seite, der Kopf des jeweiligen Brückenwärters am anderen Ufer wird in ihm erscheinen, um zu schaun, wer denn da wohl über die Brücke kommt, der Kopf wird im Fenster wieder verschwinden, worauf sich wenig später die Tür des Brückenwärterhäuschens am anderen Ufer öffnen, der Brückenwärter in seiner ganzen Größe und Macht in ihr erscheinen, herauskommen, der Brückentür am anderen Ufer, der du dich immer mehr näherst, entgegengehen, diese öffnen wird, dich, der du ja bereits das Ende der Brücke und somit das andere Ufer des Flusses erreicht hast, in Empfang zu nehmen, dir nett und freundlich zuzulächeln, während auf der für dich jetzt aber schon lange anderen Seite des Flusses der Kopf des früheren Brückenwärters im Fenster des Brückenwärterhäuschens auf der für dich jetzt aber schon lange anderen Seite des Flusses erscheinen wird, um zu schaun, ob der Brückenwärter – für dich jetzt aber schon lange – hier dir die Brückentür wohl aufsperrt, dir die Möglichkeit gibt, die Brücke zu verlassen, er wird dem dir die Tür öffnenden Brückenwärter zuwinken, ein freundliches Wort wie
– *Brückenholz Brückeneisen*
und dergleichen zurufen,
der dir die Tür öffnende Brückenwärter wird seinerseits ihm antworten mit freundlichem Taschentuchwinken und rufen
– *Brückeneisen Brückenholz*
und dergleichen,
während du durch die offene Tür die Brücke verläßt, der jeweilige Brückenwärter die Tür wieder verschließt, das Klappern der Kette und des Nummernschlosses, das Quietschen der Brückentürklinken, der jeweilige Brückenwärter im Brückenwärterhäuschen verschwinden wird, während du zufrieden deiner Wege gehst,
sich beide Brückenwärterhäuschenfenster schließen, auf den

schwarzen Scheiben die Flußspiegelung, welche die Böschung heraufsteigt, während die beiden jeweiligen Brückenwärter die Brückenwärterhäuschenfensterklinkenellipse von der Lotrechten in die Waagrechte drehen.

Wenn die Glockenklöppel kaputt sind, verständigen sich die beiden jeweiligen Brückenwärter nur durch lautes und deutliches Rufen. Sie stehen aufrecht mit dreißig Grad gespreizten Beinen an den Ufern des Flusses, heben die Hände mit angewinkelten Ellbogen und schließen Handballen, Handwurzeln, Handflächen und die geschlossenen Finger zu einem hohlen offenen Zylinder um ihre weit geöffneten Lippen, aus denen ihre einsamen Rufe über den Strom hinweg das Land überspannen oder auf den Wellen des Flusses ins Meer gleiten.

BRÜCKENWÄRTER haben folgende RECHTE UND PFLICHTEN:

BRÜCKENGESETZ
§ 1
1. Der Brückenwärter kann, das heißt, er hat die Pflicht, jede ihm NICHT GANZ GEHEUER erscheinende Person abzuweisen, er, der Brückenwärter, kann und muß ihr den Zutritt zur Brücke verwehren, die Überquerung des Flusses verbieten.

2. a) Erscheint dem ersten Brückenwärter die Person geheuer, und gibt er der Person den Weg über die Brücke frei, dem zweiten Brückenwärter am anderen Ufer des Flusses aber erscheint die Person als NICHT GANZ GEHEUER, so hat der letztere am anderen Ufer des Flusses das Recht und die Pflicht, die Person zurückzuweisen, ihr den Ausgang aus der Brücke zu verwehren.

b) Der Person, der in solchem Fall nichts anderes übrigbleibt, als den eben zu Ende gebrachten Weg über die Brücke zurückzugehn, muß der erste Brückenwärter, der ihr, der Person, den Weg vorhin freigegeben hat, das Tor wieder öffnen, so daß die lediglich dem zweiten

Brückenwärter nicht ganz geheuer erschienene Person die Möglichkeit hat, die Brücke wieder zu verlassen.

c) Wird während des Weges der Person über die Brücke allerdings festgestellt, daß die Person eine KRIMINELLE ist, so haben die beiden Brückenwärter die Pflicht, die jeweilige Person so lange auf der Brücke zwischen den zwei verschlossenen Türen festzuhalten, bis die Organe der Exekutive verständigt worden sind, die Gendarmerie die Möglichkeit hat, am Standort zu erscheinen, die Person in Empfang zu nehmen, abzuholen, festzunehmen und auf der Stelle zu verhaften.

d) Während der Zeiten solcher Umstände hat von den zwei Brückenwärtern jeder andere zivile Brückenverkehr unterbrochen zu werden, die Leute müssen ohne Ausnahme warten, bis der oder die Kriminelle in sicherer Verwahrung sich befindet.

FUSSNOTE:

Die Erfahrung hat allerdings gezeigt, daß auf solche Art und Weise festgehaltene Kriminelle meist von der Brücke, wo sie auf einmal festgehalten sind, in den Fluß springen und davonschwimmen, meist aber ohnedies, um jeder derartigen Gefahr von vorneherein aus dem Wege zu gehn, nie ihren Weg über die Brücke nehmen, sondern den Fluß auf andere mannigfaltige Weisen zu überqueren pflegen.

Was ist die Folge?

Nur Kriminelle, die zu feig sind, in den Fluß zu springen, und aber vor allem Kriminelle, die Nichtschwimmer sind, konnten und können auf der Brücke sichergestellt und festgenommen werden.

BRÜCKENGESETZ

§ 2

Die Brückenwärter dürfen kein Geld für den Weg über die Brücke verlangen, keine Maut darf für den Brückenweg gezahlt werden, um alle Möglichkeiten der Bestechung von vorneherein auszuschalten.

FUSSNOTE:

Es ist jedoch der Person freigestellt, den jeweiligen

Brückenwärtern beliebige Summen sogenanntes »Trinkgeld« zu geben.
Was ist die Folge aller dieser Satzungen?
Jede einem der beiden Brückenwärter nicht geheuer erscheinende Person hat keine Möglichkeit, offiziell den Fluß zu überqueren.
FUSSNOTE:
Die Erfahrung hat allerdings gezeigt, daß solche Leute, durch andauernde Praxis gezwungen, sich zu den besten Schwimmern des Landes entwickelt haben, einige von ihnen haben beim Fluß bereits kleine Schwimmschulen aufgemacht, die sich in der Bevölkerung großer Beliebtheit erfreuen, und viele Eltern schicken ihre Kinder von klein auf dorthin.
Welche Möglichkeiten hat die abgewiesene Person, dennoch über die Brücke zu gehn?
Obwohl Brückenwärter allgemein als unbestechlich gelten, kann die Person trotzdem versuchen, die jeweiligen Brückenwärter zu bestechen.
Meistens gelingt dies aber nicht.
Die Person geht in einem solchen Fall zur nächsten ZUSTÄNDIGEN BEHÖRDE und besorgt sich den sogenannten BRÜCKENLICHTBILDAUSWEIS. Personen, die sich mit einem Brückenlichtbildausweis legitimieren, dürfen vom Brückenwärter nicht abgewiesen werden, außer dem Brückenwärter erscheint die Person UNHEIMLICH.
BRÜCKENGESETZ
§ 3
UNHEIMLICHE PERSONEN, auch wenn sie den Brückenlichtbildausweis besitzen, können und müssen vom Brückenwärter abgewiesen werden, da unter anderem die Möglichkeit der AUSWEISFÄLSCHUNG naheliegen und vorliegen kann, aber nicht muß.
FUSSNOTE:
Es gibt Zeiten, in denen den Brückenwärtern prinzipiell alle Personen nicht geheuer oder aber unheimlich erscheinen. Personen mit Brückenlichtbildausweis, die dem Brücken-

wärter unheimlich erscheinen und deshalb von ihm abgewiesen werden, deren Ausweis aber in keiner Weise gefälscht, sondern waschECHT ist, haben die Möglichkeit, sich bei der nächsten zuständigen Behörde einen zweiten Brückenlichtbildausweis zu besorgen.

BRÜCKENGESETZ
§ 4
Personen mit zwei gültigen Brückenlichtbildausweisen können vom Brückenwärter nur in nicht vorhergesehenen AUSNAHMEFÄLLEN abgewiesen werden.

DER BRÜCKENLICHTBILDAUSWEIS:
Ohne Ausnahme ein Jahr Wartezeit zur ÜBERPRÜFUNG der EINWANDFREIEN STAATLICHEN SAUBERKEIT
sowie der in den allgemeinen Gesundheitsvorschriften vorgesehenen
POLITISCHEN HYGIENE UND REINLICHKEIT der Person.

GEBÜHREN:
Die Höhe des Datums in Landeswährung,
zuzüglich beliebige Summen Stempelgelder.
Was soll das ganze überhaupt?
Nicht geheure beziehungsweise unheimliche Personen haben nicht die Möglichkeit,
sich in einem Teil des Landes zu konzentrieren,
zu versammeln,
zusammenzukommen,
anzusammeln,
zusammenzurotten,
Versammlungen abzuhalten,
Sammlungen zu betreiben,
sondern werden gleichmäßig beiderseits des Flusses verteilt.

BRÜCKENGESETZ
§ 5
Wegen eventueller Irrtümer oder Schäden, solange diese nicht staatliche Angelegenheiten betreffen, können Brückenwärter weder zur Verantwortung gezogen noch belangt werden, da man allgemein der Ansicht ist, daß IRREN MENSCHLICH sei.

BEAMTENBESTECHUNG

wegen Verkürzung der Wartezeit auf den Brückenlichtbildausweis ist nicht möglich, wird aber meistens durchgeführt. Man fährt gut, indem man den Beamten Blumenstöcke, etwa Azaleen, keine Schnittblumen oder aber ein Faß frisch gebrannten Obstschnaps bringt. Dies soll angeblich keineswegs verpönt sein, man sagt, dergleichen werde sogar von höheren Stellen gefördert. Angeblich hofft man, dadurch die Beamten dem Volk näherzubringen. Die Beamten geben sich populär, indem sie dergleichen annehmen und den Leuten dafür helfen.

Das weiß man.

Es gibt sogar vielfach Leute, die sagen, nur deshalb habe man eine derart genaue Bürokratie eingeführt, um den Beamten die Möglichkeit zu geben, das Volk näher kennenzulernen, sich mehr mit dem Volke zu beschäftigen, sowie andererseits dem Volke es möglich zu machen, die Beamten kennenzulernen, sich mit ihnen, den Beamten, etwas genauer zu beschäftigen:

eine REIN PÄDAGOGISCHE Maßnahme zur allgemeinen besseren VERSTÄNDIGUNG untereinander.

Deshalb gilt in höheren Kreisen jener Beamte als der tüchtigste und beste, der die meisten Blumenstöcke daheim hat und die meisten Obstschnapsfesträusche hinter sich bringt.

Jawohl.

Du erinnerst dich, während du weitergehst, an die Brücke, die bewegten Schatten der Sträucher neben den Türen, die grauen Bretterstränge und Bohlen über dem Flußmetall, die grauen Klinken auf den Türen, welche die Farbe des Flusses angenommen haben von der Luft, die andauernd die Wellen des Stromes berührt und aufsteigt.

> das uralte kanalsystem heute noch in betrieb nur die röhren ausgewechselt sonst vollkommen in ordnung gewesen immer du kannst die spuren der unterirdischen systeme an halbe meter breiten grasnarben erkennen und die rich-

tung des nicht sichtbar fließenden wassers bestimmen
und
was ich aber vergessen habe zu erwähnen
die leeren betongestelle an den ufern der bäche auch aber
vor allem am flußrand die wasserleitungen und das papier zwischen den sträuchern zurückgelassen hinter den
leeren betongestellen wo sie aber sonntags die schirme
aufstellen und picknicken braune decken auf den sandi-
gen boden breiten brot auf den stoff legen rinder aufspie-
ßen aber wochentags
und
was unter anderem noch bleibt zu erwähnen
die vermessenen geometrischen orte in der landschaft es
sind dies ein meter hohe zylinder $r = 1,5$ m steine von
mörtel zusammengehalten nisten manchmal störche oder
kraniche darauf die runden vermessenen punkte in der
landschaft weithin sichtbar und klar ersichtlich ermittelt
nach folgendem system

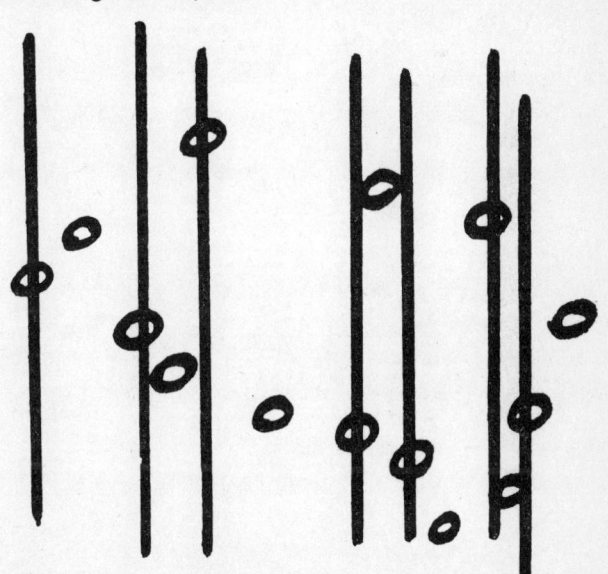

Fig. 3

kein ort trifft in seiner geraden verlängerung auf einen zweiten und immer wohin du auch gehst erreichst du irgendeinen trigonometer aus stein woran du sofort deinen standort errechnen kannst

Der Dorfplatz

- *Der Dorfplatz ist leer.*
- *Wir können über den Dorfplatz gehn.*

In der Mitte der Brunnen.
In den Steinfugen wächst Moos. Wenn es blüht, siehst du weiße Punkte in den grünen Polstern, die durch zehntelmillimeterdünne schwarze Erdlinien voneinander getrennt sind.
Vor den Haustüren siehst du die Stiegen, die abwärts und aufwärts in die Häuser hinunter und hinauf führen.
An den hölzernen Toren siehst du die Ringe, die von den Händen der einander austauschenden Hausbesucher erfaßt und an die Türen geschlagen werden. Das Metall ist abgegriffen, es riecht nach feuchtem Messing, du kannst die Metallringe aufs Holz pochen hören.
Die Türen öffnen sich.
Die Figuren verschwinden in den schwarzen Korridoren dahinter, in den Stiegenhäusern, Vorzimmern, Garderoben, du hörst die Schritte im Innern der Gebäude verschwinden, während die Tore lange schon wieder verschlossen.

> ja richtig vor dem dorf wird getreide gedroschen die wagen werden von schwarzen rindern gezogen fünfachsig jede achse zehn räder sie rollen übers korngelb zwischen den rädern werden körner von halmen getrennt die körner geordnet zum kreis die halme geordnet zum kreis daneben hirten dreschen ihre stöcke auf die schwarzen felle der rinder aus den striemen welche die stöcke darauf hinterlassen staubt es

Du kannst die Türen sich öffnen sehen. Die Besucher treten wieder heraus, drehen sich zu den schwarzen Türöffnungen zurück, heben die rechten Hände, während die Tore schon lange wieder geschlossen.

- *Gehn wir über den Dorfplatz.*
- *Der Dorfplatz ist leer.*

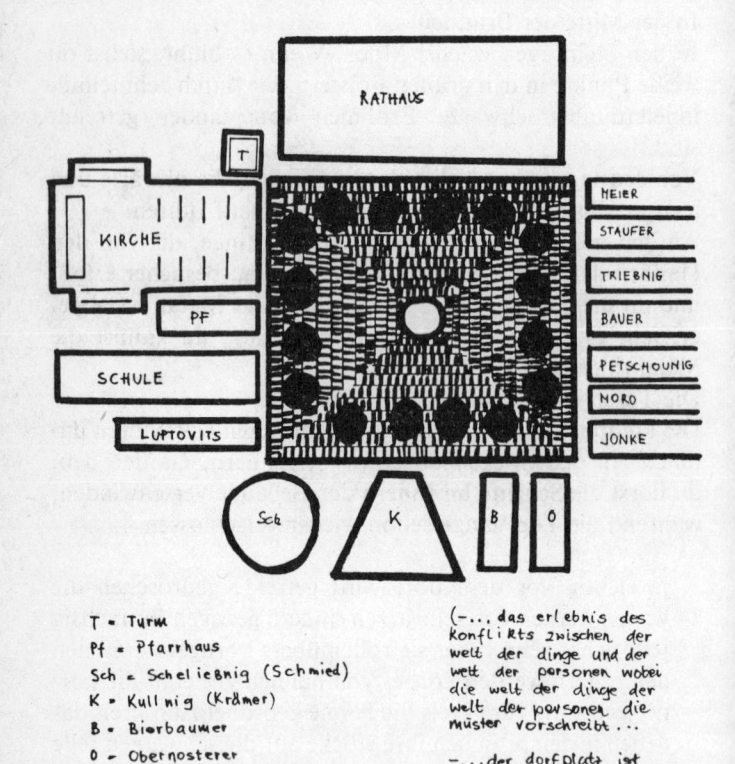

T = Turm
Pf = Pfarrhaus
Sch = Schelieβnig (Schmied)
K = Kullnig (Krämer)
B = Bierbaumer
O = Obernosterer

(-... das erlebnis des konflikts zwischen der welt der dinge und der welt der personen wobei die welt der dinge der welt der personen die muster vorschreibt...

-... der dorfplatz ist ein strukturales muster...)

Fig. 4 Der Dorfplatz

Nein, das ist gelogen, denn es sind Baumstümpfe an den Rändern des Platzes, die runden, abgeschliffenen Flächen des Holzes, die Spuren der abgeschnittenen Stämme, kreisförmig, ordentliche Kreise mit Durchmessern von genau etwa eineinhalb Metern.
Der Lehrer ist mit den Kindern aus dem Schulgebäude herausgekommen und hat ihnen die Kreise aus Holz gezeigt.

Viel früher aber hatte der Lehrer noch die Kreide weggelegt, nachdem er die Zeichnung auf der Tafel beendet hatte, im Grundriß den Dorfplatz mit dem Brunnen in der Mitte. An den Rändern hatte er die Namen der Besitzer der um den Platz versammelten Häuser in jene die Häuser darstellenden Vierecke geschrieben:
Meier, Staufer, Triebnig, Bauer, Petschounig, Moro, Jonke, Kullnig, Luptovits, Schelißnig, Bierbaumer, Obernosterer.
Er hatte die Steine des Bodens auf der den Dorfplatz darstellenden Fläche gekennzeichnet;
– *der Dorfplatz ist mit 1946 weißen Steinplatten gepflastert.*
Auf der anderen Tafelhälfte hatte er im Aufriß den Brunnen dargestellt, um den Kindern die Funktion der Brunnenwinde zu erklären.
– *Die Brunnenwinde trägt das Seil, es ist hinaufgewickelt. Dreht man nach rechts, wird der Strick hochgezogen, daß aus der Tiefe des Erdinneren der Kübel voll Wasser heraufkommt, dreht man aber nach links oder läßt man der Winde ihren freien Lauf, wird das Seil wieder abgewickelt, daß der Kübel abstürzt unter die Haut des Planeten, um frisches Wasser aus dessen unbekannter Tiefe zu schöpfen.*
Er hatte ihnen die sachgerecht möglichen Brunnenwindenverdrehungsbewegungen mit den Händen durch die Luft des Schulzimmers herumfuchtelnd nachzumachen befohlen, worauf bald alle anwesenden Kinderhände zu Fäusten sich geschlossen hatten, als schwankten durch die Klassenzimmeratmosphäre viele unsichtbar ergreifbaren

Brunnenwindendrehhebelstangen.
Der Lehrer hatte auf die linke Tafelseite neben die Dorfplatzdarstellung im Aufriß das Gebäude des Rathauses gezeichnet, auch das Gebäude der Schule, auf die rechte, neben die Darstellung des Brunnens, die Kirche mit dem Turm und dem Pfarrhaus, in das Pfarrhaus hinein das geöffnete Pfarramtsstubenfenster, in das den Kopf des Pfarrers, der aus dem Fenster hervorlugt, neben den Kopf des Pfarrers dessen rechte Hand mit dem erhobenem Zeigefinger dargestellt, auf der linken Tafelhälfte aus der Rathausabbildung im Aufriß hatte er den Bürgermeister aus dem Tor heraustreten lassen, ihm einen Leitz-Ordner unter den rechten Arm geschoben und den Kindern seine leitende Funktion im Dorf erklärt.
– *Der Bürgermeister ist der oberste Mann im Dorf, regelt alles zu unserem Wohle, ohne ihn würde das Dorf sofort verrottet sein, falls er nicht mehr unsere herrschende Landordnung bewahrte, und er muß immer sehr viel schreiben, dafür aber hat er eine tüchtige Sekretärin oder einen agilen Sekretär, die ihm die Arbeit ein wenig erleichtern.*
Der Lehrer hatte den Kindern befohlen, wenn sie dem Herrn Bürgermeister begegnen, stehnzubleiben, und zwar bereits, wenn er ganz weit weg am Horizont auftaucht und sich ihnen nähert, die Kappe oder den Hut zu ziehen, ihn ordentlich zu grüßen, wobei sie nur mit ihrem Kopf zu nicken hätten; wie er ihnen überhaupt Achtung vor den Älteren, insonderheit Eltern, Großeltern, Tanten, Onkeln, Großtanten, Großonkeln und auch allen anderen näher entfernteren oder entfernter näheren Verwandten dringend empfohlen hatte, denn letztere seien die Vorbilder, deren einem geäußerte Erfahrungen man sich merke und nur demgemäß und nicht anders genau danach handle, weil man damit sich selbst und seinem Leben vieles erspare, was jene durch gemeisterte Erlebnisse schon voraus für uns hinter sich gebracht hätten.
– Außerdem:
Messer, Gabel, Scher und Licht

ist zwar wirklich für kleine Kinder nichts, aber auch später soll man sie ehren, damit es einem gut ergehe, indem man sich jeden Tag zweimal mindestens die Schuhe und die Zähne putzt,
man wäscht sich am Abend natürlich ganz und macht keine halben Sachen,
man denkt demokratisch,
man hat immer ein sauberes Taschentuch im Hosensack,
man mißbraucht keine sozialen Einrichtungen,
man macht heute schon das, was uns morgen allen gemeinsam nützt, denn in ein paar Jahren wirst du noch immer Zeit für alles andere haben,
wenn man jemandem begegnet, grüßt man freundlich, ganz besonders, wenn man die Person nicht ausstehn kann,
man erfüllt seine staatsbürgerlichen Pflichten,
man stellt keine ungehörigen Fragen,
man leistet in den öffentlichen Verkehrsmitteln den Anweisungen des Schaffners Folge.
man liest keine schlüpfrigen Bücher, Romane und dergleichen,
man lehnt sich mitten auf der Reise nicht aus dem Fenster, sondern
man schließt Fenster und Türen im Winter, damit das Klo nicht einfriert,
man belästigt nicht Frauen,
man steigt nach vorne ab, die linke Hand unbedingt auf der linken vorderen und nicht hinteren Griffstange,
man kommt nicht zu spät,
was du heute kannst besorgen, das verschiebe nicht auf übermorgen,
sondern sieh doch morgen mittag schon ein wenig danach,
man benützt nicht die Toiletten während deren Aufenthalt in den Stationen,
man kommt nicht zu spät,
man überzeugt sich regelmäßig, daß der Sicherheitshebel der mitgeführten Schußwaffe immer in der richtigen Stellung liegt,

man treibt sich nicht auf oder in zwielichtigen Orten herum,
man läuft nicht davon, wenn man sich gerufen hört oder fühlt, sondern bleibt augenblicklich stehen, um den bevorstehenden Erwartungen ehestens zu entsprechen,
man ordnet sich möglichst tief der Obrigkeit unter,
man schneuzt den Rotz sich ins Taschentuch hinein und zieht ihn nicht zurück, auch schmiert man den beim Bohren der Nase entnommenen Inhalt nicht in die Vorhänge des Gastgebers,
man leistet keinen Widerstand gegen die Gewalt des Staates, sondern
man zieht die Hosen hinauf, bevor man sich setzt, damit der Bug länger drinnenbleibt,
beim Essen nimmt man ungefähr meistens die Gabel in die linke, das Messer in die rechte Hand,
man pißt im Hotelzimmer nicht einfach ins Waschbecken, sondern geht hinaus auf den Korridor und sucht die vorzüglich fürsorglich eigens dafür bereitgestellten Räumlichkeiten auf,
man wählt die Partei, zu der man gehört,
wenn man aber hustet oder gähnt, hält man sich bitteschön die Hand vor den Mund;
und zum Schluß:
man lümmelt nicht, wirbelt nicht, tötet nicht, ärgert nicht, ändert nicht, vögelt nicht, lärmt nicht, haut nicht, liebt nicht, frißt nicht, säuft nicht, trotzt nicht, lügt nicht, stiehlt nicht, schwätzt nicht, schreit nicht, protzt nicht,
sondern
man leitet, betet, bürstet, beichtet, richtet, leidet, reitet, reitet, reitet
(durch die Tage und Nächte bis ans Ende des Kontinents am Beginn des Ozeans, wo man sein Pferd am Strand verkaufen wird, um über das Geld für die Miete eines hochseetüchtigen Ruderbootes zu verfügen),
ferner:
man macht, kämmt, lernt, ehrt, schaut, grüßt, geht, sucht, eilt, blickt, läuft, hilft, rennt, seiht, ficht, leiht, siebt, läßt,

ißt, schneuzt, spurt, reibt, blitzt, nährt, saust, schenkt, nützt, zehrt, hängt, putzt, wäscht, färbt, bleicht, flickt, näht, strickt, feilt, stickt, zielt, folgt, wo man nur kann.
Auf die Kirche und das Pfarrhaus zurückkommend, hatte der Lehrer den Kindern die Funktion des aus dem dargestellten Fenster des auf der rechten Seite der Tafel neben dem dargestellten Brunnen dargestellten Pfarrhauses schauenden, mit erhobenem Zeigefinger gezeichneten Pfarrers erklärt, hatte dabei mit dem Stock, den er aus der linken Ecke des Raumes neben der Tafel hergenommen hatte, auf die neben dem skizzierten Pfarrhaus dargestellte Kirche gezeigt.
— Man geht ausnahmsweise jeden Sonntag in die Kirche, man macht sich nicht lustig über die Kutte des Pfarrers, auch wenn er darin ausschaut wie eine Vogelscheuche, denn diese ist ein Zeichen seines höheren Dienstes,
man lästert Gott nicht, viel weniger aber noch erzürnt man ihn, und auch nicht jene, die ihm näher sind als wir,
man kommt am Sonntag oder auch wochentags nicht zu spät zum Gottesdienst, noch versäumt man ihn aus eigener Schuld oder Nachlässigkeit, noch hält man andere davon ab,
man ist in der Kirche nicht unanständig in seiner Kleidung und nicht zu frei mit Personen des anderen Geschlechts, sondern benimmt sich weihevoll,
man macht die Tür leise auf und zu, auch wenn die Angeln nicht frisch geölt sind,
man geht auf den Zehenspitzen,
man taucht den rechten Zeigefinger in das mit Wasser gefüllte Weihwasserbecken neben der Tür drinnen und nicht schon in die Regentonne draußen vor dem Tor,
man berührt mit dem wie beschrieben leicht angefeuchteten und nicht schon mit dem noch trockenen Finger die Stirne, führt ihn einmal von oben nach unten und einmal von links nach rechts,
man denkt in der Kirche nichts Unschickliches, Unschönes, Unreines, Unanständiges, Unschamhaftes, Unkeusches,

noch hat man die Begierde danach, aber überall anderswo hingegen ebenso,
man poltert nicht herum,
man hört auf die Worte des predigenden Pfarrers und merkt sie sich, auch wenn einem etwas sehr dumm vorkommt, weil man noch zu dumm ist, um es verstehen zu können,
man versündigt sich in der Kirche nicht durch vor- oder aberwitzige lüsterne Blicke,
man lacht nicht, noch kichert man,
man vollführt in der Kirche keine unehrbaren Berührungen, weder an sich selbst noch an anderen, auch wenn man sehr gut mit ihnen bekannt ist,
man läßt die Stille und das Schweigen in sich hineinwirken, man besinnt sich auf sich selbst,
rechtzeitig vorher aber noch geht man aufs Klo, damit man dann nachher nicht womöglich stundenlang verhalten muß.
Der Lehrer hatte den Kindern neben die dargestellte Kirche auf der linken Tafelhälfte im Schrägriß das Weihwasserbecken hingezeichnet, in Form von Wellenlinien das Wasser in der kalottenförmigen Höhlung des Beckens symbolisiert, daneben den Altar, die holzgeschnitzten Chorschranken vor dem Altar, die Kanzel, die Reihe der Bänke. Es seien dies, hatte er den Kindern gesagt, sehr wertvolle, alte und auch schöne Holzschnitzereien. Er hatte die Formen der ins Holz geschnitzten Ornamente erklärt, alle Arten der in der Kirche vorkommenden Holzschnitzverzierungen, Kreise, Vierecke, Ellipsen, Halbkreise, Rechtecke, Halbellipsen, Kreisausschnitte, Dreiecke, Ellipsensegmente. Er hatte in jene die geschnitzten Ornamente darstellenden Figuren und deren Ableitungen Mittelpunkte und Mittellinien eingezeichnet, in die Kreise und Ellipsen Punkte und Striche eingesetzt, so daß Gesichter mit Augenbrauen, Stirnen, Haaransätzen, Augen, Nasen, Nasenlöchern und Lippen entstanden waren.
– *Solche Figuren und Gesichter sind in die Bänke, in den Altar, in die Chorschranken und in die Kanzel vor vielen Jahren von einem großen, bedeutenden Holzschnitzkünstler*

oder Bildhauer, wie man so jemanden auch noch nennt, hineingeschnitzt worden; dieser Mann muß ein großer Meister gewesen sein, er hat ein scharfes Messer hergenommen und damit, was ich auf die Tafel gezeichnet habe, ins Holz hineingeschnitten, eine schwere und kunstvolle Arbeit, die Holzschnitzel sind am Kirchenboden gelegen, und dann ist der Kirchendiener mit Besen und Kehrichtschaufel gekommen und hat die am Boden liegenden Holzschnitzel zusammengekehrt.

Damals vor vielen, vielen Jahren sei der Künstler einen Tag, bevor er mit der Arbeit begonnen habe, ins Dorf gekommen und vom damaligen Pfarrer auf eine heiße Rindssuppe eingeladen worden; der damalige Pfarrer berichtet darüber in der Gemeindechronik:

Am Abend ist er ins Dorf gekommen; habe ihn aufgenommen. Er hat die Nacht im Gästezimmer verbracht; in der Früh sind wir zusammen beim Frühstück gesessen; es hat Weißbrot und Kaffee gegeben; da hat er sich plötzlich zu mir gebeugt und mir ins Ohr geflüstert

— Bin ein bedeutender Holzschnitzer, aber sagen Sie es bitte niemandem, denn ich bin auf der Flucht, werde von meinen Feinden verfolgt, den Widersachern, denen ich etwas vorgeschnitzt hatte, was ihnen gegen das Holz gegangen war, und die mir noch immer nach dem Leben trachten, doch bis jetzt bin ich ihnen entkommen, verborgen aufgenommen von den Schattenzimmern der Waldränder, habe mich in den verkommensten Kabinetten des Moores und der Sümpfe dann verkrochen, tagelang in einer Höhle versteckt, bis ich mir sicher gewesen, daß die Suche nach mir vorläufig abgebrochen war, dann habe ich den Weg übers Gebirge genommen, von getrockneten Wurzeln mich ernährt, Fliegenpilze gekaut, mir hin und wieder Kräutertee gekocht, bis ich endlich hierher zu Ihnen gekommen bin.
— Können Sie nicht etwas lauter reden, ich höre schlecht, bin fast taub.

– *Wenn uns aber jemand belauscht?*
– *Es ist niemand hier.*
– *In der Wildnis hatte ich die Hände überm Feuer gewärmt, dessen Rauch mir in die Augen gestiegen war, bis die Tränen daraus geflossen waren wie die Wildbäche des Lichts, die durch die Zweige in den Wald hereingestürzt waren und mein Gesicht zur Erde gedrückt hatten, vergraben in den Geruch der verfaulten Blätter und Nadeln, die Hände hinterm Kopf verschränkt bin ich dagehockt und habe mein Schicksal beklagt als der König der Holzschnitzer, von seinen Feinden und Widersachern bedroht, denen ich in gutem Glauben, sie zu freudigem Staunen zu bewegen, alle Baumstämme ihrer Obstgärten zu leibhaftig dem Boden entwachsenen Heiligenfiguren umgeschnitzt hatte, deren dichtes Haupthaar reiche Früchte getragen, aber bitte sagen Sie es niemandem, und Ihnen habe ich nur davon erzählt, weil Sie Pfarrer sind und man vertrauen darf.*

– *Die Gejagten liebt Gott.*
– *Mit mir aber hat er kein Erbarmen.*
– *Gerade mit Ihnen, merken Sie es nicht?*
– *Ich bin noch immer auf der Flucht.*
– *Ein Zeichen für Sie: Es gibt Arbeit, eine ganze Kirche steht zur Verfügung, Bänke, Chorschranken, eine Kanzel und ein Altar; freie Verpflegung und Unterkunft.*
– *Wenn mich aber jemand sieht?*
– *Sie stehen unter meinem Schutz; dem Schutz der Kirche; dem Schutz des Dorfes.*
Dann hat der Mann ein scharfes Messer aus seinem Reisebeutel hervorgeholt, und ich bin gleich mit ihm in die Kirche gegangen; ganze vierzehn Tage hat er gearbeitet, täglich von früh bis spät mit dem Messer Vertiefungen, Rillen, Figuren und Gesichter ins Holz geschnitzt; die Späne und Holzschnitzel sind am Boden gelegen, dann ist der Kirchendiener gekommen mit Schaufel und Kehrichtbesen und hat die Holzschnitzel zusammengekehrt.

Der Lehrer hatte den Kindern erklärt, diese Geschichte habe der Pfarrer in die Gemeindechronik geschrieben, deshalb wisse man davon.

– Die alte Gemeindechronik ist ein großes, dickes und schweres Buch, die Seiten sind im Laufe der vielen Jahre vergilbt. Es ist schon lange vollgeschrieben und wird als wertvoller Schatz in der Pfarrbibliothek aufbewahrt. Wenn ihr höflich den Herrn Pfarrer darum bittet, wird er es euch zeigen. Auch heute noch schreibt er alles, was geschieht, in ein Buch hinein; in ein neues, das aber auch schon bald wieder vollgeschrieben sein wird; dergleichen nennt man »Geschichtsquellen«.

Der Lehrer hatte den Kindern auf den unteren mittleren Rand der Tafel unter die Darstellung des Dorfplatzes die alte Gemeindechronik hingezeichnet. Dann hatte er die Kreide weggelegt, die Kinder zu einer Zweierreihe vor der Klassentür antreten lassen, am Korridor einen Schrank geöffnet, einen großen Schulzirkel herausgenommen und die Kinder durch den Korridor und das geöffnete Schultor auf den Dorfplatz hinausgeführt; er hatte ihnen befohlen, sich in einer Reihe aufzustellen.

Es sind Baumstümpfe an den Rändern des Platzes, rund, mit einem Durchmesser von eineinhalb Metern, die abgeschnittenen Flächen des Holzes, die Spuren der abgeschnittenen Stämme, die Schnittflächen glänzen in der Sonne.

Er ist mit den Kindern aus dem Schulgebäude herausgekommen und hat ihnen die Kreise aus Holz gezeigt.

Er nimmt den großen Schulzirkel, setzt ihn mit der Spitze in der Mitte eines Baumstumpfes ein, läßt das Ende des anderen frei in der Luft schwebenden Zirkelastes den Umfang des kreisförmigen Baumstumpfes berühren, zieht den Kreis mit dem Zirkel nach, dem Umfang des Baumstumpfes folgend.

– Das ist ein Kreis, die Oberfläche dieses Baumstumpfes ist ein Kreis.

Er entfernt den Zirkel vom Baumstumpf, lehnt ihn an die Wand des hinter seinem Rücken stehenden Hauses.
Die Kinder setzen sich auf die Baumstümpfe.

Das Haus des Schmiedes

Das Haus des Schmiedes ist aus weißem Kalk; das Haus des Schmiedes ist rund; der Grundriß des Hauses des Schmiedes ist ein Kreis mit einem Radius von sieben Metern.
Das Haus ist vor Jahren vom damaligen Dorfarchitekten entworfen und noch
vom alten Schmied,
seiner Frau
und seinem Sohn, dem jetzigen Schmied,
gebaut worden.
Sie haben die Ziegel selber gebrannt; bis in die Nacht hinein hat man damals vor Jahren
den alten Schmied,
seine Frau
und seinen Sohn, den jetzigen Schmied,
arbeiten gehört; die Steine haben geklappert, das Feuer hat überallhin seine Schatten geworfen. Über dem Feuer haben sie die Ziegel gebrannt. Sie haben die Ziegel selber gebrannt.
Sie haben die Ziegel aber nur für den Unterbau des Hauses verwendet, dann soll ihnen das Ziegelbrennen mit einem Wort zu blöd geworden sein, zu umständlich, im ersten Stock schon haben sie normalen, zu Quadern gehauenen Kalkstein aus den Bergen aufeinandergeschichtet.
Sie haben den Mörtel selber gemischt; mit einer hölzernen Stange. So sind damals vor Jahren
der alte Schmied,
seine Frau
und sein Sohn, der jetzige Schmied,
abwechselnd vor einem mit Holz eingerahmten Rechteck gestanden, vier meterlange und vier halbmeterlange zwanzig Zentimeter breite Bretter hatten sie in den Boden vor der damaligen Baustelle gerammt, und zwar so, daß auf einmal zwei sandkistenartige Behälter entstanden sind, in denen sie abwechselnd mit einer zwei Meter langen Stange selber den

Mörtel gemischt haben, mit der Stange sollen sie den Mörtel
umgerührt haben,
abwechselnd haben
der alte Schmied,
seine Frau,
und sein Sohn, der jetzige Schmied,
die Stange in den nassen Mörtel eingetaucht, sind mit der
Stange in der schwabbeligen Mörtelmasse hin und her gefahren, und durch die Bewegung der Stange sind in der
zähen grauen Flüssigkeit Oberflächenunterschiede entstanden, ein Strich im Grau in Form einer Rinne, von deren tiefster Führung sich seitlich nasser Mörtel fünf Millimeter in
die Höhe bewegt hat, die Mörtelfläche ist aber sofort wieder
glatt geworden, wenn
der alte Schmied
oder seine Frau
oder sein Sohn, der jetzige Schmied,
aufgehört hat, die Stange durch das nasse dickflüssige Grau
zu schieben. Die graue Rinne soll sich einen halben Meter
hinter der Stange her gezogen haben, hinter der Zone des
halben Meters hinter der Stange im Mörtel soll sich die
Rinne wieder geebnet und zur gleichmäßigen, waagrecht im
Sandkasten liegenden, zähflüssigen Mörtelmasse erhoben
haben.
Alle Kinder des Dorfes sollen sich damals vor Jahren immer
um den Sandkasten versammelt und in den bewegten Mörtel
geschaut haben. Man erzählt, kein einziges Kind habe gelacht. Alle seien sie gebannt gewesen von der für sie dämonischen Bewegung des Mörtels im Sandkasten. Es sei unglaublich, sagt man, daß Kinder auf einmal so ruhig sein könnten. Das habe nur der Mörtel verursacht, sagen die Leute im
Dorf. Einige Kinder sollen dann einmal das Gras, das aus
den Bodenfugen neben den Seitenwänden der Sandkästen
herausgewachsen war, ausgezupft haben. Durch das Herauszupfen des Grases, das seitlich der Bretterwände der
Sandkästen gewachsen war, sollen sich aber manchmal die
Bretter gelockert haben und, weil die Grasbüschel während

der Zeit ihres Wachstums ihre Wurzeln unter die Bretter gebohrt hatten, im Sandkasten Lücken entstanden sein, und manchmal, sagen die Leute im Dorf, soll durch die Lücken ein wenig Mörtelflüssigkeit aus dem Sandkasten ausgeronnen sein. Der alte Schmied habe das gesehn und die Kinder, die sich um den Sandkasten geschart hatten, um den nassen Mörtel zu beobachten, mit seinem mürrischen Geschimpfe verjagt. Die Kinder seien davongelaufen und hätten plötzlich wieder zu lachen und zu schreien begonnen. Zu Hause haben sie dann alle Schläge bekommen, weil ihre Eltern erfahren haben, daß sie den alten Schmied beim Bau des Hauses gestört, indem sie die Grasbüschel, die bei den Sandkästen auf der Seite herausgewachsen waren, herausgezupft hätten, und dadurch der Mörtel manchmal ausgeronnen sei. Die Eltern sollen ihre Kinder damals richtig hergenommen und angeschrien haben,
– *warrte nurr i werr dirr schn gebn altn Schmiid bein Hausbau sterrn Gras auszpfn dass ganza Mertl ausrinnt.*
Im ganzen Dorf habe man damals eine gute halbe Stunde lang das Kreischen und Plärren der Kinder gehört, die von ihren Eltern Schläge bekommen, weil sie das Gras auf der Seite der Sandkästen an der Baustelle des alten Schmiedes ausgezupft haben. Durch die geöffneten Fenster der Häuser habe man die Ohrfeigen auf die Gesichter der Kinder schallen gehört, ein richtiges Klatschen von Elternhaut auf Kinderhaut habe das ergeben. Manche Eltern sollen ihren Kindern auch noch zusätzlich die Hosen runtergezogen und die nackten Popos mit den Schlägen ihrer harten hornhautbelegten Handflächen bearbeitet haben. Die Eltern, sagen die Leute im Dorf, hätten ihre Handflächen in Abständen von halben bis dreiviertel Metern auf die erblaßten nackten Kinderpopos fallen gelassen, rund eine halbe Sekunde später wieder in dieselbe Höhe zurückbewegt und diese Bewegung zwanzig- bis fünfzigmal wiederholt, solange, bis die Haut der unter den Schlägen wackelnden Kindergesäße vollkommen errötet gewesen sei.
Man ist im Dorf für eine strenge Erziehung. Lieber zu oft

die Hosn runter als nie, ist man im Dorf allgemein der Ansicht. Besser einmal etwas zu viel als immer etwas zu wenig. Der alte Schmied soll, als er damals das Kinderkreischen gehört hat, wohlwollend gelächelt und gesagt haben
— *je öfter die Hosn runter, desto besser, je öfter man einem Kinde die Hosn runterzieht, desto leichter wird es später das schwere Leben ertragen lernen.*
Wenn der Mörtel im Sandkasten fertiggerührt gewesen ist, hat, sagen die Leute im Dorf,
entweder der alte Schmied
oder seine Frau
oder sein Sohn, der jetzige Schmied,
ein altes Labor, weiß und mit schwarzen Sprüngen (vom ausgeschlagenen Email), hergenommen, es in den fertig gerührten Mörtel versenkt, bis der gerührte Mörtel in das Labor eingeflossen ist, das gefüllte Labor aus dem Sandkasten herausgenommen, zur angefangenen Mauer getragen, wo dann
entweder der alte Schmied
oder seine Frau
oder sein Sohn, der jetzige Schmied,
den nassen Mörtel aus dem Labor heraus mit einer Spachtel auf die Oberfläche der aufeinandergeschichteten Steine gestrichen und eine weitere Reihe Steine oder Ziegel aufgelegt hat.
Als das Haus höher geworden war, haben dann
der alte Schmied,
seine Frau
und sein Sohn, der jetzige Schmied,
ein Holzgerüst gebaut, auf dem dann
entweder der alte Schmied
oder seine Frau
oder sein Sohn, der jetzige Schmied,
gestanden ist, sich das weiße, schwarz gesprenkelte Labor hinaufreichen habe lassen und oben den nassen Mörtel mit einer Spachtel auf die aufeinandergeschichteten Steine gestrichen und eine weitere Reihe Steine aufgelegt hat.

Später sei dann
der alte Schmied
oder seine Frau
oder sein Sohn, der jetzige Schmied,
auf die Idee gekommen, daß man eigentlich so eine Art Aufzug flaschenzugmäßig in Verwendung nehmen könne,
und
entweder der alte Schmied
oder seine Frau
oder aber sein Sohn, der jetzige Schmied,
sei zum Sägewerksbesitzer gegangen und habe ihn gefragt, ob er eine runde Holzscheibe, ein Holzrad, zwei Zentimeter dick und mit einem Durchmesser von einem Dezimeter habe, worauf der Sägewerksbesitzer in seinem Sägewerk dreimal im Kreis herumgegangen sei, um dann schließlich aus dem Holzabfall, aus einem Haufen von Holzresten und Spänen ein Holzrad, eineinhalb Zentimeter dick und mit einem Durchmesser von zwölf Zentimetern, hervorzuholen. Die Leute im Dorf sagen, der Sägewerksbesitzer habe erzählt, die Holzscheibe stamme vom oberen Teil einer zwanzig Meter hohen Fichte, die er am Nordabhang habe fällen lassen, was einem Holzknecht das Leben gekostet habe, einem gottseidank ausländischen Gastarbeiter allerdings nur, die schwere Fichte sei nämlich mit ihrem ganzen Gewicht auf den zu spät ausweichenden Arbeiter draufgefallen, hernach habe er, der Sägewerksbesitzer, die Fichte schälen, den Stamm zu Brettern zerschneiden lassen, die Bretter dem Tischler verkauft, der Tischler habe dem Wirt daraus die Fensterstöcke verfertigt, und heute noch, soll der Sägewerksbesitzer gesagt haben, sagen die Leute im Dorf, könne man das Holz in den Fenstern des Wirtshauses bewundern, und vom oberen Teil dieser Fichte, habe der Sägewerksbesitzer gesagt, sagen die Leute im Dorf, stamme noch das kleine Holzrad, das er, der Sägewerksbesitzer, zufällig im Abfall zwischen Holzwolle und Spänen gefunden habe, und er, der Sägewerksbesitzer, habe, erzählen die Leute im Dorf, das Holzrad

entweder dem alten Schmied
oder seiner Frau
oder seinem Sohn, dem jetzigen Schmied,
in die Hand gedrückt, auf die Frage des Preises hin gesagt
— *das kostet nichts, das ist lächerlich, durchaus ein Dienst der Freundschaft und im Sinne des Dorfes gelegen,*
worauf sich
entweder der alte Schmied
oder seine Frau
oder sein Sohn, der jetzige Schmied,
beim Sägewerksbesitzer sehr schön bedankt und das Holzrad zur Baustelle getragen hat, wo dann
entweder der alte Schmied
oder sein Sohn
ein Messer hergenommen, in den äußeren Rand des Rades eine Rille geschnitzt, in den Mittelpunkt des Rades ein Loch gebohrt, das Rad hierauf auf einer im rechten Winkel zur Mauer des angefangenen Hauses liegenden Stange des hölzernen Gerüstes aufgespießt und ein Seil in die eingeschnitzte Rille des Holzrades eingeführt hat, worauf
der alte Schmied
oder seine Frau
oder sein Sohn, der jetzige Schmied,
das weiße, schwarz gesprenkelte Labor am unteren Ende des Seiles mit einer Schlinge befestigt und mittels der flaschenzugmäßigen Einrichtung hinaufgezogen hat.
Damals vor Jahren hat man bis in die Nacht hinein das Mörtelrührgeräusch vernehmen können; die Leute im Dorf sagen, man habe bis in die späteste Nacht hinein das Schlagen der zwei Meter langen Holzstange, die im Sandkasten im Zuge der Rührbewegungen im zähflüssigen Mörtel an den Kanten der Bretter angestoßen ist, das Schleifen des Hanfseiles in der Führung der Holzrolle, das Tauchen des Laboreisens in den Mörtel (ein in Zeitlupe fallendes, ins Wasser eintauchendes Stück Blech), das Schlagen des Laboreisens ans Holz des Gerüstes, die in der Dunkelheit leisen Kommandos des alten Schmiedes, die Schritte im

Sand, wenn das Labor vom Sandkasten zur angefangenen Mauer, zum Gerüst oder vom Gerüst, von der angefangenen Mauer zurück zum Sandkasten getragen worden ist, und das leise Zischen des Hanfes am Email und auf den schwarz ausgesprungenen Teilen des Emailes gehört.
Kurze Zeit sollen damals vor Jahren
der alte Schmied,
seine Frau
und sein Sohn, der jetzige Schmied,
Schwierigkeiten mit der Befestigung des gefüllten Labores am Seil gehabt haben, sagen die Leute. Die Leute im Dorf sagen, das Labor habe sich immer aus der sorgfältig gebundenen Seilschlinge gelöst, soll angeblich mehrmals heruntergefallen sein, und der Mörtel sei oft am Boden vor der Baustelle aus dem heruntergefallenen Labor herausgeflossen und habe sich am Boden verteilt. Hernach soll
entweder der alte Schmied
oder seine Frau
oder sein Sohn, der jetzige Schmied,
vom Krämer einen alten Korb mit einem Henkel geschenkt bekommen haben, in den sie dann das mit frischem Mörtel gefüllte Labor hineingestellt haben, das untere Seilende am Korbhenkel befestigt, und dann haben sie den Korb samt dem Labor aufs Gerüst hinaufgezogen. Daraufhin soll ihnen nie mehr ein Mörtel verlorengegangen sein, sagen die Leute im Dorf.
Aber auch der Dorfarchitekt soll den dreien während des Hausbaues damals vor Jahren sehr behilflich gewesen sein. Da das Haus des Schmiedes rund ist und ein rundes Haus nicht einfach zu bauen, soll der Dorfarchitekt jeden Tag einmal zum Bauplatz gegangen sein, um dem alten Schmied zu sagen
— *Sie müssen einen Stein so auf den anderen legen, daß die untere Fläche des oben liegenden Steines zwei halbe obere Flächen von zwei darunterliegenden Steinen bedeckt.*
Bevor
der alte Schmied

mit seiner Frau
und mit seinem Sohn, dem jetzigen Schmied,
mit dem Bau damals begonnen haben, habe der Dorfarchitekt ihnen an der gewünschten Stelle des Bodens, wo das Haus stehn sollte, später auch gestanden ist und auch heute noch steht, einen weißen Kreis gezeichnet. Ein weißes Pulver, das man angeblich in der Stadt auf den Sportplätzen, wo Fußball und Handball gespielt wird, zur Markierung der Spielfelder sowie deren Mittel- und Sechzehnerlinien verwendet, habe der Dorfarchitekt unmittelbar vor Baubeginn auf den harten braunen Boden, auf dem vertrockneter Kuhmist gelegen sein soll, gestreut und auf solche Art und Weise einen weißen Kreis mit einem Radius von sieben Metern als Grundriß des zukünftigen Hauses auf den Boden gezeichnet. Entlang der Umrisse des Kreises haben dann
der alte Schmied
seine Frau
und sein Sohn, der jetzige Schmied,
die Außenmauern gebaut. Und jeden Tag, sagen die Leute im Dorf, sei der Dorfarchitekt einmal am Bauplatz aufgetaucht, und man habe den Dorfarchitekten den alten Schmied an die Tatsache erinnern gehört:
 — *Sie müssen einen Stein so auf den anderen legen, daß die untere Fläche des oben liegenden Steines zwei halbe obere Flächen von zwei darunterliegenden Steinen bedeckt.*
Bis in die Nacht hinein habe man damals vor Jahren das Mörtelrührgeräusch, das Geräusch nassen Mörtels, der auf trockene Steine und Ziegel aufgestrichen wird, das Spritzen nasser kleiner Kalkpatzen aus den Fugen und das Klopfen eines Steines auf den anderen gehört. Im ganzen Dorf und auch noch weit außerhalb des Dorfes. Wanderer, die damals des Nachts ins Dorf gekommen sind, sollen schon von weitem die Geräusche des Bauplatzes gehört, das Feuer des Bauplatzes gesehen haben. Die Wanderer haben gesagt, sie hätten geglaubt, es würden hier unten im Dorf unter Fackelschein hölzerne Kisten vergraben. Erst im Dorf selbst dann, sollen die Wanderer gesagt haben, habe man am Gerüst des

Bauplatzes
den Körper des alten Schmiedes
oder den seiner Frau
oder den seines Sohnes, des jetzigen Schmiedes,
sich vom hellen Nachthimmel abheben gesehen. Die Wanderer sollen gesagt haben, man sehe den Körper des jeweilig Arbeitenden wie eine Spinne am Himmel im Gerüst hängen. Und erst, wenn die letzten Betrunkenen das Wirtshaus verlassen haben, habe
der alte Schmied
seiner Frau
und seinem Sohn, dem jetzigen Schmied,
den Befehl des Arbeitsendes erteilt,
der alte Schmied
oder seine Frau
oder sein Sohn, der jetzige Schmied,
wer eben gerade zwischen den Holzbalken des Gerüstes den Mörtel gestrichen hat, sei vom Gerüst heruntergestiegen, wer im Sandkasten den Mörtel gerührt hat, habe die Stange beiseitegelegt, das Labor sei ausgewaschen worden, das Plätschern des Wassers im Eisen, das Singen der in den Rundungen des Emailes kurvenden Flüssigkeit, das Zischen in den Sand geschütteten Wassers. Unter dem Gejohle der Betrunkenen, die vom Wirt aus dem Gasthaus hinauskomplimentiert worden sind, haben damals vor Jahren
der alte Schmied,
seine Frau
und sein Sohn, der jetzige Schmied,
das Tagewerk beendet und die Nachtruhe begonnen!

Nach sieben Monaten soll dann das Haus des Schmiedes fertig gewesen sein.
Nach der Fertigstellung des Hauses ist
der alte Schmied
gestorben,
seine Frau

ist ihm kurz darauf nachgefolgt,
und der Sohn, der jetzige Schmied,
hat das Haus und die Werkstatt übernommen.

Drei Meter über dem Boden hat der Schmied ein Dach über seine Werkstatt gebaut. Unter dem Dach hat der Schmied seine Werkzeuge. Das Dach, ringförmig, schützt den Bereich um das Haus vor Regen, Hagel und Schnee. Das Dach ist drei Meter breit, es ist aus Blech, das unter der jahrelangen Einwirkung der Witterung gedunkelt sei. Früher soll das Blech in der Sonne geglitzert haben. Die Leute im Dorf sagen, man habe zu Mittag nicht zum Haus des Schmiedes schauen können, da man vom Blech andauernd geblendet worden sei. Man werde, sollen die Leute damals gesagt haben, vom Blech derart geblendet, daß man unter dem Dach den Schmied gar nicht sehen könne. Unter dem Dach des Schmiedes sei es meistens Nacht, sollen die Leute damals behauptet haben. Nur das Feuer neben dem Amboß und die Zange, die von der Hand des Schmiedes ins Feuer gehalten wird, habe man gesehen und das Hufeisen, das, in den Greifarmen der Zange eingeklemmt, über dem Feuer glüht. Aber auch jetzt, da man nicht mehr vom Spiegel des Daches geblendet werde, weil der Blechspiegel in den Hagelwettern erblindet ist, sei es noch immer unter dem Dach des Schmiedes zwar nicht mehr Nacht aber andauernd Dämmerung. Die Leute im Dorf sagen, die Wolken der trüben Tage hätten sich auf das Dach gelegt, ihre Trübheit dem Dach gegeben und übertragen. Das Feuer unter dem Dach ist durchsichtig und an manchen Tagen durchsichtiger als die Luft, heller und gleißender als die Sonne. Wenn du in die Schmiedearbeitsfläche unter dem Dach schaust, ins Feuer schaust,

    kannst du im Feuer das Haus des Krämers sehen, das neben dem runden Haus des Schmiedes steht; das Haus des Krämers hat die Form eines ungleichmäßigen Pyramidenstumpfes; der Grundriß des Hauses des Krämers ist

ein Trapez; du kannst im Feuer die Fenster des Hauses des Krämers sich öffnen sehen und im ersten Stock die Frau des Krämers und im Erdgeschoß die Tochter des Krämers aus den Leintüchern, Tuchenten und Decken die vergangene Nacht in den Vormittag hinein ausschütteln sehen;
                        derart durchsichtig und hell ist das Feuer.
Neben dem Feuer siehst du die dunkle Silhouette des Körpers des Schmiedes, dessen Hände nach der Zange greifen. Sein Gesicht ist unsichtbar
    wie das des Köhlers, der vor dem Meiler steht und vom Rauch eingehüllt wird.
Vor dem Dach stehen die Schatten der Pferde, die behuft werden. Die Pferde selbst sind unter dem Dach, und vor dem Dach siehst du neben dem Haus ihre Schatten. Im Feuer glänzen ihre Felle. Das Feuer wirft von ihren Körpern den Schatten aus der Werkstatt in den Tag. Durch die übermäßig durchsichtige Vormittagsluft werden die Pferde zum Haus des Schmiedes geführt. Du kannst ihre Körper durch den weißen Vormittag herantraben sehen. Dann verschwinden sie unter dem Dach in die Dämmerung der Schmiede.
Das blecherne Dach wird von einem geölten Holzbalkengerüst getragen. In den Fugen der Balken wohnen die Nachtschmetterlinge. In der Dämmerung beginnen ihre Flügel aus dem Holz zu schlagen. Ihr Chitin streift die Balken. In der Früh findest du manchmal einen, an der Mauer totgestoßen, im Blech.

Der Dorfplatz

Es sind Baumstümpfe an den Rändern des Platzes.
Die Kinder sitzen auf den Baumstümpfen. Je drei Kinder sitzen auf einem Baumstumpf, die Knie eng aneinandergepreßt, die Blicke zugewandt dem Lehrer, der vor der Hauswand steht.

Es müssen einmal Bäume dagestanden sein!

Ja, richtig, vor kurzem sind noch Bäume dagestanden, richtig, mit Zeichen, Namen, Zahlen, in die Borken hineingeschnitzt, Rechteck, fünfzehn, Josef, Sinus, dreiundzwanzig, Bogen, acht, zwei, sechsundvierzig, G, F, Jonke, Herz, Josefin, Pfeil..., und Tafeln auf den Stämmen,
Der Aufenthalt unter den Bäumen bei Wind und Sturm ist gefährlich und erfolgt auf eigene Gefahr. Die Bäume haben Blätter geworfen, die der Straßenkehrer zusammengekehrt und in den Wagen geworfen hat.
Dann sind die Bäume plötzlich gefällt worden, weil die Äste in die Dächer hineinzuwachsen begonnen hatten.
Die Äste hatten begonnen, sich in die Dächer hineinzubohren, die Ziegel zu durchstoßen, waren in die Dachstühle eingedrungen.
Du hast das bohrende Geräusch der Äste, welche die Ziegel beiseitegeschoben haben, gehört. Du hättest einzelne Ziegel, die von den Blättern berührt worden sind, herunterfallen sehen können, du hättest einzelne Ziegel am Steinboden des Dorfplatzes auffallen und zerbrechen hören können. Das Knistern der von den Ästen verdrängten Dachstuhlbalken. Das Zischen und Poltern des auf die Seite geschobenen Gerümpels auf den Dachböden.
Es wäre nicht mehr so weitergegangen. Die Dächer wären zerbrochen. Wären durch die sich ausbreitenden Baumwipfel von den Häusern geschoben worden.

Der Baum neben der Kirche hat ein Turmfenster zerschlagen. Der Ast ist in den Glockenraum hineingewachsen. Die Zweige und Blätter haben die Glocke berührt. Der Baum ist vom Wind bewegt worden, der Ast hat die Glocke im Kirchturm geschlagen und geläutet.
Die Bäume hätten die auf den Dachböden abgestellten verstaubten Matratzen, Bettgestelle, Besen, Schaufeln, Kommoden, Öfen, Küchenherde, Kredenzen, Kübel, Waschtische und Spinnräder heruntergestoßen, das Gerümpel wäre samt seinen Dachböden, Dächern, Dachstühlen, Balken, Ziegeln und Schindeln hinter die Häuser gefallen. Hinter den dachlosen Häusern wären die Dächer und das Gerümpel gelegen, die Leute hätten neue Dächer bauen müssen, neue Balken und Ziegel kaufen, sie hätten das Gerümpel hinter den Häusern aufklauben und wieder auf die Dachböden hinauftragen müssen.
So weit war das Wachstum der Bäume schon gediehen, daß einzelne Dächer schon ernsthaft bedroht gewesen sind.
Die Äste sind schon zwischen den Ziegeln gesteckt, und die Blätter haben im Inneren der Dächer schon die Balkenkonstruktionen berührt, angefallen, angegriffen und bedroht.
Es wäre nicht mehr so weitergegangen.
Deshalb hat man die Holzfäller aus den Wäldern gerufen.
Die Holzfäller sind aus den Wäldern gekommen.
Sie haben die Bäume gestützt, ja, sie haben schwere Balken rund um die Bäume schräg an die Stämme geklemmt, die Stützpfeiler im Dorfplatzboden eingerammt.
Dann haben sie Hacken hergenommen, sind auf die Bäume gestiegen und haben die Äste abgehackt.
Die Äste sind von den Wipfeln gefallen. Die Äste sind von den Stämmen gefallen.
Sie haben die Äste weggeräumt.
Dann haben sie Sägen hergenommen und die astlosen Stämme niedergesägt.
Die Bäume sind gefallen, langsam, zögernd, die Stützpfeiler haben ein rasches Niederstürzen verhindert.
Äste und Stämme sind fortgeschafft worden.

Aufgeschichtet am Dorfrand.
Soll als Bau-, Brenn- oder Brückenholz verwendet werden.
Dann sind die Holzfäller wieder in ihre Wälder zurückgegangen.
Sind in die Schatten der Waldränder verschwunden. Zum letztenmal hat der Straßenkehrer den Dorfplatz gekehrt, gereinigt, Holzspäne, restliche Zweige und Blätter auf die Schaufel geschoben.
Als er die erste Dorfplatzhälfte gekehrt hatte, hat er begonnen, die zweite Dorfplatzhälfte zu kehren.
Während er die zweite Dorfplatzhälfte gekehrt hat, sind keine Blätter mehr auf die erste gerade gekehrte Dorfplatzhälfte gefallen, weil keine Bäume mehr dagewesen sind, die Blätter geworfen hätten.
Dann hat er die zweite Dorfplatzhälfte auch gekehrt.
Du hast das Zischen des Besens am Stein gehört.
Er ist dann hinter dem Rathaus verschwunden, auf seinen Schultern Besen und Schaufel, den Wagen hinter sich herziehend. Das Holz des Ladebehälters am Wagen ist gelb gestrichen.
Dann hat er das Dorf verlassen.
Man hat ihn nicht mehr gebraucht, weil keine Blätter mehr zum Kehren dagewesen sind.
Er hat den Wagen hinter sich hergezogen und ist nach Osten dem Horizontstrich entgegengewandert.
Ich habe sein Fluchen und Murren gehört.
— *Kaane Pläta meer nix zan kärrn nix zan kärrn kaane Pläta meer ka Arrbeit kaane Pläta.*
Man hat das Schleifen der Räder an den Steinen des Weges noch lange gehört.
Der Straßenkehrer hatte in einer Hütte hinter dem Rathaus gewohnt. Die Hütte steht leer, ich sehe die geöffnete Tür, das ausgeräumte Zimmer, die kahlen braunen Wände.

Es sind Baumstümpfe an den Rändern des Dorfplatzes, kreisrund.

Der Lehrer ist mit den Kindern schon lange wieder im Gebäude der Schule verschwunden.
Die Schnittflächen des Holzes glänzen in der Sonne.
Die Leute setzen sich auf die Stümpfe, vielleicht ist es Nachmittag, wärmen sich in der Luft und schauen einander an, schauen die Vorbeigehenden an, und die Vorbeigehenden schauen die auf den Stümpfen Sitzenden an.
Die einander abwechselnden Besuche.

Schlafstellungen

Manche Häuser haben flache Dächer.
In heißen Nächten ist es vielfach üblich, am Dach zu schlafen.
Die Bettgestelle werden über die Stiegen der Mauern außerhalb der Häuser oder über die Treppen im Inneren der Häuser aufs Dach getragen. Auch Leintücher, Decken und Tuchenten.
Es gibt Leute, die ihre Betten zur Zeit der sommerlichen Hochdruckgebiete am Himmel
                             überhaupt und von vorneherein am Dach stehn lassen.
In der Nacht siehst du die Figuren hinter Dachsimsen, Eisenbettgestellen und Decken verschwinden.
In der Früh glänzen die Leintücher.
Die Figuren erheben sich, sitzen eine Weile in den Betten zwischen den Falten der zerdrückten Bettwäsche, strecken ihre Arme aus und gähnen laut.
Manche haben Mützen am Kopf und lesen noch eine halbe Stunde. Dann siehst du die Figuren aufrecht auf den Matratzen über den Einsätzen stehn, und die eisernen Federn quietschen. Sie verlassen die Betten, springen auf die Dachflächen, betreiben Morgengymnastik, indem sie ihre Körper, vor allem aber die Hände in die Luft werfen und wieder auffangen und verlassen die Dächer über die Stiegen außerhalb oder innerhalb der Mauern.
Am Vormittag werden die Betten meistens von den Dächern getragen, die Eisengestelle streifen die Mauern; während anhaltender Hochdruckgebiete am Himmel ist es allerdings vielfach üblich, die Betten am Dach stehn zu lassen. Den ganzen Tag siehst du dann die Betteisen in der Sonne von den Dächern glitzern.
Auf jeden Fall aber werden am Vormittag die Betten aufgebettet, ob in den Häusern oder auf den Dächern.

Mittags aber vor allem gehört es vielfach zu den Gepflogenheiten der meisten Leute, sich mit dem in der Früh gekauften neuesten Zeitungspapier den Kopf einzuwickeln, sich auf eine Gasse oder auf den Dorfplatz zu legen und ein paar Stunden zu schlafen.

Der Dorfplatz

- *Der Dorfplatz ist leer.*
- *Wir können über den Dorfplatz gehn.*
- *Gehn wir über den Dorfplatz.*
- *Die Leute sitzen im Kaffeehaus.*

Das Kaffeehaus ist in eine Felsnische geschlagen. Als Fortsetzung des Steindaches – ein Felsvorsprung – ein Strohdach von Pfosten getragen.
Unterm Felsdach links der Kessel, der Herd, geraden Blickes weiter grün gestrichene Bänke, Sessel und Tische.
Dahinter auf der inneren Felswand drei aus dem Stein gehauene Reliefs, die den Kaffeehausbesitzer darstellen, der erstens vorm Herd steht, Kaffee kocht, zweitens sich vom Herd gerade abwendet, dem auf der Bank sitzenden Gast, dem er sich darauf zuwendet, den Kaffee zu bringen und drittens vor dem auf der Bank sitzenden Gast steht, ihm den Kaffee auftischt.
Im Felsboden unterm Strohdach ein Bassin, durch das der Bach aus dem Gebirge fließt, seine Strömung wird durch eine davor eingesetzte Schleuse in den blauweißen Kachelwänden des Beckens beruhigt.
Darin werden Fleisch- und Milchtöpfe gelagert.
Am anderen Ende des drei Meter langen Bassins wird dem Gebirgsbach durch eine zweite Schleuse die alte Strömungskraft zurückgegeben, zwischen den Holzpfosten, die das Strohdach tragen, fließt er fort.
Die Gäste sagen, früher habe der Kaffeehausbesitzer seltsame Fischsorten im Kühlbassin gezüchtet, die bunten Fische seien zwischen den Fleisch- und Milchtöpfen hin und her geschwommen, hätten die Algen aus den Nähten der Kachelwände genagt.
Dann aber habe, sagen die Gäste weiter, der Kaffeehausbesitzer das Fischzüchten aufgegeben, weil es sich nicht

mehr gelohnt, nur wegen ein paar Gästen, die Fisch essen wollen. Früher, in besseren Zeiten aber, erzählen die Gäste, habe man im Kaffeehaus verschiedene Fische essen können, schwarze oder bunte Fische, und es habe in den Bergen nach den vom Kaffeesieder überm Holzkohlenfeuer am Spieß gebratenen Fischen gerochen.
Auf der Felsenwand über dem Herd hängen vier Gobelins mit grauen oder roten Köpfen in Berglandschaften mit vielen aus den Felsen gehauenen Kaffeehäusern
und zwei Fotografien mit den Gesichtern des Urgroßvaters und dessen Sohnes, des Großvaters des heutigen Kaffeehausbesitzers, gerahmt, mit eisernen Stiften und Haken im Felsen befestigt, und man sagt, der heutige Kaffeehausbesitzer habe sich bereits fotografieren und das Bild einrahmen lassen, damit eines Tages, wenn sein Sohn das Kaffeehaus übernehme, der Sohn des heutigen Kaffeehausbesitzers als ordentlicher Kaffeehausbesitzer dann sein, des heutigen Kaffeehausbesitzers, Bild zu den anderen zwei Bildern dazuhänge, auf denen die Gesichter des Urgroßvaters und dessen Sohnes, des Großvaters des heutigen Kaffeehausbesitzers zu sehen sind.

Die Leute sagen, es gebe in der Landschaft aber auch viele andere Kaffeehäuser, erbaut vor Jahren, mit Kuppeln gedeckt, wo du vor den Eingängen noch alte, mit Rindsfett gebeizte Holzgestelle sehen kannst, an denen man früher die Reittiere angebunden habe. Es seien dies zwei Meter lotrecht aus dem Boden ragende Holzstangen, an deren oberen Enden eiserne Haken eingeschraubt gewesen seien, an denen man angeblich die Halfter der Reittiere befestigt hat.
Über den Eingangstüren dieser Lokale könne oft folgendes Sprichwort noch gelesen werden:
MEIST GEHT MAN MIT DER ZEIT VIEL EHER
INDEM GEGEN DIE ZEIT MAN GEHT
IN LETZTER ZEIT
IST ÜBLICH GEWORDEN VIELFACH

GEGEN DIE ZEIT ZU GEHN BIS ES
AM GANG GEGEN DIE ZEIT ENDLICH
ZU EINEM MITDERZEITGEHEN WIEDER GEWORDEN WAR
WESHALB MANCHE MIT DER ZEIT NEUERDINGS GEHEN
URSPRÜNGLICHER BEDEUTUNG GEMÄSS
UM SO IN GANZ EIGENSTÄNDIGER WEISE
GEGEN DIE ZEIT EIGENTLICH ZU GEHN
AUCH UM DADURCH VOR ALLEM ENDLICH WIEDER VIEL EHER
MIT DER ZEIT GEHEN ZU KÖNNEN.

– *Der Dorfplatz ist leer.*
– *Wir können über den Dorfplatz gehn.*
– *Die Leute sitzen im Kaffeehaus.*
– *Gehn wir über den Dorfplatz.*
– *Der Dorfplatz ist leer.*

Nein, das ist nicht wahr, denn
der Dorfplatz ist überschwemmt, das Wasser fließt
durch die Ritzen der geschlossenen Türen in die Korridore,
Vorhäuser, Garderoben und Keller, hat die Keller gefüllt,
steht einen Meter hoch, die Leute gleiten in Booten darüber,
hinüber, vorne spitz zulaufende Kähne, die Figuren stehen
aufrecht in den Schiffen, halten meterlange Stangen in den
Händen, stoßen sie auf den ein Meter unterm Wasserspiegel
liegenden Dorfplatzboden, stoßen sich ab, kommen weiter,
queren den Platz, fahren von Haus zu Haus, beliefern einander mit Lebensmitteln, Brennstoff, Redewendungen und
Gerüchten, einige tragen auch Stiefel, die bis zu den Hüften
reichen, und waten auf die andere Seite, in den gekräuselten
Wellen, die der Wind auf die Fläche zeichnet, glitzern die
Gespräche, Boote, stehende und gehende Figuren, Schritte
und Stangen werden vom Wasserflächenspiegel umgekehrt
wiederholt, die Figuren stoßen die Stangen durchs Wasser
auf die unterm Spiegel sichtbare Pflasterung, manchmal
legen sie die Stangen ins Boot, rufen einander zu, mehr

Freude am Regen, erzählen Witze, man ist es gewohnt, in keiner Situation des Lebens den Humor zu verlieren, sie beliefern einander mit Lebensmitteln, Redewendungen, Brennstoff und Gerüchten, sind sie vor einem Haustor angelangt, öffnet sich von innen die Tür, deren Flügel nach außen gestoßen das Wasser beiseiteschieben, Wellen schlagen an die Mauern gegenüber, man wirft Pakete ins schwarze Innere der Häuser, fängt Pakete aus dem schwarzen Inneren der Häuser auf, wirft sie auf den Boden des Kahns, stößt mit den Stangen von den Hausmauern ab, fährt weiter, die Figuren müssen achtgeben, daß ihre Schiffe nicht an der gerade noch überm Wasser stehenden Brunnenwindenstange zu heftig anstoßen und kentern, in den gekräuselten Wellen glitzern die Gespräche und das Lachen, man ist es gewohnt, in keiner Situation des Lebens den Humor zu verlieren, mehr Freude am Regen; der Dorfplatz ist überschwemmt, die Leute gleiten in Booten darüber, hinüber, du kannst das Schlagen der Stangen in den Grund unter dem Wasseroberflächenspiegel hören, oder man trägt Stiefel, die bis zu den Hüften reichen, und watet durch.
– *Es muß sehr lange geregnet haben.*
– *Die Kanäle müssen verstopft gewesen sein.*
– *Nein, sie sind ertrunken im Regen, hatten kein Wasser mehr aufnehmen können, waren übergelaufen.*
– *Die Ausfahrtsstraßen fürs Wasser aus dem Dorf versperrt.*
– *Das Wasser hat nicht fortfließen können.*
– *Der Dorfplatz überschwemmt.*

ja ich erinnere mich früher habe ein rascheln in der luft gehört mich umgedreht den mann gesehn wie er das weichbild des dorfes betreten seinen wanderstab durch die luft gedreht richtig in den boden gestoßen vor sich her gependelt in den boden gestoßen dann ganz weit die spitze einen halbkreis mit dem mittelpunkt seiner um den griff geschlossenen faust beschrieben den himmel berührt hat richtig in die wolken hineingesteckt ins firmament einwärtsgestoßen in der waschküche aller schmutzigvernebelten horizontkathedralenschiffe herumgestochert abwärts gleitend die ellbogen gesenkt angewinkelt bis die spitze des stockes wieder am boden

hinter den mauern in den höfen hatten die leute sträucher angepflanzt in den gassen haben sich die türen halb geöffnet in den türspalten sind köpfe und augenpaare sichtbar geworden durch die schlitze der türspalten habe ich das innere der häuser und höfe erahnen können

                                                           feuer
strauch
      fächer
            dann haben sich die türen wieder geschlossen und der mann hat den dorfplatz betreten ist zum brunnen gegangen hat den wanderstab an die von der musterung des backsteines gezeichnete brüstung gelehnt die kurbel der brunnenwinde gedreht den kübel aus der brunnentiefe gezogen gebückt aus der hohlen hand wasser getrunken das gesicht in den die wolken wiederholenden kübel gehalten

ja ich erinnere mich ganz richtig hat mit seinen fingern wieder den stockgriff umschlossen den wanderstab neuerlich in den himmel gestoßen unverständliche worte ausgespuckt silben einer fremden unbekannten sprache hintèr den verschlossenen fenstern sind die leute gestanden haben die hände vor die gesichter gehalten nur manchmal durch die gespreizten finger vor den augen durchs fensterglas auf den mit dem stock vor dem brunnen im himmel herumfuchtelnden fremden geschaut alle hoffnungen auf den pfarrer gesetzt geglaubt er werde jeden moment mit einem kreuz in der hand gelaufen kommen dem mann beim brunnen das kreuz vor das gesicht halten

nein die klinke der pfarrhaustür ist nicht niedergedrückt
worden der türflügel nicht aufgegangen der pfarrer nicht
mit wehenden gewändern herbeigelaufen gekommen hat
das kreuz weder in den händen noch dem mann vors gesicht gehalten sondern hat nur sein dem dorfplatz zuge-
kehrtes amtsstubenfenster geöffnet ja ich habe gesehn
wie er zum regal an der dem fenster gegenüberstehenden
wand gegangen die im letzten fach oben stehende gemeindechronik herausgeholt zum schreibtisch getragen
aufgeschlagen eine feder zur hand genommen und zu
schreiben begonnen hat

*Es ist ein Mann ins Dorf gekommen; er hat aus unserem
Brunnen getrunken; er hat mit seiner Stockspitze in den
Himmel gezeigt; sein Gesicht den Wolken zugekehrt, dro-
hende Züge sind ihm auf der Stirne gewachsen, als seien sie
ihm vom Wetter in die Augen hineingeworfen worden. Er
hat eine fremde Sprache gesprochen, seine Worte habe ich
nicht aufzuschreiben vermocht, weil sein Reden mit dem
Gekrächze von sieben Raben zu verwechseln gewesen wäre;
habe darauf sofort der Köchin den Befehl erteilt, den Sup-
pentopf aufs Feuer zu stellen, bin hinaus auf den Dorfplatz
und habe versucht, dem Fremden beim Brunnen klarzumachen, daß er bei mir eingeladen sei; bin vor ihm gestanden, habe mit meiner Hand Eßbewegungen gemimt, daß er
mich verstehe; meine rechte Hand zum Mund geleitet, die
Kuppen des Daumens, Zeigefingers und Mittelfingers anein-
ander, als hielte ich den Stiel eines Löffels oder anderen Eß-
bestecks zwischen den Fingern, dann habe ich aufs Pfarrhaus gezeigt, dem Mann gemimt, er solle doch mitkommen;
ich habe meine Arme vor mir in die Luft geworfen, wieder
aufgefangen und mein Gesicht dem Fremden zugekehrt, der
den Stock in den Boden gestoßen und mich angeschaut hat;
dann habe ich mich umgedreht und die ersten einladenden
Schritte vom Brunnen zur Pfarrhaustür getan in der Hoffnung, er werde mir, dem Gastgeber, nachfolgen; aber er ist
mir nicht nachgefolgt, habe keine Schritte hinter mir gehört,*

als ich schon bei der Pfarrhaustür angelangt gewesen bin, habe mich umgedreht und ihn noch immer beim Brunnen stehen gesehen; bin dann noch einmal zu ihm zurück, habe die beschriebenen Gesten wiederholt, meine Hände wieder in die Luft geworfen, wieder aufgefangen, bin abermals zur Pfarrhaustür einladend voraus, habe mich vorm Tor wieder umgedreht in der Hoffnung, er werde mir diesmal gefolgt sein; aber ich hatte mich wieder geirrt, denn er muß sich, während ich zum Haus gegangen war, umgedreht und die meinem Vorschlag entgegengesetzte Richtung eingeschlagen haben, ist rechts beim Rathaus vorbei, ehe ich die Tür geöffnet habe, ihn den Weg ins langgestreckte Gebirge einschlagen sehen. Er hat meine Einladung nicht angenommen, sondern ausgeschlagen. Als seine Gestalt die ersten Klippen der Berge berührt, hat seine nur mehr als Punkt sichtbare Silhouette zwei einkilometerlange Schatten hinter sich geworfen, welche die ersten Dächer des Dorfes im Westen berührt haben: Hautschatten und Stockschatten.

Als der Fremde im Gebirge verschwunden gewesen ist, haben Wolken den Dorfkessel verdunkelt. Einzelne Leute haben in den Räumen Kerzen und Gasfunzeln angezündet. Dann hat es zu regnen begonnen. Wasserschnüre haben gerade Linien vom Himmel zu den Wiesen, Dächern, Gassen, Zäunen und zum Dorfplatzboden gezogen. Die Wasserseile, an denen eine viel zu frühe Abenddämmerung angebunden herabgesunken ist, sind am harten Steinboden des Platzes aufgeprallt und weit zurück in die neblige Luft geworfen worden. Der Aufprall hat messingfarbene Funken verursacht, weil die Tropfen die gelben Lichter hinter den Fensterkreuzen gespiegelt haben. Dann haben sich einige Wolken in Steine und Schlamm verwandelt und sind vom Gebirge heruntergefallen, sind im Talkessel eingebrochen. Das Bachbett verstopft, der Dorfplatz überschwemmt, einzelne Hütten am Dorfrand zugeschüttet.
Da haben sich die Leute des Dorfes an den Fremden erinnert, ja, man hätte seine Stockbewegungen im Himmel als

Warnung vor der Überschwemmung ausdeuten sollen, seine fremden Beschwörungen als Weissagung verstehen müssen.
Jenseits des Gebirges soll es noch ärger gewesen sein. Man sagt, der Schlamm habe die Dörfer vollkommen bedeckt. Du könntest noch immer die Stimmen aus den unter die Planetenhaut versunkenen Dächern hören. Die Leute erzählen, auch in anderen Dörfern jenseits des Gebirges habe man den Fremden mit seinem Stock gesehn. Auch dort soll er jede Gastfreundschaft abgelehnt haben und ins Gebirge weitergewandert sein. Überall genau zur gleichen Zeit. Man rechnet aber auch mit den Möglichkeiten der Luftspiegelung und Sinnestäuschung.

Du hast gesagt
— *gehn wir über den Dorfplatz;*
— *wir können nicht über den Dorfplatz gehn,*
habe ich entgegnet,
— *denn der Dorfplatz ist überschwemmt.*
Die Leute fahren mit Booten über den Dorfplatz, das Wasser rinnt ab, der Schlamm trocknet, bröckelt aus den Fugen, man holt die Besen aus den Rumpelkammern und Kellern, kehrt Gassen und Mauern, steigt auf die Dächer, fegt die Ziegel, der Wind bläst grauen, in die Luft gewirbelten Schlammstaub in die Berge zurück, du kannst das Kratzen der Borsten in den Dachrinnen hören, siehst die Gestalten auf ihren Balkonen stehn, ihre Brustkörbe, Arme, Hände mit Besenstielen und Gesäße schwanken hin und her und auf und ab.

Wellblech und Tür

Am Abend wird das Wellblech heruntergerollt.
In der Früh wird es wieder in die Höhe gerollt, verschwindet in einem gußeiseneingefaßten Mauerschlitz über dem oberen Türstockrahmen und rollt sich vermutlich,
das ist fast mit Sicherheit anzunehmen,
im Inneren der Mauer, für den Beschauer nicht sichtbar, zwischen den Ziegelsteinen ein.
Das Wellblech ist grau wie das Morgengrauen im Osten des Dorfes. Die Leute im Dorf sagen, das Wellblech sei deshalb so grau, weil das Morgengrauen von Osten her das Wellblech jeden Tag berühre und ihm seine Farbe gebe. Das Wellblech, sagen die Leute, habe seine Farbe vom Morgengrauen gestohlen und sich in die Eisenfugen gesteckt.
In den Glasteilen der Tür kannst du die Spiegelung des Brunnens sehen.
Wenn die Tür langsam geöffnet wird, kannst du sehen, wie das Spiegelbild des Brunnens,
geteilt durch einen lotrecht vom oberen Balken der Tür zum unteren eineinhalb Meter hohen und ein Meter breiten Türabschnitt herableitenden zehn Zentimeter breiten Holzbalken,
langsam dem Glas entgleitet,
es hat den Anschein, als bewege sich das Brunnenspiegelbild in die Mauer des Hauses oder direkt in den hinter der Tür liegenden Raum hinein, aber das ist ein Irrtum deinerseits, denn es entflieht lediglich das Glas der Tür dem Spiegelbild, und das Spiegelbild bleibt in der Luft zwischen den Türstockrahmen erhalten, unsichtbar für deine Netzhaut,
und wenn du die Tür langsam wieder sich schließen siehst, kannst du beobachten, wie das Brunnenspiegelbild sich auf dem Glas der Türe entgegen bewegt, zuerst siehst du nur Teile, dann die Hälfte der gespiegelten Brunnenbrüstungssteinmauer, dann wird langsam die gespiegelte Winde sichtbar,

und es hat den Anschein, als bewege sich der gespiegelte Brunnen aus der Mauer des Hauses oder dem Inneren des Raumes auf das Glas zu, aber das ist ein Irrtum deinerseits, denn das Spiegelbild des aus Backsteinen gemauerten Brunnens ist immer, für deine Netzhaut unsichtbar, an derselben Stelle zwischen den Türstockrahmen in der Luft gefangen gewesen, und erst jetzt, weil du siehst, wie jemand ganz langsam die Tür schließt, kannst du sehen, wie das Brunnenspiegelbild am Glas wieder sichtbar wird, weil das Glas der Tür die Stelle der Luft zwischen den Türstockrahmen eingenommen hat.

Es bewegt sich, die Glasteile zwischen den Holzbalken zittern, die gespiegelte Kurbel der Winde schwankt.

Das in der Tür eingesetzte Glas ist in der Glasfabrik schlecht gewalzt worden, weist Unebenheiten auf, welche den gespiegelten Brunnen verzerren, die Linien der Backsteinmusterung weisen Krümmungen auf.

Wenn die Tür schnell geöffnet und geschlossen wird, glaubst du, rasch einen grauen Schattenfleck,

den du dich aber früher gesehn zu haben nicht zu erinnern glaubst, sondern erst im Augenblick des momentanen raschen Türöffnens,

der Mauer enteilen und aus ihr zwischen die Türrahmen fallen zu sehn. Das ist die Einbildungskraft deiner Netzhaut, die sich an die Anwesenheit des Spiegelbildes gewöhnt hat, für dessen plötzliches Verschwinden eine Erklärung sucht. Der Vorgang ist deinem Gehirn zu rasch, du glaubst, einen grauen, auf der Mauer zitternden Schatten verschwinden, kommen und wieder verschwinden zu sehn. Ja, dein Gehirn erklärt dir den durch die Schnelligkeit für dich augenblicklich rätselhaften Vorgang mit diesem grauen Schattenfleck, dessen Konturen verwischt, kaum sichtbar sind.

Die Bäume

Die Bäume sind innen hohl.
Diesen Baum hat jemand geöffnet.
In der Höhlung des Stammes hat jemand ein Feuer angezündet.
Aus dem Wipfel steigt jetzt der Rauch.
Aber auch aus allen anderen Wipfeln, Astlöchern und Borkenverletzungen der verschnörkelten, ganz im Barockstil gewachsenen Bäume in der Gegend,
deren Wurzeln unter der Erde durch silberne Schläuche miteinander verbunden sind.

Der Dorfplatz

— *Der Dorfplatz ist leer.*
— *Wir können über den Dorfplatz gehn.*
— *In den kalkigen Mauern zischt das Fliegenchitin.*
— *Gehn wir über den Dorfplatz.*
— *Auf den Dächern über den Badezimmern wird Wäsche getrocknet;*
— *auf den Schnüren hängen rote Tücher mit grau gezackten Bordüren.*
— *Der Dorfplatz ist leer.*
— *Nach dem Ziegelmuster sucht die Holzwespe.*
— *Hinter dem Dorf die Ziegelei.*

Hinter dem Dach des Gebäudes der Ziegeleibesitzer. Mit dem Hammer schlägt er die Ziegel aus dem Berg. Der Felsen ist ziegelrot. Der Ziegeleibesitzer legt die Ziegel auf den Ofen. Aus dem Schlot hundert Meter neben der Ziegelei ziegelroter Rauch.
Nimm dem Ziegeleibesitzer den Hammer aus der Hand und lies das Wort

   Deich

      von den vier glatten Flächen des Werkzeuges, die im Schlag vom Felsen nicht berührt werden; aufgeteilt, viergeteilt, vierseitig, glatt
in:

Fig. 5

auf jeder nicht schlagenden Hammerseite ein Buchstabe des Wortes.
Auf der Spitze des Schlotes hat der Ziegeleibesitzer eine eiserne Stange montiert.
Der Schlot ist dreißig Meter hoch.
Der Ziegeleibesitzer hat fünfundvierzig Steigeisen eingeschlagen. Steigeisen über Steigeisen. Während er auf dem Steigeisen zwei Steigeisenlängen unter dem eben eingeschlagenen Steigeisen gestanden ist, hat er ein neues Steigeisen eine Steigeisenlänge über dem eben eingeschlagenen Steigeisen eingeschlagen.
Er ist auf den Schlot hinaufgestiegen. Über dem Kopf die Hände gekrallt ins Steigeisen darüber, die Sohlen am Steigeisen unter ihm, so ist er auf den Schlot hinaufgestiegen und hat die eiserne Stange auf der Spitze des Schlotes montiert, mit dem Hammer ein Loch in den Schlotstein eingeschlagen zwischen Abgrundluft und dem zweiunddreißig Meter hohen Schlotluftzylinder im Inneren des Schlotes,

die ausgeschlagenen Steine sind geflogen zweiunddreißig Meter tief durch die Schlotluft unter der Schlotspitze,
ich habe die Steine im Schlot fallen gehört, ihr Zischen in der Schlotluft, ihr Schlagen an die verrußten inneren Mauern und den Boden des Schlotes,
ich habe die Steine herunterfallen sehen außerhalb des Schlotes, ihren Aufschlag, nach dem Aufschlag ihr nochmaliges Hochspringen bis zur halben Höhe des Schlotes fünfzehn Meter, ihr endgültiges Zerbrechen neben dem Fuß des Schlotes,

                manche aber hatten sich noch in der Luft vorher in flinke Vögel verwandelt, sind in den sechzig Meter dahinter aufgestellten Horizont hineingeflogen,
während der Ziegeleibesitzer auf der Schlotspitze gestanden ist, die Formel des freien Falles berechnet hat mit Höhe, Zeit und Gravitation, die Stange ins eingeschlagene Loch eingesetzt hat, wieder heruntergestiegen ist, Mörtel angerührt hat in der Ziegelei hinter den staubigen Fenstern bei Kerzen- und Ziegelbrennofenlicht, ich habe das Feuer hinter den schwarzen Fenstern gesehn, hinter den verstaubten Glasscheiben, die einige Buben in seiner Abwesenheit eingeschlagen hatten, die Scherben liegen neben der Mauer, die Luft ist eine unendlich geometrische Reihe, das Klirren der zu Splittern zerfallenen Glasfenster wird in gewissen Zeitabständen nach den Gesetzen der unendlich geometrischen Reihe von der Luft wiederholt, du wirst in ichweißnichtwieviel Jahren wieder das Schlagen und Zischen der Steine im Schlot, etwas später das Klirren der zu Scherben zersplitterten Fenster hören können,
der Ziegeleibesitzer ist wieder auf den Schlot hinaufgestiegen, in einer Hand den Kübel voll Mörtel, die andere Hand über seinem Kopf ins Steigeisen über seinem Haar gekrallt, oben hat er dann den Mörtel ins zuvor eingeschlagene Loch der Schlotspitzenmauer geschüttet, die Stange zwischen Steinen, Ziegeln im nassen Mörtel eingerammt, eingeklemmt, befestigt; der Schlot ist geschwärzt, von der Spitze eine mit der Rundung zum Boden weisende Parabel,

auf der Stange über der Spitze des Schlotes weht die Fahne mit dem Bild des Bürgermeisters.
Der Schlot befindet sich hundert Meter neben der Ziegelei. Er ist mit der Ziegelei nicht verbunden, auch nicht mit dem Ofen, der im Gebäude der Ziegelei steht. Obwohl der Ziegeleirauch aus ihm in den Himmel steigt, der jeden Tag vierzig Meter über dem Erdboden aufgehängt wird.
Aber das ist ein naheliegend weitreichender Irrtum.
Denn die Verbindungsröhren sind unterirdisch gelegt.
Der Fremde, der zur Ziegelei kommt, den mit der Ziegelei für ihn nicht sichtbar und deshalb seiner Meinung nach überhaupt nicht verbundenen, trotzdem aber rauchenden Schlot sieht, weiß das aber nicht und staunt. Und vielfach machen sich die Leute des Dorfes über die staunenden Fremden lustig, witzeln darüber, daß jene nicht auf die unterirdischen Röhren kommen, denn man ist allgemein der festen Meinung, das logische Denken eines jeden müsse doch so weit sein, auf den Verdacht der,
                    weil in keiner Weise sichtbaren, unterirdischen Verbindung zwischen Ziegeleigebäude und Schlot zu stoßen, denn man sagt sich mit Hilfe seines gesunden Hausverstandes, von irgendwoher müsse der Rauch schließlich in den Schlot fließen, und es könne doch nicht so einfach aus der Erde heraus in den Schlot hineinrauchen.
Der Ziegeleibesitzer hat einen Graben gezogen zwischen Schlot und Ziegeleigebäude unter der dem Schlot zugewandten Mauer der Ziegelei hindurch bis zum Ofen hin, darin eiserne Rohre verlegt, sie miteinander verleimt, verschweißt, verlötet, das Ofenrohr von der Spitze des Ofens durch den Kamin abgeleitet, das Kaminloch aber verbunden mit den Rohren im Graben, andererseits das andere Ende des Rohrlaufes verbunden mit dem Anfang des Schlotinneren zwei Meter unter dem Erdboden am Fuß des Schlotes, den Graben zugeschüttet.
Aus dem Schlot steigt jetzt durchsichtiger Rauch.
Die Luft überm Schlot zittert.
Vom Rauch bekommt auf der Fahne das Gesicht des Bür-

germeisters schwarze Wangen.
Du kannst die Spur des Grabens zwischen der dem Schlot zugewandten Ziegeleimauer und dem Schlot verfolgen, die grobe Richtung der Steine über der Bodennarbe aus Sand unter fest verankerten Skabiosen und leicht darüber hinwegschwebenden Distelkugeln, deren Laternen wie Leuchtkäfer durch den Nachmittag blinken.
Das Tor der Ziegelei ist ein romanischer Bogen.

– *Wir können über den Dorfplatz gehn.*
– *Gehn wir über den Dorfplatz.*
– *Der Dorfplatz ist leer.*

Nein, das ist nicht wahr, denn
die Stellungskommission ist ins Dorf gekommen, ich sehe am Dorfplatz die Reihe der angetretenen Soldaten.

ja ich erinnere mich früher ich habe ein trommeln im boden gehört dann sind hinter uns die schritte den hügel heruntergerollt ich habe mich umgedreht das glitzern der bajonette wahrgenommen und die soldaten gesehn wie sie das weichbild des dorfes betreten haben der major vorne dahinter der oberwachtmeister auf der wiese hinter uns haben sie dann die rucksäcke abgenommen die zeltwürste von den rucksäcken gebunden auseinanderrollen lassen schwarze dreiecke in den horizont gehängt dessen boden zu schwarzen kreisen zusammengelegt hölzerne pflöcke in den grund des äthers geschlagen wo schwarze zelte aufgestellt von deren dunklen höhlungen alle verschluckt während der major über den dorfplatz im rathaus verschwunden

hinter den mauern in den höfen hatten die leute sträucher angepflanzt in den gassen haben sich die türen halb geöffnet in den türspalten sind köpfe und augenpaare erschienen durch die schlitze der türspalten habe ich das innere der häuser und höfe erahnen können

WEISHEIT:

WESENTLICHES KENNZEICHEN VON ZELTBEWOHNERN:
DIE LEUTE LIEGEN IM ZELT;
WENN SIE SICH JEDOCH ERHEBEN,
STREIFEN IHRE RÜCKEN DIE INNEREN ZELTWÄNDE;
DIE LEUTE VOR DEM ZELT ERKENNEN
AN EINEM IHNEN GELÄUFIGEN ZELTWANDRASCHELN,
DASS DIE IM INNEREN DES ZELTES SICH BEFINDLICHEN
SICH ERHOBEN HABEN
UND TREFFEN DIE NÖTIGEN VORKEHRUNGEN.

feuer
strauch
fächer
dann sind die türflügel wieder zusammengeklappt die soldaten aus den zelten gekrochen später haben sich die türen wieder geöffnet die leute in scharen aus den mauern heraus samt kind und kegel die gassen gefüllt auf den dorfplatz in den mündungen der hauptstraßen vor den mauern gestanden

Ich sehe die Reihe der am Dorfplatz angetretenen Soldaten. Dann öffnet sich die Tür des Rathauses, der Major kommt mit dem Bürgermeister heraus, der Oberwachtmeister, militärisch den Soldaten zugewandt, kommandiert
— *Kommission habt acht!,* die Soldaten stehen stramm, der Major geht mit dem Bürgermeister der Reihe der angetretenen Soldaten entgegen, der Oberwachtmeister kommandiert
— *Kommission rechts schaut!,* die Soldaten wenden ihre Blicke dem Major und dem Bürgermeister zu, schwenken ihre Gesichter mit der Gehrichtung der beiden, der Oberwachtmeister wendet sich militärisch dem Major zu, der jetzt auch die soldatische Grundstellung eingenommen hat und strammsteht, der Bürgermeister steht daneben, Oberwachtmeister und Major salutieren, der Oberwachtmeister brüllt den Major an
— *melde die Stellungskommission vollzählig am Dorfplatz angetreten!,*
der Major erwidert — *danke schön, anfangen,*
Oberwachtmeister und Major salutieren, der Oberwachtmeister wendet sich wieder den Soldaten zu, schreit
— *Kommission habt acht! Kommission anfangen!,* worauf sich die Soldaten nach einem krachenden Appellschritt in Bewegung setzen, sich sternförmig im ganzen Dorf herumlaufend verteilen.
Alle Leute des Dorfes haben sich am Platz versammelt, an dessen Rändern die vier Hausmauerlinien entlang, sind er-

bost, ich kann ihr Murren und Schimpfen hören,
 — *solln ruhig komman blaue Wunda doch die Höhe kaum faßbar nix wie Dirndln im Kopf Abeitskräfte wegnehman aba den Schirzn nachrennan und solln ruhig suchn und diesmal aba gut versteckt die jungan Bubn.*
Allmählich sind die Soldaten wieder zurück auf den Dorfplatz gekommen; sie waren in Häuser gegangen, in die Keller gestiegen, in die Kirche hinter den Altar, hatten Schränke, Kästen, Kommoden und Kredenzen aufgerissen, leere und volle Fässer umgestoßen, Holz und Kohle zerschaufelt, Scheunentore aufgebrochen, auf Tennen das Stroh zerstoben, unter die Betten geleuchtet, in den Decken gewühlt, Heuhaufen zerstäubt, in den Brunnen gelugt, die Ordnungen der Bücherregale zerstört, nach unterirdischen Kammern gespäht, Nähte und Spuren von Falltüren aufgestöbert, zehn junge Burschen gefunden, beim Kragen auf den Dorfplatz geschleift. Ein Soldat hat Tisch und Sessel aus dem Gasthaus geholt, aufgestellt, holt ein Buch hervor, schlägt es auf, setzt sich nieder, beginnt zu schreiben, läßt sich ihre Namen ansagen, und ein Sanitäter untersucht den Gesundheitszustand der Burschen, indem er ihnen mit der Hand auf die Schulter klopft, der Major ist zufrieden, sagt,
 — *die werden einmal gute Soldaten sein.*
Alle Leute haben sich am Platz versammelt, an dessen Rändern die vier Hausmauerlinien entlang, sind erbost, ich kann ihr Murren und Schimpfen hören,
 — *Abeitskräfte fehln, blöde Soldatn nix wie pudan und fegln im Kopf und im Hirn aba Stroh daß die Halme ausm Schädl zwischn die Knochn heraussteh in da Kaserne dann aba von hintn weils nix anders gibt die Offiziere dann mit die Bubn ausm Dorf und vaführn.*

ja ich erinnere mich später habe ich wieder ein trommeln im boden gehört und dann sind hinter uns die schritte auf der anderen seite des hügels hinabgerollt habe mich umgedreht die soldaten gesehn sich mit den burschen im

horizont auflösen
                kuppe
                        zaun
                              schild
dann haben sich die leute wieder in die mauern zurückgezogen samt kind und kegel sind zwischen den türflügelspalten verschwunden
                    haar
                          fenster
                              holz

Allgemeine und spezielle wirtschaftliche Maßnahmen

1.
Der Erfolgreiche ist vor Gott gerechtfertigt.
Neuerdings werden bei uns sehr viele Kanäle gebaut.
Langsam aber doch vollzieht sich ein Wechsel im Brennstoff von der Holzkohle zur Steinkohle.
In der Eisenindustrie hat man bis jetzt immer nur Holzkohle verwendet.
Es sind nicht mehr genügend Wälder vorhanden.
Bald aber werden wir über die nötigen Kanäle zum Kohlentransport verfügen.
Massenware ist schwer, die Verwendung von Flüssen und Wasserstraßen billig.
Es muß sich keiner genieren, wenn er ein Geschäft betreibt.

2.
Bewässerungssystem für Felder und Gärten:
Beiderseits der Wege zwischen fünfzig Zentimeter voneinander entfernten Baumreihen fließen vierzig Zentimeter breite und fünfundzwanzig Zentimeter tiefe Bäche seitlich der Felder oder Gärten,
vor jeder Rinne eine Schleuse aus Holz, trapezförmig, die kürzere Seite der Fläche nach unten, in einer hölzernen Führung, über der Mitte der nach oben gewandten längeren Seite ein Holzstab, ein Hebel, die Schleuse zu öffnen oder zu schließen, die Hand an den Stab zu legen.
In den Rinnen des Bodens ist die Erde glatt von der Einwirkung des zwischen den Pflanzen und Bäumen geronnenen Wassers, ausgetrockneter Schlamm, vertrocknete Wasserteile am Saum,
zwischen den Baumreihen wächst an den Rinden Grünspan, einzelne Stämme stehen direkt im Wasser, das Holz ist schwarz geworden von den andauernden Dämmerun-

gen zwischen den fünfzig Zentimeter voneinander entfernten Baumreihen.

3.
Bewässerungssystem für einen ummauerten Bereich:

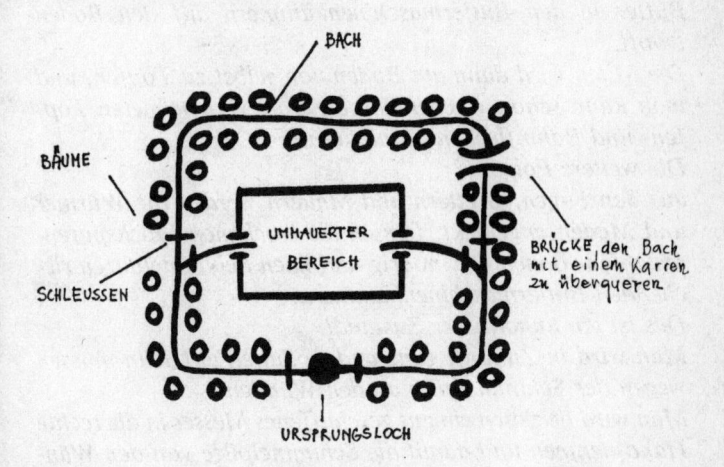

Diagramm mit Beschriftungen: BACH, BÄUME, SCHLEUSSEN, UMMAUERTER BEREICH, BRÜCKE den Bach mit einem Karren zu überqueren, URSPRUNGSLOCH

Fig. 6

Der Bach fließt aus einem waagrecht am Boden liegenden kreisrunden Ursprungsloch.
Durch unter der Mauer hindurch gebaute Rohre kann man den Bach an zwei Stellen in das geschlossene Gebiet einfließen lassen.
Es besteht aber auch die Möglichkeit, den Bach überhaupt nicht ins Innere des ummauerten Bereiches eindringen zu lassen, sondern die Schleusenflügel so zu stellen, daß der gesamte ummauerte Bereich mit dem Verstreichen der Tage zunächst auch noch von einem Wassergraben eingeschlossen wird, dessen Ufer der Bach bald überflutet, das ganze umliegende und fernere Land mit einer Wasserhaut bespannt.

4.
Milchwirtschaft

Die alten Buttermaschinen sind so undicht geworden, vor allem in den Drehgewinden, daß manchmal die Milch oder der noch nicht fertige Rahm oder die noch nicht fertige Butter in den Buttermaschinenkammern auf den Boden tropft.
Die Milch wird dann am Boden von selbst zu Topfen, und man kann schon wochenlang die dort vertrockneten Topfen- und Rahmflecken bewundern.
Die weitere Folge:
aus den Fugen, Brettern und Mauern werden die Würmer und Maden angelockt, fressen die trockenen Milchspurenreste vom Boden der modrig und nach Schimmelpilzen riechenden Buttermaschinenkammern.
Das ist ein unhaltbarer Zustand!
Man wird in Zukunft ganz andere Saiten aufziehn müssen wegen der Schimmelpilze an den Wänden.
Man wird beizeiten ein gut geschliffenes Messer in die rechte Hand nehmen und damit die Schimmelpilze von den Wänden der Buttermaschinenkammern kratzen.
Das wird dann nur so herunterrieseln!
Von der Beschaffung neuer Buttermaschinen reden wir später.

Der Dorfplatz

- *Der Dorfplatz ist leer.*
- *Außer dem Brunnen in der Mitte sehe ich nichts auf dem Dorfplatz.*
- *Gehn wir über den Dorfplatz.*

Die Steinplatten des Bodens enden an den Mauern der Häuser, am Beginn der sichtbaren Unterkellerungswände, die zehn Zentimeter breiter als die eigentlichen Hausmauern sind. Die sichtbaren Kellervorsprünge sind einen Meter hoch, grau zementiert, die Hausmauern, geziegelt, beginnen darauf, die Keller sind breiter als die Häuser, weshalb an deren Außenfronten in ein Meter Höhe zehn Zentimeter breite ebene Bahnen sich entlangziehen, allen Ecken folgend weiter herum.
Die Kinder schieben ihre Reifen über den Platz, laufen hinter den rollenden Reifen her, holen sie ein, stoßen sie mit einem Stab weiter, daß sie ihnen weit vorausrollen.
Ich höre das Plärren dieser eiernden Reifen aus rostigem Eisen am Stein. Manchmal fällt einer um, wenn er vom Stab zu schief geschlagen wird, fällt um, eiert lange am Steinboden.
Der Reifen liegt ruhig, wird wieder aufgestellt, geschoben, gestoßen, gejagt am Dorfplatz im Kreis um den Brunnen herum.
Manchmal sehe ich Fenster sich öffnen. Böse Blicke zwischen den Fensterstöcken, Leute, denen der Lärm auf die Nerven geht, *Zumutung, Lärm, leiser, beschweren, nicht aushalten, abstellen, verbieten, Ohren zuhalten, nicht für möglich, Zumutung.*
Die Kinder streifen ihre Hände über die Kellervorsprünge, lassen, daneben herlaufend, ihre Eisenreifentreibstäbe die Mauervorsprungsbahnen entlanggleiten, während der

Staub, von den Stäben geschoben, aus den Fugen fliegt und vom Wind davongetragen wird.

Ich sehe die Kellerfenster in den vorspringenden Unterkellerungsfundamenten. Die Keller sind tief, du kannst hinuntergehen, wirst sehen, sie sind so tief wie die Häuser hoch, ihre Fenster teils vergittert, das Glas ist staubig.

Ich sehe Fuhrwerke mit Baumstämmen, Kohle und geschnittenem Brennholz kommen. Die Baumstämme ragen über die Schultern der Pferde hinaus in die weiße Luft. Vor und neben den Köpfen der Tiere siehst du die zwei Jahre alten Schnittflächen. Gingest du vorbei, würde der Kutscher von dir aus dem Kopf die Zahl der Ringe verlangen. Du müßtest ihm die Antwort bis zum nächsten Mal schuldig bleiben.

Die Kellerfenster öffnen sich, Holz und Kohle werden davorgeschüttet, mit Schaufeln durch die offenen Fenster in die Tiefe geschoben. Ich kann das Schleifen der Schaufeln hören, während die Fuhrwerke das Dorf verlassen, das Singen der ungeölten Achsen zwischen den Rädern. Holz und Kohle verschwinden hinter den Fenstern, deren Flügel wieder zusammenklappen, die Scheiben sind staubig von den an ihnen vorbeigestürzten, in den Kelleruntiefen schon eingeschlafenen Kohlenhäufen; es ist kaum möglich, hinunterzuschaun durchs verdreckte Drahtglas, nur wenn einer vom Haus mit dir hinabsteigt und in den Kammern das Licht aufdreht.

Es wird Obst gelagert, in Gläsern eingekochte Früchte, die Leute brauchen über den Winter Erdäpfel, wahrscheinlich liegen Birnen in den Stellagen oder Quitten sind aufgestellt in Reih und Glied nebeneinander übereinandergeschlichtet, und die Kürbisse rollen durch die Regale in eine andere Gegend der in die Tiefe gesperrten ewigen Nächte, deren Morgengrauen manchmal aufbegehrt, hochklettert, an den Fensterrahmen hinaufsteigt und rüttelt, bis es bald zu einer Abenddämmerung verwandelt ermattet wieder hinabsinkt.

- *Wir können über den Dorfplatz gehn.*
- *Ja, gehn wir über den Dorfplatz.*
- *Der Dorfplatz ist mit Ausnahme des Brunnens in der Mitte leer.*

Nein, das ist nicht wahr, denn ich sehe **ausgegrabene Baumstümpfe** herumliegen, die an den Rändern des Platzes neben den Mauern der Häuser liegen, sehe deren mächtige Wurzeln, Wurzeläste, die Erde klebt noch daran, Erdklumpen im Zentrum der kugelförmigen zwei Meter breiten Wurzelanlagensysteme, daneben die Löcher in der Erde, tiefe Höhlen, aus denen die Wurzeln ausgerissen. Die in der Nähe der Grabungen gelösten Steinplatten.

Vor kurzem müssen Arbeiter dagewesen sein, die Steinplatten in der Nähe der Stümpfe abgehoben, zu graben begonnen, die Wurzeln unterhöhlt, mit Seilen angebunden, gemeinsam herausgezogen haben, *ho ruck, zu gleich, richtig, achtung, einhalten, auslassen, nicht, ho ruck, zu gleich.*

Sie haben alle Wurzeln ausgegraben, sich in die Scheunen verkrochen, ins Heu gelegt, geschlafen.

Ich sehe sie aus den Seitengassen den Dorfplatz betreten. Der letzte führt am Halfter ein Pferd, einer hält in Händen ein dickes Hanfseil.

Das Pferd trägt auf den Schultern ein Geschirr, das in der Sonne glitzert, zieht einen Balken hinter sich her, eineinhalb Meter lang, dessen Enden mit langen ledernen Stricken dem Geschirr verbunden sind, man hat ihn mit Eisen beschlagen, er schleift nach, ich höre das unregelmäßige Klirren der Beschläge auf der Dorfplatzpflasterung.

Sie gehen zum ersten ausgegrabenen Stumpf, binden das Hanfseil um die Wurzelkugeln, dann an den Balken, das Pferd zieht die Wurzel hinter sich her durch eine Gasse an den Dorfrand, die Arbeiter hinterher, *hü, hott, hia, zieh, geh, raus, voran, hü, hott, hia.*

Nicht viel Zeit vergeht, sie kommen mit dem Pferd zurück, die eisenbeschlagenen Teile des schleifenden Balkens singen in den Fugen der Pflasterung. Sie binden die zweite Wurzel

an, das Pferd zieht sie aus dem Dorf, ich höre ihre Pfiffe, während sie hinter dem Tier hertrotten, sie singen manchmal ein vierteltes Lied, die Peitsche knallt, die gezogenen Wurzeln hinterlassen braune Erdspuren am weißen Stein, *schneller, geht schon, langweilig, binden, ziehn, fertig werdn, Zeit verbrauchen, geht schon, schneller.*
Dann sind alle Wurzeln fort, ein Fuhrwerk voll Erde taucht auf, die man in die Löcher schüttet, darüber Schotter, Steine mit angerührtem Mörtel aneinandergefügt, die weißen Platten mit Vorschlaghämmern in den Boden gestampft, die von den Hauswänden als Echo wiederholten Schläge.
Vielleicht ist es Mittag geworden.
Man reinigt rasch den Dorfplatz mit heißem Wasser, Waschpulver zuvor hineingeschüttet, sie nehmen Fetzen, wischen das Pflaster feucht, reiben die Steine mit Bürsten, *sauber, spiegelblank, schöner, rein, richtig, bürsten, wischen, sauber, spiegelblank.*
Sie nehmen ihr ganzes Zeug, verlassen den Platz durch die Gassen, woher sie gekommen, lagern am Dorfrand, beginnen zu jausnen, wickeln Brot und Wurst aus Zeitungspapier.
Vielleicht ist es Mittag geworden.
Die Steine glänzen, das Pflaster noch feucht vom Aufwaschen, die Spuren der hin und her gewischten Fetzen sind noch zu verfolgen.

Volkslied

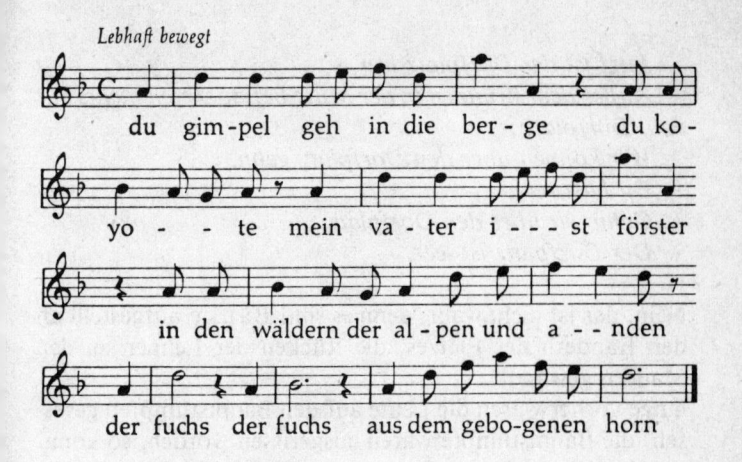

Lebhaft bewegt

du gim-pel geh in die ber-ge du ko-yo-te mein va-ter i-st förster in den wäldern der al-pen und a-nden der fuchs der fuchs aus dem gebo-genen horn

Der Dorfplatz

– *Jetzt ist der Dorfplatz leer.*
– *Außer dem Brunnen in der Mitte befindet sich nichts auf dem Dorfplatz.*
– *Wir können über den Dorfplatz gehn.*
– *Du hast recht.*
– *Gehn wir über den Dorfplatz.*
– *Der Dorfplatz ist leer.*

Nein, das ist nicht wahr, denn es sind B ä n k e aufgestellt an den Rändern des Platzes, die Rücken der Lehnen zu den Mauern gewandt,
lange vorher waren die Leute auf den Baumstümpfen gesessen, die Baumstümpfe waren ausgerissen worden, so konnten sie nicht mehr am Dorfplatz sitzen, waren erbost, *nicht mehr sitzen, nicht schön, Anmaßung, beschweren, nichts getan, unfähig, Mißwirtschaft, Fehlplanung, nicht schön, nicht mehr sitzen.*
Der Gemeinderat war einsichtig, hat Ersatz versprochen, einstimmiger Entschluß in der Sitzung, *Volksgesundheit, Verschönerung, Verbesserung, Bildungshebung, Notstandsbeseitigung, Freizeitgestaltung, Befriedigung, Verschönerung, Volksgesundheit.*
Dann sind Fuhrwerke aus der Stadt gekommen, auf denen Bänke transportiert worden sind. Die zwei Kutscher jedes Wagens haben sie abgeladen, an den Rändern des Platzes aufgestellt, die Rückseiten der Lehnen zu den Mauern gewandt.
Kutscher haben Peitschen, Lederschurze, graue Tücher am Haar mit schwarzen, über die Schultern hängenden Quasten und dunkle Gesichter, ich habe ihr Murren während der Arbeit gehört, *schwerer Weg, holprig, vertrottelt, für nichts und wieder nichts, für was die Dorfteppen Bänke brauchen, schwer, holprig, Trottel, Tepp.*

Ich habe sie im Osten hinter einem Hügel den Horizont hinunterfahren sehen. Dann sind sie von der letzten sichtbaren Himmelslinie, die sie erreicht hatten, abwärts gefallen, bis nichts mehr von ihnen sichtbar übriggeblieben gewesen ist.
Es sind Bänke aus der Stadt, wie man sie dort in den Parks, Alleen, Grünanlagen, Gärten und Chausseen aufstellt, Bänke mit bunten Hölzern, die Holzbalkensitzflächen und verzierten Gußeisengerüste darunter sind mit grüner Ölfarbe gestrichen, auf den Lehnen glänzt unterm Licht, das auf den Platz fällt, die darauf gespiegelte Vorfreude aus den Gesichtern aller versammelter Sitzgewohnheiten.
Es sind Bänke aufgestellt an den Rändern, auf denen die Leute sitzen, sie schauen einander an, schauen die Vorbeigehenden an, und die Vorbeigehenden blicken zu den Sitzenden zurück.
Wir hatten uns in der Werkstatt des Schmiedes versteckt, die Wangen eng an die Mauern gepreßt, niemand hat uns gesehn, und du hast gesagt

– *gehn wir über den Dorfplatz;*
– *nein, gehn wir nicht über den Dorfplatz,*

habe ich entgegnet, denn ich habe die Leute auf den Bänken sitzen gesehn, auf jeder Bank zwei.
Wir konnten nicht über den Dorfplatz, weil wir nicht gesehn werden durften, und haben beobachtet, wie die auf den Bänken uns nicht sehen konnten, weil wir nicht über den Dorfplatz gegangen sind; wir haben gesehen, wie sie uns nicht gesehn haben.

– *Gehn wir doch über den Dorfplatz.*
– *Wir können nicht über den Dorfplatz gehn,*

habe ich noch einmal gesagt, denn es sind einige mit Arbeitskleidung angetane Figuren aufgetaucht, doppelt so viele als Bänke, je zwei sind zu einer Bank, haben höflich bittend mit Handgesten die auf den Bänken sitzenden Figuren gebeten, sich zu erheben, *bitte schön, aufstehn, weggehn, müssen, befohlen, von oben, nicht ungehalten, bitte schön, aufstehn.*

Die sitzenden Figuren haben sich erhoben samt der Verwunderung ihrer einander zugeworfenen fragenden Handgesten, die man mit ratlosen Blicken, Äußerungen und Bewegungen der Unwissenheit einander beantwortet hat, *warum denn, unerhört, anmaßend, schon wieder, nicht gefallen, beschweren, Klage einreichen, Einspruch erheben, Berufung einlegen, schon zeigen, unerhört, die Höhe, warum denn.*
Sie haben sich in ihre Häuser zurückgezogen, ich habe ihr unwilliges Türschlagen gehört.
Die in Arbeitskleidung haben die Bänke weggetragen, je zwei eine Bank, vom Dorfplatz an den Dorfrand, dort in einer Reihe auf einer Wiese aufgestellt. Dann habe ich erfahren, das hänge mit den Vögeln zusammen, die vielleicht wieder kommen. Die Leute haben ängstlich geflüstert, sich in ihren Häusern versteckt, *Vögel picken ganzen Kalk, Mauern kaputt, Ziegel beschädigen, Steine herausfliegen, Verputz wegfressen, Häuser zusammenfallen, Vögel, ganzen Kalk picken.*
Der Herr Bürgermeister hat den Gemeinderat einberufen, vor den Versammelten eine Rede gehalten.

— Als vor Jahren die Vögel das erste Mal gekommen waren, sind alle Leute hilflos gewesen, haben sich in ihren Häusern verkrochen, die Fenster geschlossen, aus den Fenstern voll Angst geschaut, die Vorhänge zugezogen; sie sind mit großem Geschrei vom Himmel gestürzt, man hat sich die Ohren zugehalten, niemand hat ihren hohen Gesang ertragen; die Tiere haben sich auf die Mauern gestürzt, mit den Krallen in den Fugen festgehalten und wie verrückt die Schnäbel in die Wände geschlagen; der ganze Verputz ist aufgefressen worden, dann sind sie wieder in den Himmel zurückverschwunden, ein riesiger Schwarm; ihr Gefieder ist weiß, daß man in der weißen Luft die Umrisse ihrer Körper kaum erkennt, beinahe durchsichtig; man kann ihre Anwesenheit nur durch ein starkes schnelles Flattern der Luft herum oder heftig herabbrechendes Zittern auf der Haut des straff ge-

spannten Himmels darüber erkennen; wenn sie sich an den Mauern festkrallen, wird der Umfang ihrer Gestalt ungefähr überblickbar: die kleinsten übertreffen kaum einen Zaunkönig oder Kolibri, die größeren aber erreichen raben-, krähen-, manchmal auch leicht falkig-, nicht selten sogar geierartigen Umfang.

Als vor Jahren das erste Mal so ein Schwarm über uns gefallen ist, hat niemand was dagegen getan, alle haben sich gefürchtet, darauf gewartet, nach dem Einstürzen der Wände ebenso zerhackt zu werden wie das Gemäuer; die meisten hatten sich tief in den Kellergewölben ihrer Vorratskammern vergraben, in den tiefsten Grund ihrer Erdäpfelkisten oder in die Kohlenhäufen hinein sich selbst darunter verschüttet, und erst ein paar Stunden, nachdem der Schwarm schon lange wieder fortgeflogen gewesen war, haben sich die ersten wieder herausgewagt; alle Häuser waren nackt wie im Rohbau ohne Verputz, zwischen den Ziegeln hatten die Tiere den ganzen Kalk herausgepickt, gehackt, herausgefressen, aber keinen einzigen Ziegel, dennoch waren alle Mauern zerfallen. Die Zeit ist vergangen, wir haben alles bald vergessen, die Häuser sind frisch verputzt und ausgebessert.

Im folgenden Jahr zur selben Zeit, viele sagen, auf Stunde und Minute genau, hat sich alles wiederholt; und hatten schon damals einige mutig ihre Häuser verlassen, versuchten mit Stöcken, Besen, Schaufeln die Vögel von den Mauern zu verscheuchen; aber sie haben sich nicht verscheuchen lassen, sondern sind den Schlägen blitzartig ausgewichen, haben die Mauern ganz arg zerfressen, als wären die Häuser in Säure getaucht gewesen, und nicht ein einziger Vogel war getötet, der Schaden oft schlimmer als beim ersten Mal; noch mehr Wände zusammengefallen, in den Häusern viele Mauerlöcher durchgefressen.

So geht das nicht weiter, hat man damals festgestellt, daß jährlich das Dorf einstürzt, wenn die Vögel Mörtel und Kalk aus den Mauern fressen oder mit ihren Schnäbeln herauspicken, heraushacken. Ein einziges Haus ist damals fast ver-

schont geblieben; ich bitte Sie dort drüben, wie Sie schon wissen, wieder einmal zu berichten.

– Es war ein Zufall gewesen, denn ich hatte damals gerade meinen Garten gespritzt, als die Vögel gekommen und auch über meine Mauern hergefallen waren; der Schrecken, den das singende Geschrei des vom Himmel gefallenen Schwarmes mir eingejagt hatte, im fürchterlichen Schreien des mich einhüllend flatternden Gesanges dieser wild um sich schlagenden blitzlichterstrahlengefiederten Flügelwolke hatte ich mit dem Gartenschlauch irrtümlich die Mauern des Hauses statt den Garten gespritzt, aber gleich verwundert Notiz genommen, daß die Tiere von jenen Segmenten der Hauswände, wohin der Wasserstrahl aus dem Schlauch zunächst zufällig getroffen hatte, blitzend gleich davongeflogen waren, fluchtartig fort, wasserscheu, habe ich mir damals gedacht, das Geflügel meint, im Wasser eine ihm gefährliche Bedrohung zu spüren, und habe fortgesetzt, mein Haus anzuspritzen; dadurch war mir nur sehr wenig beschädigt worden.

– Ich danke Ihnen, wir haben daraus gelernt, in den folgenden Jahren vorgesorgt, aus der Stadt uns viele Gartenschläuche besorgt, dann sind wir vor den Häusern gestanden, haben das Geflügel von den Mauern heruntergespritzt, bis der Schwarm ermüdet sich in den Himmel zurückgezogen hat, die Vogelwolke wieder fortgeflogen ist. Einmal haben Wissenschaftler, Zoologen, ein paar Leute mit Blasrohren, Armbrüsten, Pistolen, Maschinenpistolen, Luftdruckgewehren, Flobertgewehren, Schrotflinten, Maschinengewehren usw. ausgerüstet, im Dorf aufgestellt überall in der Hoffnung, ein paar Tiere abschießen, an Hand einzelner Exemplare nähere Bestimmungen z. B. der Art durchführen zu können; aber die Leute haben mit ihren Waffen kein einziges Tier getroffen, man sagt, sie hätten mit ihren Waffen andauernd das Flattern in der Luft gezielt beschossen, die kaum sichtbaren Körper hinter den gerade

erkennbaren Schnäbeln der geflügelten Tiere im ständigen Dauerfeuer; auch in den Mauern festgekrallte Vögel, die man leichter zu treffen geglaubt hat, so gut wie sicher im Fadenkreuz, sind den schnellen Geschossen der Gewehre und Pistolen spielend ausgewichen, und nur die Einschläge in den Mauern hat man danach noch gesehen, und in raffiniert durchdacht getarnten Vogelfallen auf den Dächern und Mauern ist nichts hängengeblieben.
So leid es ihm tue, hat der Zoologe gesagt, aber in diesem Fall sei er auch als Zoologe und Naturwissenschaftler vollkommen machtlos und wisse sich keinen Rat.
Deshalb wissen wir zwar nach wie vor nicht, wen wir bekämpfen, aber verfügen über die wirksamste Methode, Wasser, aus Schläuchen spritzendes Wasser, wie die Feuerwehr. Einmal ist der Schwarm plötzlich mitten in der Nacht aus der Finsternis schreiend mit seinem unerträglichen Gesang auf unsere gelähmten Träume hergefallen und hat, weil man nicht vorbereitet gewesen war, wieder großen Schaden angerichtet. Seit damals halten wir immer uns und alles bereit; Wachen sind aufgestellt, Alarm zu blasen, wenn das gefährliche Singen in der Luft von weit weg leise aufsteigt und sich immer schreiender nähert, um bald über uns die Köpfe uns zu vergraben.

Die Figuren in Arbeitskleidung haben die Bänke weggetragen, das hängt mit den Vögeln zusammen, die kommen werden.

– Nichts darf uns die Mauern verstellen; die Bänke, ich habe sie vom Dorfplatz tragen lassen, damit sie uns die Hauswände dahinter nicht verdecken, nichts im Weg, wie auch alles andere Herumstehende, Herumliegende von den Häusern geräumt werden muß, damit wir übersichtlich jeden Punkt jeder unserer Wände, die uns umgeben, wenn der schreiende Gesang der uns umhüllenden Vogelwolke die Gedanken zerschneidet, jederzeit ganz genau schützen können.

Das neue Gesetz

Das neue Gesetz wird an allen Scheunenwänden angeschlagen. Von geschlagenen Hämmern werden die Nägel durchs Schilfrohrpapier ins Holz getrieben. Wenn ihre Spitzen die Ränder der Blätter durchbohren, rascheln die weißen Fasern. Es zischt, bevor der Nagel vom Schlag des Hammers gestoßen, das Scheunenholz durchdringt. Du kannst die Hände der Plakatierer Hammer halten sehen, sie legen die Nägel vor dem Schlag an, stehen einbeinig vor braunen Bretterwänden, das zweite Bein gehoben, angewinkelt, daß die Kniescheibe den unteren Rand des Posters an die Wand preßt, wenn sie den ersten Nagel durch eine der beiden oberen Ecken des Blattes ins Bretterholz schlagen, dann stehen sie beidbeinig davor, drücken einen ihrer Arme an den noch nicht befestigten oberen Rand des Papieres, vergleichen, damit das Blatt sicher gerade hängt, die Begrenzung des oberen Plakatabschnitts mit der Linie des Scheunendachvorsprunges, dann erst wird der zweite Nagel durch die andere obere Ecke geschlagen, danach tritt der Plakatierer zwei Schritte zurück, um mit einem kritischen Blick die voraussichtliche öffentliche Wirkung der Bekanntmachung auf der Scheunenwand optisch abzuschätzen, dann tritt er zur Wand zurück, nimmt aus der ihm zu Füßen liegenden Tasche zwei weitere Nägel und schlägt sie durch die zwei unteren Ecken der Veröffentlichung ins Scheunenholz, wobei du ihn meist gebückt oder halb gebeugt antreffen wirst, das vom Plakatiereruniformhosenstoff verdeckte Gesäß im Rhythmus des Schlagens nach links und rechts hin- und hergeschwenkt.
Plakatierer sind meist vollbärtige Leute mit Nickelbrillen, verschiedenartigen Ärztetaschen, Bergschuhen, Filzstutzen, Knickerbockerhosen, Rucksäcken mit aufgeschnallten Pickeln, Filzhüten mit aufgesteckten Fasan-, Auerhahn-, Rebhuhn- oder Hühnerfedern und Bergsteigerausrüstung,

tauchen in den entlegensten Teilen des Landes auf, werden von den Kindern freudig begrüßt, weil sie denen oft verbogene Nägel, zerknitterte Papierfetzen, zerdehnte Hosengummis, vereinsamte rostige Scharniere in verschiedenen Größen, gerissene Hosenträger, abgebrochene Stacheldrahtfragmente u. v. a. schenken, müssen aber aufpassen, daß die Plakate, die sie eingerollt unterm Arm tragen, ihnen nicht gestohlen werden.

Wenn keine Scheunenwände zur Verfügung stehen, nagelt er die Bekanntmachung auf Bäume, Schweineställe, Bänke, Bauernhöfe, Getreidesilos oder Almhütten, stört im letzten Fall vielleicht eine Hirtin, weckt sie aus dem Schlaf, wenn's früh ist, die von seinem Schlagen Erwachte öffnet gleich das Fenster, winkt und lächelt freundlich heraus.

Das neue Gesetz:
Aus Sicherheitsgründen wird es hinkünftig verboten, durch Wälder und Alleen zu gehen, um die Bevölkerung vor den schwarzen Männern zu schützen, die sich in den Schatten der Bäume so gut verstecken, daß sie manchmal mit der Dunkelheit in den Alleen so gut wie identisch werden können.

Die Justiz will erreichen, daß die Leute, die sich ab jetzt nur mehr im freien und offenen Land bewegen, von dem für ihren Sichtbezirk zuständigen Personal, Geometern, Vermessern, Gendarmen, Soldaten und deren Gehilfen sofort entdeckt und eingeteilt werden können; Leute, die in ihrem Sichtbezirk den Horizontstrich überschreiten, können gleich zwei- oder dreifach vermessen, registriert und eingestuft werden; vor der Zeit des neuen Gesetzes ist das trotz aller umsichtiger Bemühung nie in solcher Vollständigkeit möglich, manchmal überhaupt nicht durchführbar gewesen, weil die Leute fast immer durch Wälder und Alleen gegangen sind, dadurch leider oft irrtümlich mit den in den Schatten der Bäume Versteckten verwechselt worden sind, doch um unstimmige Unzufriedenheit, die dadurch in vielen Bevölkerungskreisen aufgekommen war, hinkünftig zu vermeiden, ist das neue Gesetz möglichst rasch beschlossen, verabschiedet worden und tritt ab sofort hiemit in Kraft; Leute, die sich fügen, werden keine Ursache der Unzufriedenheit finden, die aber sich nicht daran halten, werden weiter die Schwierigkeiten der Gesetzesverletzer auf sich laden. Wo es notwendig ist, durch Wälder und Alleen zu gehen, weil es das freie offene Land noch nicht gibt und die Verkehrsverbindungen von Bäumen begleitet sind, werden die Straßen genau bestimmt und vorgeschrieben; zu Beginn und Ende jedes Wald- oder Alleeweges wird Personal aufgestellt, und falls die Straße sehr lang ist, Zwischenposten unterwegs; beliebig viele Kontrollen werden vorgenommen, deren technische und statistische Daten der Republik zur allgemeinen Verbesserung der sozialen Zustände im Land dienen und willkommen sind.

Am Beginn der Wälder werden Tische aufgestellt, Pflöcke in die Wiesen geschlagen, darauf Holzflächen gelegt; wer durch den Wald gehen will, geht zu einem der Tische, wo ihm der dahinter stehende oder auf einem Baumstamm sitzende Beamte zwei Formulare übergibt, die vor dem Antritt der Reise auszufüllen und zur Begutachtung übergeben werden; beide werden dann gegengezeichnet, eines wird in einen Leitz-Ordner geheftet, das andere ist mitzunehmen, dem anderen Beamten am Ende der Wälder zu übergeben. Beide Fomulare, verschiedenfarbig, beinhalten die gleichen folgenden Fragen, die wahrheitsgetreu zu beantworten sind:

NUMMER ....
LAUFENDE ZAHL ....
DATUM ....
UHRZEIT ....
NAME ....
GEBURTSDATUM UND GEBURTSORT ....
BERUF ....
ALLFÄLLIGE FRÜHERE BERUFE ....
WOHNORT ....

Allfällige frühere Wohnorte ....
Adresse ....
Allfällige frühere Adressen ....
In welchen Wohnorten sind Sie welchen Berufen nachgegangen ....
....

In welchen Wohnorten haben Sie welche Adressen gehabt
....

Name, Geburtsdatum, Geburtsort, Beruf, allfällige frühere Berufe, Wohnort, allfällige frühere Wohnorte, Adresse, allfällige frühere Adressen des Vaters, der Mutter, der Geschwister, der Frau, der Kinder, des Dienstgebers, des Hausarztes, des Dienstgebers des Vaters, des Dienstgebers der Mutter, des Dienstgebers oder der Dienstgeber der Geschwister, des Dienstgebers der Frau, des Dienstgebers oder der Dienstgeber allfällig arbeitender Kinder, des Schwiegervaters, der Schwiegermutter, der Schwager, der Schwägerinnen, der Geschwister des Vaters, der Geschwister der Mutter, der Geschwister des Schwiegervaters, der Geschwister der Schwiegermutter, der Kinder der Geschwister des Vaters, der Kinder der Geschwister der Mutter, der Kinder der Geschwister, der Kinder der Geschwister der Frau, der Kinder der Geschwister des Schwiegervaters, der Kinder der Geschwister der Schwiegermutter, der eventuellen zweiten Frau, der Geschwister der eventuellen zweiten Frau, der Kinder der Geschwister der eventuellen zweiten Frau, des eventuellen zweiten Schwiegervaters, der eventuellen zweiten Schwiegermutter, der Geschwister des eventuellen zweiten Schwiegervaters, der Geschwister der eventuellen zweiten Schwiegermutter, der Kinder der Geschwister des eventuellen zweiten Schwiegervaters, der Kinder der Geschwister der eventuellen zweiten Schwiegermutter, der eventuellen dritten und jeder weiteren eventuellen Frau und deren näheren Verwandten und aller Dienstgeber und Hausärzte der Genannten und deren nahestehender Verwandten und Bekannten und aller hier nicht angeführten

VERWANDTEN UND BEKANNTEN PERSONEN UND DEREN DIENSTGEBER UND HAUSÄRZTE

Sind Sie und alle hier von Ihnen angeführten Personen mit Ihrem Dienstgeber (Ihren Dienstgebern) und Hausarzt (Hausärzten) zufrieden

Wohin gehen Sie
Was wollen Sie dort
Warum wollen Sie nicht woanders hin

Warum bleiben Sie nicht gleich zu Hause

Wann werden Sie voraussichtlich dort sein, wohin Sie wollen
Wo werden Sie dort wohnen
Wann werden Sie zurückkommen
Werden Sie überhaupt zurückkommen
Warum
Warum nicht
Wieviel Geld haben Sie mit
Wieviel Geld führen Sie ausserdem noch mit sich, das Sie aber hier nicht anführen
Warum wollen Sie das Geld, das Sie ausserdem noch mit sich führen, hier aber nicht anführen, hier nicht anführen

Wozu brauchen Sie das Geld, das Sie bei sich haben

Haben Sie die Absicht, an Ihrem Zielort oder unterwegs Einkäufe zu tätigen
Warum
Wann
Wo
Bei wem
Was wollen Sie kaufen

Wollen Sie auch noch ausserdem etwas anderes kaufen, was Sie aber hier nicht anführen ....
Was ....
Warum ....
Wann ....
Wo ....
Bei wem ....
Warum wollen Sie das, was Sie ausserdem noch kaufen und hier nicht anführen, hier nicht anführen ....
....

Wieviel Geld verdienen Sie monatlich ....
Wieviel Steuern zahlen Sie ....
Haben Sie in letzter Zeit Steuern hintertrieben ....
Warum ....
Wann ....
Um wieviel haben Sie den Staat betrogen ....
Wie schnell gehen Sie ....
Wollen Sie unterwegs Rast machen ....
Warum ....
Wann, wo und wie oft ....
Wie gross sind Sie ....
Wie schwer sind Sie ....
Wie lang sind Ihre Füsse ....
Länge der Schritte ....
Sind Sie für die Einführung der allgemeinen Geschlechtskontrolle ....
Wissen Sie, dass Sie ein ganz und gar schlechter Mensch sind ....
Oder sind Sie womöglich anderer Meinung ....
Bereitet Ihnen Ihr Beruf Freude ....
Möchten Sie lieber einen anderen Beruf ergreifen ....
Welchen ....
Warum ....
Möchten Sie nicht gerne Holzfäller werden ....
....
Oder möchten Sie lieber in einer anderen Sparte der Holzindustrie unterkommen ....

Sind Sie womöglich geschlechtskrank ....
Haben Sie einen Tripper, die Syphilis oder den weichen Schanker ....
Sind Sie in Behandlung ....
Näheres über die Person, welche Ihnen die Geschlechtskrankheit angedreht hat ....
....
Sind Sie arbeitslos ....
Warum ....
Lieben Sie Wälder ....
Warum ....
Lieben Sie Alleen ....
Warum ....
Lieben Sie Bäume überhaupt ....
Warum ....
Halten Sie Bäume im einzelnen oder in Ansammlungen für vorteilhaft, unvorteilhaft oder gefährlich ....
....
Warum ....
Haben Sie alle diese Fragen wahrheitsgetreu beantwortet
....
Haben Sie einige Fragen falsch beantwortet ....
Welche ....
Warum ....
Welche Fragen, die Sie hier nicht anführen, haben Sie falsch beantwortet ....
Warum ....
Warum wollen Sie jene Fragen, die Sie falsch beantwortet haben, es aber nicht anführen, dass Sie sie falsch beantwortet haben, hier nicht anführen ....
....
Warum wollen Sie jene Fragen, die Sie falsch beantwortet haben, hier aber nicht anführen, dass Sie sie falsch beantwortet haben, es aber hier nicht anführen, hier nicht anführen ....
....
Sonstiges ....

WEITERE ANMERKUNGEN ....
ANMERKUNGEN DES KONTROLLORGANS ....
ANMERKUNGEN DES KONTROLLORGANS ....
UNTERSCHRIFT DES KONTROLLORGANS ....
UNTERSCHRIFT DES KONTROLLORGANS ....
UNTERSCHRIFT ....
UNTERSCHRIFT ....
DATUM ....
UHRZEIT ....
LAUFENDE ZAHL ....

Vor dem Antreten der Reise müssen die zwei Formulare ausgefüllt, dem Personalbeamten zur Kontrolle und Begutachtung übergeben, beide werden von ihm gegengezeichnet, eines heftet er in einen Leitz-Ordner, das andere muß mitgenommen, dem Personal am Ende der Waldstraße übergeben werden.

Personen, welche die Formulare nicht wahrheitsgetreu ausfüllen, müssen bis zur Höhe des Datums in Landeswährung Strafe zahlen, für Analphabeten sind Schreiber bestellt, die auf Baumstämmen sitzen, Schreibmaschinen am Schoß halten, dem Diktieren der Antragsteller zuhören und die Papiere ausfüllen.

Begegnest du unterwegs im Wald einem Kontrollorgan, mußt du ihn das mitgeführte Formular besichtigen lassen, seine Fragen freundlich wahrheitsgetreu freudig ohne Ausflüchte beantworten.

Am Ende der Wälder ist letzteres Papier dem dortigen Organ zu übergeben.

Von öffentlicher Seite wird alles getan, um die Bevölkerung vor den Schatten der Bäume, den darin versteckten schwarzen Männern zu schützen. Trotz der neuen Regelung wird aufgefordert, ebenso während der Reise auf den kontrollierten Waldstraßen aufzupassen, da man vermutet, daß nun die schwarzen Schatten der Bäume sich mit gefälschten oder gestohlenen Uniformen verkleiden und die Leute belästigen, bedrohen, beschimpfen, bestehlen, mißbrauchen und beleidigen werden.

Eltern und Erziehungsberechtigten wird ans Herz gelegt, die Kinder und Zöglinge das Spiel WER FÜRCHTET SICH VORM SCHWARZEN MANN im Schatten des Waldes nicht vergessen zu lassen.

Vor der Zeit des neuen Gesetzes seien viele spurlos in den Wäldern verschwunden. Aus Kreisen der Exekutive, wo man dafür keine Erklärung hatte, verlautet die Vermutung, daran seien die schwarzen Schatten der Bäume schuld und alles, was sich darin verborgen halte. Nach der Zeit des neuen Gesetzes sollen aber noch immer viele oder noch mehr als zuvor spurlos in den Wäldern verschwunden sein. Aus der Justiz hört man die Vermutung, nur die Schatten der Bäume seien daran schuld, die sich nun mit gefälschten oder gestohlenen Uniformen verkleiden und die friedliche Bevölkerung zum Narren halten.

Aber sind auch Stimmen laut geworden, jene in den Wäldern Verschwundenen seien in Wirklichkeit von der Exekutive verhaftet worden, da man aus ihren Formularen Äußerungen entnommen, denen gemäß sie hinter Bäumen sich verstecken. Leute, die dergleichen behauptet, seien danach in den Wäldern spurlos verschwunden oder vom Personal als Mitglieder des Waldschattens identifiziert, verhaftet, eingesperrt und den Gerichten übergeben worden.

Wer sind die schwarzen Männer überhaupt? Leben sie in den Schatten der Bäume, oder verkleiden sie sich mit der Finsternis des Waldes, oder wie stellen sie so spielend die Dämmerung in den Alleen dar? Wie aus der Justiz verlautet, könne diese Frage erst beantwortet werden, wenn die Plage endgültig beseitigt, da man erst danach aus statistischen, kriminalistischen, philosophischen, psychologischen, mathematischen, wirtschaftlichen, historischen, biologischen, physikalischen, zoologischen, medizinischen, psychotherapeutischen, botanischen, paläontologischen, parapsychologischen, chemischen, kybernetischen, archäologischen, soziologischen, logischen und vielen anderen

Forschungen, die zwar dauernd im Gange, aber erst nach der Beseitigung der Plage eingeschätzt, beurteilt, redigiert, überprüft, kontrolliert, katalogisiert und eingeordnet werden könnten, die Frage allgemein verständlich beantworten könne.

Viele, die zunächst öffentlich mutmaßten, es gebe die schwarzen Männer gar nicht, sondern seien von höheren Stellen nur erfunden worden, auch als ein von langer Hand vorbereiteter Vorwand, das neue Gesetz in allen seinen weiteren Auswirkungen und Folgen zu rechtfertigen u. v. a., denn gebe es eigentlich nur die Schatten der Bäume, in denen aber niemand mehr und nichts verborgen, sollen hernach spurlos in den Wäldern verschwunden oder vom Personal auf Grund ihrer schwarzen Schatten identifiziert, verhaftet, eingesperrt und den Gerichten übergeben worden sein.

Wie von höheren Stellen mitgeteilt, beabsichtigt man bald neue Maßnahmen noch wirkungsvollerer Natur an die Tage und Jahre zu legen:

man will alle Wälder, Alleen und, falls nötig, auch einzelstehende Bäume in der Landschaft fällen, abschlagen,

da man

1. die Bevölkerung endgültig von der Bedrohung der Schatten hinter den Bäumen samt den darin versteckten dunklen Elementen befreien will, welche dann keinen Unterschlupf mehr fänden, weil keine Bäume mehr, hinter denen die sich noch verstecken könnten,

2. stößt die praktische Durchführung des neuen Gesetzes auf Schwierigkeiten, weil man nicht über genügend Personal verfügt und durch das genannte Vorhaben die weitere Durchführung des neuen Gesetzes erübrigt wäre,

3. die große Arbeitslosigkeit, die überall im Land herrscht und langsam überhand nimmt, dadurch beseitigt, daß alle Nichtstuer zu Holzfällern ausgebildet und eingesetzt werden oder in anderen Sparten der Holzverarbeitung unterkommen, denn die Holzindustrie wird einen Aufschwung verzeichnen wie nie zuvor, weil dann so viel Holz wie

noch nie zur Verarbeitung vorliegend ansteht.
Den riesigen Holzvorrat, der sich auf einmal ansammelt,
wird man demgemäß verwerten,
daß im voraus
Balken, Bänke, Betten, Bojen, Brücken, Dächer, Erker,
Flöße, Flöten, Gabeln, Galgen, Gitter, Häuser, Hocker,
Hütten, Kähne, Karren, Kästen, Kisten, Lager, Latten,
Lehnen, Löffel, Matten, Mühlen, Quirle, Räder, Riegel,
Ringe, Säle, Särge, Schaukeln, Scheunen, Schiffe, Schindeln, Schränke, Schüsseln, Sessel, Ställe, Stangen, Stege,
Stiegen, Stöcke, Stockerln, Tafeln, Teller, Tennen, Tische,
Tore, Treppen, Truhen, Türen, Wände, Zäune,
Papier,
Almhütten, Anrichten, Bahnschranken, Baumstützen, Bierfilze, Blockhütten, Dachstühle, Eßzimmer, Gehschulen,
Grenzschranken, Holzkohle, Klodeckel, Mistgruben, Reckstangen, Rutschbahnen, Salzstreuer, Schiffshotels, Schlafzimmer, Schubkarren, Schulbänke, Schulzirkel, Seeränder,
Stockbetten, Tanzböden, Tischfüße, Turnsäle, Türschnallen, Türstöcke, Vorzimmer, Wegschranken, Wohnzimmer,
Zollschranken, Zündhölzer,
Balkone, Figuren, Geländer, Gerüste, Gestelle, Kontoren,
Kredenzen, Parketten, Portale, Prothesen, Scharniere,
Tablette,
Angelstöcke, Arbeitslager, Besenstiele, Bretterböden, Bucheinbände, Fensterrahmen, Hackenstiele, Hopfenstangen,
Hundehütten, Kinderspielzeug, Kinderwagen, Kinderzimmer, Kleiderhaken, Kleiderständer, Korridore, Lagerräume, Landungsstege, Leiterwagen, Messergriffe, Pfefferstreuer, Schaufelstiele, Schaukelpferde, Schaukelstühle,
Starenkästen, Straßenschranken, Vogelhäuser, Vogelscheuchen, Papierkörbe, Verbotstafeln, Verkehrsschilder,
Garderoben, Kabinette,
Barornamente, Bücherregale, Buttermaschinen, Hindernisbahnen, Paprikastreuer, Radiotische, Spielzeuggewehre,
Spitzhackenstiele, Wochenendhäuser,
Getreidekästen, Regierungssitze, Vertäfelungen,

Guillotinen,
Deckenkonstruktionen, Lampenschirmgestelle, Schraubenziehergriffe, Wirtshauseinrichtungen,
Kanalumrandungen,
Telegraphenstangen, Tischlereiwerkstätten,
Flußuferbegrenzungen, Kinderspielplatzgeräte,
Erker in Hafenstädten,
Brücken für voraussichtliche Straßen,
Erker für herunterschauende Frauen,
Brücken über voraussichtliche Flüsse,
Brücken über voraussichtliche Kanäle,
Vogelscheuchen für voraussichtliche Gärtnereien,
Brücken für voraussichtliche Straßen über voraussichtliche Bäche Flüsse Kanäle Ströme Schluchten samt zugehörigem Geländergitter, Stege über voraussichtliche Schluchten für die voraussichtliche Notwendigkeit der voraussichtlichen Beseitigung der voraussichtlichen Unterbrechung voraussichtlicher Almwege für voraussichtliche Füchse, Gemsen, Hasen, Hirsche, Hühner, Hunde, Katzen, Pferde, Rehe, Rinder, Schafe, Wiesel, Ziegen, Eichhörnchen, Steinböcke, Iltisse, Giraffen, Kamele, Antilopen, Dromedare, Elefanten, Wasserbüffel
und vieles andere
produziert werden,
das noch übriggebliebene Holz wird dann mit Rindsfett gebeizt oder geteert, in Lagerräumen, geschützt vor Regen, Hagelwettern, Schneefall, Luftfeuchtigkeit und anderen schlechten Einflüssen der Witterung aufbewahrt,
es gibt aber auch viele, die sagen, das ganze Land werde bald darauf mit Holz austapeziert und vertäfelt.

jeder schritt wird ein klopfzeichen sein unter den faserungen und astlöchern der über dem boden befestigten holzplatten wirst du bäche flüsse und wasserfälle rauschen hören zwischen den fugen später niedergetretener bretter wird das wasser der sümpfe aufsteigen einsickern und das wollgras aufwärtskriechen

sorgfältige Planung und Einbeziehung der Kybernetik werden den wirtschaftlichen Aufschwung des Landes garantieren,

    aus astlöchern wird die dotterblume hochklettern

du siehst die Plakatierer noch immer durchs Land wandern, die Rucksackbeschläge glitzern in der Luft, die Hämmer schlagen an die Scheunenwände, in den Lichtungen werden Blockhütten gebaut fürs Personal, Stockbetten für die Soldaten, du hörst, wie die Pflöcke ins Gras stoßen, die Befehle der höheren Beamten, die Stimmen der Schreibmaschinen zwischen den Sträuchern,

    heidelbeerpflücker aufgeschreckt kräuterkundige verjagt
    brombeersammler stürzen von felsvorsprüngen

durch die Wälder hörst du das Schlagen der Äxte, die während der Mittagspause an die Stämme gelehnt werden, vielleicht wird es Herbst, ja, das ist durchaus möglich,

es wird Herbst,
man fürchtet sich vor Kastanien und anderen Früchten, die aus den Bäumen fallen,
dagegen hält man die Hand über den Kopf oder trägt einen breitkrempigen Hut,
Baum- und Heckenschützen haben es schwerer, sie werden leichter entdeckt.

Der Dorfplatz

— *Der Dorfplatz ist leer, außer dem Brunnen in der Mitte befindet sich nichts auf dem Dorfplatz.*
— *Du hast recht, der Dorfplatz ist leer.*
— *Wir können über den Dorfplatz gehn,*
habe ich gesagt. Wir hatten uns in der Werkstatt des Schmiedes versteckt, die Wangen eng an die Mauern gepreßt, niemand hat uns gesehn, und du hast gesagt
— *gehn wir doch über den Dorfplatz, der Dorfplatz ist leer.*

Nein, das stimmt nicht, das ist eine Lüge, denn die Türen der Häuser gehn auf, alle Türflügel auseinandergeklappt, die Angeln knarren, aus den offenen Toren werden Schläuche geworfen, Wasserschläuche, Spritzschläuche, auch die Fensterflügel werden aufgeschlagen, auch aus den Fenstern sehe ich Schläuche fallen, aus denen in den ersten Stöcken, dann auch aus den zweiten, über alle Wasserhähne sind schon Schläuche gestülpt, zu den Häusern, die über keine Wasserhähne, keine Wasserleitungen in den Zimmern verfügen, werden Schläuche aus Häusern geleitet, die darüber verfügen; das ganze Dorf durchsetzt von Schläuchen, Feuerwehrschläuche, jedem Haus für jede Wand mindestens ein Schlauch, wenn nicht zwei; Fackeln werden bereitgestellt, an die Mauern gelehnt, falls in der Nacht was kommt.

Ja, ich erinnere mich an die Nacht, habe die Schritte der Wachhabenden gehört. Sie haben Lichter vor sich her getragen, Lieder gepfiffen und in den Himmel gelauscht, sind durch die Gassen gegangen, haben zwischendurch angehalten, die Laternen auf den Boden gestellt, laut oder leise gegähnt, *müde, ruh, horchen, schlafen, lieber, möchten, nein, aufpassen, müssen, müde, ruh.*
Ja, ich erinnere mich an die Nacht vor vielen Jahren, als die

Vögel das erste Mal aus der Finsternis gestürzt sind, wir sind in der Küche vorm Herd gelegen, haben das letzte Feuer ausflackern sehen, die Glut beobachtet, die immer schwächer geworden war, durch den Spalt der nicht ganz schließbaren Herdtür haben wir die schwarzen Striche gesehn, die langsam das Glimmen der immer dunkleren Glutbrocken gespalten, zerbrochen, abbröckelnd in Aschenklumpen zersetzt haben. Dann ein leises Singen und Kreischen in der schwarzen Luft von draußen durchs Fenster. Dann haben wir ein eigenartiges Kratzen in den Mauern vernommen, und das Singen hat draußen vor der Tür schreiend gewartet, wir haben uns in die Decken gehüllt, am Boden liegend, den rauhen hautscheuernden Stoff um die Ohren gelegt, aber das Schreien ist stehngeblieben, hat noch ganz lange draußen weitergesungen. Nächsten Tag haben dann alle gesehn, was vorgefallen war, in die dem Mörtel blindgeschlagenen Maueraugenhöhlen der abgebröckelt schwerverwundeten Häuser geschaut.

Heute nacht aber ist alles ruhig gewesen, die Wachhabenden sind in der Früh zum Bürgermeister gegangen, haben ihm gemeldet
– *Herr Bürgermeister, die Finsternis ist reglos geblieben, die Luft schweigend ruhig.*
Ein paar Leute versenken einen langen Feuerwehrschlauch in den Brunnen hinunter, holen eine Handpumpe, schließen sie dem Schlauch an, Wasser mit großem Druck aus dem Innern des Planeten hochschießen zu lassen.

Da höre ich in der Luft ein merkwürdig leises hohes Singen, ähnlich Mückenschwärmen weit weg, wird lauter, kommt näher, die Leute haben ihre Schläuche ergriffen, deren Mündungen auf die Mauern gerichtet, das Singen in der schreienden Luft, bald wird es genau über uns sein und auf uns, über den Dächern unserer Häuser neben unseren Köp-

fen herabstürzen, das Schreien im leicht gesummt zitternd singenden Licht.
Da fallen auch die ersten aus dem Himmel, krallen sich in die Mauern, aber die Wasserleitungen sind ebenso schon aufgedreht, einer beim Brunnen schiebt wie verrückt den Hebel der Handpumpe auf und ab, kommt ganz ins Schwitzen, nur ein keifendes Flattern kann man durch die aus vollen Kehlen singenden Luftwogen traben sehen und ein durchsichtiges Flügelschlagen erkennen im zitternd voller völlig falscher Töne angestimmten chromatisch unregelmäßig auf und abwärtskletternden Belcantogesang des durch die Täler wogenden von hörbaren Gischtkronen gehörnt brüllenden Lichtes, zwischendurch unzählige jederzeit durchaus schraubbereit anmutende Krallen oder die frisch rasierklingenscharf geschliffen gespreizten Scheren ihrer Schnäbel, von denen die ganze Atmosphäre voll zu sein scheint, kann aber ihre Körper kaum erkennen, nur wenn ein etwas dichterer Schwarmableger sich in ein Mauerstück hineingekrallt hat, weil dorthin gerade kein Wasserstrahl spritzt, sehe, oder glaube ich zu sehen, einerseits ein durchaus weißes, andererseits eher farblos nicht ganz durchsichtig leicht sonnenstrahlendurchdrungenes Gefieder mit lichtdurchlässigen Flügeln, die wie aus Glasfedern zusammengesetzt nervös schimmernd enthemmt um sich schlagen,
(manchmal kommt mir der Gedanke, diese Vögel fliegen gar nicht in der Luft, sondern wahrscheinlich im Licht, nützen seine die um den Planeten herum geschlungenen Ströme samt den blitzenden Auf- und Abwinden der wasserfallähnlich auf- und abstürzenden Sonnenstrahlenkatarakte, benützen auch die letzten Schimmer jeder Dämmerung, darüberzugleiten, die Flügel im Gefolge eines Lichtföhnes entlang des weiterverreisten abgeflossenen Abendrotstrahlenausgußkanalverlaufens hinter dessen Sog),
während ihre Schnäbel unbeherrscht hysterisch enthemmt im Mörtel herumhacken, gewalttätig die Wand richtig ausschlagen, als wäre sie das Fleisch eines soeben mit letzter

Kraft gerade noch einmal erkämpften Beutetieres, und auch hacken diese Vögel zwar einerseits durchaus wie Spechte in einen Baumstamm den Würmern entgegen, andererseits aber viel schneller, mehr als doppelt oder drei- bis zehnmal so rasch im Tempo diese Mörtelhacker, Mauerspechte, deren Schnäbel jedoch keinen Würmern entgegen klopfen, denn im Beton befinden sich keine solchen, undenkbar, obwohl man gerade solchen Unglaublichkeiten gegenüber nicht so sicher sein sollte, und wenn eines Tages einer plötzlich eine Mauer zeigte mit Mörtelmaden oder Betonwandkäfern, die vielleicht dann auch ihre innerlich verlaufenden kleinen Stollen Schächte Bahnen durch die Häuser liniert geschlungen verlaufen ließen, wie Holzkäfer in alten Möbeln oder Bäumen, würde mich auch solches nicht mehr in großes Staunen versetzen, denn wenn wir endgültig den Großteil unserer Wälder zu beseitigen verstanden haben werden nach jahrelang erschöpfend härtesten Arbeiten, so daß verschiedene überlebende Insektenarten aus Holzmangel eine Umstellung ihrer Ernährung vorzunehmen gezwungen wären, samt der Lebensweise und deren Gewohnheiten oder ansonsten aussterben, dann würde ich selbstverständlich darauf warten, daß z. B. irgendeine robuste Holzkäferoder Holzwürmerart es nach einiger Zeit zustande brächte, statt im Inneren der nicht mehr auffindbaren Baumstämme oder Möbel, in den Beton der Brücken oder Häuser zu übersiedeln, darin herumzukriechen bei ihrem Ausbau eines Stollensystems vielverzweigt möglichst dicht, ohne daß es auffallen würde oder bemerkt werden könnte, bis eines ferneren Tages eine solche sagen wir z. B. Brücke ganz unerwartet durchaus nagelneu über einen Strom gespannt aus heiterem Himmel vom Blitz getroffen scheint, einstürzt, in sich zusammenfällt, vielleicht gerade zur Hauptverkehrszeit, weil die Stollen der zu Kalkwürmern oder Mörtelkäfern umgeschulten Holzkäfer, Holzwürmer so dicht verzweigt die gesamte innere Seele einer angenommen hypothetischen Brücke so gut wie vollständig ausgehöhlt haben, daß der Einsturz nicht mehr zu verhindern gewesen wäre, aber noch gibt es keine solchen Tiere, die unsere Häuser und Brücken zum Einstürzen brächten, keine Insektenart, keine Würmer, die im Kalkinneren der Mauern leben und Stollen, Bahnen bauen, und die dann von Mörtelspechten aus den Mauern herausgepickt werden könnten, aber wie diese in den Kalk einwärtspickend hineinhacken und ganze Häuserbrocken herausreißen, mit ihren Schnäbeln die Schlünde kropfabwärts hinunterzuverschlucken, und das auch noch, ohne davor nicht einmal einen angedeuteten Zerkleinerungsversuch eines solchen Mauerbrockenbissens zu unternehmen, sondern unmittelbar heißhungrig hinabzuschlingen, um sofort wieder loszuhacken, Spechte bieten nicht einmal einen blassen Vergleich, viel zu langsam, mit welcher Geschwindigkeit diese Mauerspechte oder Kalkklopfhacker aus allen Fugen zwischen Ziegeln sauber, ordentlich alles herauszupicken verstehen, und wie sie die Tarnfarben ihres Federkleides der Luft im Tageslicht angepaßt haben, und deren bedenklich rasierklingenqualitätsgemäß geschärften flinken Schnabelscheren, bei deren Anblick wir eigentlich an unser Glück erinnert werden sollten, daß es sich bei diesen in der Farbe des Tageslichtes Gefiederten um keine lebender Beute auf der Spur nachjagenden Fleischfresser handelt, denn bei einem Auftreten dieser Art in solchen Schwärmen zu Tausenden oder noch viel mehreren könnte kein lebendig sichtbares Wesen sich auf der Oberfläche der Landschaften zeigen, ohne sofort beim Auftauchen in der Gegend von einem darauf unmittelbar herabstürzenden Schwarm eingehüllt und in Minuten zerhackt und zerfressen zu sein, denn wenn man sieht, wie sie ihre flinken Schnabelscheren ständig ordentlich immer gleich nach Gebrauch auch wieder gewetzt haben durch längeres sorgfältiges Aneinanderreiben der beiden Schnabelhälften, mit denen sie spielend nicht nur den Kalk aus allen Mauerspalten hacken, um ihn darauf in den Schlundkropfbehältern des unsichtbaren Halses verschwinden zu lassen, sondern auch beim Flug über längere Strecken sie jede schwer überquerbare Lichtmauer der Horizontschluchten und jedes noch so hohe Luftgitter oder Luftgeländer in den zerklüfteten Wettersperrgebieten spielend unmittelbar zerschnitten oder zerrissen oder zerbissen und deshalb jeden Flugweg samt dessen Fortsetzungen so gut wie immer gesichert hätten; diese Piranhas unserer nadelstreifgemusterten Atmosphärenschiffskathedralen.

Überall im Dorf wird sehr fleißig gespritzt aus allen vorhandenen Schlauchkalibern, angefangen von dünnen Gartenschläuchen bis zur ausgereiften Dicke und Länge professioneller Feuerwehrschläuche, aus allen Rohren zischt es und aus allen Wasserpfeifen, dem vollen Werk der Orgel des Wasserbauamtes, die Wände schon ganz naß oder feucht, aber wenigstens kommt kein Geflügel in keinen noch so versteckten Mauerkalkspalt einwärts, die Panik des Schwarms bei jeder Berührung mit einem der Wasserstrahlen, woraus und worin das seine Ursachen suche, kann man leider sich nicht einmal andeutend erklären, ist aber jetzt nicht wichtig, wäre nicht von lebensrettender Bedeutung; doch wie jetzt auf einmal, hörst du, durch die Haut der Erde und den felsigen Boden der dickhäutigen Vorgebirgsrücken hindurch, laut wie lange nicht mehr, so als fände auf seiner verborgenen Oberfläche ein unterirdisches planeteninnerliches Gewitterwettspiel seinen Höhepunkt, suche die Entscheidung, das allerdings wie schon ganz lange nicht mehr so von uns ausgebeutet ausgeplünderte Grundwasserspiegelmeer, ein unerforschter, von niemandem je erblickter, nur erahnbarer unterirdischer Süßwasserozean, zu rauschen und tosen anhebt und in sich herumrollend fast ein wenig bedrohlich raunend wie aus den Hochgebirgseinfaltungen hervorgekeucht beinah ein wenig zerkrachend und schleifend durchaus wie jetzt immer deutlicher gebrummt oder rebelliert, weil beim Absinken seines Niveaus durch unseren momentan vermutlich enormen Wasserverbrauch ihm wohl einer oder gar mehrere seiner unterirdischen Seitenseen und Nebenlagunen in Flüsse und reißende Wildbäche verwandelt sich ihm entwinden fort durch die inneren Stollengänge des Planeten abfließen, hindurch und unterhalb der nächsten unserer

Gegend benachbarten Landstriche diese unterquerend samt deren öder Schönheit und schönen Öde unter eine vielleicht in ihrem Inneren ganz ausgehöhlte Wüste oder Steppe einwärts hinunterzufließen, dort lange abzulagern und abzuwarten die Zeitalter der Metamorphose zur Umwandlung in einen artesischen Brunnen, der planetenhautsprengend erdauswärts explodiert, atmosphäreneinwärts gespritzt wird oder selbst sich aufwärts spritzt in den ewigen Schönwetterhimmel einer immerwährenden Wüste oder Steppe einen darüber beinah verbrennenden und vor dem Verkohltwerden mit der Geschwindigkeit eines Orkans aus der Gegend flüchtenden namenlosen ein beachtliches Landschaftsschwanzgebiet entlang überhäutenden Teil des Kontinents und dessen Luftsäulenhallen bis zum Bersten anfüllend vollstopfenden Windes aufwärts, um in einen seiner bereit geöffneten Vorzimmerkorridore in seine Garderobe zu gleiten bald schon übers Meer, um am Ufer der kommenden Küste darüber seine die Strandbogenkuppelgewölbe verfinsternde wolkenballungshaufenherumschiebende Firmamentstukkaturdeckenbearbeitung erstmals im Luftraum verankert auszustellen und zum Höhepunkt der Horizontvernissage ein gut gebautes Gewitter samt allen gesammelten Theaterdonnern der aus dem Fundus sämtlicher bekannter, unbekannter und vergessener Wetterschauspielhäuser hervorgeholten aufgefrischten Effekten der Dramaturgie der Naturentfesselungskunstvorschriften und deren wirkungsvollster, vorteilhaftester, erfolgverheißendster Anwendung, daß der alle dazugehörigen Länder und Landschaften in weitestem Bogen großzügig umfassend überwölbende Zuschauerraum unserer Kontinenttheateranstalt vom Parterre seiner Tiefebenen samt deren Tiefgaragen bis zu den Galerierängen seiner vereisten Gletscherzungenbalkone ausverkauft birst und vollgefüllt platzt,
um danach im Schlafsaal einer der Ozeane für lange wieder hingesunken eingesunken sich zu erholen für die Vorstellungen des kommenden Jahrtausends,
oder aber es spritzt auch viel einfacher und näher etwas

umwegloser direkt zu uns aufwärts und wird umgehend auf die Wände der Häuser und Hütten des Dorfes weiterverteilt.
Die Brunnen der Gebirgsquellen rauschen, der Mann neben dem Brunnen pumpt noch immer ganz heftig, *spritz'n runter,* schreit einer, *zielen, richtig, Wasser, mehr, dort drauf, pickt Kalk, so richtig, komm, dort, frißt die Mauer, nur drauf, anständig los, schneller, alles andere unanständig, hackt Mörtel, gehört sich nicht, solln ruhig alle hungrig bleibn, uns schenkt auch keiner was, spritz'n runter.*
Bis alle Vögel wirklich erfolgreich von den Häusern gejagt, wenig Verputz zerstört, kaum der Rede wert, der Bürgermeister schaut vom geöffneten Fenster der Amtsstube im ersten Stock des Rathauses aus zu, da trifft ihn ein verirrter Wasserstrahl ins Gesicht, während der Mann mit dem Schlauch unten einen Vogel vom Kalk des Fenstersims wegscheuchen will, der Bürgermeister sich mit dem Ärmel das Gesicht wischt.
Langsam geben sie auf, erheben sich in den Himmel zurück, sammeln sich zum Schwarm weiter oben, nur vereinzelt das Singen windflügelflatternd in der schon viel leiser und heiser schreienden Luft, das passataufwärts gleitet, begleitet vom fortschwimmenden Gesang des leicht und locker pfeifenden Lichts, dessen schrilles Klirren schwächer entfernt sich verzieht oder schon verzogen ist oder auch sich verzogen hat hinter die zerrissenen Vorhänge eines gerade noch zustande gebrachten Tagewerks, auch der Schwarm immer höher von den Dächern abgehoben, dessen nebeltuchflügelflatternde Vogelwolke, aus der nur das Aufblinken der sich öffnend- und schließenden Schnabelspitzen sichtbar wird, die zu Tausenden noch als kleine länglich schwarzgelbgeränderte Punktstriche oder Strichpunkte durch die ausgedehnten Plafondvertäfelungsnetze des Firmaments sausen als hätten sich in den Falten seiner sonnenstrahlengefurchtvergerbten Haut geflügelte lästig unangenehme Insekten eingenistet unter die nicht sehr gepflegte, eher verwahrloste, aber sehr reichhaltige Haarpracht eines Horizontsalonlöwenkäfigs,

aus dessen teerig leicht vermodert riechenden Badekabinenbretterwänden nur mehr ein leises Summen wie von einem dichten Mückenschwarm hervordringt oder auch schon kaum mehr vernehmbar weit weg entferntes Sirren, nein, das ist jetzt ein Klagen aus den glitzernden Sandbänken des schon ganz ruhig weiter fortfließenden Nachmittags zart gerade noch herbei- und zurückglimmend aus dem Rauschen der Hauptflußläufe aller Nächte aufgestiegen durch die knarrenden Mühlräder der nervensägend lärmenden Sonne aufgespannt gefaltet auf den unüberschaubaren Plafond des Fallschirmhimmels, dessen Zierleistengeflechte kunstvoll in die luftige Lichtstrahlenräderwerkskuppel auf- und absteigender Tage genagelt oder verdübelt hinter die nächstkommende Welt im undurchdringlich verzweigten Delta der Morgengrauenabenddämmerungen zurückversenkt in den Hauptstromflußauflauf einer Nacht, in dessen Wellen einmal zu einem unbekannten allgemein verheimlichten Meer zu gelangen, dessen Brandung hingegeben du endlich vergessen darfst, was ich alles gut dir zu merken hier verzeichnet habe.

Die Wasserhähne sind abgedreht worden, der neben dem Brunnen hat aufgehört zu pumpen, wischt sich den Schweiß mit dem Ärmel aus dem Gesicht. Der Bürgermeister schließt das Fenster im ersten Stock des Rathauses, verschwindet in der Dunkelheit der Amtsstube. Man lacht einander zu, atmet auf, einige umarmen sich, andere seufzen erschöpft von der vergangenen Aufregung, *vorbei, endlich, überstanden, gut gemacht, wieder einmal davongekommen, glimpflich abgelaufen, Glück gehabt, schöne Leistung, gute Arbeit, wieder einmal gezeigt, kommen nicht so bald wieder, vertrieben, verscheucht, verjagt.*
Die Schläuche werden wieder zusammengerollt, man verwahrt sie in den Häusern, die Handpumpe neben dem Brunnen wird weggetragen, die Leute ziehen sich langsam zurück, wollen sich ausruhen, Türenflügel klappen ein, die Fensterflügel werden entfaltet bereit zum Abflug des Hau-

ses in den Traum, der Lehrer geht ins Wirtshaus, der Pfarrer nimmt die Gemeindechronik aus dem Regal und beginnt zu schreiben.

Später werden sie vielleicht wieder die Bänke aufstellen, einzelne haben aber auch den Wunsch geäußert, die Bänke besser draußen am Dorfrand auf der Wiese stehenzulassen, *schöner, Gras, Wind, mehr Grün, Blumen, Ruhe, Aussicht, Luft auf einer Wiese.*

*— Der Dorfplatz ist leer; außer dem Brunnen in der Mitte befindet sich nichts auf dem Dorfplatz.
— Du hast recht, der Dorfplatz ist leer.
— Wir können über den Dorfplatz gehn.*

Wir hatten uns in der Werkstatt des Schmiedes versteckt, die Wangen eng an die Mauern gepreßt, niemand hat uns gesehn, und du hast gesagt
— gehn wir doch über den Dorfplatz.

Wir sind dann über den Dorfplatz gegangen. Niemand hat uns gesehn. Auch noch weit hinter uns und lange danach ist der Platz leer geblieben. Die Leute hatten sich zur Ruhe begeben, waren eingeschlafen. Alle Mauern gedunkelt und feucht, haben begonnen, die Ortschaft mit einer immer weniger durchsichtig graumelierten Haut, die aus allen Dachstuhlfenstern auswärtsgeglitten ist, zu überspannen, überziehen, als wäre sie in jedem Dachboden gelagert auf dicken stoffballigen Rollen ausreichend aufgewickelt vielleicht auf Wäschetrocknergestellen oder eigens dafür vorgesehenen vielleicht auch maschinell automatisch bedienbaren, man kann ja nie wissen, Winden oder ähnlichen Vorrichtungen, die hinter den Dachluken in den Dachstühlen unter den Fenstern immer bereitgestanden sein müssen, von wo die grau melierten Häute ihren Ausgang meistens dachauswärts genommen haben, draußen sich mit den anderen, aus benachbarten Dachstühlen und -luken auswärtsgeschobenen Hautfetzen zu vereinigen zusammenzuwachsen oder zu verkleben, zwar nicht sehr sorgfältig, weil die Naht- oder Klebestellen auch noch dann wülstige oder eine Spur beinahe wursthautgezipfelt stellenweise Verdickungen aufgewiesen haben, wenn die Hautfetzen schon aus allen Dachluken heraußen zur einen einzigen Haut verbunden waren, die sich über alle Giebel dann erhebt wie eine riesige verrottete Regenhaut weit über das ganze Dorf leicht gebogen fast kuppelig auswärtsgewölbt über die Häuser gebeugt hat, als du dann in den Himmel geschaut, hast du geglaubt, über dieser Gegend weise der Himmel sonderbare, eher abartig anmutende Luftwülste in verschlampt oder etwas schlampig Dämmerlichtknotenverzipfeltes auf, besonders über den dunkelfeuchten Mauern, und vorübergehend hätte man glauben können, die Dämmerung habe sich nicht wie sonst überall vom Himmel auf die Häuser gesenkt, sondern müsse dort umgekehrt aus den Hausmauern, Häusern, aus den Schornsteinen herauszerstäubt geblasen worden sein, auch aus den Kellerfenstern aus der Tiefe der Vorratskammern und Kohlenlagerhaufen heraufgebrochen, an diesem Nachmittag viel zu früh aus den so dunklen feuchten Mauern, deren Ritzen und Spalten dunstig herausgeraucht an diesem dafür nach wie vor zu frühen Spätnachmittag, an dem die Pflastersteine noch immer naß gewesen sind vom Wasserabwehrkampfgespritze gegen die zerstörerischen Mitglieder und Einwohner einer feindlich gesinnten Atmosphäre und deren erbarmungslosen Himmel, der gedankenlos ohne Rücksicht auf uns herab so gut wie auf die Köpfe oder ins Haar hineinexkrementierend alles sich ihm zu schwer gewordene Bietende herabläßt, uns im besten Fall vor die Füße wirft oder ins innere Universum unserer Augen hineinversenkt, daß für alles, was wir ab dann sehen, ab dann uns die ursprüngliche Weiträumigkeit unserer Blicke so gut wie ver-

stellt von vorneherein schon genommen ist.
Die hervorgebrochene Sonne beginnt die Feuchtigkeit aus dem Kalk zu saugen, die Steinplatten werden vom Wind getrocknet.

Der Dorfplatz ist noch immer leer.

Aussicht

Man redet viel von blauen Steinen und Pferden. Nach und nach verwandelt sich diese Landschaft in einen ausgeschütteten Farbkasten.

Im gleichen Luftbereich,
                      im selben Zeitraum
(oder auch anders und oder auch nicht)
ist es möglich und durchaus erlaubt,
das Dorf in weißes oder andersfarbiges Packpapier mit oder ohne Firmeninschrift einzuwickeln
                                 oder zu einem Ellipsoid mit den Ausmaßen eines herkömmlichen Rugbyballes zusammenzufalten,
            über eine der Schultern
            oder durch eine der Achselhöhlen hindurch zehn oder mehr oder weniger Meter
                        hinter den Rücken
zu werfen,
um in eine andere Landschaft einzubiegen.

Wandert der Himmel
durch deine Augen
beginnt es zu regnen

treten erwachende Wolken
in deinen Pupillen
über die Ufer
an denen der Grünspan
keimender Weingärten

beginnt wie ein
hummelschwanzschimmerndes
Bodenrestmuster im ausgetrunkenen Glas

Sprüche vom Geld

»Wir wollen …

... alle Tage sparen und brauchen alle Tage mehr«, meint Goethe und spricht mit diesem Stoßseufzer wohl so manchem aus dem Herzen, der Sparen als Sisyphusarbeit erfahren hat.

Dabei gibt es eine Form des Sparens, die es durchaus erlaubt, die steigenden Bedürfnisse zu befriedigen, vielleicht nicht gleich alle Tage, aber doch alle Jahre: Jemand spart, kauft sich Wertpapiere und nimmt die Zinsen, um sich seine Wünsche zu erfüllen. Alle Jahre wieder ...

Pfandbrief und Kommunalobligation

Meistgekaufte deutsche Wertpapiere - hoher Zinsertrag - schon ab 100 DM bei allen Banken und Sparkassen

Verbriefte Sicherheit

GLASHAUSBESICHTIGUNG

Unser Haus steht beim Bauplatz.
Unser Haus stand schon da, als noch niemand ein Wort über den Bauplatz verloren hatte.
Eines Tages beginnt man, über den Bauplatz zu reden.
Während des Geredes über den Bauplatz glaubt noch niemand an die Möglichkeit eines Bauplatzes.
Durch die vielen Bauplatzdiskussionen, die nicht sehr interessiert und in fast jeder Hinsicht teilnahmslos verfolgt, nein, nicht verfolgt, sondern übergangen werden, entsteht zur allgemeinen Überraschung ein Bauplatz.
Wir müssen uns wohl oder übel an die Tatsache des Bauplatzes gewöhnen; der Bauplatz wird zu einem Begriff, zu einer Selbstverständlichkeit. Wahrscheinlich könnten wir uns unser Haus ohne den Bauplatz daneben gar nicht mehr vorstellen.
So verwandeln sich endlose Bauplatzdiskussionen in einen Bauplatz.

Entlang der Straße sind in Abständen von hundert Metern hölzerne Kästen aufgestellt. Die Leute nehmen jedoch an, diese Kästen seien gar keine richtigen Kästen, sie sähen lediglich regelrecht so aus wie richtige Kästen, in Wirklichkeit seien es Verschalungen. Was sich unter den Verschalungen verbirgt, weiß niemand genau. Man nimmt an, es würden Statuen unter dem Holz verborgen, unter den Kästen befänden sich Statuen, die Kästen habe man über die Statuen gestülpt, um die Statuen vor den schädlichen Folgen der Einwirkung der nicht sehr beständigen, ja in den meisten Fällen unberechenbaren Witterung zu schützen.
Die Statuen würden dann anläßlich gewisser Feierlichkeiten, Festlichkeiten und Veranstaltungen, von denen man bisher schon vieles gehört, noch nie aber etwas gesehn habe, enthüllt.
So ist es üblich geworden, einen Großteil der Zeit damit zu verbringen, sowohl einerseits auf den Beginn der Festlich-

keiten zu warten, sich den Ablauf der Festlichkeiten auszumalen, als auch andererseits gleichzeitig die Statuen, die dann enthüllt würden, sich bildlich vorzustellen.
Es handelt sich also nicht nur um ein Warten auf den Ausbruch der allgemeinen Heiterkeit beim herbeigesehnten Beginn im Ablauf der Festlichkeiten, sondern auch um eine gewisse Neugier auf das Aussehen der Statuen.
Betritt ein Fremder den Landstrich, wird er nach eventuellen Festlichkeiten und solchen unter Holzverschalungen verborgenen Statuen in anderen Landstrichen befragt; doch hat man bis jetzt nicht viel mehr erfahren, als daß es in anderen Landstrichen teils gar keine derartigen Holzkisten gibt und daß von diesbezüglichen Festlichkeiten manchmal, aber nicht immer, die Rede sein könne. In benachbarten Landstrichen seien die Holzkisten noch zu finden, in weiter entfernten Gebieten finde man sie schon seltener.
Es gibt auch Leute, die sagen, es befände sich gar nichts unter den Holzkästen und Kisten.
Leute, die versuchen, die Kästen zu öffnen oder zu entfernen, werden auch bei heiterem Himmel vom Blitz getroffen, verkohlen
und
fallen um.

es gibt tage an denen einem grau vorm aug wird und niemand weiß warum die schornsteine so klar wie immer und die schilder über den geschäftsportalen

Die Absonderlichkeit unseres Hauses bestand darin, daß eine ganz bestimmte Seitenwand nach einer ganz bestimmten Richtung hin, die ich heute nicht mehr zu bestimmen imstande bin, verlängert gewesen war, so daß nach einer ganz bestimmten Richtung hin, die ich heute nicht mehr zu bestimmen imstande bin, so eine Art Schutzwall entstand.

die sonne brannte auf uns und es war angenehm den rücken an die kalten steine des schutzwalls zu pressen die sonne blendete uns derart daß nur mehr die weiße luft vor uns zitterte

Im Wirtschaftsgebäude findet eine Besprechung statt.
Es wird beschlossen, daß der Zaun frisch gestrichen werden muß. Es entsteht eine Streiterei. Inzwischen waren drei kupferne Teller auf den Boden gefallen. Man wünsche sich eine abwechslungsreiche Arbeit, sei nicht bestrebt, immer wieder tagtäglich das gleiche zu tun.
Der Nachhall des Aufschlages der auf den Boden gefallenen Kupferteller war noch lange hörbar: auch außerhalb des Gebäudes.
Schließlich, so redete man sich ein, habe man ja nicht jeden Tag Gelegenheit, einen Zaun zu streichen.
Die Mistgabeln hängen an der Wand: die Streiterei erreicht ihren Höhepunkt: man habe eine Reihe häßlicher Holzbretter vor sich. Endlich biete sich die Gelegenheit, die Bretter in frischer Schönheit mit Farbe erglänzen zu lassen. Auch das hat sich in weiten Kreisen der Bevölkerung herumgesprochen.

Unser Haus steht am Ufer des Kanals.
Unser Haus steht neben der Brücke, die über den Kanal führt, neben dem Brückenkopf.
Unser Haus stand schon da, als es noch keinen Kanal gegeben hatte, als noch niemand auf die Möglichkeit eines Kanals gekommen wäre.
Eines Tages beginnen die Diskussionen um einen eventuellen Kanal, der an unserem Haus vorbeiführen sollte. Man

nimmt zunächst diese Diskussionen nicht ernst. Doch eines Tages entsteht durch die andauernden Kanaldiskussionen ein Kanal, der seinem Zweck übergeben wird, an dessen Existenz wir uns derart gewöhnen, daß wir uns unser Haus ohne den Kanal gar nicht mehr vorstellen könnten, und wir sind froh, daß unser Haus am Ufer des Kanals steht – – so wie wir anfangs nie auf die Idee gekommen wären, daß unser Haus neben der Brücke über den Kanal stehn würde trotz der bereits aufgekommenen Brückendiskussionen, doch die andauernden, sich immer intensiver gestaltenden Brückendiskussionen verursachen eines schönen Tages die Brücke, an deren Existenz wir uns derart gewöhnen, daß wir uns unser Haus ohne die Brücke gar nicht mehr vorstellen könnten.

Du siehst die Fischer, die ihre Angelruten zischend durch die neblige Luft über das Brückengeländer schwenken, sodaß das Ende der Angelschnur mit dem daran befestigten Köder weit entfernt von der Brücke auf der gewellten Wasseroberfläche des Kanals aufklatscht.

Fischer sind ungeduldige Gestalten, warten stets schwer, bis an der Schnur etwas zappelt,

einige haben sich auch am Ufer des Kanals niedergelassen, sitzen auf der grasigen Böschung, befestigen die Angelruten in der Böschungserde, indem sie diese fast bis zur Hälfte in den Boden stecken, eingraben, und dann warten sie, bis an der Schnur etwas zappelt. Sie alle haben je zwei große Konservenbüchsen, die sie mit Wasser füllen: eine für lebende Köder: darin schwimmen meistens Regenwürmer, Kaulquappen, Wasserkäfer und kleine Fische herum, die, wenn sie gebraucht werden, herausgeholt und auf die Köderhaken gesteckt werden; die andere (Konservendose) für gefangene Fische, die da hineingeworfen werden, um sie durch längeres Leben möglichst lange frisch zu erhalten. Die Konservendosen für die lebenden Köder sind wesentlich kleiner als jene, die für die Beute bestimmt sind. Die Konservendosen für die lebenden Köder sind landläufige Konservendosen, wie man sie in den Lebensmittelgeschäften, gefüllt mit Erb-

sen, Bohnen, Ravioli etcetera, kaufen kann, die Konservendosen für die Beute sind jedoch um einiges größer: sie erinnern mich an Essiggurkenkonservendosen, wie man sie ebenfalls in den Lebensmittelgeschäften anzutreffen pflegt: darin sind etwa je hundert Essiggurken, die man beim Kaufmann einzeln, soviel man eben gerade braucht, kaufen kann. Manche Fischer verwenden anstatt der großen Konservendosen für die Beute auch alte verrostete Kübel: das kommt ungefähr auf dasselbe hinaus. Außerdem, das habe ich vergessen zu erwähnen, führen manche Fischer auch noch eine dritte Art von dosenähnlichen Gefäßen mit sich: das sind meistens tabakdosenähnliche Dosen oder überhaupt regelrechte Tabakdosen, in denen aber kein Tabak mehr ist, weil der Tabak, der sich ursprünglich darin befunden haben dürfte, schon verbraucht worden ist: darin sind ebenfalls Köder: Fliegen, Grillen, Käfer, Spinnen, Libellen und ähnliches oder künstliche Attrappen davon.
Manche Fischer haben auch noch eine zweite solche tabakdosenähnliche Dose bei sich: darin ist wirklich Tabak. Fischer, die eine solche Dose bei sich haben, sind selbstverständlich Pfeifenraucher: sie nehmen während des Wartens auf das Zappeln an der Angelschnur ihre Pfeifen aus den Rocktaschen, holen diese zuletzt erwähnten Dosen hervor und stopfen ihre Pfeifen.
Du spürst den manchmal herben, manchmal süßlichen Geruch des verbrannten Tabaks, der vom Ufer des Kanals über die grasbewachsene Böschung zu uns heraufsteigt.

Im Wirtschaftsgebäude findet eine Besprechung statt.
Es ist wichtig, das zu wissen.
Nicht, daß ich sagen wollte, die Besprechungen im Wirtschaftsgebäude bereiteten mir Freude.
Es ist ungefähr genauso wie mit der Glashauserzählung, von der andauernd gesprochen wird.
Obwohl alle glauben, daß sie die Glashauserzählung, von

der andauernd gesprochen wird, beherrschen, werden sie doch alle in Wirklichkeit *von ihr,* der Glashauserzählung, beherrscht.

Wenn man sich mit der Geschichte unseres Landes beschäftigen will, muß man viele tausend Jahre zurückgreifen. Was man weiß, ist die Tatsache, daß die Leute zuerst in Höhlen gewohnt haben. Als es nicht mehr genug Höhlen gab, war man gezwungen, sich außerhalb der Höhlen im freien, offenen Land anzusiedeln. Das tat man aber nicht gerne, da man sich vor den wilden Tieren fürchtete. Man baute Hütten aus Stroh oder Holz. Mit diesem Zeitpunkt ist der Beginn des Hüttenbaues festzulegen.
Die Hütten wurden am Abend geschlossen und am Morgen wieder geöffnet. Wer in der Nacht aus der Hütte hinaus wollte, konnte nicht hinaus, denn die Hütte war abgesperrt. Nur der Wächter marschierte draußen vor den Hütten auf und ab. Wer in der Nacht vom Wächter gesehn wurde, wurde von ihm gerügt und wieder in die jeweilige Hütte hineingejagt. Man war dann allgemein erbost, denn die nächtliche Ruhe war gestört.

Und,
hast du gesagt,
seien einmal zwei gute Freunde wegen einer Rauferei in das Polizeigefängnis gesperrt worden.
Dann,
hast du gesagt,
seien sie von ein paar Kameraden wieder herausgeholt worden.
Und zwar,
hast du gesagt,
hätten diese Brüder die Hinterwand des Gefängnisses ge-

sprengt, was naturgemäß einen Krach verursacht habe, und ich, der stockbesoffen gewesen sei, habe gefragt, ob es denn geklopft habe, wer es denn sein könne.

Die Glashauserzählung beginnt mit der Schilderung der Grundsituation.
Weil die Erzählung in der Luft liegt, glauben alle daran, indem sie die Geschichte gleichzeitig für ein dummes Gerücht halten, das man zwar nicht glauben, aber dennoch nie vergessen kann, bis man nicht mehr weiß, ob sie sich schon zugetragen hat oder erst zutragen wird.
Ich glaube nicht daran.

Wir stehen vor dem Glashaus. Du und ich. Wir fragen den Glashausbesitzer, ob wir ins Glashaus hineingehen, das Glashaus besichtigen dürften.
Der Glashausbesitzer sagt:
»Sie dürfen ins Glashaus hineingehen; ich würde Ihnen jedoch dringend empfehlen, nicht jetzt gleich ins Glashaus hineinzugehen, sondern zunächst das Glashaus von außen gründlich und eingehend anzuschauen, zu untersuchen, und dann erst hineinzugehen.«
Wir befolgen seinen Rat und beginnen mit der Besichtigung der äußeren Teile des Glashauses.

glasrechtecke zusammengehalten von eisernen stäben bilden ein größeres glasrechteck das von eisernen stäben zusammengehalten wird eine vielzahl der größeren glasrechtecke zusammengehalten von eisernen stäben bildet ein großes glasrechteck das von eisernen stäben zusammengehalten wird mehrere große glasrechtecke zusammengehalten von

*eisernen stäben fügen sich zu einer glasrechteckfläche die
von eisernen stäben zusammengehalten wird gleichzusetzen
der fläche einer landläufigen glashauswand die aus glasrechtecken besteht und von eisernen stäben zusammengehalten wird*

Der Glashausbesitzer sagt:
*»Wenn Sie dann später hineingehen wollen, sagen Sie es
mir; ich sperre jetzt das Glashaus zu, damit niemand unbe-
fugt hineingeht, und wenn Sie dann später hineingehen wollen, sagen Sie es mir, ich werde dann das Glashaus wieder
aufsperren, damit Sie hineingehen können.«*

Ich glaube nicht an normale Erzählungen.
Ich kann nur an Erzählungen, die durch andere Erzählun-
gen unterbrochen werden, glauben.
Ich glaube, jeder einzelne Satz der Erzählung muß durch
einen darauffolgenden Satz einer zweiten oder dritten Er-
zählung unterbrochen werden.
Indem ich jeden Satz der Erzählung vom folgenden Satz der
Erzählung durch einen Satz einer zweiten oder dritten Er-
zählung trenne und erst später einsetze, erhalte ich viele Er-
zählungen in einer einzigen Erzählung.
Die Leute hören viele Erzählungen.
Es gibt viele Erzählungen.

Unser Haus stand beim Bahndamm.
Der Bahndamm überquerte die Straße.
Die Straße ging durch den Bahndamm durch.
Ich sehe die Böschung, die zu den Gleisen hinaufführt.
Einige Fußstapfen durchs Gras: die Schritte der in unserer

Nähe wohnenden Bahnbeamten.

Bahnbeamte verlassen ihre Wohnungen beim Morgengrauen oder in der Abenddämmerung. In den Zwischenzeiten sind sie unsichtbar. Du kannst sie nur im oder am Bahnhof oder am Bahndamm sehn. Manche schlafen bei Tag, weil sie in der Nacht Dienst gehabt haben und deshalb in der Nacht nicht schlafen konnten.

Am Abend sehe ich dann, wie sie die Vorhänge zurückziehn, sich im Schein der untergehenden Sonne adjustieren, um zum neuerlichen Nachtdienst nicht zu spät zu kommen.

In der Abenddämmerung verlassen sie ihre Wohnungen, ich sehe sie die Böschung zum Bahndamm hinaufgehn, sie entfernen sich in die Dämmerung über den Schienen.

Oder sie wecken mich im Morgengrauen, ich höre das Öffnen der Haustüren, ihre Schritte durch den Morgennebel zur Böschung des Bahndamms.

Unser Haus stand beim Bahndamm: ich höre noch immer die Züge vorbeipoltern: die Fenster, Türen, Wände und Böden zittern.

neben dem bahndamm stand auch das glashaus
der glashausbesitzer ging vor dem eingang des glashauses
auf und ab

Mein Vater war Bahnbeamter.

Er wurde allgemein bewundert, geehrt, ein jeder bemühte sich um seine Gesellschaft.

Er konnte Waggons und teils auch kleinere Lokomotiven mit der Kraft seines Körpers voranbewegen.

Er schob die Waggons die Schienen entlang, was ihn gar keine sonderliche Anstrengung zu kosten schien: die lockeren Bewegungen seines Körpers während solcher Arbeiten

ließen auf Leichtigkeit, Anmut und Elastizität schließen: gewisse spielerische Züge waren unverkennbar: das wird jeder bestätigen, der ihn auch nur einmal einen Waggon vom Hauptbahnhof über den Bahndamm zum Vorstadtbahnhof oder vom Vorstadtbahnhof über den Bahndamm zum Hauptbahnhof schieben gesehen hat: mit welcher Eleganz er dem Waggon mit seinen Händen einen Stoß gab, sodaß dieser weit ihm vorausrollte und er ein gutes Stück gehn oder laufen mußte, um ihn wieder einzuholen. Wenn er zwei oder drei Waggons gleichzeitig beförderte, ging es zunächst verständlicherweise nicht so elegant zu: in solchen Fällen mußte er anfangs schon, zeitweise wenigstens, einen Teil seiner Kraft aufwenden.
»Das erstemal richtig anstrengen«, erzählte er, »mußte ich mich, als ich eine kaputte Lokomotive vom Vorstadtbahnhof in die Lokomotivenreparaturwerkstätte zum Hauptbahnhof schob, weil damals gerade keine einzige Verschublokomotive da war, und die Lokomotive mußte möglichst rasch (sofort!) in die Lokomotivenwerkstätte, denn es ging uns jede Lokomotive ab, wir hatten viel zu wenig Lokomotiven bei uns, und weil keine Verschublokomotive da war, wandte man sich an mich; da habe ich mich ehrlich gesagt schon sehr anstrengen müssen und bin zum erstenmal so richtig ins Schwitzen gekommen.
Seit damals habe ich dann öfters kaputte Lokomotiven geschoben und langsam mich daran gewöhnt.«
»Heutzutage«, sagte mein Vater, »kostet mich das Verschieben einer Lokomotive lange nicht mehr diesen Kraftaufwand.«
Seit damals verwendete man in unserem Bahnhof keine Verschublokomotiven mehr, erachtete deren Betreiben als unsinnig, geradezu lächerlich, weil mein Vater alles verschob. Das war rentabler und billiger, da die Kosten, die mein Vater verursachte, den man ja auch ohne seine erwähnten Fähigkeiten angestellt hätte, lediglich einem mittleren Monatsgehalt entsprachen: also, rechnete man, koste das Verschieben künftig eigentlich *überhaupt nichts mehr.*

Die höheren Bahnbeamten brachen in schallendes Gelächter aus, wenn irgendwo oder irgendwann die Sprache auf das Betreiben von Verschublokomotiven kam, sprachen von lächerlicher wirtschaftlicher Rückständigkeit, wie komme man dazu, über Verschublokomotiven zu reden, damit befasse man sich gar nicht mehr, denn Verschublokomotiven seien erstens unpraktisch und zweitens deshalb veraltet.
Tatsächlich erfuhr ich eines Tages, daß man alle dem Bahnhof zugehörigen Verschublokomotiven teils verkauft und teils verschrottet hatte.
Mein Vater hatte Freude an der Arbeit, war keineswegs der Ansicht, von der Bahn ausgenützt zu werden.
Weil sie nicht nur auf ihn angewiesen, sondern auch von ihm abhängig waren, was ihm aber nie in den Sinn gekommen wäre, wurde er von seinen Vorgesetzten bevorzugt behandelt. Man war bemüht, mit ihm so gut als möglich sich zu stellen. Dabei wäre es damals fast unmöglich gewesen, ihn zu verärgern. Mein Vater war der gutmütigste Mensch, den man sich vorstellen kann, und hätte eine strengere Behandlung seitens der Vorgesetzten sogar durchaus begrüßt.
Oft bekam er Post aus dem Ausland. Meist waren es Abwerbungsbriefe. Die schönsten, größten und berühmtesten Bahnhöfe wollten ihn haben, boten viel Geld, aber er blieb seinem alten Bahnhof treu, wäre nie darauf gekommen, die Stellung zu wechseln, sondern steigerte sich immer verbissener in seine Arbeit hinein, schob immer mehr vor sich her, zwischen den Gleisen dahinterlaufend.
Manchmal passierte ihm ein kleines Mißgeschick. Einmal stieß er eine Lokomotive mit solcher Wucht in die Remise hinein, daß die Maschine die Hinterwand des Gebäudes durchbrach und durch die Mauer auf die Straße herauspolterte, oder er versetzte einem für ihn leichten Waggon versehentlich einen so starken Stoß, daß er uneinholbar vom Hauptbahnhof über den Bahndamm rollte, im Vorstadtbahnhof auf einen Personenzug prallte und zum Entgleisen brachte. Wenn sowas vorkam, ging man nicht nur vor-

wurfslos darüber hinweg, sondern suchte auch nach Wegen, ihm selbst seine unterlaufenen Fehler zu verheimlichen, etwa, indem man andere zur Verantwortung zog, denn man glaubte, sich nicht leisten zu können, meinem Vater wegen solcher Kleinigkeiten Schwierigkeiten oder Selbstvorwürfe zu verursachen.

Oft kamen Leute aus anderen Städten und Ländern, die ihm bei der Arbeit zuschauen wollten, einmal sogar eine ganze Reisegesellschaft in mehreren Autobussen, man hatte in einer illustrierten Zeitung darüber gelesen.

Mein Vater steigerte seine Leistungsfähigkeit, bald konnte er voll beladene Güterzüge mit bis zu fünfzig Waggons mühelos von einem Gleis zum anderen rangieren. Eine ältere Ausländerin, die zufällig einmal bei uns ausgestiegen war und am Bahnsteig auf einen Anschlußzug in eines der umliegenden Dörfer wartete, sah ihn plötzlich einen ganzen Expreßzug vor sich her durch den Bahnhof schieben. Dermaßen erschrak sie darüber, daß sie auf der Stelle bewußtlos zusammenbrach. Die Leute sagen, sie soll anschließend einige Monate in der städtischen Nervenheilanstalt zuzubringen gezwungen gewesen sein. Als mein Vater, obwohl man alles versucht hatte, es ihm zu verheimlichen, dennoch davon erfuhr, konnte er einerseits nicht aufhören, verärgert seinen Kopf zu schütteln und immer wieder zu fragen »Warum darf ein normaler und gesunder Mann mit seiner ehrlichen und bloßen Hände Arbeit keine Lokomotiven, keine Züge verschieben, wenn er es gut kann und auch ordentlich macht?!«, er war aber andererseits traurig, daß ausdrücklich der Begegnung seiner Person mit der erwähnten Ausländerin sowohl deren sofort erfolgte Ohnmacht als auch daran anschließende Umnachtung ausgelöst oder gar verursacht zu haben, leichtfertig in die Schuhe geschoben werden sollte, und wenn auch nur in ironischer Absicht, doch ohne zu wissen oder nachzuforschen, inwieweit die Ausländerin vorher längst von sich aus schon völlig zerrüttet gewesen, und falls sein zufälliges Auftreten vor ihren Augen nicht erfolgt wäre, ihr dann eben beim nächstbesten folgenden Anlaß, etwa der Lektüre eines der Artikel in unseren furchterregenden Zeitungen, unweigerlich genau dasselbe oder Ähnliches widerfahren wäre, wenn auch ein paar Tage oder Wochen später, doch einmal auf alle Fälle, woraus jedoch weiter folgen müsse, daß es gefälligst völlig egal zu sein habe, wer oder was die Ausländerin ins Irrenhaus gebracht, das Auftauchen seiner Person am Arbeitsplatz oder die angenommene Lektüre eines hypothetischen Zeitungsartikels, der sie vielleicht nur noch verrückter werden lassen hätte als das Erscheinen meines Vaters.

Mit dem Verstreichen der Zeit wurde er immer unzufriedener. Er hatte seine Leistungsfähigkeit weiter gesteigert, aber die vorhandenen Aufgaben erfüllten ihn nicht mehr, alles schien ihm viel zu leicht geworden zu sein. Er sehnte sich, erklärte er damals, nach etwas richtig Handgreiflichem, das man einmal endlich so ganz fest anpacken könnte.

Einmal sah ich ihn einen Güterzug nicht vor sich herschieben, sondern hinter sich herziehen, er lief, ich hatte ihn noch nie so schnell laufen gesehen. Mein Vater ist eine Lokomotive, dachte ich damals unwillkürlich, weil er deren Stelle eingenommen hatte. War er in letzter Zeit etwas schweigsamer und mürrisch durch das in ihm aufgestaute Unbehagen geworden, so war er an diesem Abend sehr freundlich, redete und lachte viel. Man hatte den Eindruck, daß Bedeutsames in ihm vorging, das ihm wieder Hoffnung bereitete.

In der folgenden Zeit sah ich ihn immer in seiner neuen Arbeitsmethode, die Züge hinter sich herzuziehen statt wie früher vor sich her zu stoßen. Oftmals äußerte er in Gesprächen, sein größter Wunsch bestünde darin, einmal *anstatt* der Lokomotive einen langen Zug über weitere Strecken befördern zu können. Er meinte es sehr ernst und hatte verbissen dafür sich vorzubereiten begonnen, indem er sich jeden Abend am Bahnhof einen schwer beladenen Güterzug auslieh, den er dann laufend, so schnell er konnte, ein paar Mal zwischen Hauptbahnhof und Vorstadtbahnhof hin und her zog. Manchmal unternahm er schon kleinere Ausflüge in

benachbarte Dörfer und Städte.
Aber mein Vater war nie ein guter Läufer gewesen.
Über ein Jahr hatte er schon hart wie noch nie zuvor an sich gearbeitet, aber verbittert mußte er einsehen, daß er nicht schneller geworden war; sein Lauf hätte kaum ausgereicht, einen schäbigen Personenzug fahrplangerecht zu befördern, geschweige denn einen Expreß, wie er sich gewünscht hatte.
Hatten wir meinen Vater bislang immer für einen Menschen gehalten, der seine Fähigkeiten richtig einzuschätzen weiß, so erfuhren wir in diesem einen Punkt, der für ihn der entscheidendste war, seine sture Unbelehrbarkeit vor allem sich selbst gegenüber. Er begann sich für einen Versager zu halten, immer heftiger an sich zu zweifeln, wurde vergrämter, unausstehlicher als je zuvor. Schließlich gab er es auf, verschob im Bahnhof die Züge und Waggons wieder vor sich her stoßend wie in alten Zeiten, wurde aber immer stiller, redete bald mit niemandem mehr, und sein Gesicht begann, den Anblick eines zutiefst gebrochenen Menschen zu bieten.
Eines Abends kam er von der Arbeit nicht nach Hause.
Wir nahmen an, er sei ins Gasthaus gegangen und werde, zwar anders als in früheren Jahren, da er so gut wie nie im Wirtshaus gewesen, aber wie in letzter Zeit immer öfter spät nachts oder erst am nächsten Tag angeheitert oder völlig betrunken zu Hause auftauchen. Wir nahmen ihm das nicht übel, sondern verstanden, daß er seine eingebildete Unfähigkeit aus sich fortzuspülen versuchte.
Aber auch am folgenden Abend kam er nicht. Ich ging in alle Gaststuben der Stadt in der Hoffnung, ihn irgendwo zu finden. Er war nirgends. Ich rief am Bahnhof an und erfuhr, daß er den ganzen Tag nicht zur Arbeit erschienen war, wodurch man schon in arge Bedrängnis geraten, da einiges unbedingt gleich verschoben werden müßte.
Mein Vater kam nie mehr zurück, wurde nie mehr irgendwo gesehn, war einfach spurlos verschwunden, ohne irgendwas zu hinterlassen. Im Bahnhof aber begann beängstigendes Chaos auszubrechen, weil niemand etwas verschob, wer denn auch, und bahnhofseigene Lokomotiven hatte man

keine mehr, geschweige denn das Geld dafür, alles stand am falschen Platz, die Waggons und durchzufahren versuchende Lokomotiven versperrten einander den Weg, und bald darauf konnten die das Land durchquerenden Züge nicht mehr in den Bahnhof einfahren, sondern mußten umgeleitet werden, was die Reisedauer fast aller Strecken verlängerte, zudem vergrößerten die nötigen Umwege das Bahndefizit, wodurch auch das ganze Land in eine wirtschaftliche Krise geriet.

Der Bahnhof war vorübergehend gesperrt worden, lag ruhig, bewegungslos, wie ausgestorben, stillgelegt. Weil kein Zug mehr durchfahren konnte, war die Stadt von der Außenwelt so gut wie abgeschnitten, und schon hatten die ersten Schwierigkeiten mit der Versorgung begonnen.

Der Bahnhofsvorsteher war an jenem Tag nur zufällig in die verwaiste Stationsdirektion gegangen, weil er irgendwas in seinem Büro vergessen hatte, was ihm jetzt erst zu fehlen begann. Niemand hätte sonst das trostlose Gebäude betreten, außer man wäre dazu dienstlich gezwungen gewesen. Aber auch die Bahnbeamten gingen nicht hin, sie waren vorübergehend arbeitslos geschrieben. Der Bahnhofsvorsteher ging in sein Büro, holte, was er vor Monaten vergessen hatte, wollte das völlig verdreckte Amtszimmer gleich wieder verlassen, warf aber zufällig einen Blick aus dem beinahe erblindeten Direktionsfenster auf die verlassenen verwahrlosten Bahnsteige und verstopften Gleise, zwischen denen hohes Gras und dichtes Königskerzengestrüpp hochgeschossen war und in die Wartesäle, Schalterhallen und auch die verwaisten öffentlichen Klosette einzudringen begann. Aber noch was war da. Was sah er da?

Das darf doch nicht wahr sein, dachte er und rieb sich die Augen, denn auf einem freigebliebenen Abstellgleis sah er, ja, sah er ganz deutlich, stand die gewaltigste Lokomotive, die er je in seinem Leben gesehen, funkelnagelneu.

Natürlich hatte sich die große Nachricht sofort in der ganzen Stadt herumgesprochen und war es zunächst eine mißtrauische Freude, die aufkam, weil sich das alles niemand erklären konnte, die aber bald einer befreienden wich, und wahrscheinlich war ich damals der einzige, der die Zusammenhänge entfernt ahnen konnte.

Der Betrieb im Bahnhof wurde wieder aufgenommen, denn man hatte ja, wenn man auch nicht wußte, woher denn und auf was hinauf, die neue Lokomotive, mit der sich alles wieder aufs richtige Gleis verschieben ließ.

So war mein Vater doch noch zurückgekehrt; war nur vorübergehend weggewesen, um in möglichster Ruhe in seiner von ihm damals zunehmend aussichtsloser empfundenen Lage, daß er immer viel zu langsam, nie ein guter Läufer gewesen, worin vermutlich seine einzige große Schwäche bestand, die aber gerade unüberwindbar in eine rettungslose Sackgassenverzweiflung ihn getrieben hatte und eines Tages schließlich dazu veranlaßt, die letzten der ihm noch verfüglich annehmbaren Konsequenzen daraus zu ziehen.

Langsam kam wieder Leben in die Stadt, alle Züge fuhren wieder durch die Stationen, auch die Versorgungskrise war schon in Vergessenheit geraten.

Mein Vater war wieder im Bahnhof; zwar ahnte es niemand, aber im ganzen Landesbezirk war das irgendwie verborgen deutlich zu spüren, obwohl auch alle um ihn herum durchaus nicht damit aufhörten, ihn wie bisher immer intensiver weiterzuvergessen.

Nach einigen Monaten – die Verhältnisse hatten sich normalisiert – erfüllte man ihm endlich seinen größten Wunsch: Er wurde als Expreßzuglokomotive eingesetzt, und wie meine Informationen ergaben, legte er lange alle wichtigen und schönen Strecken zurück und durchkreuzte immer wieder den gesamten Kontinent, bis ich ihn leider aus den Augen verlor, weil mir für die zu solchen Nachforschungen erforderlichen umfangreichen und ausführlichen Zugreisen – so oft wie möglich gemeinsam mit ihm – weniger die Zeit als mehr das Geld zu fehlen angefangen hatte.

Unser Haus stand beim Bahndamm.

Wie oft er da oben vorbeirauschte, ohne anhalten zu können, weil er immer weiter mußte.

wir können ohne weiteres darüber reden denn der unproduktive ausfall von materialien die noch gebraucht werden könnten die aber verloren gehn nimmt zu was darauf zurückzuführen sei daß die bauplätze nicht zu- sondern abnehmen und in den fahrplänen der züge und straßenbahnen die günstigsten zeiten nicht berücksichtigt werden wobei der noch immer sehr heftige schneefall eine gewisse rolle spielen dürfte doch kommt dem allen ja nicht entfernt eine solche bedeutung zu wie dem installieren von grünen kränen in der landschaft um unsere stadt herum da die siedlungen in den weichbildern sich weiter ausbreiten wodurch die gefahr entsteht daß die verschiedenen zentren der stadt einer katastrophalen vernachlässigung anheimfallen

Die Besprechung im Wirtschaftsgebäude wird fortgesetzt.
Die Pflanzungen werden fortgesetzt.
Einstimmige Meinung: die noch immer am Boden eiernden Kupferteller sind durch am Rand eingeätzte Kerben ornamentiert und der Steinboden ist gepflastert.
Die Pferde werden angeschirrt.
In der Besprechung im Wirtschaftsgebäude geht man zum nächsten Punkt der Tagesordnung über: der Hof müsse täglich nicht nur einmal, sondern zweimal gekehrt werden. Es müssen mehr Besen angeschafft werden.
Solche Besprechungen müssen abgehalten werden, um miteinander gleich klar zu kommen.
Ich höre die Stimmen, die durch die Holzplanken, die Holzwände des Wirtschaftsgebäudes dringen; ich erkenne an der Lautstärke der einzelnen Stimmen, ob über etwas gestritten oder ruhig und sachlich verhandelt wird.
Solche Besprechungen müssen abgehalten werden, um miteinander gleich klarzukommen.

Wahrscheinlich ist die Ursache fast aller Mißverständnisse darin zu suchen, daß es viel mehr wesentlich mehr Gerüchte gibt als es Tatsachen und Sachverhalte geben kann oder könnte und wesentlich mehr Gerüchte als allein nur Möglichkeiten für die Existenz von Tatsachen und Sachverhalten bestehen.

Das Glashaus ist eine glatte Erfindung.
Die Glashauserzählung geschieht weiter.

Beim Schauen auf die einzelnen Bilder der Glashausoberflächensegmente, die zunächst nur die reflektierte Darstellung der Umgebung wiederzugeben scheinen, sich aber bei längerer Betrachtung langsam ineinanderverschwimmend ändern, werden wir oft, ohne uns wehren zu können, immer tiefer in das ernste Spiel der glitzernden Spiegelschlieren hineingezogen, nicht ins Glashaus hinein, sondern so, als empfänden wir, mit dem Glashaus immer ganz woanders zu stehen als bisher, oder als wären wir, selbst ein Bestandteil der Spiegelungen, zu beweglichen Figuren dieser Bilder geworden, deren Beschreibung über eine Wiedergabe unserer momentanen Umgebung soweit hinausginge, daß wir oft das Gefühl haben, in der Oberfläche des Glashauses spiegle sich die ganze Welt, auch alles, was wir unter herkömmlichen Bedingungen gar nicht sehen dürften, oder als unternehme man bei der Betrachtung, im Glas gefangen, eine unendliche Reise. Oder verändert sich die Umgebung gemäß der Spiegelungen im Glas und wir mit ihr, sodaß nicht die Glashausflächen uns und unsere Umgebungen wiedergeben, sondern wir und unsere Umgebungen eine Wiedergabe der Bilder auf den Glashausflächen darstellen.

Der Glashausbesitzer ist ein erfahrener Mann. Wahrscheinlich ist er imstande, gute Ratschläge auszuteilen. Sein Haupt ist kahl, das Spiegeln seiner glänzenden Kopfhaut erinnert mich an das Spiegeln der Glashaussegmente. Was spiegelt sich? Natürlich der Himmel, jetzt die Wolken, die sich zusammenziehen, und gleich, denke ich, wird es zu regnen beginnen, liegt schon lang in der Luft, dieser Regengeruch. Tatsächlich fängt es jetzt schon zu regnen an, zuerst nur vereinzelt schwere Tropfen am Boden aufklatschen, dann paukenwirbelartig stärker. Durchnäßt spüren wir die Reste des auf den Regenseilen klebengebliebenen Himmels, der unsere Kleider durchdrungen hat, auf der Haut; unglücklicherweise haben wir keine Regenmäntel mit, keine Regenhäute; wer hätte daran gedacht an diesem heißen Hochsommernachmittag in diesem heißesten Sommer, den ich je erlebt habe, der eine beängstigende Dürre und Trockenheit in unser Land gebracht hat. Gar nicht schlecht, jetzt ein Regen, wäre nicht mehr lange weitergegangen, das letzte Korn auf den Feldern wäre verbrannt, und ich sehe die vorteilhafte Seite der unerwarteten Unannehmlichkeit.
Bald merken wir aber, daß es noch kälter geworden ist, der Regen sich langsam in Hagel verwandelt. Wir halten schützend die Hände über den Kopf, um das Aufklatschen der aus allen Wolken herabgeworfenen Eisbrocken direkt auf unseren Schädeldächern zu verhindern. Mich wundert das Glashaus, nicht in Mitleidenschaft gezogen, es spritzt und prallt zurück, jetzt ist der Hagel schon zu Ende, ging aber schnell, nein, nur dort von dieser Hügelkuppe klappernd beiseitegerollt, ins Tal dahinter hinabgewälzt.
Kaum zu glauben, es ist noch kälter geworden, ich denke an Winteranfangsvorbereitungen, die Stimmung ist ganz danach, die Luft riecht, nein, doch, die Luft riecht, glaube ich, richtig, ganz richtig, nach Schnee. Siehst du auch schon die ersten weißen Fetzchen herunterflattern, es beginnt nun große wattenbüschelige Flocken in diesen heißesten aller Sommer hereinzuschneien, den ich je erlebt habe und der

eine beängstigende Dürre übers Land gebracht hat. Oder sind das nicht viel eher die Fetzenrestbestandshäufchen einer von den Vogelschwärmen zerrissenen Wolkenbank, die durch die Luft wirbeln, nein, denn der Boden ist schon leicht bedeckt, ja, ein Schneeteppich, der von einem in diesen Tagen hier verbrannten Wind, der auf die höchsten Stratosphärendachspitzen aufsteigend flüchten mußte, um sich ein wenig abzukühlen, von dort auf der Rückreise mit herabgestürzt ist und auf den Stadtrandhügeln eben ausgebreitet wird, jetzt schon mindestens fünf Zentimeter hoch der Schnee in diesem heißesten aller bisherigen Sommer meines Lebens, beherrscht vom plötzlich unwiderstehlichen Bedürfnis nach Handschuhen, gut wattiert gefütterten Mänteln und dick gestrickten Socken. Die Situation der Landwirtschaft gibt mir zu denken, du siehst die verschneiten Felder, ich höre das über die Kälte brüllende Rindvieh, ausgesetzt auf den Hügeln von Zaun zu Zaun wild herumtrampelnd, du siehst sogar Tränen in den Augen der Ochsen, meinst aber, so ein Vieh sei sicher viel zu dumm, die Tragweite dieser Situation auch nur einigermaßen abschätzen zu können.
Das Schneetreiben, das aus den bis zu uns herabgerollten dicken zerrissenen Wolkensäcken herausquillt, schmilzt plötzlich patzig erschöpft zu dunkelsilbern schimmernden Landregengeflechten, die aus dem schon ausgekalkt helleren Landschaftsplafond glitzernd herabbrechen, ja, es ist schon wieder viel wärmer geworden, schwüler Dunst hebt sich vom Boden in Dampfschwaden und Nebelschwaden ab zu einer langsam hinwegziehenden Abreise aus jenen Landstrichkabinetten fort auswärtsschwebend. Am Himmel schon wieder blaue Flecken, denn die Flüsse des Hochsommerlichtes zerreißen bald alle Wolken, drängen sie entlang ihrer Strömung durch die Schleusen des Horizonts aus diesem unüberschaubaren Landschaftszimmer hinaus, aus dessen gleitenden leicht spiegelig hängenden Wänden irgendwo die Sonne wieder hindurchgeglüht krachend aus allen Nähten geplatzt hervorbricht.

Die Luft über den Eisenbahnschienen beginnt schon zu zittern. Ein verbrannt riechender Wind streicht lang auf seiner Flucht ins Hochgebirge an uns vorüber.

Landwirtschaften sind meistens gegen Hagel und andere schädliche Folgen unvorhergesehener Witterungsverhältnisse versichert.
Die Versicherungen müssen zahlen.
Du siehst die vom Hagel und Schnee zerstörten Landstriche, die verwüsteten Kornfelder.
Ich sehe die Geldbriefträger am Horizont auftauchen, die einzelnen Landwirtschaftsgebäude aufsuchen.
Du siehst die Postbeamten den einzelnen Bauern die Versicherungsschadenersatzsummen auszahlen.
Dann sehe ich daraufhin einzelne Bauern sofort ihre Klamotten in Koffern und Kisten verpacken, die vereinzelt beinahe schon zerfallenden morschen Höfe und Wirtschaftsgebäude verlassen, schwer schleppend zu Provinzbahnhöfen eilen, Züge abwarten und mit den Eisenbahnen über die das Land durchziehenden glitzernden schlierenbedeckten Schienen in die Städte fahren.
Du sprichst von einer bedrückenden Stille über den Feldern, schilderst einen Bahnwärter, der sich eine neue Zigarre ansteckt, beim Bahnübergang die Schranken herunterläßt, du hörst schon zum zweitenmal das Pfeifen des näherkommenden, durch das Land rollenden, dampfenden, schiebenden, hinter der Biegung des bewaldeten Hügels hervorkriechenden, durch den Bereich der heruntergelassenen Schranken stampfenden und sich gemächlich wieder entfernenden Zuges, du kommst auf den noch immer zigarreraucheden Bahnwärter, der dem aus dem Führerhaus der Lokomotive schauenden Lokomotivführer zuwinkt, und erzählst vom Zurückwinken des aus dem Führerhaus der den Antwortgruß pfeifenden Lokomotive schauenden Lokomotivführers.

Ich sehe die Bauern in den Städten ankommen, sich mittels der horrenden Versicherungsschadenersatzsummen neue Existenzen aufbauen, Geschäfte aufmachen, ich sehe die Bauern sich in den Städten in Handelsagenten, Detektive, Seifensieder, Kontrabaßspieler, Zuhälter, Taschendiebe, Pianisten, Schuster, Drogisten, Vertreter, Beamte, Schlagzeugspieler, Leichtathletiklehrer, Taxifahrer und vieles andere verwandeln, während der Bahnwärter am Ufer der zusammengedrückten Stille über den Feldern sich eine neue Zigarre ansteckt, ehe er beim Bahnübergang die Schranken herunterläßt.

Unser Haus steht beim Bauplatz.
Am Horizont tauchen Pferdefuhrwerke auf, kommen näher, bleiben neben unserem Haus stehn. Auf den Ladeflächen befinden sich eigenartige kleine Holzhütten, werden abgeladen und in der Landschaft um unser Haus aufgestellt. Das Holz der Hütten ist geteert, ich spüre den scharfen, im ersten Moment beinahe ätzenden Geruch, der sich von den Brettern, aus denen die Holzhütten gezimmert sind, verbreitet, woran wir uns jedoch sehr bald gewöhnen, wie wir uns an alles folgende auch sehr bald gewöhnen werden, und mit der Zeit spüren wir gar nichts mehr vom Teergeruch, da dieser für uns eine Alltäglichkeit geworden ist und wir uns unsere Umgebung ohne den Teergeruch der Holzhütten gar nicht mehr vorstellen könnten.
Es ist aber auch durchaus möglich, daß sich dieser Geruch mit der Zeit von den Holzhütten verflüchtigt hat und von der Luft aufgesaugt worden ist.

Auch,
erzählst du,
gebe es einen oder zwei Schaukästen, in denen die Fotos von

der Fußballmannschaft und vom Boxverein ausgestellt würden.
Die eigenartigen Bäume erinnerten dich immer wieder an die vielen Brunnen.
Das Tor geht auf, und die Dreschmaschine wird herausgezogen.
Wahrscheinlich ist diese Gegend unglaublich wasserreich.
Von Zeit zu Zeit,
sagst du,
würden die Bilder in den Schaukästen ausgewechselt und die neuen Mitglieder, vor allem die Nachwuchsspieler der Fußballmannschaft den Leuten vorgestellt.
Ich glaube, man muß keine Kanäle bauen, um das Wasser in der Landschaft zu verteilen.
Im Boxring,
erzählst du,
sei einmal ein Unglück passiert.

Sowohl einerseits das Leben um unser Haus als auch andererseits das Betreiben der wirtschaftlichen und organisatorischen Arbeiten wären ohne den Schutzwall wahrscheinlich unmöglich und undurchführbar gewesen.

im schatten des schutzwalls die rücken an die kühlen steine der mauer gepreßt und manchmal ein zittern vibrieren abprallendes poltern hinter der mauer auch krachen was uns anfangs belustigte ein gefühl der behaglichkeit geborgenheit aufkommen ließ wir lachten und freuten uns über das verzerrte echo der lachlaute das die zitternde weiße luft uns zurückwarf der hall unser spielpartner die luft

Es läßt sich nicht anders erklären: der Schutzwall war gebaut worden, da aus der Richtung, in die hin der Schutzwall alle Sichtmöglichkeiten verbarg, immer wieder gefährliche Geschosse heransausten: Steine, vergiftete oder brennende Pfeile, Geschosse aus Jagdgewehren, Schrotflinten oder Maschinengewehren. Manchmal spritzten kleine Schrotteile, die wir als schwarze Punkte über uns hinwegwirbeln sahen, über die Mauer, es sah aus, als fülle sich die Luft mit Ruß, was uns auf die Vermutung kommen ließ, im Landschaftsbereich hinter dem Schutzwall befände sich eine Fabrik, ein Heizwerk, doch hörten wir nie das Pfeifen aus einem von uns in diesem Zusammenhang vermuteten Schlot und kein Sirenengeheul anläßlich eines möglichen Arbeitsbeginnes oder Arbeitsendes oder Schichtwechsels, keinerlei Anzeichen von Arbeiterschritten, weder knarrende Torangeln noch Maschinenbewegungen waren vernehmbar. Trotzdem glaubten wir an die Wahrscheinlichkeit der Existenz einer solchen Fabrik oder eines solchen Heizwerkes, wir steigerten uns in diese Vorstellung derart hinein, daß wir mit der Zeit tatsächlich Maschinenrumoren, Kesselzischen, Schlotpfeifen, Torangelknarren oder Arbeiterschritte zu vernehmen glaubten.

Später erfuhren wir, daß wir uns in diesem Punkt gar nicht geirrt hatten: wir hörten diese Geräusche tatsächlich, ganz deutlich, *doch aus der unserer Vermutung entgegengesetzten Richtung,* denn vor uns, in unserem Sichtfeld, befanden sich plötzlich wirklich industrielle Anlagen, sie waren von Sträuchern und Wäldern verdeckt, sodaß die Möglichkeiten der Wahrnehmung von vornherein hinausgezögert worden waren, die einzige Orientierungsform bestand in dem weit vor uns aufsteigenden Rauch. Unsere selbst uns einsuggerierte Vorstellung mußten wir zwangsläufig in uns selbst wieder verschwinden lassen, was die natürliche Folge hatte, daß wir uns *alles auf einmal auf den Kopf gestellt* einbildeten: die industriellen Anlagen unserer ersten Vermutung befanden sich *180 Grad entgegengesetzt* der Lage der tatsächlichen industriellen Anlagen zwischen den Wäldern und

Sträuchern unseres Blickfeldes. Unsere Bekanntschaft mit industriellem Rauch war von großem Vorteil, denn endlich war es möglich, den industriellen Rauch von den kleinen Schrotteilchen, die von Zeit zu Zeit die Luft, die über den Schutzwall stieg, anfüllten, zu unterscheiden: wir erkannten den Unterschied zwischen Industrierauch und Schrotrauch.
Die Erkundigungen ergaben, daß die für uns erkennbaren industriellen Anlagen nicht immer schon dort in den Wäldern gewesen waren, sondern erst später nach und nach von Fernlastern und Lastzügen herangeschafft worden seien, was die Vermutung aufkommen läßt, daß wir die Geräusche der von uns hinter dem Schutzwall vermuteten industriellen Anlagen nicht nur uns suggeriert, sondern tatsächlich gehört hatten. Vielleicht waren die industriellen Anlagen vor uns in den Wäldern erst *durch die Kraft unserer Autosuggestion* errichtet worden, vielleicht wären sie ohne uns nie entstanden, vielleicht hätten die industriellen Anlagen in den Wäldern vor uns ohne unsere Denkvorgänge nie entstehen können (es ist durchaus möglich, daß unsere eigenen Denkvorgänge uns selbst 180 Grad entgegengesetzt sind).
Die Geräusche der industriellen Anlagen hinter dem Schutzwall verflüchtigten sich oder sie wurden von den ihnen 180 Grad entgegengesetzten übertönt oder sie waren auf Grund der 180 Grad ihnen entgegengesetzten eingestellt worden.
In jeder Hinsicht waren die Bedrohungen, die aus der Richtung jenseits des Schutzwalles auf uns zukamen, primär zu werten.

im schatten des schutzwalls die rücken eng an die kühlen steine der mauer gepreßt sahen wir vor uns helle geometrische flächen am boden die uns blendeten mehr blendeten als die glühende weiße luft außerhalb des schattenbereiches wir vermieden es in diese hellen rundlichen flecken am boden zu schauen da in unseren augen ein schmerz entstanden wäre und auf unserer netzhaut auseinandersprühende hin und her sausende punkte hinterlassen worden wären die nie mehr aufgehört hätten sich auf ihr zu bewegen

Vögel sitzen auf Mäusen, Maulwürfen und ähnlichem neben Maulwurfshügeln des öfteren und hacken, wie man ganz deutlich erkennen kann, ihre Schnäbel in die Körper der Mäuse und Maulwürfe, auf denen sie sitzen. Wühlmäuse sind nicht in Vergessenheit geraten.
Die Vögel erheben sich und verschwinden hinter den Wolken. Die Vögel — es dürfte sich um Raubvögel handeln — haben ihre Beute wohl schon aufgefressen, sonst wären sie nicht so rasch wieder verschwunden.
Tatsächlich sind überall herumliegende kleine Felle sichtbar, hie und da auch Knochenreste, und der aufkommende Wind bläst die Felle vom Boden der Ebene, die Luft füllt sich mit kleinen Maulwurfs-, Maus- und Wühlmausfellen, der Himmel wird damit verfinstert, es ist ganz dunkel, bis das Ganze wieder klappernd und huschend an einer von hier verhältnismäßig weit entfernten Stelle des Landes zu Boden fällt und es wieder hell wird.
Über Wolken zu reden, lohnt sich nicht: Wolken sind allgemein bekannt; notfalls kann man darüber nachlesen.
Über Blockhütten dürfte etwas zu sagen sein. Blockhütten stehen sehr häufig in dieser Ebene, oder man spricht von Stallgebäuden mit Ziegelfenstern. Es ist durchaus möglich, sich in diesen Blockhütten auszuruhn, es gibt Stroh, Heu und dergleichen, des öfteren dürften kleine Feiern, Feierlichkeiten oder Hochzeiten da drinnen stattfinden oder stattgefunden haben, die herumliegenden oder ins Heu geworfenen Wein- oder Schnapsflaschen beweisen es, auch die vor den Türen liegenden Kerzenstummel und Kienspäne, die Türen gehn schwer auf und zu, außer man räumt vorher das herumliegende Zeug weg aus dem Schwenkbereich der Tür-

flügel. Kalter Rauch in dem Gebälk schmerzt in den Augen.
Da kann man sich ausruhn.
Manchmal kommen klappernde Fuhrwerke vorbei, holpernd, in den Rädern quietschend. Man hört das Schlagen der Hufe an den Steinen, man sieht das braun gebeizte Holz der gezogenen Gestelle.
Vielleicht gibt es keine Fuhrwerke, kein braun gebeiztes Holz, überhaupt kein irgendwie gebeiztes Holz, weil es ja möglich ist, daß niemand da ist, der Holz beizt.
Es sind nur Blockhütten, von denen vorher gesprochen worden ist, und man bildet sich ein, diese Blockhütten seien ganz plötzlich von irgendwelchen Zugtieren bewegt worden auf den Straßen, deren Richtungen die Luft dauernd verändert. Oder es sind keine Blockhütten bewegt worden, sie stehen noch immer unbewegt da, und von Zugtieren keine Spur. Die Luft verändert die Richtungen der Straßen weiter, verschiebt sie, läßt weiße Streifen aufs Gras fallen: so entstehen verschiedenste Straßen und Wege, auf denen man sich sehr bequem fortbewegen kann.

Unser Haus stand am Waldrand.
Der Schatten des Waldes schützte uns vor unseren Feinden: den Räubern.
Die Räuber fürchteten den Schatten des Waldes: die Räuber konnten uns nicht erreichen.
Oftmals versuchten sie, zu uns vorzudringen. Aber sobald sie den Schatten des Waldes erreicht hatten, schlug sie der Schatten des Waldes zurück. Der Waldschatten holte zum Schlag aus, traf sie, die Räuber, und auf einmal lagen die Räuber ohnmächtig da. Wir fanden sie und übergaben sie der Gendarmerie.
Räuber waren bunt gekleidet, sie hatten blaue Hosen, rote Hemden und schwarze Mützen.
Wir hätten gerne die bunten Kleider der Räuber gehabt. Wir hatten keine bunten Kleider. Unsere Kleider waren grau wie

der Schatten des Waldes. Wir wollten den Räubern ihre bunten Kleider ausziehn und uns anziehn. Aber das erlaubte die Gendarmerie nicht, die gerade am Standort erschienen war und die vom Schatten des Waldes ohnmächtig geschlagenen Räuber in ihren vergitterten Wagen einsperrte.
Die Gendarmerie sagte, wir müßten den Räubern ihre bunten Kleider lassen, die gehörten ihnen, den Räubern, und wenn man sie ihnen entwendete, wäre das Diebstahl und strafbar.
So bekamen wir auch damals keine bunten Kleider und mußten mit unseren grauen Kleidern zufrieden sein.
»Seid zufrieden«, sagte die Gendarmerie, »seid froh, daß ihr eure Gewänder habt.«
Die Gendarmerie lobte den Schatten des Waldes dafür, daß er die Räuber ohnmächtig geschlagen hatte.
»Jetzt haben wir sie endlich erwischt«, sagte die Gendarmerie.
Dann fuhr die Gendarmerie mit dem vergitterten Wagen, in dem die Räuber gefangen waren, ab.
Der Schatten des Waldes winkte ihnen lange nach.

Unser Haus steht am Ufer des Kanals.
Wir sehen die Schiffe, Boote und Kähne den Kanal entlangfahren, schwarze Frachter, die mit Erz oder Kohle beladen sind, die rußigen Gesichter und Oberkörper der Matrosen, die auf den Schiffen hin und her und auf und ab gehen, uns zuwinken mit bunten Taschentüchern, seltener mit weißen Taschentüchern; wir stehen am Ufer und werfen ihnen Zigaretten, Zigarren, harte Eier, Brotlaibe, Speckseiten, Rollschinken, Konservendosen, abgetragene Kleidungsstücke wie Hüte, Kappen, Kopftücher, Hemden, Unterhemden, Krawatten, Unterhosen, Hosen, Stutzen, Socken, Schuhe, Fetzen, Lappen, Säcke, Decken zu: sie fangen es auf, bedanken sich lächelnd, kopfwackelnd, winkend, hutschwenkend, in verschiedenen Sprachen rufend und beifallklatschend.

Mein Vater war Förster in den Wäldern der Alpen und Anden, er streifte durchs Unterholz, ritt auf dem Pferd, fuhr mit einem dünnen eisernen Draht, den er mit Klebstoff bestrichen hatte, in die winzigen Löcher der Baumstämme, die Würmer und Käfer klebten daran: mein Vater war der Gehilfe des Spechtes, die Spechte waren die Gehilfen meines Vaters.
Mein Vater ritt auf dem Pferd: und einmal
und einmal
und einmal
stürzten zwei Adler vom Himmel, packten mit ihren Krallen meinen Vater bei seinen Schultern, rissen ihn vom Pferd, hoben ihn hinauf in die Wolken und schleuderten ihn weit hinaus ins Weltall.

Im Schutzwall waren Löcher eingebaut, Beobachtungslöcher, die manchmal auch als Schießscharten Verwendung fanden.
Das Licht, das durch die Löcher drang, war unerträglich grell, sodaß selbst seine Reflexion, die sich in einem gewissen Bereich vor der Mauer am Boden abzeichnete, für unsere Augen kaum zu ertragen war.
Öfters sirrte ein brennender Pfeil durch eine der Schießscharten, manchmal ein Stein, seltener Gewehrkugeln oder MG-Salven.
Dann sah man um uns besorgte Mienen in den Gesichtern, es wurde allgemein von Alarm geredet, die trappelnden Schritte der Herbeilaufenden, sie liefen ins Haus, holten sich Waffen, Pfeile und Bogen, Gewehre, Schrotflinten, Maschinengewehre, verscheuchten uns von der Mauer, jagten uns ins Haus, und wir beobachteten aus dem Fenster, wie sie vor der Mauer in Stellung gingen, die Mündungen der Gewehre in die Schießscharten einführten, MGs aufstellten, Pfeile auf Bogen spannten oder in Armbrüste einlegten, sich konzentrierten, durch die Schießscharten

scheinbar auf irgendwas jenseits des Schutzwallbereiches zielten und zu schießen begannen.
Du sagst, sie hätten, bevor sie vor den Schießscharten Aufstellung nahmen, sich dunkle Brillen aufgesetzt, Schweißerbrillen, das habe so ausgesehen, als trügen sie Masken, und man habe die Schweißerbrillen aufsetzen müssen, bevor man durch die Schießscharten in den Bereich jenseits der Mauer schaut, durch die Beobachtungslöcher geschossen habe, denn das Licht, das durch die Mauerlöcher drang, sei für die Augen nur dadurch zu ertragen, derart grell gewesen, daß selbst seine Reflexion, die sich am Boden vor dem Schutzwall abzeichnete, auf der Netzhaut einen unerträglichen Schmerz hinterlassen habe.
Immer ging ein, wie sie sagten, »Beobachtungsposten« den Schutzwall entlang auf und ab, hatte den Auftrag, den Bereich jenseits des Schutzwalles zu beobachten, und blickte manchmal durch eine der Schießscharten, selbstverständlich trug er zu diesem Zweck eine Schweißerbrille.

Neben dem Glashaus befindet sich der Sportplatz des Gymnasiums.
Das Gebäude des Gymnasiums befindet sich hinter dem Sportplatz.
Die sich langsam doch wieder einstellende Veränderung der witterungspolitischen Verhältnisse: das Gras färbt sich gelb, das Laub verfärbt sich in allgemein bekannter Weise, auch schon Ansätze von stärkeren Winden und Stürmen, ganz richtig: es ist plötzlich Herbst geworden: die Zeit der Ernte.
Tatsächlich kann man in allen Zeitungswochenendbeilagen und Wochenzeitschriften die für diese Jahreszeit üblichen typisch traurig schwer düster verklärt melancholischen Gedichte und Geschichten von der Einsamkeit und Vergänglichkeit lesen, und du beziehst dich auf die jetzt häufig stattfindenden Erntedankfeste.

Wirklich sehe ich da drüben einen festlichen Erntedankzug vorbeigleiten, Weizen, Mais, Äpfel, Zwetschgen, Birnen und vieles andere zu volkstümlich volkskünstlerisch üblichen tragbaren Gebilden Gestellen zusammengesetzt vor über neben sich hertragend; ich höre das freudige Ausrufen von Dankgebeten Dankbarkeitserweisungen, das Jubilieren der Danklieder, bis der Zug in der Kirche, die jetzt auch da ist, verschwindet.
Noch kurz die Musik der feierlichen Messe, die durch die Mauern bis zu uns dringt, der Chor, die strahlenden Akkorde der Orgel, dazwischen zeitweise Stille, während der Pfarrer vorn beim Altar betet oder von der Kanzel herunter die Predigt hält, wahrscheinlich von der so selten vorhandenen Dankbarkeit spricht und zu größerer Bescheidenheit mahnt.
So ist es also wirklich Herbst geworden, die Schulzeit hat wieder begonnen, manchmal hörst du das Läuten am Anfang oder Ende der Schulstunden, das Pausengebrüll dringt bis zu uns her durch die geöffneten Klassenzimmerfenster, in denen oft die hellen Flecken von Schülergesichtern erscheinen.
Ich sehe den Sportplatz sich füllen mit den Gestalten der aus den Ferien zurückgekehrten Schüler, die erste Turnstunde, das Pfeifen des Turnprofessors, die Atemübungen, dann die Formierung der Burschen zu zwei Mannschaften, ein flottes Spiel, ich denke mir, wenn nur nicht der Ball über den Zaun fliegt, aufs Glashaus fällt, ein Glashaussegment zerstört, und wirklich bombt jetzt einer den Ball so ungeschickt unglücklich heftig in die verkehrte Richtung: der Ball fliegt über den Zaun aufs Glashaus: ein Glashaussegment bricht ein, zerklirrt.
Die fußballspielenden Schüler stehen ganz bleich starr erschrocken da, der unglückliche Schütze beginnt zu weinen, hält verzweifelt die Hände vors Gesicht, während der Turnprofessor pfeift, die Leute antreten und vom Sportplatz weglaufen läßt, zurück ins Gebäude des Gymnasiums, in den Umkleideraum.

Auch wir, du und ich, sind erschrocken, wir hätten dergleichen nie für möglich gehalten.
Da vorne sehe ich vom Horizont her den Glashausbesitzer ganz eilig auf einem Maultier daherreiten: er reitet zum Gebäude des Gymnasiums, bindet das Halfter des Maultieres am Zaun, der das Gebäude umschließt, an und geht hinein ins Gymnasium,
wo inzwischen schon längst der Hofrat (der Direktor der Anstalt) die Sache erfahren hat; der Turnprofessor hatte ihm sofort vom unangenehmen und peinlichen Mißgeschick seiner Schüler Bericht erstattet.
Die Schüler haben sich schon wieder angezogen, den Umkleideraum verlassen und sich zurück ins Klassenzimmer begeben: sie fürchten sich zitternd zähneklappernd vor der kommenden Mathematikstunde,
während der Glashausbesitzer die Stufen zum Amtsraum des Hofrats emporschreitet, der Hofrat erwartet ihn schon, begrüßt ihn freundlich, wobei der Glashausbesitzer lediglich die Redewendungen »was soll denn das«, »schon wieder«, »zu blöd«, und »dauernd« von sich gibt und dem Hofrat den Preis der Reparatur bekanntgibt, wonach der Hofrat die Worte »nicht absichtlich«, »Ungeschick«, »Unglück«, »Mißgeschick«, »sehr leid«, »peinlich« und »nicht wieder vorkommen« von sich gibt, worauf der Glashausbesitzer seine Äußerungen der Verärgerung mit »nicht so schlimm«, »aber nur Umstände und Unannehmlichkeiten«, »aber Arbeitsunterbrechung«, »aber lästig« und »aber so oft schon« abschwächt und lächelnd den Geldbetrag zur Behebung des Schadens, den ihm der Hofrat in die ausgestreckte offene Hand hineinzählt, entgegennimmt.
Der Mathematikprofessor hat schon lange die Klasse betreten, die Stunde begonnen: er schwingt abwechselnd den großen Schulzirkel und das mächtige Tafeldreieck drohend über seinem Kopf durch die Klassenzimmerluft, schleudert zuerst das Tafeldreieck und dann den Schulzirkel polternd durchs Klassenzimmer, während die Schüler sich ducken, um nicht getroffen zu werden.

Der Glashausbesitzer kommt aus dem Gebäude des Gymnasiums heraus, bindet sein Maultier vom Zaun und reitet zu uns her.
Ob wir das gesehen hätten.
Ja. Wir hätten das gesehen, fänden es unglaublich.
Er sei dergleichen schon gewöhnt, ärgere sich gar nicht mehr.
Ob wir schon weitergekommen seien.
Nein. Wir wollten die Außenbesichtigung noch weiter fortsetzen.
Wir seien noch nicht so weit.
Er komme dann später wieder vorbei.
Uns wirklich Zeit lassen.
Nicht überhetzen.
Genaueste Gedankengänge.
Die Sache ihrer Tragweite entsprechend.
Jede Kleinigkeit.
Keinen Teil des Problems unvollständig.
Nichts außer acht.
Er wendet sich ab, besteigt sein Maultier und reitet hoppelnd davon: verschwindet hinter einem undurchsichtigen Horizontflügel.
Inzwischen ist der Erntedankgottesdienst da drüben in der Kirche an seinem Ende angekommen: das Kirchentor wird geöffnet, die erntedankbaren Leute strömen heraus, drinnen noch jubelnd der Erntedankchor, und jetzt die abschließenden Akkorde der Orgel.
Der Erntedankzug steht vor der Kirche, der Pfarrer kommt heraus, gibt jedem einzelnen die Hand, spricht ein paar persönliche Worte mit jedem, schöne Grüße daheim.
Zwei Glasermeister sind eingetroffen, setzen ein neues Glashaussegment anstelle des zerbrochenen ein und verschwinden wieder.
Im Gebäude des Gymnasiums aber ruft der Hofrat alle Turnprofessoren zu sich, hält eine Konferenz ab: dergleichen sei ihm jetzt endgültig zu blöd, peinlich, so oft schon, zu oft, und jetzt eben Punkt. Er verbiete künftighin am

Sportplatz das Fußballspielen, nein, nicht nur das, auch alle anderen Arten von Ballspielen verbiete er; eine drastische aber notwendige Maßnahme, welche die Turnprofessoren widerspruchslos akzeptieren,
während in der vorhin erwähnten Klasse ein Schüler die durch den Raum geschleuderten Tafeldreieck und Schulzirkel aus der hinteren Ecke des Klassenzimmers holt, dem Mathematikprofessor nach vorne bringt, der aber seinerseits noch wütender und erboster geworden ist, und kaum, daß er den Zirkel aus den Händen des Schülers entgegengenommen hat, ihn neuerlich drohend über dem Schädel schwingt und knapp über die sich duckenden Köpfe der Schüler hinweg wieder in eine der hinteren Ecken des Klassenzimmers zurückschleudert hammerwurfartig, daß es beängstigend kracht.
Am Sportplatz sehen wir nur mehr Gymnastik und Leichtathletik.
Der Erntedankzug vor der Kirche hat sich wieder formiert zu einer Reihe, einem Gänsemarsch, die Leute tragen volkstümlich volkskunstmäßig zusammengesetzte Gestelle Gebilde aus Ernteprodukten vor über neben sich auf den Schultern in den Händen auf den Köpfen, der Zug entfernt sich lachend singend
und wird auf einmal von einem plötzlich aufgekommenen typischen Herbststurm in die Luft geblasen, fortgeblasen, nichts mehr zu sehen, nichts erkennbar,
auch die Kirche ist kartenhausmäßig zusammengeklappt, wir kennen das schon von früheren Herbsten: da wird alles weggeblasen, hinauf in den Himmel, fort, jawohl.
Und aus dem vorhin erwähnten Klassenzimmer hörst du jetzt drohend den Mathematikprofessor brüllen:
»Wir haben versagt! Wir haben unsere Zeit nicht genützt, sondern einfach vertrödelt! Unsere Chancen verpaßt!, denn:
weder haben wir es bis jetzt zustandegebracht, auf unserem eigenen viel zu kleinen Planeten neue Existenzmöglichkeiten zu schaffen am Grund des Meeres, noch trotz krampfhafte-

ster Weltraumforschungsmethoden auf anderen Planeten, ja nicht einmal am Mond, der ja so greifbar nahe ist! Unsere uns alle beschämende Unfähigkeit hat uns zugrunde gerichtet! Unsere Zeit ist abgelaufen!
Jetzt
schlägts
dreizehn!«

Auf einer Wand in der Gaststube sei ein Schaukasten gehangen. Im Schaukasten seien hunderte paßbildergroße Fotos mit den Gesichtern fast aller Fernfahrer ausgestellt gewesen.
Einmal habe die Wirtin einen Kasten für einen Sparverein danebenhängen lassen. Das habe sich aber mit der Zeit als sinnlos herausgestellt, denn die Leute hätten sich nicht an die Bedingungen gehalten. Fernfahrer sind keine Sparer.

Jemand hat das Maisfeld zusammengerollt, es auf seinen Rücken geschnallt, zehn Meter weiter daneben auf den Boden gelegt und wieder auseinandergerollt. Dies war nicht im geringsten ein Akt der Bosheit gewesen, nein, es hat sich als sehr rentable und nutzvolle Arbeit erwiesen, denn in der so entstandenen Landschaftswunde wird jetzt die Straße gebaut.
Im Herbst rollen die Leute ihre Felder zusammen und lagern sie über Winter in den Kellern oder Silos ein.
Es gibt Meinungsverschiedenheiten, ob man die Feldrollen aufrecht an die Wände lehnen oder auf den Boden legen soll.
Langsam erkennt man, daß für verschiedene Felder verschiedene Regeln einzuhalten sind. Außerdem ist es von Vorteil, sich den gegebenen Räumlichkeiten anzupassen.
Besonders leicht einrollbar sind Weizen-, Roggen-, Gerste-

und Haferfelder. Bei Hopfenfeldern sind diesbezüglich schon gewisse Schwierigkeiten aufgetaucht, da die Hopfenstangen nicht biegbar sind und im eingerollten Zustand die gerade über oder unter ihnen liegenden Bodenteile durchstoßen.

In früheren Zeiten sei das Zusammenrollen von Feldern in der Landwirtschaft noch nicht bekannt gewesen. Man habe ein Zugtier oder eine Zugmaschine vor dem Feld Aufstellung nehmen lassen, das Feld mit einem oder mehreren Seilen an den Zugtieren oder Zugmaschinen angebunden, und das Zugtier oder die Zugmaschine habe dann das Feld zur gewünschten Stelle gezogen.

Sollte das Feld zu groß sein, besteht die Möglichkeit, es zunächst in kleinere Stücke zu zerschneiden und dann die einzelnen Teile gesondert zusammenzurollen.

Zum Zerschneiden stehen eigens dafür konstruierte »Bodenschneidemaschinen« zur Verfügung. Es handelt sich dabei um traktor- oder fuhrwerkähnliche Fahrzeuge, aus deren Hinterseite als eine Art Wurmfortsatz ein Messer herausragt, das, betätigt man einen ganz gewissen Hebel beim Fahrersitz, tief in den Boden sich bohrt. Das Fahrzeug wird in Bewegung gesetzt, das tief im Boden steckende Messer wird selbstverständlich mitgezogen und zerschneidet, wie man annehmen kann, das Feld.

Beim Einrollen von Sonnenblumenfeldern ist es ratsam, darauf zu achten, daß die Sonnenblumen nicht geknickt werden und abbrechen.

Die wenigsten Schwierigkeiten hat man beim Einrollen von Kleefeldern und Wiesen.

Hopfenfelder werden in letzter Zeit nicht mehr eingerollt, sondern wie in früheren Zeiten gezogen.

Bei größeren Grundstücken wird man nicht umhinkommen, mehrere solcher Geräte einzusetzen.

Warum werden Felder überhaupt eingerollt oder verschoben?

1) Weil man sie im Herbst in den Kellern oder Silos über Winter einlagern will,

2) weil man sie dort, wo sie gerade sind, nicht brauchen kann,
3) weil man dort, wo sie gerade sind, etwas anderes haben will
und
4) weil man sie woanders haben will.
Es sind schon viel Felder und Gärten gestohlen worden.

Unser Haus steht beim Bauplatz.
Um uns herum entwickelt sich ein reges Leben.
Wieder waren Pferdefuhrwerke am Horizont aufgetaucht, waren dem Haus immer näher gekommen, diesmal waren Arbeiter und Arbeiterinnen herbeigefördert worden.
Die Holzhütten, die von den Fuhrwerken herbeigeschleppt und in unserer Umgebung aufgestellt worden waren, sind eines Tages plötzlich bewohnt.
Arbeiter und Arbeiterinnen stehen im Morgengrauen auf, beginnen zu schaufeln und in der Landschaft neben uns ein Loch auszuheben.
Die geteerten Holzhütten, in denen sie wohnen, werden »Bauhütten« genannt.
Nach Sonnenuntergang verschwinden sie wieder in den Bauhütten, warten da drinnen vermutlich das Morgengrauen ab, um dann wieder aus den Bauhütten herauszukriechen, sich die Augen zu reiben, Schaufeln und Pickel zu ergreifen und in der Landschaft um unser Haus das Loch noch tiefer zu machen.
Unbefugten ist das Betreten des Bauplatzes verboten.
Wir gewöhnen uns nur schwer an den schon beim Morgengrauen beginnenden Lärm, den das Schaufeln und Schaben im Sand und das Reiben der Werkzeuge an den Steinen verursacht, wir könnten uns unser Haus jedoch ohne den beim Morgengrauen beginnenden und in der Abenddämmerung endenden Arbeitslärm gar nicht mehr vorstellen.
Mittags sammeln sie Holz und Reisig, bauen einen Holz-

und Reisighaufen, stellen einen Dreifuß darüber, zünden den Haufen an: am Dreifuß hängt ein Topf, der Topf hängt ins Feuer, im Topf wird ein Eintopf, ein Brei oder eine kräftige Suppe gekocht.

Wir tragen zur Verbesserung ihrer Verpflegung, die ihnen täglich mittels eines Fuhrwerkes geliefert wird, bei, indem wir ihnen von unserem uns übrigbleibenden Proviant einiges überlassen, manchmal auch seltenere Delikatessen, wofür sie sich immer sehr nett und freundlich bedanken und uns in häuslichen Schwierigkeiten und Unannehmlichkeiten, etwa die sanitären Anlagen oder die Müllabfuhr betreffend, behilflich sind.

Von Zeit zu Zeit verschwinden sie nicht gleich nach Sonnenuntergang in ihren Bauhütten, sondern veranstalten nach dem Abendessen ein kleines Lagerfeuer, ein nettes Beisammensein, Beisammensitzen, dazu werden wir stets eingeladen: sie singen verschiedenste Lieder, einer spielt meistens Gitarre, und das Feuer spiegelt sich im schwarzen Nachthimmel über uns und im unsichtbaren Horizont.

Wir könnten uns unser Haus ohne die von Zeit zu Zeit nach dem Abendessen stattfindenden Lagerfeuerveranstaltungen, die sich oft bis in die späteste Nacht, ja manchmal bis in die frühesten Morgenstunden hinein, hinziehen, kaum mehr vorstellen.

Der Kran knarrt. Der Kran ist 30 Meter hoch und gelb gestrichen.

Der Kranführer lacht, wenn sich hie und da oben eine Last vom Haken löst, herunterfällt und einen Arbeiter unter sich begräbt.

Dann kommt die Müllabfuhr, fährt den Mist und gleichzeitig auch den Arbeiter weg.

Das Stampfen der geschüttelten Mistkübel ist erwähnenswert. Anschließend: die Werbetrommel des Arbeitsamtes (»wir brauchen einen Arbeiter«), die Schritte der herbeilau-

fenden Arbeitslosen, die sich um die freigewordene Stelle bewerben, das Nachvorndrängen, das Seufzen der Abgewiesenen und das Frohlocken des Angestellten.
Man sagt, der Kranführer sei im Bunde mit den Arbeitslosen.
Wenn der Kranführer eine Last gezielt auf einen Arbeiter herunterfallen läßt, geht er am Abend ins Wirtshaus und wird von den Arbeitslosen gefeiert.
Die Arbeitslosen lieben den Kranführer, sie stellen sich gut mit ihm, denn sie wissen: von ihm hängt ihr Schicksal ab.
Denn je öfter der Kranführer gezielt eine Last herunterfallen läßt, desto weniger Arbeitslose gibt es.

Du sagst, du könntest dich an den Tombolakartenverkäufer erinnern, der bei jeder passenden und unpassenden Gelegenheit mit peinlicher Genauigkeit gewisse Dinge erörtert habe.
Du hättest ihn des öfteren darauf aufmerksam gemacht, doch hätte das nichts genützt.
Wir hätten dann die Gegenwart des Tombolakartenverkäufers immer mehr gemieden und uns unsere Tombolakarten woanders zu besorgen gewußt.
In abgelegeneren Gegenden werden noch immer Kerzen, Gasfunzeln oder Kienspäne verwendet.
Das alte Strandbad sei abends länger geöffnet gewesen als das neue. Die Bretter der Kabinen seien jedoch mit der Zeit morsch geworden, deshalb habe man es abgerissen.
Einer sagt, er sei auch Fernfahrer gewesen, das gehöre heute schon zum guten Ton.
Das Baden außerhalb des Strandbades sei schon damals verboten gewesen.
Das Schöne, sagt einer, am Schusterberuf sei die Tatsache, daß es in Schusterwerkstätten so dunkel sei.

Diesseits des Schutzwallbereiches in unserer uns sichtbaren Landschaft wurde fleißig gearbeitet. Felder wurden bebaut, Haustiere wurden gehalten, wir hörten andauernd das Fauchen der Pflugscharen in der Ackererde, die Schritte der Sämänner, das Schleifen der Eggen, das Stampfen der Pferdehufe, das Muhen der Kühe, das Wiehern der Pferde, die Schmerzensschreie der Leute, die von ausschlagenden Pferden einen kräftigen Schlag ins Gesicht bekommen hatten, das Gackern und Flattern des verschiedenartigen Geflügels, das Bellen der Hunde, das Miauen der Katzen, das Schnurren der Kater, das Quaken der Frösche, das Balzen der Auerhähne und das Röhren der Hirsche.

einige bauten weit entfernt ganze dörfer städte länder landschaften staaten mit verschiedensten systemen doktrinen ideologien andere waren wissenschaftlich tätig arbeiteten in laboratorien machten erfindungen viele von ihnen machten musik wir hatten über hundert orchester hörten musik die landschaft die sich diesseits vom schutzwall vor uns ausbreitete war manchmal eine grüne ebene mit maulbeerbäumen dann wieder ein sanftes hügelland am ufer des meeres wo wir muscheln und krabben fingen am strand wo die landschaft zu einer sandwüste salzwüste wurde wo man sich vor gefährlichen tieren in acht nehmen mußte bis die landschaft sich allmählich zu jener landschaft entwickelt hatte in der auch unser haus stand

glasrechtecke zusammengehalten von eisernen stäben bestehen aus mehreren kleineren glasrechtecken die von eisernen stäben zusammengehalten werden und die kleineren glasrechtecke zusammengehalten von eisernen stäben bestehen aus vielen kleinen glasrechtecksegmenten die von eisernen stäben zusammengehalten werden um sich zu klei-

neren glasrechtecksegmenten zu fügen zusammengehalten von eisernen stäben die kleineren glasrechtecke fügen sich dann zu glasrechtecken die von eisernen stäben zusammengehalten werden und deren viele eine große glasrechteckfläche bilden die von eisernen stäben zusammengehalten wird und deren einige man benötigt ein glashaus bauen zu können

Ein einziges Mal,
sagst du,
sei es uns gelungen, in den Bereich jenseits des Schutzwalles zu schauen.
Gegen Abend,
sagst du,
sei das brennglasähnlich gefilterte Licht, das durch die Beobachtungslöcher drang, merklich milder und wärmer geworden, habe sogar eine wohltuende Behaglichkeit ausgestrahlt. Wir hätten gewartet, bis der Beobachtungsposten das eine Ende der Mauer erreicht gehabt habe, hätten uns vorsichtig ans andere Ende der Mauer herangepirscht und zögernd durch eine der Schießscharten geschaut.
Wir seien uns dessen bewußt gewesen, daß es am Abend nicht so gefährlich sein könne, durch die Mauerschlitze zu schauen.
Du hast gesagt,
es sei enttäuschend, wir sähen nichts anderes als ein paar herumsausende Lichtflecken, die sich immer weiter aus unserem Blickfeld entfernten, dann nicht mehr zu sehen seien, so daß es eigentlich nichts mehr zu sehen gebe, weil es ziemlich dunkel sei.
Du sagst,
das Ausschlaggebende hätte uns damals entgangen sein können, oder sei es damals gerade nicht sichtbar gewesen?

Die Herren warten vor dem Wirtschaftsgebäude, bis die Besprechung im Wirtschaftsgebäude beginnt.
Der Portier öffnet das Tor des Wirtschaftsgebäudes, um den Herren die Möglichkeit zu geben, das Wirtschaftsgebäude anläßlich der Besprechung zu betreten.
Der schwarze Arbeitsmantel des Portiers flattert im Wind.
Die soeben begonnene Besprechung im Wirtschaftsgebäude wird ebenso fortgesetzt wie das sich fortsetzende Imwindflattern und Vorbeihuschen des Wirtschaftsgebäudeportierarbeitsmantels.

Der Glashausbesitzer ist ein erfahrener Mann, vertrauenswürdig, das wissen wir jetzt ganz genau, er läßt uns nicht im Stich, mit Hilfe seiner nützlichen und vernünftigen Richtlinien werden wir wahrscheinlich eher zu einem Ergebnis kommen. Er trägt ein rotes Hemd, Lederhosen, grüne Stutzen und feste Halbschuhe, auf die man sich bei jedem Wetter verlassen kann. Auch ist er, das weiß ich noch nicht so lang, Brillenträger, runde Nickelbrillen, er braucht sie aber offensichtlich nur zum Lesen, als er das letzte Mal da war, hatte er unterm Arm eine Zeitung, die er dann plötzlich entfaltete und zu lesen begann, dabei setzte er die runde Nickelbrille auf, blätterte um und sprach von den nicht sehr günstigen, unbefriedigenden, ja geradezu katastrophalen wirtschaftlichen Maßnahmen in unserem Land, man könne das täglich in den Zeitungen verfolgen.
Eigentlich könnte er bald wieder auftauchen, denke ich, uns einen Besuch abstatten, ich freue mich schon auf das nächste Gespräch, aus dem wichtige Schlüsse zu ziehen wären, um uns das Leben leichter zu machen.
Und wirklich sehe ich ihn jetzt vom Horizont her sich nähern, diesmal hoch zu Roß, auf einem Pferd, du siehst das Fliegen der Mähne des Tieres im Wind, von der Galoppbewegung geschütteltes Roßhaar,
aber nein, sagst du, du hast dich getäuscht, er kommt viel-

mehr mit einer Kutsche gefahren, zwei Pferde ziehen den Wagen.
Ich bin in meiner Wahrnehmung von den sich immer wieder verändernden Luftverhältnissen getäuscht worden: die Kutsche und das zweite Pferd dürften vom undurchsichtigen Horizontflügel vorhin noch verdeckt gewesen sein.
Jedenfalls ganz deutlich eine Kutsche von zwei Vollblutpferden gezogen, galoppierend, du hörst das sich bereits nähernde Peitschenknallen, ich sehe das Wirbeln der Peitsche über den Rücken der Tiere, deren Mähnen sich selbstverständlich schütteln.
Du siehst den Glashausbesitzer auf der Kutsche sitzen, die Pferde schreiend anspornen.
Die Kutsche hält, aber oben sitzt nicht der Glashausbesitzer, wie wir ursprünglich angenommen hatten, sondern das Fenster der Kutschentür öffnet sich, der Glashausbesitzer schaut heraus und lächelt uns zu.
»Daß wir nicht gleich auf die Idee gekommen sind, daß der Mann am Wagen hinter den Pferden ein Kutscher ist und nicht der Glashausbesitzer, für den wir ihn gehalten haben, mit dem wir ihn bis vor kurzem noch verwechselten«, sagst du und weist mich darauf hin, daß der Kutscher einen Hut trägt, wie ihn Kutscher stets zu tragen pflegen, einen typischen Kutscherhut, und es hätte, sagst du, dich wirklich aufs äußerste verwundert, den Glashausbesitzer mit einem Hut zu sehen, du könntest dir den Glashausbesitzer mit einem Hut gar nicht vorstellen.
Der Glashausbesitzer öffnet die Tür der Kutsche, tritt heraus, auf uns zu, begrüßt uns in der üblichen freundlichen Weise, die wir von ihm gewohnt sind; diesmal ist er vornehm gekleidet: Smoking, Glacéhandschuhe, Lackschuhe und alles, was sonst noch dazugehört.
»Mein Kommen ist diesmal eher dienstlicher, geschäftlicher Natur«, erklärt er, »ich erwarte in den nächsten Augenblicken Gäste, Geschäftsfreunde, Besuch aus dem Ausland; ich hoffe, Sie werden dadurch nicht gestört. Ich wollte, um Sie in Ihrer Arbeit nicht zu unterbrechen, das Ganze ver-

schieben, aber das ging nicht mehr, zu wenig Zeit.«
Eine Nachricht mit dem höflichen Ersuchen um ein späteres Datum hätte die Leute, die, wie ihm mitgeteilt worden sei, sich schon die längste Zeit zu ihm auf den Weg machten, nicht mehr erreichen können.
Der Glashausbesitzer sagt: »Lassen Sie sich weder unterbrechen noch aus dem Konzept bringen.«
Wir sind gerührt von seiner Sorge um uns.
»Ich bitte Sie«, sagt er, »das Amtliche und Unpersönliche meines jetzt gleich folgenden Auftretens nicht falsch auszulegen.«
Da treffen auch schon die erwarteten angekündigten Besucher ein: viele Kutschen tauchen am Horizont auf, nähern sich rasch: galoppierende Pferde, wehendes Roßhaar; und schon sind sie da. Der Kutscher eines jeden Fahrzeuges springt von seinem Sitz, legt die Peitsche weg, eilt zur jeweiligen Kutschentür und öffnet sie, indem er sich höflich vor den daraufhin aussteigenden Leuten verneigt.
Vornehm gekleidete Damen und Herren verlassen die Kutschen. Der Glashausbesitzer begrüßt seine Gäste, heißt sie herzlich willkommen, drückt in überschwenglichen Worten seine Freude über ihr Erscheinen, das er so lang schon ungeduldig erwartet habe, aus, sagt »jetzt endlich ist es so weit« und bittet die vornehmen Damen und Herren, ihm zu folgen.
Er sperrt die Glashaustür auf, geht voraus, hinein, die Gäste folgen ihm, die Tür fällt zu, niemand ist mehr heraußen, lediglich die Kutscher, die sich zueinandergesellen, von Pferden schwärmen, über die Qualität der verschiedenen Kutschenarten, Kutschensorten und Kutschentypen zu diskutieren, Vorteile und Nachteile aufzuzählen beginnen, einander oft widersprechen; ich höre in ihren Gesprächen dauernd die Worte »Deichsel« und »Achse«, und jetzt wird auch von Hufen, Kufen, Behufungen und Fütterungsmöglichkeiten gesprochen.
Du weist mich nachdrücklich auf die Schatten der Leute im Glashaus hin, die verschwommenen Silhouetten der Be-

sucher, die ich zwischen den verschwommenen Silhouetten der Blumen und Pflanzenanlagen sich hin und herbewegen sehe zwischen den exotischen botanischen Besonderheiten, die nur in Glashäusern und Treibhaushitze gedeihen können; ich höre das Murmeln da drinnen, die bewundernden Ausrufe und Äußerungen des Erstauntseins und Nichtinsolchenausmaßenerwartethabens; das helle Lachen der vornehmen Damen, gedämpft durch das Glas, das uns von ihnen trennt. Du machst mich auf den seltsamen Klang ihrer fremden, uns nicht bekannten Sprache aufmerksam, ganz offensichtlich handelt es sich bei diesen Leuten um Ausländer, die von weit her gereist sind, um das Glashaus zu besichtigen.
Plötzlich höre ich das Murmeln hinter den Glaswänden immer leiser werden, die Bewegungen der Figuren werden ruhiger, es wird ganz still, keiner bewegt sich mehr, alle drinnen scheinen starr und schweigend dazustehn.
Was das zu bedeuten habe, frage ich dich.
Vielleicht halte der Glashausbesitzer eine Rede, eine erklärende Ansprache, der jetzt alle starr und schweigend zuhörten, vermutest du, aber so sehr wir auch unsere Ohren ans Glas pressen, hören wir nicht das geringste von einer etwaigen Rede, alles ist still und einfach erstarrt.
Die Silhouetten der steif stehenden Figuren immer undeutlicher, verschwommener, nur mehr mit Mühe von den Silhouetten der exotischen Treibhauskulturen unterscheidbar, schon mit diesen vollkommen zu verwechseln, und es sieht fast so aus, als befänden sich nur mehr Pflanzen im Glashaus.
»Wo sind die Besucher?« frage ich dich, »ich sehe ihre vom Glas verwischt gezeichneten Silhouetten nicht, ich sehe niemanden mehr, nur die Schatten der Pflanzen; wo sind die Leute, man müßte doch die Schatten ihrer Körper durchs Glas geworfen erkennen?!«
Auch du siehst nichts, es habe fast den Anschein, sagst du, als sei niemand mehr da.
Wir gehen um das Glashaus herum, in der Hoffnung, aus einem anderen Blickwinkel etwas zu entdecken, was unsere

Wahrnehmungen erklären könnte, wodurch sich aber nichts verändert.

Du siehst das Lachen der noch immer dort herumstehenden Kutscher, hast den Eindruck, sie machten sich über uns lustig, ja, sie schauen alle zu uns her, ihre Gesichter geschlossen uns zugewandt, und ich glaube, ihren murmelnden Gesprächen die Sätze »da haben noch alle blöd gegafft« und »man soll sich nicht in etwas einlassen, worüber man zu wenig weiß« entnehmen zu können, und weiter, man dürfe sich heutzutage über gar nichts mehr wundern, denn heutzutage sei alles möglich geworden.

»Sie müssen doch drinnen sein«, sage ich.

»Vielleicht haben sie sich gebückt und verstecken sich zwischen den Pflanzen«, vermutest du, aber das halte ich für unwahrscheinlich, denn dazu wäre in der Zwischenzeit zu viel Zeit vergangen, sie müßten schon wieder sich erhoben haben, denn was sollten sie denn so lange in gebückter Stellung machen?

»Jedenfalls«, sagst du, »müssen sie drinnen sein, weil sie hineingegangen und noch nicht wieder herausgekommen sind.«

Die leeren Kutschen stehen noch da, die Kutscher warten noch.

Wir ordnen den Sachverhalt einer sich wahrscheinlich wieder zutragenden Veränderung der Luft-, Licht- und Spiegelungsverhältnisse zu; wir nehmen an, diese neuerliche Veränderung habe durch uns unbekannte und unvorstellbare Strahlungen die Durchsichtigkeit der Glashauswände beeinträchtigt, die Sichtverhältnisse verschlechtert und das Glas schalldicht gemacht. Alles ist einigermaßen verständlich, obwohl uns nach wie vor das plötzliche Aussetzen der Gespräche, die wie auf Kommando eingetretene Stille, Sprachlosigkeit und Wortarmut hinter den Glaswänden beunruhigt und unserer Sache uns nicht ganz sicher sein läßt.

Wir werden von den noch immer dort beieinanderstehenden Kutschern abgelenkt; ein Streit scheint entstanden zu sein, eine hitzige Debatte, manchmal fallen auch Schimpfworte,

eine fachgemäße Meinungsverschiedenheit, keine der beiden Parteien will nachgeben, es scheint sich, soviel ich den rasch einander ablösenden Argumenten entnehmen kann, um die Standhaftigkeit Beständigkeit eines ganz bestimmten, vor kurzem erst im Handel erschienenen und erhältlichen neuartigen Fahrgestells zu drehen, beinahe kommt es schon zu einer kleinen Rauferei, erste Handgreiflichkeiten sind schon ausgetauscht worden; da packt plötzlich einer der Streitenden einen anderen beim Hemd, zieht ihn zu sich heran, blickt drohend, während die anderen auf einmal beschwichtigend versuchen, die beiden zu trennen, was aber nicht gelingt, und der beim Hemd ergriffene Kutscher hebt schon die Hand, ballt schon die Faust, holt schon zum Schlag aus und will bereits zuschlagen,
aber gerade in diesem Moment öffnet sich die Glashaustür und der Glashausbesitzer tritt heraus,
worauf der beim Hemd Ergriffene schleunigst die Hand aus dem vorsätzlichen, aber gerade noch nicht ausgeführten Schlag zurücknimmt, die Faust löst, die Hand wieder fallen läßt, während der andere der beiden Streitenden die Hand vom Hemd seines Gegners entfernt, die beiden sich trennen, alle ganz offensichtlich ihre Feindseligkeiten beenden, wieder friedlich lächelnd beieinander stehen und sich bestens vertragen wie vorhin, als ob nie was geschehen wäre.
Der Glashausbesitzer geht zu den Kutschern, setzt ein böses Gesicht auf und sagt, er möchte sie nicht auch nur ein einziges Mal noch dabei erwischen, wie oft er das noch sagen solle, worauf in den Gesichtern der Kutscher reuevolle Mienen auftauchen, sie schweigen peinlich betreten, während der Glashausbesitzer drohend zu reden fortsetzt, nicht wieder vorkommen, denn passiere etwas Schreckliches dann, das ihnen allen er verraten könne, und er läßt auch noch Wortfetzen von »härteren drastischeren Maßnahmen« und »bis jetzt nur immer viel zu gutmütig nachsichtig gewesen« fallen, wendet sich plötzlich uns, die wir die ganze Zeit neben ihm gestanden sind, zu und sagt, man dürfe nie zu viel Güte walten lassen, nie Nachsicht üben, sonst wüchsen

einem die Leute eines schönen Tages alle über den Kopf, das sollten wir uns merken, und wir würden oft an ihn denken, sollten wir schlechte Erfahrungen gemacht haben und enttäuscht worden sein.
Zu den Kutschern gewandt, brüllt er ihnen »jetzt aber schleunigst aufsitzen und abhauen!« zu, worauf jeder Kutscher zu seiner Kutsche läuft, aufspringt, sich auf den Kutschersitz setzt und die Peitsche schnalzbereit in die Hand nimmt. Erneut uns zugewandt erkundigt er sich, ob wir von seinen Leuten wohl in keiner Weise belästigt oder angepöbelt worden seien.
Nein, erwiderst du, weder belästigt noch angepöbelt.
Wir würden, sagt er, mit unserer Arbeit der äußeren Untersuchungen sicher nicht ganz so weit noch sein, wie er annehme, er wünsche uns Erfolg bei der weiteren Arbeit, werde demnächst wieder auftauchen. Er verabschiedet sich wie üblich, will in die erste Kutsche schon einsteigen, doch da fällt uns plötzlich ein: die Leute im Glashaus, die Besucher aus dem Ausland, die mit ihm vorhin hineingegangen und nicht wieder herausgekommen sind, müßten noch drinnen sein, der Glashausbesitzer hat die Glashaustür zugesperrt, ohne daß vorher noch jemand herausgekommen wäre, und du wendest dich ratlos dem schon halb in die Kutsche Eingestiegenen zu, fragst nach den ausländischen Gästen, den Besuchern, ob und warum sie denn immer noch im Glashaus geblieben seien (höflich und freundlich formuliert, um ihn nicht zu beleidigen, was, wie wir denken, nicht richtig wäre, ihm gegenüber undankbar, da er uns immer entgegengekommen). Auf deine Frage beginnt der Glashausbesitzer schallend zu lachen, ein Lachkrampf, wir müßten uns irren, antwortet er, täuschten uns, dürften einer bedauernswerten Sinnestäuschung zum Opfer gefallen sein, was nicht von Vorteil für unsere Arbeit, wie er feststelle.
Noch immer lachend brüllt er seinen Kutschern die Frage zu, ob denn einer von ihnen etwas von Besuchern, Fremden, Ausländern oder dergleichen bemerkt habe, worauf die Kut-

scher ihrerseits in einen Lachkrampfchor ausbrechen, der ihre Körper durchschüttelt.
»Sehen Sie«, sagt er, niemand wisse etwas davon. »Wir machen da lediglich eine kleine Spazierfahrt hierher, ein vergnügliches Ausreiten«, und wir begännen gleich von Fremden, Besuchern, Ausländern und anderem Gesindel zu reden: wir hätten wohl geträumt, seien zu wenig wach gewesen, hätten geschlafen, müßten wachsamer sein, sonst sehe er wenig Hoffnung für uns, die Arbeit erfolgreich abzuschließen.
Sein Körper verschwindet in die Dunkelheit der Kutsche hinein, die sich in Bewegung setzt wie alle Kutschen jetzt, die Kutscher brüllen den Pferden Befehle zu, und in den Luftwirbeln der Peitschenknalle sehen wir im geöffneten Kutschenfenster noch einmal den kahlen Glashausbesitzerkopf, der uns zuruft: »Ich bin vollkommen überzeugt, Sie werden es schaffen!«

die rechtecke aus glas zusammengehalten von eisernen stäben die die rechtecke zu einem großen rechteck zusammenschließt das schräg liegend auf ein zweites entgegengesetzt schräg liegendes das aus vielen mit eisernen stäben zusammengehaltenen rechtecken besteht trifft eine kante bildet einen winkel von sechzig grad nach innen dreihundert grad aber nach außen

Du hast gesagt,
wir hätten die Fahrräder im Bootshaus abgestellt.
Du hast gesagt,
du hättest alles schon beinahe vergessen gehabt. Du seist sehr froh darüber gewesen.
Die Autobusse verkehren mit einer gewissen Regelmäßigkeit.

Du hast gesagt,
du erinnertest dich an das Zimmer. Vor einigen Jahren sei elektrisches Licht installiert worden. Die Lastwagen sind seither zu stark beladen.
Jetzt ist alles wieder aufgebrochen!
Du sagst,
zwischen den Badehäuschen und Kabinen hättet ihr am Abend meistens Fangen gespielt.
In der Schule habe auch noch spät in der Nacht das Licht gebrannt.

Unser Haus steht am Ufer des Kanals neben der Brücke, dem Brückenkopf.
Du siehst die Spaziergänger und Wanderer, die den Kanal mittels der Brücke überqueren. Sie tragen meistens Rucksäcke, auf alle Fälle aber benützen sie Spazierstöcke, die sie weit vor sich herschwenken lassen, um sie anschließend kräftig in den Boden zu schlagen.
Spaziergänger sind meistens Nichtraucher, zumindest während des Zeitraumes ihres Spazierganges, man sagt, sie seien allgemein der Ansicht, daß man einen Spaziergang hauptsächlich deshalb unternehme, um der Lunge ein wenig reine und frische Luft zu verabreichen.

Man sprach von zunehmender Gefahr und machte sich Sorgen.
Der Schutzwall wurde verstärkt, verdoppelt, auch wurden in der sich vor uns ausbreitenden Landschaft Bunker und ähnliche Befestigungsbauten errichtet. Die Landschaft war auf einmal von betongrauen pilzähnlichen Gebilden bedeckt.
Die einzige Sorge der Leute bestand darin, daß jenseits des Schutzwalls Bedrohungen auftauchen könnten, denen selbst

die verdoppelte Mauer nicht standhalten könnte.
Granaten, die in letzter Zeit vielfach den Schutzwall erschüttert hatten, sodaß die Landschaft vor uns lange zitterte, wurden vom Schutzwall beinahe noch spielend abgewehrt.
Die einzige Sorge der Leute bestand darin, daß eines Tages Artillerie- und Panzereinheiten in Stellung gebracht werden könnten, und dem, das wußte man sehr genau, sei keine Mauer gewachsen.
Man sprach von gerade darauf hindeutenden Anzeichen.
Hektische Nervositäten.
Wir lachten über die Schweißerbrillen der auf und ab patrouillierenden Beobachtungsposten.

Unser Haus steht beim Bauplatz.
Die Bauhütten, Arbeiter und Arbeiterinnen vermehren sich.
Das Loch in der Landschaft ist offenbar tief genug, da die Arbeiter und Arbeiterinnen keinerlei Anstalten machen, es noch tiefer zu machen.
Statt dessen beginnt man, den Grund des Erdlochs auszubetonieren. Betonmischmaschinen werden herbeigebracht, die den ganzen Tag hindurch vom Morgengrauen bis zur Abenddämmerung rattern.
Dann beginnen sie vom betonierten Erdlochboden aus Ziegel aufeinanderzuschichten, mit Mörtel aneinanderzukitten.
Ziegeltransporte, die auf uns zukommen, werden somit zur Tagesordnung, sowie eine Art Aufseher, der täglich mindestens einmal auftaucht, die Arbeit am Bauplatz eine Zeitlang beobachtet, beurteilt und manchmal einen Meßstab hervorholt, ihn verschiedentlich irgendwo anlegt und rechnet, wobei er die Augen schließt, um konzentrierter nachdenken zu können.
Du kannst die komplizierten Vorgänge, die sich in seinem

Gehirn abspielen, an den sichtlich ihn anstrengenden Bewegungen seiner Stirnfalten ablesen.

Der Aufseher wird manchmal mit »Herr Baumeister«, manchmal mit »Herr Architekt« angesprochen, und manchmal kommt er zu uns, wo er stets einen Schnaps aufgewartet bekommt und über Probleme des möglichst rationellen Bauens und Planens redet.

In dem Erdloch entsteht mit der Zeit ein, wie man es nennt, »Keller«, eine »Unterkellerung«, und man beginnt mit dem Bau des eigentlichen Hauses: ein Kran wird herbeigeschafft, um Lasten (Ziegel, Mörtel) leichter in die Höhe befördern zu können.

Der Aufenthalt im Schwenkbereich des Kranes erfolgt auf eigene Gefahr.

Wer ins Wirtschaftsgebäude hineingehn will, muß sich zunächst beim Portier anmelden. Der Portier ist ein Mann mit Schnauzbart. Er antwortet, man müsse noch eine Weile draußen vor dem Wirtschaftsgebäude warten, im Wirtschaftsgebäude sei gerade eine andere Partei, man solle warten, bis die andere Partei abgefertigt, dann erst könne man ins Wirtschaftsgebäude, um seine Angelegenheiten zu erledigen.

die zwei die winkel miteinander bildenden großen rechtecke von der größe einer hauswand eines hausdaches oder eines landläufigen glashausdaches werden vor dem auslaufen ihrer unteren kanten von zwei glasrechtecken die aus vielen glasrechtecksegmenten bestehen und von eisernen stäben zusammengehalten werden gestützt die einander parallel im abstand der breite eines größeren glashauses lotrecht dem boden entspringen

Das Heranrücken des Höhepunktes der Besprechung im Wirtschaftsgebäude erkennt man am allmählichen Lauterwerden der durch die braunen Holzwände des Gebäudes dringenden Stimmen.
Jedes Wort wird verständlich.
Die Tafeln »BADEN VERBOTEN« und »FISCHEN VERBOTEN« müßten so verankert werden, daß man sie nicht mehr so leicht entfernen könne.
Der Höhepunkt der Besprechung im Wirtschaftsgebäude kann auf folgende Weise dargestellt werden:

am vorhin genannten tag konnten wir später mit noch ziemlich einigem rechnen da die ursprünglichen voraussichten umsonst gemacht worden waren wodurch viel unnütze arbeit zum vorschein kam

*Wir stehen wieder vorm Glashaus und schauen weiter.
Hatte sich bis jetzt immer nur alles in Luft und Licht und einander rasch verändernden meteorologischen Schwankungen, woran wir uns bald gewöhnt hatten, uns die bisher aufgetretenen Ereignisse gesetzmäßig in keiner Weise außergewöhnlich erschienen, vollzogen, so kamen nun sehr rasch ablaufende Ortsveränderungen hinzu, die uns zunächst schwerer fielen als alles Bisherige.
Ich sage:
»Das Glashaus steht am Waldrand, ich höre das hinter den Bäumen beginnende Rascheln, Zischen, Poltern, Zittern und Bellen der Treibjagden«, ich spreche von einem beängstigenden Flintenknallen und erwähne Hochsitze besteigende Jäger, die sehr interessiert durch Ferngläser schauen, und während ich den Glashausbesitzer aus einem jetzt erst von mir entdeckten, vermutlich plötzlich hingeworfenen, von irgendwo hergefallenen, hergeflogenen Blockhaus treten sehe, beobachte, wie er zum Waldrand hinauf hinein in das Gewirr der Treibjagd schreitet,
während ich das alles beschreibe, fällst du mir aber ins Wort:
»Das Glashaus steht am Stadtrand, am Beginn des Weichbildes der Stadt«, du sprichst von aus Schloten dringendem Fabrikrauch, hörst Sirenen Schichtwechsel ankündigen, siehst einerseits Arbeiter sich aus den Fabriken heraus-, andererseits sich in die Fabriken hineindrängen und behauptest, der reibungslose Ablauf des Schichtwechsels sei wahrscheinlich gefährdet, und innerhalb dieser Drängerei siehst du plötzlich den Glashausbesitzer aus einer vornehmen Vorstadtvilla heraustreten, den überraschend vorhandenen, von*

irgendwo hergeworfenen, in den Vorstadtbereich geglittenen Vorstadtvillenbereich verlassen, den Glashausbesitzer sich auf das Gelände der Fabriken hinbewegen, dorthin zu dieser gefährlich anmutenden Schichtwechseldrängerei, du erwähnst das Verschwinden des Glashausbesitzers im Arbeitergedränge,
gerade in diesem Moment deiner Schilderung unterbreche ich dich, widerspreche dir, habe ein starkes Bedürfnis, dich zu widerlegen:
»Das Glashaus steht am Ufer des Flusses, des Stromes, ich sehe die Schiffe flußabwärts fahren, erzbeladen«, spreche vom Hupen und Tuten der Kähne, Dampfer und Schleppkähne durch den kalten Nebel, ich erwähne da vorn eine Werft, eine Anlegestelle, spreche von den an den einander gegenüberliegenden Ufern stehenden Leuten, bemerke, wie sie einander Worte zurufen, Schimpfworte, wie ich jetzt ganz genau vernehmen kann, also scheint es in dieser Gegend hier Sitte zu sein, daß die Flußrandbewohner über den Rücken des Flusses hinweg einander beschimpfen und dabei richtig brüllen müssen, um über diese Entfernung hinweg und durch das Rauschen des Stromes hindurch einander auch richtig verstehen zu können, jetzt sehe ich eine Fähre den Fluß überqueren und verstehe, daß sich die Leute nicht nur deshalb an den Ufern einander gegenüber aufgestellt haben, um einander zu beleidigen, sondern weil sie auch auf die Fähre warten, um auf die jeweilige andere Seite des Flusses zu reisen oder jemanden, der von der anderen Seite des Flusses kommt, zu empfangen und abzuholen, und jetzt erst bemerke ich, daß die Schimpfworte, die sie in und über den Strom werfen, gar nicht füreinander bestimmt sind, nein sie beschimpfen durchaus nicht einander, sondern vielmehr gelten ihre Beschimpfungen von beiden Ufern aus der im Fluß schwimmenden Fähre, wobei ich höre, daß man nicht nur die nicht mehr tragbaren Unregelmäßigkeiten, was die Abfahrts- und Ankunftszeiten betrifft, sondern vor allem den Zustand der Fähre selbst aufs bitterste beklagt, ich höre da nur Worte wie »morsch«, »verrostet« oder »verrottet«,

»feucht« und »vertrocknet«, »ausgedorrt«, dann höre ich was über einen angeblichen ständigen Geruch, nein, Gestank, den die Fähre ausströme und der nicht mehr auszuhalten sei, jetzt ist auch von irgendwelchen Holzwürmern im Treppengeländer zwischen erstem und zweitem Deck die Rede, was mich aber beim Anblick dieses eher kleinen Schiffes, bestenfalls eines größeren Bootes, wundert, aber man kann ja nie wissen, vielleicht haben die Leute recht, oder beschimpfen sie jetzt auch alle anderen ihnen bekannten Boote, muß dieses lächerliche Flußschiff für alle anderen herhalten und sich sämtliche Nachlässigkeiten der Ozeanflotten in die Schuhe schieben lassen, neinnein, das wird schon seine Richtigkeit haben, was die Leute an gebrüllten Beschwerden in den Fluß schleudern, denn diese Fähre ist sicher kein Unschuldsengel, davon bin ich ganz überzeugt, die brüllen nicht ohne Grund in den Fluß, obwohl es zwischendurch ganz den Anschein hat, als brüllten sie wirklich ausdrücklich den Fluß an, ja, ich glaube, so ziemlich einige von ihnen brüllen wirklich ausschließlich den Fluß an, aber der Großteil der Leute schimpft jetzt doch über zerberstende oder schon geborstene, während der Fahrt zersplitternde Bretter im Fußboden der Fähre, und jetzt ist auch noch die Rede von spritzenden Fontänen der dem Fährenboden entspringenden Wassereinbrüche, und das auch bei solchen fast täglich steigenden Preisen. Der Fähre scheint das alles gar nichts auszumachen, die läßt sich nicht irritieren, die fährt einfach und legt dort am Ufer an. Leute steigen aus, Leute steigen ein, zahlen das Fährengeld, und was mir sofort auffällt, daß sie, sobald sie das Boot betreten haben, ihr Schimpfen sofort einstellen, ja das ist bemerkenswert zu beobachten, noch während sie am Landungssteg stehen und darauf warten, endlich einzusteigen, sind alle Zungen locker, natürlich brüllen sie dabei nicht mehr, weil es ja dumm wäre, die Fähre, die ihnen ganz nahe ist, anzuschreien, die ist ja sicher nicht schwerhörig, aber sobald sie ihren ersten Fuß ins Boot gesetzt haben, stellen sie ihre Fährenbeleidigungen sogleich ein und beginnen eisern *zu schweigen. Das hätte ich nicht für möglich gehalten, und falls ich denen was vorzuschlagen die Möglichkeit hätte, ich würde ihnen zur umgekehrten Methode überzugehen empfehlen: Auf der Fähre zu brüllen und am Ufer zu schweigen, während der Fahrt dem Fährmann insistierend die Meinung über die skandalösen Zustände am Schiff ums Ohr zu schlagen, da hört ers deutlicher als von den Ufern. Jetzt sind alle eingestiegen, das Boot legt ab. Langsam gleitet es zur Flußmitte, bis zum Bersten vollgeladen mit eisig schweigenden dicht aneinandergedrängten Flußüberquerern. Mir scheint, es sind wirklich zu viele, die das Schiff beinah zum Platzen bringen, das ist ja nicht nur gefährlich, sondern auch ungesetzlich, und darüber habe ich in den vorherigen Beschwerden der Leute vom Ufer nichts hören können, daß der Bootsmann die gesetzlichen Bestimmungen verletzt, indem er sein Schiff immer so voll werden läßt, um mehr Geld einzunehmen, darüber, Leute, hättet ihr vorhin am Ufer was sagen müssen, das wäre wichtiger als alles andere gewesen, oja, und wie tief das Schiff liegt, daß während der schaukelnden Fahrt die obersten Kanten der Bordbretter oft beinah die Oberfläche des Stromes berühren und man beinah schon fürchtet, jetzt, oja, jetzt beginnt der Fluß ins Boot einwärtszufluten, und dagegen müßt ihr unbedingt etwas tun, am besten, ihr steigt hinkünftig einfach nicht mehr weiter ein, wenn schon genügend Personen am Schiff sind, und wartet lieber, bis die Fähre wieder zurückkommt, aber das wollt ihr wohl nicht, hab ich mir doch gedacht, keiner will warten, was, also will auch bei euch jeder immer der erste sein. Die Fähre nähert sich der Flußmitte, sieht wirklich bedenklich aus, und gerade in diesem Augenblick bin ich gezwungen, auf den Glashausbesitzer zu sprechen zu kommen, der aus einem Hafengebäude dort drüben, ich weiß nicht warum, aber glaube ganz sicher zu wissen, daß es sich um die Direktion dieses Fährenbetriebes hier handelt, herauskommt, sein Gang entlang des Flußufers uns entgegen, nein vielmehr das andere Ufer entlang der jenseits der Flußmitte weiterschwankenden Fähre entgegen, ist es ein Win-*

ken der schweigenden dichtgedrängten Passagiere zum Ufer, oder ist es ein verzweifeltes Wischen und Rudern ihrer Arme in die Luft überm Strom, Zeichen des Rufens um Hilfe, ich erwähne jetzt nur mehr den Glashausbesitzer, und dann verstärkt sich mit einemmal der Nebel, wodurch vermutlich das von mir schon lange erwartete furchtbare Ereignis nicht eintritt, ich kann nichts mehr sehen, es ist nichts mehr erkennbar, ich bringe das mit dem wahrscheinlich sehr baldigen Eintreffen des Winters in Zusammenhang, ich erwähne die sich verschärfende Kälte, unsere vor unseren Gesichtern erkennbaren weißen Atemstreifen, das vom milchigen Nebel gedämpfte Tuten und Hupen der Schleppdampfer, die flußaufwärts gleiten, die Signale, mit Hilfe derer sich Schiffe bei mangelnder Sicht im Winter verständigen, die gerade in dieser beginnenden Jahreszeit alles einhüllenden Nebelhörner,

an dieser Stelle meiner Beobachtungen unterbrichst du mich, versuchst mich zu widerlegen, sagst:

»Das Glashaus steht am Ufer des Meeres, ich sehe die Fischerhütten aus Schilf, die an den Strand gezogenen Boote, die aufgespannten Netze der Fischer«, du sprichst von einem spürbaren Fischgeruch, den der Wind von den Netzen dir zufächelt, jetzt erwähnst du die aus ihren Hütten heraustretenden Fischer, die an ihren aufgespannten Netzen zu arbeiten beginnen, indem sie diese von den Gestellen herunternehmen und sie flicken, deine Erzählung geht über zum Reinigen von Karbidlampen, du redest von einem Fischzug, der in der kommenden Nacht gestartet werden soll, ich denke dabei an den Schein der von einigen Fischern jetzt zur Säuberung bearbeiteten Karbidlampen, ich denke, sie würden ihre Karbidlampen an den äußeren Wänden ihrer Kähne befestigen, meine Vorstellung wird von den in Kahnwänden befestigten, für Karbidlampen vorgesehenen, verrosteten Karbidlampenhaken und von einer in der Nacht flackernden schwarz spiegelnden Meeresoberfläche, von zitterndem Licht, wodurch Fische angelockt und mit Netzen herausgezogen werden, beherrscht, du redest von einem

Gleiten der Kähne durch schwarze Nächte und Meerflächen, hörst die Fischer von Boot zu Boot einander zurufen, sich verständigen, um sich nicht aus den Augen zu verlieren, und während du wieder auf die deiner Meinung nach tatsächlich wahrheitsgemäßen Sachverhalte der vorliegenden Situation zurückkommst und durch die Fortsetzung der Beschreibung der sich auf diesen nächtlichen Fischzug vorbereitenden, netzeflickenden und karbidlampenputzenden Fischer überleitest und noch ganz kurz auf die wärmende und »holzfarbene«, wie du dich ausdrückst, leuchtende Nachmittagssonne, welche die dunklen Fischergesichtshäute aufhellt, zurückkommst,
siehst du den Glashausbesitzer aus dem Leuchtturm, aus dem neben dem Leuchtturm stehenden Gebäude heraustreten, die Mole zwischen Leuchtturm und Ufer entlang den Fischerhütten entgegengehen,
du bist überrascht von der augenblicklichen Existenz dieses Leuchtturms und dieser Mole, dieser Leuchtturm und diese Mole seien erst vor kurzem hingepflanzt worden, aus dem offenen Meer müsse dieser Leuchtturm und diese Mole von einem Schiff hierhergebracht und dort hingepflanzt worden sein, oder seien sie aus dem Meeresgrund aufgetaucht.
Du sprichst von Gesprächsfetzen aus den Mündern der sich miteinander unterhaltenden, den kommenden Fischzug besprechenden und planenden Fischer.
Auch werde des öfteren über die Existenz von Piranhas und Barrakudas geredet.
Der Glashausbesitzer stehe am Ende der Mole, am Beginn des Strandes und schaue den Fischern entgegen.
Es sei Flut, und das Meer werfe seine Wellen auf den Strand.
Dann beobachtest du, wie der Glashausbesitzer sich abwendet, sich die Mole entlang zurück Richtung Leuchtturm bewegt und in dem neben dem Leuchtturm stehenden Gebäude verschwindet.
In den Gesprächen der Fischer komme die Rede auf fliegende Fische.

Die Meeresfläche beginne ganz komisch zu zappeln. Plötzlich springen Fische aus dem Meer, fliegen heraus, offenbar fliegende Fische, von denen innerhalb der Gespräche der Fischer vorhin die Rede gewesen sei: ein Durchdieluftzappeln, Springen, Fliegen an Land, ein riesiger Schwarm, tatsächlich fliegend bis zu den Fischerhütten und den davor sitzenden Fischern: die Fische gingen auf die Körper der Fischer los, versuchten sich, sagst du, mit ihren Flossen an den Oberkörpern der Fischer anzuklammern, laut deiner Erzählung versuchten die Fische in keiner Weise, die Körper der Fischer zu verletzen, du erwähnst lediglich das in allgemeine Heiterkeit ausbrechende Lachen der Fischer, die von den auf sie zufliegenden Fischen aufgeschreckt würden, du vermutest, es handle sich für die Fischer um ein ungewöhnliches, sehr erfreuliches Vorkommnis und erzählst, wie sie sich erheben, die an den Strand gestürzten, in die Luft zum Verenden verurteilten und im Sand zappelnden Fische in Körben einsammeln und sich über den unerhofften Ertrag ohne die Anstrengungen eines nächtlichen Fischzuges freuen, jetzt sofort aber sprichst du von einer aufkommenden eigenartigen Unruhe, schilderst ein verzweifeltes, fürchterliches Schreien, Brüllen und Umhilferufen der Fischer, redest auf einmal von Verzweiflungsschreien und Schmerzensschreien, und wir müssen uns allen Ernstes mit der unangenehmen Tatsache abfinden, daß sich unter den von der Meeresfläche an Land fliegenden Fischen einige Piranhas und Barrakudas befinden, die aus der Luft herabsausen, sich auf die Körper der Fischer stürzen, und du beendest deine Beschreibung mit der Schilderung der ganze Fleischbrocken und Gliedmaßen von den Fischerkörpern herunterreißenden Barrakudas, aber gerade in diesem Augenblick bin ich gezwungen, deine Erzählung durch das meinerseitige Erwähnen einer schon einsetzenden Dunkelheit und sowohl sichtraubenden als auch uns allen die Übersicht nehmenden Nacht zu beenden.

so daß wir eben mit einem wort an diesem tag unser ziel nicht zu erreichen imstande waren

Unser Haus steht am Ufer des Kanals.
Unser Haus ist schon dagestanden, als es den Kanal noch nicht gegeben hatte.
Das Haus neben unserem Haus ist fertiggebaut, und wir glauben, sie würden jetzt die Bauhütten wieder abtransportieren, wir glauben, die Arbeiter und Arbeiterinnen würden samt ihren Bauhütten verschwinden. Das Haus neben unserem Haus ist schon bewohnt, doch die Bauhütten und Arbeitskräfte verschwinden keineswegs.
Irgendwie würden wir froh sein, die Arbeiter und Arbeiterinnen samt ihren teerigen Bauhütten los zu sein, obwohl wir uns so an sie gewöhnt haben, daß wir uns unser Haus ohne sie gar nicht mehr vorstellen könnten.
Und die Diskussion um den Kanal hat plötzlich begonnen. Die Diskussionen um den Kanal werden teilnahmslos verfolgt, nein, nicht einmal verfolgt, sondern übergangen, sodaß wir eines schönen Tages sehr überrascht sind, daß die Arbeiter und Arbeiterinnen erneut zu graben beginnen; sie fangen an, den Kanal in die Landschaft zu schürfen.
Der Bauplatz dehnt sich länglich strichförmig aus, wir beobachten eine sich von unserem Haus nach zwei Seiten, zwei Richtungen hinstreckende Linie von grabenden Arbeitern, Arbeiterinnen und Bauhütten, die von einem Horizont zum gegenüberliegenden reicht.
Sie schürfen einen dunklen gradlinigen Streifen in die Landschaft, um, wie berichtet wird, eine Verbindungslinie, eine Wasserstraße zwischen einem uns fern liegenden Fluß oder einem uns fern liegenden Meer mit einem anderen uns fern liegenden Fluß oder fernliegenden Meer herzustellen, um die wirtschaftlichen Verhältnisse und Gegebenheiten, den Transport von Erz, Kohle, Lebensmitteln etcetera zu er-

leichtern, beschleunigen und den kulturellen Fortschritt zu sichern.

Wir können nicht abschätzen, wie weit der Kanal einerseits in diese, andererseits in die entgegengesetzte Richtung reichen wird, sehen nur den schwarzen Streifen, der von unserem Haus aus in Richtung der einander gegenüberstehenden Horizonte in die Landschaft hineingekerbt wird. Du siehst die erdfarbene Rinne sich immer weiter aus der Ebene hinaus auf den Himmel verlieren. Beide Ufer werden mit Steinblöcken befestigt, deren weiße Ränder, je weiter sie sich von uns fortbewegt haben, desto deutlicher in der Luft sich auflösen, weil sich ihre Farbtönung von der Farbe der Atmosphäre nicht sehr unterscheidet. Nach und nach verbindet der Kanalstrang die beiden einander gegenüberstehenden Horizonte miteinander, die hinter sich die Meere verbergen oder daran hindern, uns zu besuchen; oder sind die Horizonte selbst schon das Meer?

Im erdfarbenen Streifen entfernen sich auch die Arbeiter und Arbeiterinnen samt ihren Bauhütten immer mehr in einander 180 Grad entgegengesetzte Richtungen, bis wir einmal glauben, sie seien schon bei den ihnen zugeteilten jeweiligen Horizonten angelangt, kletterten hinauf, stiegen über die jeweiligen Horizonthügel hinweg, kletterten hindurch oder fielen die jeweiligen Horizontlinien hinunter, gingen hindurch, als würden sie aus der Ebene fallengelassen; auch die Bauhütten, ich sehe, wie sie ein paar Meter vor der für unser Auge gerade noch erkennbaren, von uns so weit wie noch nie entfernten Sichtlinie aufgestellt werden und im Spalt der Grenzlinie zwischen Erdboden und beginnender Himmelskalotte verschwinden.

Arbeiter, Arbeiterinnen und Bauhütten verflüchtigen sich aus unserem Blickfeld.

Mein Vater war Maler und Anstreicher.
Er bekam den Auftrag, die Räume des neu gebauten Hauses neben unserem Haus auszumalen.
Er stellte auf den Wänden Teile unseres Gartens samt Wiesen und Blumen so naturgetreu dar, daß die in die Wohnungen einziehenden Leute die Darstellungen auf den Zimmerwänden mit unserem Garten verwechselten.
Daraufhin übersiedelten eines Nachts die Insekten und anderen Tiere gewisser Teile unseres Gartens in den Neubau auf die Wände, auf denen gewisse Teile unseres Gartens dargestellt waren.
Verstört verließen die Bewohner des Neubaus ihre Räumlichkeiten. Aus dem Neubau neben unserem Haus hörte man das Summen der Bienen, Wespen und Hummeln, das Zirpen der Grillen und Zikaden, die sich auf den Wänden niedergelassen hatten, auch von Ameisen, Ameisenstraßen, Salamandern und sich im bemalten Mörtel Schlupfwinkel bauenden Eidechsen wurde gesprochen.
Man war allgemein der festen Meinung, daß dergleichen in Wohnräumlichkeiten im Grunde genommen nichts zu suchen habe.

Du sagst,
es hätte dann endlich alles so weit sein können.
Du sagst,
die Befürchtungen hätten berechtigt gewesen sein, sich bestätigen können.
Du sagst,
was von allem Anfang an voraussehbar gewesen wäre, hätte zur nackten Tatsache werden können.
Du sagst,
der Beobachtungsposten hätte wilden, heftigen und verzweifelten Alarm schlagen können, es wäre möglich gewesen, daß die Leute zusammengelaufen wären, wir das Trappeln ihrer Schritte aus allen Richtungen diesseits des Schutzwalls

so schnell wie noch nie vorbeisausen, sie ins Haus laufen, die vorhandenen Waffen holen gehört hätten, den Rest in die grauen Betonpilze, in die Landschaft verschwinden gesehen hätten, die industriellen Anlagen in den Wäldern aufgehört hätten, ihren Rauch in die Luft zu blasen, wir das Pfeifen der Schlote und Aufheulen der Sirenen gehört hätten, verscheucht und in einen weit von uns entfernten Betonpilz geschleppt worden wären, und aus den verstörten und angstvollen Gesprächen und Flüstern, auch aus dem Weinen und Heulen der Leute schließlich entnehmen hätten können, daß am Horizont der Landschaft jenseits des Schutzwalls Artillerie- und Panzereinheiten in Stellung gegangen seien.
Du sagst,
wir könnten sagen, alles in allem hätte das eine sehr schnelllebige Zeit sein können.

Unter den Haustieren ist eine Seuche ausgebrochen, von der man nichts Näheres weiß. Die äußeren Merkmale: zwischen Krallen und Hufen ist das Fleisch gelb geworden, auch das Zahnfleisch der Tiere hat sich gelblich verfärbt.
In einzelnen Fällen sind diese äußeren Merkmale auf die Menschen übertragen worden, was die ersten wirklich besorgniserregenden Befürchtungen verursachte.
Die gelben Finger, Zehen und Zähne leuchten bei Nacht, man kann einander mit leuchtenden Händen zuwinken, sich so miteinander durch Hand-, Fuß- und Zahnfleischzeichen verständigen: man sieht nachts öfters umhersausende gelbe Lichter: das sind die Hände oder Füße oder leuchtenden Zahnfleischteile der an der unbekannten Seuche Erkrankten, die ihre ausgiebigen und ausgedehnten Abendspaziergänge unternehmen, sich oft weit voneinander entfernt auf diese Weise unterhalten.
Eine regelrechte *gelbe Leuchtsprache* entwickelt sich, die von den an der Seuche nicht Erkrankten weder entziffert

noch entschlüsselt werden kann.

Die Leute sind ansonsten keineswegs abnormal, gehen wie üblich ihrer geregelten Beschäftigung nach, lediglich ihre ausgedehnten Abendspaziergänge mit den geheimnisvollen neuen *Leuchtverständigungsmethoden* lassen *Befürchtungen* in Richtung eines gelben *Leuchtstaates* im Staate, in Richtung eines leuchtenden gelben Systems im vorherrschenden System aufkommen. Das sei untragbar. Ein sich absonderndes gelbes Abendspaziergangssystem könne nicht geduldet werden.

In der Nacht flattern zitternde gelbe Flügel auf, oft ist der ganze Himmel davon bedeckt: von der Krankheit befallene Hühner, Gänse und Vogelschwärme.

Es werden Ärzte verständigt. Ärzte erkennen die Ursachen der Seuche, verschreiben Menschen und Tieren verschiedene Medikamente, teilen Spritzen aus: Menschen und Tiere werden geheilt.

Jetzt gibt es schon lang keine geheimen, gelb leuchtenden Abendspaziergangsverständigungssysteme mehr, über die man sich freut oder vor ihnen sich fürchtet.

die zwei lücken oder löcher oder öffnungen die sollte das glashaus lediglich aus den genannten vier großen glasrechteckflächen bestehen entstehen würden werden aber geschlossen von zwei glasrechteckflächen mit aufgesetzten glasdreieckflächen die sich aus vielen kleinen glasrechtecksegmenten die von eisernen stäben zusammengehalten werden zusammensetzen das glashaus wäre so ein in sich geschlossener körper ein körper aus luft mit einer glashaut aber um dem umstand des lediglich in sich geschlossenen körpers aus dem wege zu gehn hat der glashausbesitzer an der vorderfront am glasrechteck mit dem aufgesetzten glasdreieck bestehend aus vielen kleinen glasrechtecksegmenten die von eisernen stäben zusammengehalten werden ein glasrechteck dessen längere seiten lotrecht zu betrachten sind bestehend aus vielen kleinen glasrechtecken zusammengehalten von eisernen stäben ausgeschnitten die begrenzung der auf diese weise entstandenen höhlung mit scharnieren versehen die ausgeschnittene glasfläche selbst ebenfalls mit scharnieren versehen und zusätzlich mit einem schloß einer türklinke die ausgeschnittene glasfläche wieder eingesetzt so daß dadurch eine tür entstanden ist eine glastür eine glasrechtecktür die sich aus vielen kleinen glasrechtecksegmenten zusammensetzt die von eisernen stäben zusammengehalten werden

Gestern abend hat mein Vater vom Dach unseres Hauses Ausschau gehalten.
Er ist auf das Dach unseres Hauses gestiegen.
Vom nach Osten gerichteten Fenster des ersten Stockes aus.
Zuerst hat er im Fenster seinen Kopf erscheinen lassen.
Dann hat er seine Ellbogen auf der Fensterbank aufgestützt, sodaß seine Schultern sichtbar geworden sind.
Er hat eine Weile aus dem Fenster geschaut.
Dann ist sein von der beendeten Arbeit des Tages befriedigter Gesichtsausdruck ganz plötzlich erstarrt.
Auf seiner Stirne sind Falten sichtbar geworden, er hat die Augenbrauen zusammengezogen, die Lider weiter den Pupillen sich nähern lassen, die Haut der Tränensäcke gespannt, die Wangen zum Aug gehoben, seine Lippen um fünf Millimeter verbreitert, seine Pupillen durch die Bewegung der Linsen unter der Iris geschärft.
Dann hat mein Vater seine Unterarme ausgestreckt, seine Handflächen auf die Fensterbank gestützt, zwei Höhlungen zwischen den gestreckten Händen und dem Körper entstehen lassen, nacheinander durch die zwei Höhlungen die Beine geschoben, während er die Hände von der Fensterbank entfernt hat, seine Beine die Außenmauer unseres Hauses hinunterbaumeln lassen, während er sein Gesäß auf die Fensterbank geschoben hat,

er ist kurze Zeit auf der Fensterbank gesessen, hat sich dann auf das Dach, das seine Werkstatt überdeckt, fallen lassen, was einen kräftigen Aufschlag auf dem Eisen verursacht und lange durch die Dämmerung gehallt hat, als Echo von den Hügeln zurückgeworfen worden ist, worauf sich alle Fenster in dieser Gegend geöffnet haben, die Köpfe in den Fenstern mit fragendem Gesichtsausdruck erschienen sind, die runde Schatten auf den Fensterstöcken hinterlassen, die sich parabolisch auseinander- und zusammengezogen haben, ein Kopf hat den anderen Kopf von Fenster zu Fenster gefragt, was denn da so durch die Dämmerung halle, bis man gewußt hat, daß es nur mein Vater, der auf das Blechdach seiner Werkstatt gesprungen, gewesen ist,
er ist dann eine Weile auf dem Blechdach gestanden, hat dann auf der Nordseite seine Hände gehoben, mit seinen Fingern die oberste Dachkante über dem ersten Stock berührt, am Rand der ebenen Fläche über unserem Haus eingekrallt, seinen Körper emporgezogen, mit den Beinen nachgeholfen, indem er seine Sohlen in einen Mauervorsprung eingesetzt hat, mit seinen Füßen auf die Fensterbank des nach Norden gerichteten Fensters gestiegen ist, seine Ellbogen am oberen Dach auf der Kante eingesetzt, seinen Körper nach oben gezogen hat, bis seine Hüften in Kantenhöhe gelegen sind, er hat dann sein linkes Knie zur oberen Dachkante emporgezogen, in der Kante eingesetzt, während er seinen Oberkörper aufgerichtet hat, das linke Bein zur Brust angewinkelt, gestreckt, das rechte Bein nachgezogen, während seine Schulterspitzen auf der Kalkmauer der waagrecht daliegenden Dachfläche nachgeschleift haben, und er ist dann aufrecht auf dem ebenen Dach gestanden und hat Ausschau gehalten.
Er hat nach Norden, Süden, Westen und Osten Ausschau gehalten. Sein Blick hat einen Kreis beschrieben.
Als sein Blick nach Osten gerichtet gewesen, ist sein Gesicht eine Weile erstarrt, seine Augen haben vermutlich einen Punkt in der umliegenden Landschaft fixiert, er hat die Handflächen an die beiden äußeren Seiten seines Gesichtes

gelegt, so daß der unterste Handballen an der Stelle, wo die Hand in den Unterarm überzuleiten beginnt, die Backenknochen berührt hat und seine Fingerspitzen den obersten Rand seiner Schläfen erreicht haben, so daß er seinem Blick eine klare Gasse gegeben hat, in Form eines halbrunden auseinandergezogenen kurzen Rohres aus den Teilen seiner Hand.

Er hat längere Zeit in dieser Stellung verharrt, die Ellbogen angewinkelt, die Hände an den Schläfen wie Scheuklappen, oder als hielte er einen Feldstecher vor die Augen.

Er hat dann noch lange nach Osten geschaut und angeblich, wie behauptet wird, in den Vorbergen Rauch aufsteigen sehn.

Man hat die schwarze Silhouette meines Vaters sich vom Abendhimmel abheben gesehn.

Unbewegt.

In diesem Augenblick hat seine Gestalt die Form eines Turmes gehabt, der dem Dach unseres Hauses plötzlich aufgesetzt gewesen ist.

Er hat dann seine Hände fallen lassen,

seine linke Hand an der Dachkante aufgestützt, seinen Körper gekrümmt, seinen Körper fallen lassen, seinen Körper fallen lassen,

er ist vom Dach unseres Hauses hinuntergefallen, hat sich das Genick gebrochen und war auf der Stelle tot.

Was mein Vater damals tatsächlich beobachtet haben könnte, weiß niemand.

»Das Glashaus steht im tropischen Urwald, ich höre das Rascheln der Riesenschlangen, sehe die hinter den Büschen listig hervorglitzernden Augen lauernder Kopfjäger.«

»Nein, das Glashaus steht in der Steppe, ich sehe die unglaublich langen Hälse der Giraffen, deren Köpfe von den Wolken am Himmel eingehüllt werden.«

»Nein, das Glashaus steht im Hochgebirge«, sage ich, er-

zähle von Schneestürmen, Gipfelbesteigungen oder Gletscherüberquerungen und füge einige Worte über die notwendigen Ausrüstungsgegenstände eines Bergsteigers hinzu.

NACHTRAGSVORWORT ZU DEN AUSZÜGEN AUS DER
FAMILIENCHRONIK

Die Geschichte der Familie ist sehr interessant.

Meine Meinung, das Glashaus stünde am Ufer des Flusses, muß in Erinnerung gerufen werden, einmal noch müssen Nebelhörner und Schleppkähne erwähnt werden, um dann sowohl deine Behauptung, das Glashaus stünde am Ufer des Meeres, als auch deine Schilderungen von Fischern und Fischerhütten zu streifen.
Die eintretende Dunkelheit hatte dem Treiben der ans Ufer fliegenden Fische ein Ende gemacht.
Einiges muß bezweifelt werden.
Der Fluß, der in meiner Erzählung die Hauptrolle spielte, mündet gar nicht weit von dieser Stelle des Landes in dieses Meer, dessen Ufer in deiner darauffolgenden Erzählung eine wichtige Rolle spielte.
Wir diskutieren über die jetzt uns sichtbare Mündung des Flusses und den an diesem Abend am Nachthimmel kreisenden Scheinwerfer des Leuchtturmes, dessen Fühler jede sichtbare Stelle des Nachthimmels im Laufe einer Nacht mindestens einmal berühren.
Wir wollen uns nicht mehr durch Karbidlampen, Schilfhütten oder an Flußufern wartende Personen aus dem Konzept bringen lassen.

Haben sich die Arbeiter und Arbeiterinnen immer weiter entfernt, sodaß sie für uns unsichtbar geworden waren, so treten sie nun wieder langsam in unser Sichtfeld, zunächst kaum erkennbar.
Offenbar ist der Kanal fertiggestellt, er füllt sich nach und nach mit Wasser, und je näher die Arbeiter, Arbeiterinnen und ihre Bauhütten von beiden einander gegenüberstehenden Horizontwänden wieder auf uns zukommen, desto voller wird der Kanal, und während sie in der Landschaft um unser Haus die Bauhütten wieder aufstellen, entdeckst du, daß der Kanal genügend Wasser führt und sofort in Betrieb genommen werden kann, was gleich geschieht, denn die ersten Schiffe schwimmen herbei, Passagierschiffe mit bunt gekleideten taschentuchwinkenden Leuten an Bord: offenbar wird die Fertigstellung und Eröffnung des Kanals feierlich begangen:
ich höre Musik auf den Schiffen, Kähnen und Booten durch das Land herbei- und hinwegschwimmen, fortgeweht durch die Ebene, es wird ein rauschendes Fest, die Arbeiter und Arbeiterinnen schließen sich den Schiffsfeierlichkeiten an, es werden Volkslieder gesungen, Volkstänze mit den jeweiligen dazugehörigen Trachten aufgeführt: die Schiffe haben schon lange am Ufer angelegt, sind mit Tauen an den am Kai errichteten zylinderförmigen Steinpflöcken festgebunden worden. Wir sprechen von einem regen Hin und Her von Schiff zu Schiff, vom Schiff ans Land, vom Land aufs Schiff und von Schiff zu Schiff; vermutlich wird man auch Blumen und Kränze durch die Luft werfen; nur kurze Zeit wird es still, während ein wahrscheinlich sehr hochgestellter Beamter der Republik eine Ansprache hält, man sagt, es sei der Herr Präsident persönlich, von Fortschritt, Wirtschaftlichkeit, Rentabilität und Aufschwung redet und »nur so weiter« sagt, dann aber geht das Fest wieder weiter, überdauert die Nacht, bis endlich beim Morgengrauen die letzten zwischen den Hügeln verschaukelten Bordmusiktanzkapellen fortgehüpft hinein in den Sonnenaufgang fortgetanzt erschöpft hinsinken.

*Während ich manchmal behaupte, der Winter sei endgültig
da, es schneie schon, und das Wasser friere zu,*
*entgegnest du tatsächlich, du spürest nichts von einem Winter, keinerlei Anzeichen von einem Schnee, ich müsse mich
irren, das sei schon alles vorbei, du spürest vielmehr, daß es
wärmer wird, langsam wieder überall zu blühen anfängt,*
*und während ich in den Zeitungen von eingeschneiten
Schutzhütten in Hochgebirgen, gefährlich polternden Lawinen und Schneeräumungsschwierigkeiten lese,*
*liest du in den Zeitungen von Schmelzwassern, sich herannahenden warmen Luftströmungen und günstiger, leichter
und luftiger Kleidung.*
*Während ich die Leute in schweren Wintermänteln und mit
vermummten Gesichtern beschreibe,*
*beschreibst du die Leute in leichten Übergangsmänteln und
sprichst dann sogar von kurzärmligen Hemden, kurzen Hosen und Lederhosen.*
*Bald darauf sprechen wir gemeinsam von den Ereignissen
dieses Hochsommers, dieser Dürre und Trockenheit.*

Unser Haus stand schon da, als es die Brücke noch nicht gegeben hat.
Immer noch warten wir darauf, daß die Arbeiter und die Arbeiterinnen samt ihren Bauhütten verschwinden.
Doch davon keinerlei Anzeichen, denn die Diskussionen um die Brücke kommen auf.
Die Brückendiskussionen werden teilnahmslos, nein, eigentlich überhaupt nicht verfolgt.
Man hört nur Redewendungen über die Notwendigkeit einer Brücke über den Kanal gerade an dieser Stelle, und eines Tages sind wir sehr überrascht, denn die Arbeiter und Arbeiterinnen beginnen an beiden Ufern des Kanals Löcher auszuheben, sie auszuzementieren, um vermutlich einen Brückenkopf herzustellen.
Dann werden Stahlschienen, Traversen und ähnliches her-

beigeschafft, man verbindet die beiden Brückenköpfe durch dicke eiserne Stangen, füllt die Leerräume zwischen den Stangen mit Beton, pflastert den so entstandenen Brückenweg und postiert an beiden Ufern, am Rand beider Brückenköpfe Kräne, welche die Brücke bei Bedarf vom Brückenkopf heben, wenn ein großes Schiff unter der Brücke hindurchfahren will.

Seitlich der Straße wurden Molen in die Landschaft gebaut. Die Lage der Molen ist eine senkrechte zu jener der Straße. Das Land liegt tiefer als die Straße. Zu gewissen Zeiten wird das Land überschwemmt. Dann fahren Schiffe und Kähne durch die Landschaft, legen an den Molen an, und die jeweilige Ladung wird auf Fahrzeuge verladen. Die Fahrzeuge verlassen die Molen, und die Ladungen werden über die Straße weitertransportiert.

Wodurch eindeutig festgestellt werden kann, daß alles zusammen, einbezogen auch jene Ereignisse, die auf Grund ihrer Banalität ausgelassen worden sind, wirklich keineswegs eine so bemerkenswerte Absonderlichkeit gewesen wäre.

Die einzigen Gewächse, von denen mit Sicherheit behauptet werden kann, sie seien nicht der Trockenheit und Spröde dieses Sommers zum Opfer gefallen, sind wahrscheinlich die Pflanzen und Blumen im Glashaus, deren Schatten wir durch die halbdurchsichtigen Scheiben verwischt und verschwommen zu erkennen glauben.

Die noch immer in der Luft liegende Glashauserzählung erreicht ebenso ihr Ende wie die Besprechung im Wirtschaftsgebäude.
Ich sehe das Tor des Wirtschaftsgebäudes sich öffnen; vermutlich möchte der Portier des Wirtschaftsgebäudes den Herren, die an der Besprechung im Wirtschaftsgebäude teilgenommen hatten, die Möglichkeit geben, das Wirtschaftsgebäude wieder zu verlassen.
Die Herren versammeln sich kurz vor dem Tor, sagen einander »Guten Tag« oder »Auf Wiedersehen«, um sich dann in alle Winde zu zerstreuen.
Der Portier schließt das Tor des Wirtschaftsgebäudes, sein schwarzer, wehender, flatternder Arbeitsmantel verschwindet hinter einem zufliegenden Torflügel.

Wir sind ja nur einfache bescheidene Werktätige und behalten immer ein klares Auge, damit, wenn das zweite Auge sich schließt, wenigstens ein Auge offenbleibt und alles überschauen kann.
Wir einfachen Werktätigen haben die wunderbare Gabe, alles ohne irgendwelche Schwierigkeiten nur mit einem Auge zu meistern.
Das haben uns unsere kleinen werktätigen Eltern und Großeltern und unsere kleinen werktätigen Verwandten beigebracht und täglich uns diesbezüglich belehrt.
Mit einem Auge müsse man alles zu überschauen imstande sein.
Mit dem zweiten Auge könne man träumen.
Wenn man eines seiner Augen durch Unfall oder Mißgeschick verliere, sei es für das zweite übriggebliebene Auge weder möglich, den von nun an auf einmal doppelt so großen Aufgabenbereich zu übernehmen, noch die von nun an auf einmal doppelt so hohe Leistung zu vollbringen. Den durch diese Anpassung entstehenden Arbeitszeitverlust

könnten wir einfachen Werktätigen uns nicht leisten, wir dürften uns keine einzige Sekunde lang verwirren oder verstören lassen.

Deshalb sollten wir beide unsere Augen selbständig und voneinander unabhängig werden lassen, dann seien wir jeder Gefahr gegenüber gewappnet.

Es gibt sehr viele einäugige kleine Werktätige.

Einäugige Werktätige können nicht träumen, da ihnen das zweite Auge, mit dem sie träumen könnten, fehlt, sie den Blick ihres einzigen Auges andauernd auf ihr Werktätigkeitsfeld zu richten haben und die Zifferblätter der Uhren, Thermometer, Hygrometer, Barometer, Manometer und Seismographen im Auge behalten müssen.

Einäugige Werktätige werden mit besonderer Vorliebe in kaufmännischen Betrieben angestellt, da, wie sich herausgestellt hat, sie am meisten verkaufen.

Einäugige Werktätige verkaufen mehr als zweiäugige Werktätige.

Einäugige Verkäufer verdienen mehr als zweiäugige.

In letzter Zeit gibt es fast nur mehr einäugige Verkäufer.

Wir sind vor dem Glashaus gestanden. Du und ich.
Wir haben den Glashausbesitzer gefragt, ob wir ins Glashaus hineingehen, das Glashaus besichtigen dürfen.
Der Glashausbesitzer hat gesagt:
»Sie dürfen ins Glashaus hineingehen.«
Er hat die Tür des Glashauses aufgesperrt, und wir sind dann ins Glashaus hineingegangen.
Wir sind dann aber wieder sehr bald aus dem Glashaus herausgekommen.
Wir haben im Glashaus nichts gesehn.
Durch die Glashausscheiben ist über uns der Himmel durch das uns von ihm trennende Glas gebrochen und verwischt hereingeflossen. Wir sind dann, wie gesagt, sehr bald wieder

aus dem Glashaus herausgekommen.
Heraußen hat der Glashausbesitzer auf uns gewartet.
Er hat das Glashaus wieder zugesperrt.
In seine kommenden Pläne einweihend, hat er uns erklärt, er habe erst kürzlich, gestern, wie er glaube, das Glashaus ausräumen lassen müssen, denn er werde dieses abreißen und ein neues Glashaus aufstellen lassen.
Der Glashausbesitzer hat gesagt:
»Wissen Sie, es gibt nämlich verschiedene Arten von Glashäusern.«
Wenn das neue Glashaus fertig, seien wir herzlich eingeladen, wieder zu kommen.
Der Glashausbesitzer hat gesagt:
»Wissen Sie, es gibt nämlich Glashäuser,
                    Glashäuser und
                    Glashäuser.«

Giraffen fressen die weißen Porzellanisolierungskörper von den Spitzen der Leitungsmasten,
um die Telegraphenstangen stehen im Kreis Dromedare und reiben sich ihre Hälse,
und der Bezirksvorsteher zerhackt die aufkommende Nacht in kleine, würfelzuckergroße Stücke und wirft sie den Hunden und dem Geflügel zum Fraß vor.

Mit dem spurlosen Verschwinden der Besprechung im Wirtschaftsgebäude hängt auch das spurlose Verschwinden der Glashauserzählung zusammen.
Sowohl langsam als auch sicher wird es sowohl langsam als auch sicher langsam wieder möglich zu atmen, ohne dauernd den Atem anhalten zu müssen.
Die einzige Hoffnung scheint tatsächlich darin zu bestehen, daß all das, worüber ich (wir) mir (uns) Gedanken gemacht

habe (haben), worüber ich (wir) einfach gezwungen gewesen bin (sind), mir (uns) Gedanken zu machen, möglichst rasch in Vergessenheit gerät.

Jeden Morgen, wenn ich aus dem Haus ging, sah ich vom Horizontstrich her sich etwas Glitzerndes immer näher zu unserem Haus vorschieben. Jeden Tag ein kleines Stück weiter auf uns zu, immer beschaulicher herbei.
Eines Morgens war es so weit:
die Glashauskolonie hatte uns fast schon erreicht, war nur mehr so weit entfernt, daß wir sie im Laufe eines einstündigen Spazierganges erreichen hätten können, was aber nicht notwendig war, da sich der Vorgang ohnedies umgekehrt abspielte, die Glashauskolonie auf dem Weg zu uns war, sich immer weiter zu uns vorschob: lauter kleine, sich vermehrende, höchstens meterhohe Glashäuschen, immer wieder neue Glasplatten, Glassegmente, Glasrechtecke, Glasdreiecke oder Glastrapeze vor sich herschiebend, neue Glashäuschen zusammenlegend.
Die Glashauskolonie hatte uns erreicht.
Sie ging selbstverständlich über uns hinweg.

DIE HINTERHÄLTIGKEIT
DER WINDMASCHINEN

»Die wichtigsten Lokalnachrichten in Kürze:
Der Panzer des Hirschkäfers ist kein Telefonhörer.
Wer ein Glas Schnaps trinkt, ist noch lange kein Rauchfangkehrer.
Es wird gebeten, die Wartesäle des Bahnhofs nicht als Briefpapier zu verwenden!
In der Aktentasche findet heute kein Golfspiel statt.
Das letzte Flugzeug aus Greenwich ist soeben am Schreibtisch des Bürgermeisters gelandet.
Die Jahreshauptversammlung findet diesmal in der Badewanne statt.
Es wird gebeten, zum Gottesdienst im Kleiderschrank pünktlich zu erscheinen!
Wer einen ländlichen Spaziergang unternimmt, soll darauf achten, möglichst wenige Bauernhäuser und Stallgebäude zu zertreten.
Der Föhn ist ein gut gekleideter Offizier, der seine Visite auf den Dachböden beginnt. Der nächste Expreßzug wird durch die Rohre der Zentralheizung umgeleitet.
Der Schweiß der Fabrikarbeiter war nur der Speichel ihrer Vorgesetzten gewesen.
Jeder Bürger hat die Pflicht, auf amtliches Verlangen seinen Existenzberechtigungsausweis vorzulegen. Der diensthabende Kontrollbeamte ist auch berechtigt, sich diesen vorübergehend aushändigen zu lassen, um, falls er es für angebracht hält, die Echtheit des Dokuments in der nächsten Dienststelle überprüfen zu können. Der Existenzberechtigungsausweis wird nach Ablauf der allgemein bekannten Zeit ungültig, es kann aber auf den dafür zuständigen Ämtern ein Gesuch um behördliche Verlängerung der Gültigkeit eingereicht werden, dem nach Erbringung des Nachweises von ordnungsgemäßen geregelten Verhältnissen in einigen Fällen entsprochen wird.«

»Jetzt machen Sie aber einen Punkt! Sie gehn jetzt, ja?! Es geht nicht an, daß Sie Ihre Zeit schon wieder überziehn, jetzt beginnt nämlich, was rede ich, hat natürlich schon

lange begonnen, unser Termin.«
»Entschuldigen Sie, Herr Kollege, lassen Sie mich bitte nur noch die Sturmwarnung durchgeben, die hab ich vorhin vergessen.«
»Neinnein, das geht nicht. Überlassen Sie das ruhig uns, wir erledigen das schon...«
»Wie Sie wollen, aber Sie werden schon sehn, was Sie davon haben werden!«

»Kommen Sie bitte herein, kommen Sie alle ganz rasch, wir haben nicht so viel Zeit, wir wollen mit der Besprechung beginnen! Die Räume stehen uns endlich zur Verfügung. Schließen Sie bitte die Türe!
Soweit ich sehen kann, sind wir vollzählig anwesend. Das freut mich. Wie geht es Ihnen? Gut? Ja? Wie haben Sie den gestrigen Tag überstanden? Den gestrigen Abend? Wie üblich? Erzählen Sie, bitte! So erzählen Sie doch! Sie da zum Beispiel! Ja, Sie!«
»Wie üblich, Herr Professor, wie üblich!«
»Gansmayr hielt sich erstaunlich gut.«
»Auch Furtwängler konnte sich wieder behaupten.«
»Schranz lag bestens im Rennen.«
»Dann begegnete Pongratz, der Millionär und Dienstmann den beiden Hofmeistern.«
»Adriennes weiße Schultern wurden von einem kalten Schauern überrieselt, denn Zeppl, der Erbschleicher war durch die offene Tür herein gedampft.«
»Doch da war gottseidank schon Müller, der hüpfende Freier, der unbemerkt aus dem Kasten heráuskrachte.«
»Haderer, der unverantwortliche Minister tropfte aus dem Fenster hinunter auf den Exerzierplatz.«
»Hans Christoph Buch, der Diplomat der alten Schule ging mit dem Kleiderständer gegen ihn los, während Nicolas Born, der Schuster und Feuerwerker sicher Schober Spaun Vogel und Jenger durch den Kamin stampfte.«

»Da konnte auch Marianne, die vielseitige Liebhaberin endlich aktiv werden, Frau Kolb, die gesetzte Anstandsdame zog sich zurück...
worauf dann Herbach, der sympathische Naturbursche endlich durchs Fenster hineinsteigen konnte.«
»Günter Bruno Fuchs, der Schnürmeister trat in Aktion und alle ihm zugeteilten hielten natürlich sofort den Atem an.«
»Fräulein Draxler, das Milchmädchen sprang heulend vom fünften Stock hinunter.«
»Herr Zerbst, der verschwiegene Badegast hatte plötzlich wie immer seinen Text vergessen.«
»Das war nicht so schlimm, denn Seidler, der Souffleur half, wo er konnte, doch plötzlich begann der Kopf Seidlers unerhört rasch zu wachsen, sein Kopf wurde zum allgemeinen Erstaunen immer größer und wuchs aus dem dunklen Spalt des Souffleurkastens unaufhörlich heraus, bis er eine nicht für möglich gehaltene Größendimension erreicht hatte!«
»Ja. Erzählen Sie weiter!«
»Was gibt es da viel zu erzählen, alle wunderten sich zunächst über diesen ständig sich vergrößernden und aus dem Souffleurkastenspalt immer weiter herauswachsenden Kopf, was für ein Kopf, dachte man, dieser gewaltige, mehr als überdurchschnittlich große Kopf, der im Programm gar nicht vorgesehen war und einen Großteil des Raumes vermutlich mit einer spielerischen Leichtigkeit in seinem Schlund verschwinden lassen könnte...«
»Es dauerte eine ganze Weile, bis man erkannte, daß dieser Kopf tatsächlich der Kopf des Souffleurs war.«
»Noch nie hatte man Seidler mit einem so großen Kopf gesehn!«
»Bis man dann an den verschiedenen Gesichtspartien, Gesichtszügen, Nase, Mund, Augen, Ohren, die lediglich durch ihre mehr als überdurchschnittliche Größe anfangs fremd und ungewohnt angemutet hatten, erkennen mußte, daß es sich doch um den Kopf des Souffleurs und um keinen anderen Kopf handelte.«

»Und was man anfangs mit einem gewissen Unbehagen als drohenden Gesichtsausdruck dieses übergroßen Kopfes ausgelegt hatte, war, wie sich gleich herausstellen sollte, gar kein drohender, sondern ein äußerst verzweifelter Gesichtsausdruck.«

»Denn Seidler befand sich in einer für ihn mehr als komplizierten bedenklichen und problematischen Lage.«

»Denn es war ihm weder möglich, seinen plötzlich mehr als überdurchschnittlich großen Kopf durch den Spalt des Souffleurkastens wieder in den Souffleurkasten zurückhineinzuziehen noch seinen restlichen Körper, der im Verhältnis zu diesem riesigen Kopf, wie man sich denken kann, ziemlich klein anmuten mußte, durch den Spalt des Souffleurkastens hinauszuschieben, weil die Öffnung des Souffleurkastens sowohl für den Kopf als auch den Körper zu klein war!«

»Deshalb war der Hals des Souffleurs im Spalt des Souffleurkastens selbstverständlich eingeklemmt, festgeklemmt, was Seidler natürlich unangenehme Atemschwierigkeiten bereitete, er hatte große Mühe beim Luftholen, und man hatte ganz den Eindruck, jetzt und jetzt geht ihm die Luft aus, Herr Professor!«

»Ja, und wie ging das weiter?«

»Na ja, um möglichst wenig Aufsehen zu erregen und jede Ruhestörung zu vermeiden, beruhigte man Seidler, ruhig, Seidler, flüsterte man dem Souffleur zu, ruhig atmen, Seidler.«

»Und Seidler hielt tatsächlich bis zum dicken Ende durch, woran schon fast niemand mehr geglaubt hatte!«

»Naja, das scheint ja gerade nochmal gut gegangen zu sein!«

»Anschließend gratulierte man Seidler zu seinem überdurchschnittlich großen Kopf.«

»Es ist schließlich nicht jedem vergönnt, einen so großen Kopf zu haben, Herr Professor!«

»Nun, ich finde, da gibt es gar nicht so viel zu lachen. Aber wir hier, wir machen das, wie soll man da sagen, wir machen

das... anders, ganz anders. Wir haben nichts zu verheimlichen, ganz im Gegenteil, wir wollen gleich von Anfang an alles klarstellen. Klarlegen. Ja? Offen, wissen Sie. Aufdecken. Seit wir diesen Raum betreten haben, wird alles mitgeschnitten, Original-Bild, Original-Ton und alles, was es sonst noch gibt, verstehn Sie. Auch unsere jetzt gleich folgende vorbereitende Besprechung wird dokumentiert. Fangen wir also an. Wer klopft denn da schon wieder? Was gibt es denn jetzt noch?! Herein! Ach, der Herr Inspektor.«
»Nichts für ungut, Herr Professor, dürfte ich Sie alle ersuchen, Ihre Existenzberechtigungsausweise vorzulegen?!«
»Muß denn das jetzt sein?! Also bitte! Hier! Aber machen Sie rasch!«

»Danke.«
»Bitte.«
»Dankesehr.«
»Bittesehr.«
»Vielen Dank.«
»Aber bitte.«
»Dankeschön.«
»Nichts zu danken.«

»Und Sie, was ist mit Ihnen? Sie! Nein, nicht Sie, sondern Sie, ja Sie!«
»Oje, wie soll man das erklären? Zu Hause, wissen Sie, zu Hause vergessen. Wenn Sie sich bitte etwas gedulden. Bis morgen. Morgen jederzeit. Oder besser noch heute. Ein paar Stunden. Wenn Sie sich nur ein paar Stunden gedulden könnten?! Eine halbe Stunde wenigstens...«
»Was glauben Sie eigentlich?! Wie stellen Sie sich das denn vor?! Ich bitte Sie sehr, mir keine weiteren Schwierigkeiten zu machen und mit mir mitzukommen, damit ich Sie dort abliefern kann, wohin Sie vermutlich schon lange hingehört hätten!«
»Aber Sie können doch nicht so einfach...«
»Kommen Sie!«

»Was macht er denn mit ihm? Das darf er nicht! Dazu hat er kein Recht! Er kann doch nicht einfach!«
»Und ob der kann! Da kennt er gar nichts! Haben Sie das jetzt gesehn?«
»Was?«
»Dieses Zusammenschnappen, ich glaube, von Handschellen, und jetzt, oje, dieses furchtbare Schleifen am Boden, und wie er die Türe zuschlägt!«

»Stehen Sie nicht untätig herum, wir haben keine Zeit zu verlieren! Wir sind genau um einen zu wenig. Fordern Sie Ersatz an!«
»Ist schon geschehn, Herr Professor. Wartet schon draußen.«
»Sofort hereinkommen lassen!«

»Guten Abend.«
»Sie sind also unser neuer Kollege. Wissen Sie schon, was Ihnen hier bevorsteht?«
»Nein.«
»Sie werden schon sehn. Sie machen einfach mit. Ja? Sobald Ihnen etwas unklar ist, fragen Sie! Ja?! Sie können jetzt gleich zum Beispiel mithelfen beim Aufbau der Wind- und Sturmhilfsgestelle!«
»Wie bitte?«
»Ich sagte, wir beginnen damit, die Windhilfsgestelle aufzubauen. Sie können dabei schon helfen.«
»Windhilfsgestelle? Sturmhilfsgestelle? Wozu?«
»Sie sind offenbar wirklich ganz neu hier. Wissen Sie denn nicht, daß man von einem plötzlich aufkommenden Wind oder Sturm einfach weggeblasen, fortgetrieben, einfach hinweggeweht werden kann, ohne daß man je wieder einmal gefunden wird? Haben Sie denn davon noch nie was gehört?«
»Nein.«
»Um dergleichen zu verhindern, gibt es überall solche Wind- und Sturmhilfsgestelle, an denen man sich bei Sturm oder Wind festhalten kann. Wenn man sich bei Wind oder Sturm

an so einem Gestell ordentlich festhält, kann man vom Sturm oder Wind nicht einfach weggeblasen werden, sehn Sie?! Sie! Ja, Sie und Sie und auch Sie da, erklären Sie das dem neuen Kollegen!«

»Jeder Bürger hat die Pflicht, sobald Wind oder Sturm aufzukommen droht, sich umgehendst zum nächsten nicht besetzten Wind- oder Sturmhilfsgestell zu begeben und sich daran festzuhalten.«
»Für Personen, die sich bei Sturm oder Wind an den Wind- oder Sturmhilfsgestellen unsachgemäß oder überhaupt nicht festhalten und die deshalb vom Sturm oder Wind weggeblasen, fortgetrieben durch den Himmel geschleudert, durch die Luft gewirbelt hinweggeweht werden, wird keine Haftung übernommen.«
»In früheren Zeiten, in denen Wind- und Sturmhilfsgestelle entweder noch ganz und gar unbekannt gewesen sind oder aber nur in mehr oder weniger seltenen Fällen zur Verfügung standen, sind sehr häufig, zu häufig und mit einer beängstigenden Regelmäßigkeit Leute von Winden oder Stürmen einfach weggeweht worden, oft sind täglich mehrere Personen von einem Sturm einfach fortgeblasen und nie mehr wieder gesehn worden, und trotz sorgfältiger Arbeit der Suchkommandos sind fast alle Personen, die ein Opfer des Windes geworden waren, für immer und ewig verschwunden gewesen.«
»Die Leute, die damals gelebt haben, müssen den Witterungsverhältnissen auf erschreckende Weise hilflos ausgeliefert gewesen sein.«
»Seit jedoch durch unsere neue strenge Gesetzgebung die Anzahl, Verteilung und Anordnung von Wind- und Sturmhilfsgestellen in der Landschaft geregelt wird, wird kaum mehr jemand ein Opfer des Windes oder eine Beute des Sturmes, da weit mehr als genügend solcher Hilfsgestelle, durch welche die Sicherheit der gesamten Bevölkerung gewährleistet ist, zur Verfügung stehen.«
»Man spricht von einem fast sämtliche Gebiete umfassen-

den Hilfsgestellsystemnetz, verstehst Du.«
»In letzter Zeit scheint es sich bei allen Landschaften, die wir kennen, um ganz und gar typische Windhilfsgestellslandschaften zu handeln.«
»Es scheint unmöglich zu sein, sich momentan woanders aufzuhalten als in einem der vielen Sturmhilfsgestellslandstriche.«

»O ja, Sie haben leider ganz recht! Hören Sie jetzt zum Beispiel dieses bedenkliche Pfeifen, oder ist es ein Rauschen, das klingt ja wieder einmal ganz schön gefährlich, Herr Professor!«
»Begeben Sie sich alle sofort zu den Gestellen und halten Sie sich fest!«
»Aber was soll denn passieren? Befinden wir uns nicht in einem geschützten Raum?«
»Fragen Sie nicht so viel! Man kann nie wissen! Um Gotteswillen! Dort drüben! Das Fenster! Geöffnet! Schließen Sie! Schließen Sie sofort das Fenster!«
»Zu spät, Herr Professor, sehn Sie dort, die Fensterflügel schlagen, als wäre das Gebäude ein Vogel vorm Abflug, und dort, oje, ich glaube, unser neuer Kollege, wie er aus dem Zimmer hinausgesaugt wird, mit den Schultern voraus, als wäre das Fenster ein ans Haus gepreßter Landschaftsmund, der ihn gerade verschluckt!«

»Vorbei! Schon wieder vorbei. Erstaunlich kurz nur. Das soll ein Wind gewesen sein? Das war doch eher ein leichtes Wischen über das Dach.«
»Doch der arme Kerl, den hats erwischt, so jung und schon fort, so kurz nur bei uns.«
»Den hat der Sturm schon lang übers Meer auf einen weit entfernten für uns nicht erreichbaren Erdteil geblasen.«
»Dort wird man ihm womöglich ganz arg zusetzen.«

»Daß man uns nicht in Ruhe arbeiten läßt! Schon wieder dieses Klopfen! Ich glaube langsam, man mag uns hier nicht besonders. Herein! Ach Sie sind's! Das ist natürlich etwas ganz anderes. Sagen Sie, wie haben Sie denn das gemacht?«
»Ich hab Glück gehabt. Der Sturm hat mich nur etwa 200 m weggeblasen, dann hab ich mich in einem Baum in den Ästen verfangen, bin von der Baumkrone festgehalten worden, dadurch ist mir das Schlimmste erspart geblieben. Sehn Sie, nur ein paar Hautabschürfungen. Lächerlich. Wenn sonst nichts ist.«
»Das ist also gerade nochmal gutgegangen. Sie können, wenn Sie wollen, weiter bei uns mitarbeiten. Oder wollen Sie lieber gehen? Ich halte Sie nicht zurück!«
»Neinnein, ich will bleiben. Ich glaube, die Sache beginnt jetzt langsam interessant zu werden. Was ist denn zum Beispiel das dort?«
»Was?!«
»Nun, dieses, wie soll man sagen, dieses sanfte Ziehen oder Plätschern, hören Sie?«
»Ach ja, sehn Sie, das ist ein Boot, ein Segelboot.«
»Aber warum denn jetzt auf einmal ein Boot?!«
»Ein Segelboot. In diesem Boot werden Sie sich gleich den Präsidenten vom Inland vorstellen müssen. Er hat Streitigkeiten mit dem Präsidenten vom Ausland. Das ist doch verständlich? Oder?«
»Inland? Ausland? Was soll das?«
»Meine Damen und Herren, bitte erklären Sie das dem neuen Kollegen! Bitte!«

»Wissen Sie, es gibt sehr viele Inländer und sehr viele Ausländer.«
»Aber Inländer und Ausländer haben immer Streitigkeiten miteinander, verstehn Sie.«
»Um dem abzuhelfen, werden wir in unserer Dokumentation einen Inländer und einen Ausländer in ein klärendes

Gespräch vertieft darstellen.«
»Auf die Frage des Inländers, woher er denn komme, wo er denn zu Hause sei, antwortet der Ausländer, seine Heimat sei das Ausland, und er besitze selbstverständlich die ausländische Staatsbürgerschaft.«
»Dann fragt der Inländer, dem das Ausland unbekannt ist, den Ausländer, ob seine Heimat, das Ausland schön sei.«
»Darauf antwortet der Ausländer, das Ausland sei ja schließlich seine Heimat, er sei im Ausland geboren, habe eine typisch ausländische Erziehung genossen, mehrere ausländische Grundschulen besucht, und das alles verbinde ihn natürlich mit seiner Heimat Ausland, deshalb liebe er sein Ausland und finde seine Heimat Ausland schön.«
»Ob denn die Landschaft des Auslandes sehr reizvoll sei, möchte dann der Inländer vom Ausländer erfahren.«
»Der Ausländer schildert darauf dem Inländer seine Heimat Ausland in den prächtigsten Farben und spricht von verschiedenen ausländischen Seenlandschaften.«
»Der Ausländer teilt das Ausland geographisch in das Ausländische Hochgebirge, die Ausländische Tiefebene, das Ausländische Mittelgebirge und das Ausländische Hügelland ein.«
»Ihre Muttersprache ist wahrscheinlich das Ausländische, sagt dann der Inländer zum Ausländer.«
»Natürlich ist seine Muttersprache das Ausländische, antwortet der Ausländer, und wenn er, nicht wie jetzt mit ihm, dem Inländer, sondern mit seinen Landsleuten, den Ausländern zusammen sei, spreche er selbstverständlich nur Ausländisch.«
»Er verstehe kein Wort Ausländisch, erklärt der Inländer dem Ausländer und möchte gern wissen, wie denn Ausländisch klingt.«
»Um dem Inländer den Klangcharakter der ausländischen Sprache zu vermitteln, wirft der Ausländer dem Inländer ein paar ausländische Wortfetzen entgegen, was der Inländer natürlich nicht versteht.«

»Ein großer Nachteil des Ausländischen besteht darin, daß das Ausländische fast ausschließlich im Ausland gesprochen wird.«

»Es gibt im Inland fast keinen Inländer, der wenigstens auch nur ein paar Brocken Ausländisch versteht, geschweige denn sprechen kann.«

»Der Ausländer bedauert, daß man sich im Inland mit dem Ausländischen so gut wie gar nicht auseinandersetzt.«

»Auf die Frage des Ausländers, woher er denn kommt, wo er denn zu Hause ist, antwortet der Inländer, seine Heimat ist das Inland, und er besitze selbstverständlich die inländische Staatsbürgerschaft.«

»Der Ausländer, dem das Inland unbekannt ist, fragt den Inländer, ob seine Heimat, das Inland, schön sei.«

»Darauf antwortet der Inländer, das Inland sei ja schließlich seine Heimat, er sei im Inland geboren, habe eine typisch inländische Erziehung genossen, mehrere inländische Grundschulen besucht, und das alles verbinde ihn natürlich sehr mit seiner Heimat Inland, deshalb liebe er sein Inland und finde seine Heimat Inland schön.«

»Ob denn die Landschaft des Inlandes sehr reizvoll ist, möchte dann der Ausländer vom Inländer erfahren.«

»Der Inländer schildert dem Ausländer seine Heimat Inland in den prächtigsten Farben und schwärmt von verschiedenen inländischen Seenlandschaften.«

»Der Inländer teilt das Inland geographisch in das Inländische Hochgebirge, die Inländische Tiefebene, das Inländische Mittelgebirge und das Inländische Hügelland ein.«

»Er ist, sagt der Ausländer, streng ausländisch erzogen worden und hat die ausländischen Grundschulen, die ja bekanntlich zu den besten auf der ganzen Welt gehören, besucht.«

»Er ist, sagt der Inländer, streng inländisch erzogen worden und hat die inländischen Grundschulen, die ja bekanntlich zu den besten auf der ganzen Welt gehören, besucht.«

»Der Lebensstandard im Inland ist wesentlich höher als der Lebensstandard im Ausland, während der Lebensstandard

im Ausland wesentlich höher ist als der Lebensstandard im Inland.«
»Wenn man im Inland mit etwas unzufrieden ist, fluchen alle Leute ›Zustände wie im Ausland‹!«
»Aber wenn man im Ausland mit etwas nicht zufrieden ist, schimpfen alle ›Zustände wie im Inland‹!«
»Der Ausländer benimmt sich dem Inländer zu ausländisch.«
»Der Inländer benimmt sich dem Ausländer zu inländisch.«
»Na also. Das ist doch ganz klar. Oder?«
»Das leuchtet mir ein, doch was höre ich dort, das Aufsteigen eines Luftballons, und dort das Herbeischweben eines Zeppelins, und dort...«
»Lassen Sie sich nur davon nicht ablenken! Der Professor erklärte ganz deutlich, Sie müssen sich in diesem Boot hier, hören Sie, den Präsidenten vom Inland, auf diesem Schiffsboden stehend durch die schaukelnden Wellen schwankend segelnd nach der Hauptstadt von Inland vorstellen, hören Sie...«

»Neinnein, was für ein Unsinn, auch nur ein Wort über diesen lächerlichen Präsidenten dort zu verlieren, ohne vorher sich mit unserer Erzählerin auseinandergesetzt zu haben!«
»Sehn Sie, im Lastkorb dieses Fesselballons von ihrer schwebenden Montgolfiere erklärt sie jetzt alles, man kann ihre Stimme fast schon ganz deutlich hören!«
»Sie erklärt, vor gar nicht so langer Zeit ist es gar nicht so einfach gewesen, eine Wiese zu überqueren, ohne in dieser Wiese zu ertrinken!«
»Sie führt das darauf zurück, daß man das Gras und die Wiesen erst in späterer Zeit trockengelegt hat.«
»Natürlich vergißt sie auch keineswegs darauf, auf jene Wiesen besonders hinweisend die allgemeine Aufmerksamkeit zu lenken, die man bis heut noch nicht trockengelegt

hat, an deren Rändern Warntafeln und Warnschilder aufgestellt sind.«
»*Achtung! Diese Wiesen sind nicht begehbar, sondern nur mit Booten und Kähnen beschiffbar! Das Betreten dieser Wiesen ist gefährlich und deshalb verboten!*«

»Wer redet da von Wiesen, Erzählern und Präsidenten, was für eine Dummheit, jawohl, gerade vorhin einen Präsidenten erwähnt zu haben, der hier jetzt nicht das geringste zu suchen hat!«
»Wir können uns nicht erlauben, die Zeit mit einem farblosen Präsidenten zu vertrödeln!«
»Einen abgetakelten Präsidenten kann man niemandem zumuten!«
»Wir haben es mit keinem Präsidenten zu tun, sondern mit dem S o h n des Präsidenten, jawohl, es handelt sich nämlich um den Sohn des ausländischen Präsidenten, den wir uns jetzt mit seinem Luftschiff vom Ausland ins Inland einfliegend, ja, vom Ausland federleicht beinahe geräuschlos, ohne von irgend jemandem gesehen, entdeckt zu werden, ganz leise rauschend ins Inland hineinschwebend und ungestört seinen Monolog beginnend vorstellen müssen, hören Sie!«
»*Nicht jeder Tag trägt Lederhosen!*
Dieser Tag trägt Sommerschuhe, ein Paar widerstandsfähige Jeans der Marke Lee und ein dazupassendes grobes Leinenhemd.
Dieser Tag ist Brillenträger!
Dieser Tag beginnt unauffällig in den Stiegenhäusern.
Dieser Tag hat sich in einigen Appartements mit Balkonen und guter Aussicht gemütlich eingerichtet.
Dieser Tag schleicht flüsternd durch die Korridore und verschwindet wispernd in den Haustoren.
Dieser Tag kriecht durch die Schlüssellöcher.
Dieser Tag wird eine Konferenz einberufen.
Dieser Tag wird eine Volksversammlung abhalten.
Dieser Tag wird eine Volksabstimmung ausrufen!«

»Jetzt reichts aber! Diese andauernden unbrauchbaren hohlen Reden über Fesselballone, Luftschiffe, durch die Luft rauschende ausländische Junggesellen und anderes Gesindel locken niemanden hinter dem Ofen hervor! Wo ist denn hier ein Luftschiff?! Wo eine Montgolfiere?! Herzliches Beileid! Ich sehe nichts. Oder sehn Sie was?«
»Nein, es ist nichts zu sehn.«
»Es ist alles bewölkt, richtig, alles bewölkt, verstehn Sie, das kommt hier von uns her, hören Sie jetzt die Nebelhörner?«
»Das kommt aus diesen Gebäuden hier, die man als ›Wolkenspeicher‹ bezeichnet und die an ganz bestimmten Punkten des Landes errichtet wurden, um in ihnen einen gewissen Vorrat an Wolken einlagern zu können, um während der Zeiten außerordentlicher Hitze und Trockenheit über einen gewissen Vorrat an verschiedenartigen Wolken verfügen zu können.«

»Wo sind denn hier Wolken?«
»Ich sehe keine einzige Wolke.«
»Strahlendes Wetter. Oder?«
»Jawohl. Strahlendes Wetter, und der Präsident vom Inland steht jetzt nach wie vor in seinem Boot.«
»Vor seinem linken Auge sehe ich deutlich ein, jawohl, ein Fernrohr, durch das er auf die jetzt noch weit entfernte Hauptstadt vom Inland schaut, und während sein Boot zügig die Wiesen durchfurcht, übers Gras treibt, denkt er an seine neuen inländischen Gesetze, die er vor kurzem erlassen hat. Horchen Sie ja genau zu!«
»Jeder Unterdrücker hat in jeder Lebenslage seinen Hintern so zu postieren, daß möglichst viele der von ihm Unterdrückten möglichst oft möglichst weit hineinkriechen können, ferner hat er immer bereit zu sein, möglichst viele der von ihm Unterdrückten möglichst oft irgendwohin irgendwohinein oder irgendwo hinauszudrücken.«

»Es ist eine bodenlose Gemeinheit, das vorlaute Benehmen des Herrn dort zu unterstützen, der sich noch dazu einen Präsidenten schimpft, von dem noch nie jemand was gehört hat. Oder hat jemand von Ihnen jemals von diesem Herrn dort etwas gehört?«
»Nein, nichts gehört, nichts gesehn, denn gerade vorhin hat unsere Erzählerin ein sehr altes Gemälde der Hauptstadt des Landes erklärt.«
»Vor vielen Jahren wurden also unsere Städte von flüssigen Wiesen umgeben, weshalb man sie damals noch als Inseln bezeichnet hat...«

»Diese lächerliche Erzählerin, die hier weder etwas zu suchen noch etwas verloren hat, soll endlich ihren Mund halten und sich verdrücken.«
»Denn der Sohn des ausländischen Präsidenten ist mit seinem Luftschiff schon weit ins Inland vorgedrungen fast geräuschlos nur leise rauschend herbeigeschwebt...«
»Noch immer hat ihn niemand entdeckt.«
»Schweigend über ein Mohnfeld gleitend doch immer noch einiges befürchtend setzt er seinen Monolog fort.«
»Dieser Tag wird in Form von Eselsohren an den Ecken der Bücher eingerollt.
In den Kaffeehäusern wird das eingekühlte Morgenrot dieses Tages in Form von Campari als hervorragender Aperitif empfohlen und mit Soda und Eis die Kehlen hinabgeschlürft.
Dieser Tag legt seine zitternde Luft über das Bahnhofsgelände und über die Schienen der Straßenbahn.«

»Das kann gar nicht wahr sein.«
»Natürlich alles gelogen.«
»Noch immer ist kaum was zu sehn.«
»Der Himmel nach wie vor bedeckt, die Luft um uns herum ist eine einzige Wolke!«

»Was natürlich nur damit zusammenhängt, daß zu gewissen Zeiten am Himmel die Wolken gesät gepflanzt angebaut werden.«
»Es gibt viele Arten von Wolkenfeldern.«
»Man unterscheidet zwischen Dunstfeldern, Frühnebelfeldern, Überlandregenwolkenfeldern, Nieselregenwolkenfeldern, Salzburger Schnürlregenwolkenfeldern, Gewitterwolkenfeldern uswusf.«
»Wenn die Wolkenfelder reif sind, das ist der Zeitpunkt, bevor sie ihr Wasser abzuschlagen beginnen oder sich entladen, werden sie abgeerntet, abgeschnitten, auf Pferdefuhrwerke verladen und jetzt auch gleich schon zu den Wolkenspeichern hierher transportiert, in diesem grauen Haus zum Beispiel eingelagert, sehn Sie.«

»Das ist unmöglich, das kann sich hier niemand erklären, von Wolken nicht die geringste Spur, oder sehen Sie eine Wolke?«
»Nein, Herr Professor, nirgends auch nur die Andeutung einer kleinen Wolke.«
»Es gibt keine Wolken. Jawohl. Seit ich lebe, habe ich noch nie eine Wolke gesehn, jawohl, noch nie eine Wolke oder hat jemand von Ihnen vielleicht schon einmal eine Wolke gesehn? Nein? Da haben wir ja!«
»Tatsächlich scheint es keine Wolken zu geben!«
»Wolken sind vermutlich nichts als eine glatte Erfindung von solchen Leuten, die über eine etwas abwegige Fantasie verfügen.«
»Strahlendes Wetter, Herr Professor. Der Präsident vom Inland steht nach wie vor in seinem Boot, legt jetzt das Fernrohr beiseite, durchquert mit dem Schiff mehrere Maisfelder, denkt dabei wieder an die inländischen Gesetze und lamentiert diese wortwörtlich. Horchen Sie!«
»Keine Blitzableiter mehr in falsche Hände! Sollten subversive Elemente auf die Idee kommen, sich vor den Gewitterwolken der Polizei mit Blitzableitern zu schützen, wird man kaum umhinkommen, Blitzableiter, die bislang noch frei im

Handel erhältlich sind, einer Verbreitungsbeschränkung zu unterziehn! Die öffentlichen Stellen würden sich gezwungen sehen, den Kauf von Blitzableitern vom Nachweis einer behördlich ausgefolgten Blitzableitererwerbsberechtigungsbescheinigung, jawohl, Blitzableitererwerbsberechtigungsbescheinigung, Gruber, abhängig zu machen und den Besitz von Blitzableitern durch eine Erteilung, Verweigerung, Verlängerung oder Ungültigkeitserklärung von Blitzableiterzulassungsscheinen unter Kontrolle zu halten! Nur so wird man verhindern können, daß Blitzableiter in falsche Hände geraten, Gruber! Ein Blitzableiter in falschen Händen stellt eine Bedrohung der Sicherheit und Freiheit dar!«

»Wir haben unsere Zeit nicht gestohlen, Herr Professor, deshalb können wir uns um die Aufdringlichkeit dieser arroganten Person dort nicht kümmern.«
»Unsere Erzählerin dort hoch oben muß von ihrem Fesselballon aus endlich ausführlich zu Wort kommen können!«
»*Schon viele Personen, die sich nicht an die Verordnung gehalten und solche Wiesen betreten haben, sind im Gras ganz plötzlich, jawohl, versunken, ertrunken natürlich, da sehn wir ja wieder einmal. Die Wiesen sind verschieden tief. Je höher das Gras desto tiefer die Wiesen. Man ist dauernd damit beschäftigt, die Wiesenverhältnisse zu erforschen, gefährliche Grasuntiefen festzustellen, kennzuzeichnen, und dabei hat man oft schon kaum mehr mit landläufigen Wiesen zu tun, sondern muß sich mit der Existenz der in unglaublicher Dichte wachsenden Grasbäume auseinandersetzen...«*

»Aufhören, Ruhe, wir können nicht noch länger warten, die Geduld ist zu Ende!«
»Der Sohn des ausländischen Präsidenten, den noch immer niemand entdeckt hat, gleitet mit seinem Luftschiff in aller Stille einen Schilfgürtel überquerend und jetzt kaum hörbar pfeifend über einige Sonnenblumenfelder!«

»Daß er sein Ziel, nämlich die Hauptstadt vom Inland, bald unbemerkt erreicht haben dürfte, sofern man den vorliegenden Prognosen vertrauen kann, scheint ihn gar nicht sehr zu erheitern, was man daran erkennen kann, Herr Professor, daß er seinen nicht sehr fröhlichen Monolog unbeirrt fortsetzt:«

»Dieser Tag wird vom Tuten der Dampfer auf den Gewässern verpfiffen.
Diesem Tag schneidet man den Kragen vom Hemd, um ihn auf einigen Booten als Segel gegen den Wind zu setzen.
Diesem Tag werden große Fetzen aus seinem Leinenhemd geschnitten, aus denen man Zelte verfertigt, Zirkuszelte und Bierzelte, die am Stadtrand aufgestellt werden, wobei sich die Kragenstützen dieses Tages, soweit sie nicht schon als Segelbootmasten, Telegraphenstangen oder Fahnenmasten dienen, hervorragend als Zeltstangen eignen.
Auch die Schnürsenkel dieses Tages werden nutzbringend angewandt, indem man sie als Zeltseile verwendet, oder sie werden zur Abstützung und Verankerung von Sendetürmen herangezogen, und manchmal gibt es auch noch ein paar Seiltänzer, die auf den Schnürsenkeln dieses Tages durch die Luft wandern.«

»Nein, dieser Himmel, dieses Wetter, diese durch und durch dunstige von fetten Nebelschwaden durchgedunstete Luft um uns herum ist für Seiltanzdarbietungen gar nicht geeignet.«
»Warum?«
»Ganz einfach, das meinten Sie doch, Herr Professor, die dichten Nebelschwaden, wir könnten den Weg des Seiltänzers da oben quer über den Himmel gar nicht verfolgen, weil es unmöglich wäre, ihn zu finden! Ich kann gar nichts sehen!«
»Doch, ich sehe ihn, ganz weit ganz hoch, sehen Sie nicht, wie er freundlich uns grüßend herabwinkt?!«
»Für den sehe ich schwarz. Womöglich verliert er das Seil unter seinen Sohlen, alles so feucht und so rutschig, nicht

wahr, womöglich verliert er das Seil unter den Sohlen aus den Augen!«
»Sie haben vermutlich ganz recht, denn ich sehe, nun ja, ich sehe seine schwankende Gestalt ganz schief, Herr Professor, oje, und wie er jetzt fällt, das war leider nicht anders zu erwarten gewesen.«
»Und wie das dumpf am Boden aufplumpst!«
»Das Wetter also noch immer das gleiche, schlechte Sichtmöglichkeiten, und nach wie vor Wolken, abgeerntete Wolken.«
»Die geernteten Wolken werden hier in den Wolkenspeichern jetzt so eingelagert, daß sie innerhalb der jeweiligen Lagerfrist möglichst weder verfaulen noch verschimmeln.«
»Verfaulte oder verschimmelte Wolken müssen sofort vernichtet werden, um zu verhindern, daß sie sich an irgendeiner Stelle des Himmels festsetzen, sich verbreiten oder ausdehnen.«
»Sowohl verfaulte als auch verschimmelte Wolkenfelder verbreiten zunächst einen unangenehmen Geruch, der aber mit dem Fortschreiten der Zeit als ein immer unerträglicherer Gestank bezeichnet werden muß, und sind, wenn sie sich einmal am Himmel festgesetzt haben, nur mehr mit größten Schwierigkeiten oder womöglich überhaupt nicht mehr zu entfernen.«

»Ruhe! Wir haben genug von der anhaltenden Schlechtwetterperiode dort drüben!«
»Der Präsident des Inlandes noch immer im Boot, dessen Bug jetzt ein Baumwollfeld teilt.«
»Um ihn herumversammelt einige höhere Offiziere, die seinen Erläuterungen, das neue Gesetz betreffend, andächtig aufmerksam zuhören. Passen Sie auf!«
»Der Gartenzaun ist gar kein schlechter Zahnersatz, Gruber, und in jeder herkömmlichen Schuhschachtel ist Platz für mindestens 200.000 Zuschauer! Die Handschuhe, geben Sie mir sofort die Handschuhe!«
»Jawohl Exzellenz.«

»Aus! Dieses dumme Gerede jenes ewigen Wichtigtuers!«
»Beruhigung! Ruhig atmen! Hören Sie, was die Erzählerin jetzt berichtet.«
»Die den Stadtrand umspülenden Wiesen sind sowohl gefürchtet als auch geliebt. Die der Windstärke entsprechenden höheren oder niedrigeren Graswellen Graswogen Wiesenbrecher werden von Schleppkähnen durchquert, manchmal zeichnet ein Grasdampfer seine Rauchschwaden auf den Himmel oder fällt hinter den Horizont. Es ist ein unvergeßliches Erlebnis, an sonnigen Tagen durch ein Flachs-, Hanf- oder Hopfenfeld zu segeln oder durch den Erdäpfelacker zu rudern.«

»Diese schwachsinnige Dame entwickelt sich noch zu einer Dauerrednerin!«
»Das darf man sich nicht bieten lassen!«
»Solange wir nicht den Sohn des Präsidenten aus den Augen verlieren, sollten wir uns gar nicht darum kümmern.«
»Der Sohn des Präsidenten des Auslands steht mit seinem Luftschiff noch immer unentdeckt in der Luft wie ein Mäusebussard über einem geschnittenen Kornfeld, selbstverständlich setzt er seinen Monolog fort:«
»Dieser Tag wird von den Dreschmaschinen eingesaugt, kleinstens zerstückelt und wieder ausgespuckt.
Dieser Tag wird auf den Kasernenhöfen in Form von Schikanenkommandos aus den Kehlen der Feldwebel geschleudert.
Dieser Tag hat das Bedürfnis, Wasser abzuschlagen.
Den Gürtel dieses Tages hat man als sogenannte ›chinesische Mauer‹ benützt und damit mehr oder weniger Erfolg gehabt.
Diesem Tag trennt man die Hemdsärmel von seinem Hemd, um sie als Amtsgebäude durchziehende dumpfe Korridore zu verwenden.
Die Hemdknöpfe dieses Tages werden zu Mühlrädern, Abortdeckeln, Kirchenfenstern, Badezimmerböden, Stadttoren oder Pissoirwänden verarbeitet.

Die Haut dieses Tages färbt sich in der schon abgekühlten Luft bläulich, nein, sie wird von Überstunden schiebenden Prokuristen, Sekretärinnen, Steuerberatern, Molkereibediensteten, Sterbeversicherungsagenten und Waschmaschinenvertretern blau bemalt, insonderheit werden die aufgesprungenen Lippen dieses Tages übertüncht.
Der Körper dieses Tages hat genügend Brandflecken und rotlila Feuerpunkte aufzuweisen, die in ihrer Farbtönung und Struktur ganz dem Abendrot entsprechen, welches sie auch darzustellen haben.«

»Das Abendrot, richtig, jetzt die überraschend kleine Aufhellung, denn die geernteten Wolken sind jetzt alle im Wolkenspeicher eingelagert.«
»Mißbrauch mit eingelagerten Wolken, insbesondere Mißbrauch mit Gewitterwolken wird selten getrieben, oder was glauben Sie?«
»Es zieht harte Bestrafung nach sich, über einer blitzableiterlosen Behausung eines unausstehlichen Nachbarn hochspannungsgeladene Gewitterwolken so in Stellung zu bringen, daß die Behausung des ganz und gar widerlichen Nachbarn von Blitzen getroffen von Donnerschlägen erschüttert wird und niederbrennt.«
»Aber vor allem in Heereskreisen hat man sich doch noch bis vor kurzem fast ausschließlich mit der Einlagerung und Inbetriebnahme von hochspannungsgeladenen Gewitterwolken auseinandergesetzt.«
»Der Einsatz von höchstgeladenen Gewitterwolken hat sich sowohl in Angriffs- als auch in Verteidigungskreisen als hochwertiges Kampfmittel bestens bewährt!«
»Man befürchtet allerdings, daß die Gewitterwolke in einem eventuellen künftigen Krieg als Kampfwaffe nicht mehr diese Rolle spielen wird können wie in jenen Kriegen, die der Vergangenheit angehören, denn das ausländische Heer wird in zunehmendem Maße mit immer wirksameren Blitzableitern ausgerüstet.«

»Richtig, das sind auch die Gedanken des Präsidenten des Inlandes.«
»Er denkt tatsächlich über Gewitterwolken und Blitzableiter mehr als angestrengt nach.«
»Schauen Sie, sein Gehirn scheint sich mit Gewitterwolken zu füllen.«
»Der Kopf des Präsidenten ist tatsächlich größer geworden.«
»Voll und aufgebläht von Gewitterwolken. Horchen Sie, jetzt öffnet er beschwerlich seinen Mund wie ein Kasernentor!«
»Wer die verschiedenen Hauptpostämter in seinem Mantelsack verschwinden läßt, macht sich unbeliebt! Geben Sie mir nochmals Feuer, Gruber, denken Sie nur, die Zigarre, sie ist ganz feucht!«

»Ganz feucht, denn jetzt kommen bald die heißesten Tage des Jahres.«
»An heißen Tagen besteht die Möglichkeit, die Wiesen am Stadtrand aufzusuchen, im Gras zu schwimmen, herumzutauchen. Man hat in den öffentlichen Anlagen eine als ungefährlich bekannte Grasart angelegt: den englischen Rasen. Zu den schönsten Erlebnissen gehören die Augenblicke der Abenddämmerung, wenn die Sonne in die Wiesen hineingleitet, hineinrutscht, quietschend glitschig im Gras versinkt oder versenkt wird, begleitet vom würzigen Geruch eines dann aufkommenden lauen Graswindes.«

»Richtig, auch der Sohn des Präsidenten hat einen außerordentlich heißen Tag hinter sich, zwar hat ihn noch niemand bemerkt, aber er hat ganz Inland verzweifelt nach dem eigentlichen Ziel seiner Reise abgesucht, dem er um keinen Deut näher gekommen ist.«
»Das eigentliche Ziel des Sohnes des ausländischen Präsidenten ist nämlich die Tochter des Präsidenten des Inlandes.«
»Weder der Präsident des Inlandes noch der Präsident des

Auslandes ahnt etwas von diesem geheimen Verhältnis.«

»Sie würden einer solchen Bindung wegen der andauernden Unstimmigkeiten zwischen Inland und Ausland auch niemals ihre Zustimmung erteilen.«

»Der Sohn des Präsidenten des Auslandes noch immer unbemerkt und unbehelligt sucht ganz Inland verzweifelt nach der Tochter des Präsidenten des Inlandes ab.«

»Er findet sie nirgends und setzt in dieser Stimmung seinen Monolog fort.«

»Man hat versucht, diesen Tag in Postkästen verschwinden zu lassen und in verschiedene Himmelsrichtungen zu verschicken.

Man glaubt, diesen Tag zu Paketen verschnüren und in finstere Güterwaggons hineinwerfen zu können.

Jetzt trennt man von der Hose dieses Tages die Hosenröhren, die sich noch hervorragend als Aussichtstürme bewähren, an deren obersten Plattformen meistens jemand ein Restaurant oder einen gutgehenden Barbetrieb unterhält.

Dieser Tag wird als abfällige Äußerung ins Notizbuch geschneuzt.

Die Blätter des Notizbuches dieses Tages sind Spielkarten, die in die Mitte des Tisches geknallt werden.

Man möchte diesen Tag als flüchtigen Gedanken mit jenem befreienden Vergnügen vom Kirchturm hinunter auf den Platz um die Kirche spucken, das dann etwa aufkommt, wenn man vom Kirchturm hinunter auf den Platz um die Kirche spuckt.

Aber die Haare dieses Tages werden anläßlich gewisser Feierlichkeiten Festlichkeiten immer wieder als lebhafte Fahnen von den Flaggmasten wehen und von den Giebelfenstern flattern.«

»Man muß sich jetzt den Präsidenten des Inlandes, das gegen das Ausland einen Krieg führt, mit seinem Verteidigungsminister und ranghöchsten Generälen vor diesem Wolkenspeichergebäude, in welchem die höchstspannungsgeladenen Gewitterwolken für den Kriegseinsatz gelagert werden, auf- und abgehend mit dem Minister und ranghöchsten Generälen über den Einsatz von hochwertigen Gewitterwolken und den Gebrauch von Blitzableitern fachsimpelnd vorstellen.«

»Das ist eine Unverschämtheit! Wo ist denn dort ein Präsident?! Noch nie war dort der Präsident! Der Präsident ist bei uns hier im Boot, ist das klar?!«

»Das ist schon lange her. Das ist jetzt ein für allemal vorüber. Sehn Sie denn nicht, hier steht er, der Präsident, hier bei uns da!«
»Er geht hier vor dem Wolkenspeichergebäude deutlich sichtbar auf und ab und hält seinem Minister und den Generälen einen Vortrag über die inländischen Blitzableiter! Hören Sie!«
»*Wie Sie ja wissen, Gruber, verfügen unsere Truppen über qualitativ derart hervorragende Blitzableiter, daß feindliche ausländische Gewitterwolken nicht auch nur das geringste Problem darstellen, vielfach macht man sich häufig schon lustig über eventuelle feindliche ausländische Gewitterwolken, dergleichen kann als lächerlich betrachtet werden, man ist schon lange darüber hinweg, die Zeit mit solchen Nebensächlichkeiten totzuschlagen, Gruber.*«

»Nein! Das ist nicht der Herr Präsident! Ich sehe keinen Präsidenten, kann auch nichts hören! Er steht hier im Boot, um ihn versammelt Abend für Abend die höheren Offiziere, hören Sie!«
»*Also Gruber, das Pfeifenbesteck, ich nehme es aus dem Etui, es glitzert, schaue kurz weg, schaue zurück, schon ist es verrostet. So kann das wirklich nicht weitergehen!*«

»Neinnein. Das ist nicht der Herr Präsident. Das ist jemand ganz anderes. Hier müssen Sie herhören! Das klingt doch gleich viel besser!«
»*Der Blitzableiter ist ein Teil der Grundausrüstung eines*

jeden Soldaten, Herr Gruber. Jeder Soldat hat jederzeit seinen Blitzableiter im Sturmgepäck bei sich, und das erste und wichtigste, was ein Soldat lernt, ist die fachgemäße und sachgerechte Handhabung seines Blitzableiters. Übungen mit dem Blitzableiter sind in jeder Kaserne laut Dienstplan mehrmals täglich vorgeschrieben. Ein Soldat, der seinen Blitzableiter vernachlässigt, gefährdet nicht nur sich selbst sondern auch seine Kameraden, die Vernachlässigung des Blitzableiters, eine gefürchtete Todesursache, Gruber! Vor allem deshalb ist die fachgemäße sachgerechte Handhabung des Blitzableiters eine soldatische Grundregel, die durch andauernde Blitzableitungsübungen immer wieder ins Gedächtnis gerufen werden muß, nie in Vergessenheit geraten kann und mit der Zeit in Fleisch und Blut übergeht. Nicht zu vergessen die regelmäßige sorgfältige Reinigung dieses Geräts, um dessen Funktionstüchtigkeit jederzeit gewährleistet zu wissen, Gruber...«

»Das entspricht überhaupt nicht den Tatsachen, horchen Sie, horchen Sie lieber hierher.«
»*Den Brieföffner, hier, säubern Sie ihn, und wenn Sie keine Taschenlampe bei der Hand haben, können Sie sich noch immer einen Leuchtkäfer mieten, Gruber, einen Glühwurm, verstehen Sie!*«

»Kommen Sie mir bitte nicht damit! Hier! Nur hier ereignen sich jetzt gleich die alles entscheidenden...«

»Ruhe! Man streitet sich nicht um einen verkalkten Präsidenten!«
»Er hat hier weder was zu suchen noch was verloren.«
»Diesen senilen Präsidenten sparen wir uns, jawohl!«
»Dafür wenden wir uns nochmal einer wesentlich interessanteren Person zu, ich meine natürlich den Sohn des Präsidenten des Auslands.«
»Er hat keine Hoffnung mehr, an diesem Tag noch die Tochter des Präsidenten des Inlands zu finden.«

»Er zieht sich in eine unauffällige Ecke zurück, versteckt sein Luftschiff in einer Falte des beginnenden Abends und spricht dann enttäuscht und gebrochen den Schluß seines Monologs:«

»*Man hat diesen Tag in den Fluß geworfen.*
Dieser Tag ist Brillenträger.
Es bleibt noch die Möglichkeit, diesem Tag die Brillen abzunehmen, das Brillengestell zu einer Tribüne umzubauen, die im Sportstadion aufgestellt wird, und sich für das nächste Spiel rechtzeitig einen Sitzplatz zu sichern.
Mit den Brillengläsern dieses Tages wird man vornehmlich die Dachateliers der akademischen Kunstmaler und Bildhauer bedecken, oder man stellt einfach irgendwo riesige Glasdächer Glasflächen irgendwie auf, ohne daß einer fragt, was das Ganze eigentlich soll.
Nicht jeder Tag trägt Lederhosen! Dieser Tag zieht seine abgewetzten Schuhe sich aus.
Dieser Tag entledigt sich seiner stinkenden Socken, deren Mief auf die Hütten der Armenviertel herabgleitet.
Was von den Socken noch übriggeblieben ist, hinterlegt er vor Hurenlokalen und Zuhälterkneipen.
Dort ist dergleichen noch immer willkommen und wird in Form von Teppichen, Vorhängen oder Fußabstreifern einem vielseitigen Verwendungszweck zugeführt.
Was von den Schuhen dieses Tages noch übriggeblieben ist, insbesondere die Sohlen, wirft dieser Tag auf die Dächer der Bestattungsinstitute, für deren Tätigkeit insonderheit solche Absätze zur Herstellung von Särgen unentbehrlich sind.
Dieser Tag kriecht durch die Schlüssellöcher zurück.
Dieser Tag schleicht wispernd zitternd zurück flüsternd durch ein paar Stiegenhäuser.
Dieser Tag hat keine Konferenz einberufen.
Dieser Tag hat keine Vollversammlung abgehalten.
Dieser Tag hat keine Volksabstimmung ausgerufen.«

»Sehr gut! Ganz ausgezeichnet! Das geht doch fast schon wie geschmiert. Nur stellenweise noch etwas, sagen wir, etwas zu dick. Aber auch Sie werden sich noch verdünnen! Eines Tages werden Sie daran zurückdenken, was ich Ihnen heute gesagt habe. Doch wie machen wir weiter? Es fehlt noch ein kleines Stück. Sie, ja Sie, sagen Sie doch, wie gehts jetzt weiter?!«

»Woher soll denn ich das wissen?«

»Sie da, vielleicht wissen Sie besser, wies weitergehen soll, ja, Sie!«

»Nun ja, wenn er seinen Monolog beendet hat, schläft der Sohn des Präsidenten des Auslandes vor Müdigkeit und Erschöpfung ein. Das wärs doch, Herr Professor. Oder?«

»Gar nicht so schlecht. Doch da fehlt mir noch was. Sie, sagen Sie bitte doch auch einmal was!«

»Nächsten Tag erreicht der Krieg zwischen Inland und Ausland seinen Höhepunkt.«

»Schon möglich, doch woran können wir das dokumentieren? Sie bitte, was glauben Sie?«

»Der Sohn des Präsidenten des Auslandes wird als Ausländer erkannt, in den Kerker gesperrt und soll, weil man ihm Spionage vorwirft, hingerichtet werden.«

»Doch die Tochter des Präsidenten des Inlandes erfährt dies, und es gelingt ihr mit List, den Sohn des Präsidenten des Auslands zu befreien.«

»Weil sie beide erkennen müssen, daß sie unter solchen äußeren Umständen niemals zusammenkommen könnten, sich aber andererseits auch nicht wieder trennen wollen, lassen sie sich einfach vom nächstbesten Wind fortblasen, indem sie die Wind- und Sturmhilfsgestelle absichtlich nicht benützen.«

»Der Präsident vom Inland erfährt als erster davon und ist erschüttert.«

»Er schickt dem ebenso erschütterten Präsidenten des Auslands ein Telegramm mit folgendem Inhalt: *Ein Schluck Gras löscht jeden Durst im Inland und im Ausland auch.*«

»Der Präsident des Auslandes versteht diese Botschaft sehr genau und antwortet seinerseits mit einem Telegramm folgenden Inhalts: *Ein Schluck Gras löscht jeden Durst im Ausland und im Inland auch.*«

»Das bedeutet, daß der Krieg beendet wird, weil beide Präsidenten erkannt haben, daß ihre beiden Länder etwas sehr Grundlegendes miteinander gemeinsam haben: Das GRAS, von dem sowohl das Inland als auch das Ausland solange abhängig gewesen war, bis es möglich geworden, das Gras und die meisten Wiesen trocken zu legen.«

»Das GRAS, ganz richtig, das Gras, meine Herrschaften! Am besten wärs natürlich, wir machten das alles übungshalber nochmal durch. Ganz von vorne, wissen Sie!«

»O nein!«

»Bitte nur das nicht!«

»Das reicht doch!«

»Genug jetzt, nur nicht nochmal das!«

»Es geht schon zum Hals!«

»Wie Sie wünschen. Dann lassen wir das. So wie es ist. Sie fühlen sich alle offenbar sicher genug. Mir kann das nur recht sein. Aber Sie? Ich meine den neuen Kollegen. Wie fühlen denn Sie sich? Sie haben das alles zum ersten Mal mitgemacht. Sie haben doch alles verstanden?«

»Nein.«

»Was?!«

»Ich sagte nein.«

»Was nein?!«

»Einfach nein.«

»Ich wollte wissen, ob Sie alles verstanden haben!«

»Nein. Ich habe gar nichts verstanden. Mir ist das alles, wie soll man da sagen, zu weit oder zu eng.«

»Trotzdem haben gerade Sie sich hervorragend gehalten. Geradezu vorbildlich! Dafür dürfen Sie jetzt, wissen Sie, eine kleine Belohnung, drehen Sie sich um, ja, Sie sehen jetzt, ja, sagen Sie, was Sie da sehen!?«

»Was soll ich da sehen? Ich sehe nichts.«

»Aberaber! Genau vor Ihrer Nase! Was sehen Sie da? Na?!«

»Eine Wand.«
»Sehr gut. Und was befindet sich auf der Wand?«
»Eine Menge von Schaltern und viele viele Hebel.«
»Ganz recht, und einen dieser vielen Hebel dürfen Sie jetzt zur Belohnung gleich drücken! Moment noch! Warten Sie! So warten Sie doch! Ich wollte Ihnen doch vorher noch sagen, welchen Hebel ich meinte, Sie aber drücken einfach gedankenlos irgendeinen beliebigen Hebel, das ist doch nicht zu fassen! Stellen Sie sofort diesen Hebel wieder zurück! Zurück, verstehen Sie nicht, Sie müssen diesen Hebel wieder zurückdrücken, drücken Sie ihn zurück!«
»Er geht nicht zurück. Eingeklemmt.«
»Warten Sie, lassen Sie mich einmal, ja, oh ja, Sie haben leider ganz recht, er geht nicht zurück, er klemmt. Sie wissen ja gar nicht, was Sie uns da jetzt eingebrockt haben! Nein? Ich weiß es auch nicht. Wir werden ja sehn.«
»Passen Sie auf, gleich knallt's! Da kracht was herunter!«

»Oh, sehn Sie sich das an!«
»Das ist aber sehr eindrucksvoll!«
»Eine riesige Halbkugel! Das sind ja einige Meter!«
»Aber sehn Sie, hier diesen Spalt, der quer über die Halbkugel führt, ist Ihnen der noch nicht aufgefallen?«
»Jaja, das übersieht man im ersten Augenblick fast ganz, was sagen denn Sie dazu, Herr Professor?«
»Gar nichts. Mir fehlen einfach die Worte.«
»Warten Sie, ich steig mal hinauf, das will ich mir näher betrachten.«
»Ja, steigen Sie! Geben Sie acht, daß Sie nicht abrutschen!«
»Sehn Sie, er beginnt also hier am Fuße der Halbkugel ganz schmal noch, doch je weiter ich hinaufsteige... können Sie mich noch sehen? Ja? desto breiter wird er, der Spalt, meine ich, sehen Sie das von dort unten auch so?«
»Ja, auch so, nach oben zu immer breiter, passen Sie bloß auf!«
»Und hier, ganz heroben, am höchsten Punkt der Halb-

kugel, hier, die breiteste Stelle des Spaltes!«
»Ist das schon alles? Da muß es noch etwas anderes geben. Schaun Sie bitte genauer!«
»Ganz richtig, hier in der breitesten Stelle des Spaltes so eine Art Vertiefung, wie soll man da sagen, so eine Art Loch.«
»Ein Loch, sagen Sie, geben Sie ja gut obacht!«
»Ja, ein Loch, aus dem es ein wenig raucht, ja, und auch zischt, jetzt pfeift und dampft es deutlich, sehn Sie das von dort unten?!«
»Jaja, und jetzt auch hört man ein vorsichtiges Poltern und Knarren!«
»Oh ja, und jetzt sehe ich, manchmal saust auch einfach etwas heraus. Was, das kann ich nicht sagen, etwas, ich weiß nicht, jedenfalls kann ich von mir aus die Beobachtung machen, daß manchmal so einiges herausgeschleudert werden dürfte...«

»Es hat geklopft, Herr Professor, nicht da, sondern dort an der Türe.«
»Endlich! Vielleicht kommt jemand, der uns aus dieser ganz unerwarteten Situation heraushelfen kann.«

»Entschuldigen Sie vielmals, aber ich muß Sie ganz kurz nur unterbrechen. Eine wichtige neue Nachricht wäre durchzugeben.«
»Kommen Sie bitte herein! Wir haben die ganze Zeit auf Sie gewartet. Wo waren Sie denn so lange? Wo haben Sie gesteckt?! Sie sind uns äußerst willkommen. Vielleicht können Sie uns helfen, sagen Sie, was das hier zu bedeuten hat.«
»Das sehn Sie doch. Das ist eines unserer neuesten Modelle zum Zwecke übersichtlich didaktischer Vorführungen zur Förderung der Erwachsenenbildung. Oder auch im Schulfunk. Ganz wie Sie wünschen.«
»Das verstehe ich nicht, könnten Sie das näher erläutern?!«
»Es handelt sich um das maßstabsgerechte Modell einer industriellen Fabriksanlage. Dieses Gestell hier ist etwa zehn

Meter hoch, doch in natura draußen in der Landschaft sind solche Anlagen mindestens achtzig, manchmal hundert und manchmal auch mehrere hundert Meter hoch, und so kommen wir zu unserem ganz besonderen Glück, in der uns umgebenden Landschaft einige hundert, nein, einige tausend riesige solcher Betonärsche aufgestellt zu wissen, aus denen es andauernd raucht und faucht und pfaucht und klirrt und sirrt und summt und brummt und poltert klappert kreischt zischt blitzt und rumort, daß die ganze Landschaft zittert, ein deutlich überall vernehmbares Bumsen, wissen Sie.«
»Das mag alles so sein, wie Sie sagen, nur verstehe ich nicht die äußere Form, diese unverschämte äußere Form, mir fehlen einfach die Worte. Warum?«
»Es handelt sich um die, wie man Ihnen überall versichern wird, einfach zweckmäßigste und unter den schwierigen Bedingungen unserer Gegenwart auch den verläßlichsten Schutz bietende. Wenn Sie nämlich einmal da drinnen sind, kann Ihnen gar nichts mehr passieren, weshalb nicht nur Fabriken, sondern auch Privathäuser solche äußeren Formen angenommen haben, auch Kirchen und Universitäten, ganze Dörfer, Siedlungen und Städte nur aus solchen Formen bestehen, und die uns umgebende Landschaft ist ja schon bald nichts anderes mehr als eine einzige Hinterteilsgestellslandschaft! Öffnen Sie doch die Fenster, Sie atmen hier eine sehr stickige Luft! Und jetzt ersuche ich Sie, mir die rasche Durchgabe der Kurznachricht zu gewähren.«
»Bitte! Machen Sie nur.«
»*Guten Abend. Wir bringen die letzten Nachrichten. Die kommende Sonnenfinsternis wird vom Staatspräsidenten feierlich eröffnet. Ich wiederhole: Die kommende Sonnenfinsternis wird vom Staatspräsidenten persönlich feierlich eröffnet werden.*«

»Der hats verdächtig eilig gehabt. Läßt uns ratlos in dieser Lage sitzen. Deshalb glaube ich, daß auch wir fortgehen sollten. Oder wollen Sie noch hierbleiben?«
»Ja, fort, nichts wie weg!«

»Also gehn wir.«
»Das wird im Augenblick leider nicht möglich sein.«
»Warum? Warum denn? Man kann nicht einmal uns zu allem zwingen, wissen Sie!«
»Leider. Hören Sie nicht? Ein Wind, ein Sturm ist wieder aufgekommen, nähert sich bedenklich. Begeben Sie sich rasch zu den Gestellen!«
»Die Fenster! Alle Fenster sind geöffnet! Wenn das nur einmal noch gut geht!«

»Oje, schaun Sie, wie die eingedrungenen Lufthäufen zwischen den aufgeklappt gebrochenen Fensterflügeln durchgebraust werden und wieder hinausplatzen!«
»Ja, und wie das zersplitterte Abendlicht durchs Zimmer geschleust und geschleudert wird, vermutlich die ganze Anstalt verschüttet.«
»Aber die Kollegen, sehn Sie, halten sich tapfer an den Gestellen, scheinen doch was auszuhalten.«
»Der Himmel über der Stadt muß derart zusammengepreßt, zerdrückt worden sein, daß er in die Häuser darunter einzubrechen beginnt, die Dächer verschluckt.«
»Man kann spüren, wie von ganz weit draußen der überflutete Strand des Horizonts plötzlich zu uns mitten ins Zimmer hereingebogen wurde.«
»Immer bewundernswerter die Haltung des Professors, einhändig ans Gestell geklammert, versucht er, trotz seines völlig geblähten, aufgeblasenen Arbeitsmantels durch ermunternde Gesten den anderen klarzumachen, wie sie sich noch sorgfältiger anhalten und etwas mehr ducken, sich bücken sollen.«
»Das hat gerade noch gefehlt, sehn Sie diese Windhose, wie ein Schlauch an die Mauer des Hauses geschoben?«
»Ja, wie so eine Art Luftsaugnapf schon hereingetaucht, oje, die armen Leute, das kann nicht gut gehn!«
»Das geht auch nicht gut, denn sehn Sie, einer nach dem andern, der dort, jetzt der und auch der noch, sie werden alle samt ihren Gestellen, an die sie nach wie vor verzweifelt

geklammert sind, aus dem Fenster geholt.«
»Armer Herr Professor, jetzt auch er.«
»Sein Arbeitsmantel ist ihm hoffentlich in ein Segel verwandelt...«
»Zwischen den Fensterstöcken wie durch die Rahmen eines wild gewordenen Naturgemäldes hinaus...«
»Eher hinein oder hinab, ja, hinunter zum unerforschten Grund des stillen Horizonts gezogen, der sich offenbar wieder aus dem Zimmer an den Stadtrand verschwommen zurücklehnt hinter das jenseitige Ufer des im Orkan stehengeblieben steckenden Flusses.«

»Ist außer Ihnen und mir noch jemand im Zimmer?«
»Nein, soweit ich sehen kann, nur Sie und ich.«
»Glauben Sie, wir können uns wieder erheben?«
»O nein, besser noch abwarten. Der Sturm hat sich zwar etwas gelegt, könnte aber nochmal aufkommen.«
»Im Windschatten dieses Modells, ausgerechnet hier der einzig wirksame Schutz. Hätte uns der erste Stoß der aus dem Stadthimmel zwischen den erlahmten Fensterflügeln in den Raum hereinfließenden Straßenschluchten nicht zufällig an dieser Stelle zu Boden gedrückt, wo wären wir dann jetzt?«
»Ja, unter solchen Umständen darf man sich nicht mehr wundern, daß viele, fast alle, möglichst oft in sowas hineinkriechen, wohinter wir uns hier verstecken.«

»Wissen Sie, eigentlich hatte ich schon immer das Bedürfnis gehabt, dieses Land zu verlassen, weil ich schon immer befürchtet hatte, eines Tages gezwungenermaßen von hier fortgehn zu müssen. Wenn ich dieses Land hier verlasse, so dachte ich mir, dann möchte ich freiwillig und nicht gezwungenermaßen weggehen.«
»Es ist unmöglich, dieses Land hier freiwillig zu verlassen,

von hier kann man nur gezwungenermaßen und nicht freiwillig fortgehen.«
»Ja, weil man hier immer gezwungen ist zu befürchten, man könnte einmal gezwungen sein wegzugehen.«
»Denn selbst wenn wir jetzt dieses Land freiwillig verließen, würden wir gar nicht freiwillig, sondern gezwungenermaßen fortgehn, weil wir immer gezwungen sind zu denken, besser jetzt freiwillig als eines Tages womöglich gezwungenermaßen.«
»Und selbst in den für uns noch günstigsten Augenblicken könnten wir gar nie freiwillig, sondern bestenfalls gezwungenermaßen freiwillig fortgehn.«
»Ja, dann würden wir wirklich nichts anderes als gezwungen sein, freiwillig wegzuziehen, weil wir gezwungenermaßen gezwungen sind, eigentlich immer das Bedürfnis zu haben, dieses Land zu verlassen.«

Ein vielseitiges Instrument
ein vielsaitiges Instrument ist unser Planet
handlich und leicht erlernbar
mit der Geduld seiner uneinholbaren Landschaft
die über den Boden der Atmosphäre wandert
samt ihren Karbidlampen
am Bug der Fischdampfer
die den weit über uns gebogenen Stadtplan kreuzen
mit ihren Hagelnetzen
die Zugvögelschwärme ans Ufer ziehn
die letzten Erkenntnisse ahnte man bald aber
ohne je Not an Rat sind wir unsagbar fraglos

Der verirrte Kompaß die enttäuschten Meßgeräte
die Fadenkreuze spielend von Regenbogen bewegt
die Nebelschiffkathedralen denen
das zerbrechende Sommerluftgerüst die Segel drehte
altsilbernadelstreifgemustert hingelegt
quer an den Tageslichtstrand
Schwalbenkreise mit dem Radius der Telegraphendrähte
im langsamen Horizont verspannt
tastete ich zwischen dürrem Gras
und kleinen sumpfigen Seen
nach Türen durch die
unbeendbare glimmerschiefergezeichnete Sturmwand

Ist es dein Gesicht auch dort im Schattenwetter
das morgens in alle Fenster dringt
durch alle Zimmer springt
deine Stimme sogar im Suppentellerschellen
das aus dem Mittagsschlaf der Schausteller klingt
das Echo deines Rufens nach mir in den Karussellen
der schaukelnden Ruderboote die am gesunkenen Himmel
verschnürt im niederbrennenden Abend an die Taue
                                           schlagen
sind es deine Atemzüge die das Licht nach Westen tragen
oder wär's dir lieber das endlose Gleiten

*einer seliggesprochenen Wetterballonin darzustellen
die ich immer mit einem Ufo verwechsle*

*Bald aber ist es sicher ganz anders hier
die Vorstädte nachzuprüfen das hilflose Lachen
unserer gesammelten Schrebergärten einzustufen
die am Fluß hinab durch die verstellten Mienen
dieser Gegend ins geschlossene Meer versinken und
weil es die unerreichbaren Ziele sind die schon ganz
entgegengekommen aus dem Hinterhalt das Kartoffelfeuer*
                                                      eröffnen
*das uns samt den endgültig gelösten Rätseln auch nur
durch blinde Fenster schauen treffen und verfehlen läßt da
könnten wir doch versuchen daraus endlich auf unserer
fremden Reise wieder durch jene verlorene Tiefe zum*
                                                      Boden
*dieser uns gemeinsam geöffnet verschleierten Landkarte
zu gelangen die dann viel besser als jetzt samt ihren*
                                                      Nebelhörnern
und Schiffslaternen dort ober den Dächern weit gebogen
                                                      über
*alle in den Schloten steckenden steckengeblieben sich
versteckenden Schornsteinfeger hinweg diese ebenen Tage*
                                                      überquerte

DIE VERMEHRUNG DER LEUCHTTÜRME

Leuchttürme oder Feuertürme sind turmartige Bauten, an deren oberen Enden in der Nacht oder bei Nebel ein Feuer unterhalten wird, um die Bevölkerung vor gefährlichen Punkten in der Landschaft zu warnen.
Während man bei Tage die Leuchttürme durch ihre Gestalt und ihren Anstrich sowie die umgebende Landschaftsgestaltung leicht voneinander unterscheiden kann, muß man aber auch Mittel und Wege finden, ihr Leuchten bei Nacht verschiedenartig zu gestalten, um zu verhindern, daß man den Leuchtturm von Ferlach mit dem Leuchtturm von Villach, den Leuchtturm von Bruck/Mur mit dem Leuchtturm von Kapfenberg, den Leuchtturm von Göß mit dem Leuchtturm von Puntigam, den Leuchtturm von Attnang-Puchheim mit dem Leuchtturm von Stainach-Irdning, den Leuchtturm von Schwarzach-St. Veit mit dem Leuchtturm von Schruns-Tschagguns verwechselt.
Die Vermehrung der Leuchttürme kann auf natürlichem und auf künstlichem Wege stattfinden.

Ganz überraschend hatten wir jetzt schon den tief durch den Himmel wolkig gebauschten Trauerschleier der Küste berührt, war es unabwendbar geworden, den Kompaß einzuführen samt seinen verschiedenen regenbogengefärbten Richtungen, denen wir uns entgegenzubewegen oder von denen wir uns abzuwenden hätten auf einer eventuell bevorstehenden Seereise; viele andere Meßgeräte kamen durch die Luft dahergeflogen, oder waren es aus den Wolken gedampfte Fliegenschwärme, deren schwirrende Flügel mit den Reflektionen des Tages, die wir für uns freundlich entgegengeblinkte Meßdaten hielten, uns blendeten, für die jetzt aber keine Zeit blieb, weil unser Hausmeister, dem das Wort schon lange zugekommen wäre, jetzt darauf endlich zu sprechen sich nicht mehr nehmen ließ, indem er die fundamentalen Grunderkenntnisse der Funktionen seiner Tätigkeit zu schildern begann, wie er täglich nicht nur den

Gehsteig zu kehren habe, sondern auch alles andere, wobei er oft von den anderen Hausmeistern gestört und behindert werde, welche einzudringen versuchten in das Allerheiligste seines Reviers, ihm die wunderbare Kollektion seiner Gerätesammlung zu zerstören oder zu stehlen, und dann begann er zu sprechen über die Pracht des Mittags, die im Emailglanz seiner Kübel und Eimer schimmere, über die Macht der Besen, deren Widerborstigkeit der Unverwüstbarkeit trockener Savannensträucher um nichts nachstehe, die Wischfetzen, saugkräftig gerüstet, die Heftigkeit der in die Häuser eindringenden Herbststurmfluten in sich verschwinden zu lassen, dann kam er auf die verschiedenartigen anderen Bürsten, Pferdebürsten, Hundebürsten, Haarbürsten, Kleiderbürsten, Bodenbürsten, und nicht zu vergessen die locker flaumig hilfreiche Flauschigkeit verschiedenster Staubtücher, fein verfertigt und wie den höchsten Stoffwolkenballen seriösester Tuchgeschäfte entnommen, wie ja überhaupt daraus die Hausmeisterkonflikte beinah täglich sich verschärften, und möge wohl sein, daß dergleichen Auseinandersetzungen in der leider ungerecht von Haus zu Haus unterschiedlich gehaltenen Geräteadjustierungsvielfalt ihre Ursache zu suchen haben, denn manch einer verfüge einerseits über das Allererdenklichste, eingeschlossen Augenbrauenbürsten zur Pflege des Glanzes der Messingklingelschilder an den Türen oder Kerzenscheren zur Dochtbeschneidung frisch gefüllter Petroleumlampen, andere andererseits dagegen über gar nichts und sollten wohl beim Reiben der Katarakte eines Stiegenhauses das Wasser mit den hohlen Händen herbeischaffen und auch das Scheuern des Bodens mit der Kratzkraft ihrer Fingernägel bewältigen, und um dem abzuhelfen, wird letzterer versuchen, von benachbarten Kollegen sich die Arbeitsgeräte zu holen, wobei die erwähnten Konflikte begännen, die sich ständig verschärften, weil es viel zu wenig Hausmeister gebe, ein Hausmeister immer zu wenig in einem Haus, könne ein Haus allein schon lang nicht mehr bewältigen, deshalb kürzlich die Anzahl der Hausmeister verdoppelt, nicht mehr nur ein, sondern zwei Hausmeister pro Haus, wodurch man es nun etwas leichter habe als früher und einer nicht mehr allein den Intrigen der gegnerischen Kollegen ausgesetzt sei.

Wir sind, so bitter und traurig es klingen mag, auf der Rückreise, und daß jetzt die angeblichen Fachkenntnisse über Leder, Lederfabrikationen, Oberleder, Sohlenleder und verschiedenartige Gerbereimethoden kundgegeben werden, kann auch nicht darüber hinwegtäuschen, nein, gerade darauf hindeuten, daran erinnern, daß einmal alles aufhört, denn einmal muß man zurück, der Republik bei der Verbesserung ihrer katastrophalen Wirtschaftslage zu helfen, am Aufbau weiter mitarbeiten, ja, wir kehren zurück in der Bahn, im Autobus, den wir für unsere kleine Expedition gemietet hatten, sehr häufig jetzt das Auftreten von Schwindelgefühlen und magenkrampfartigen Symptomen, vermutlich Aufregung und einige durch nichts zu beseitigende Befürchtungen unerwarteter Veränderungen, das Radio eingeschaltet, wir hören wieder die alten, bekannten, uns geläufigen Volkslieder, das angenehme, plötzlich fast ganz neu und ungewohnt empfundene Gefühl, wieder einmal eine richtige Blasmusik hören zu können, oder wir fliegen, richtig, wir fliegen, endlich einmal im Leben alles von oben zu sehen, handgreiflich wie eine Landkarte unter uns, eine verdächtige Versammlung, Ansammlung von Wetterhähnen oder Wetterfahnen, oder sind es Windmaschinen, Windräder oder Windmotoren, und dort, unten dort, sehen Sie die verschiedenartigen Windmühlen.

Das Morgengrauen breitet seinen aus unzählig sich erhebenden Nachtfalterschwärmen bestehenden Mantel über die Landzunge, aus dem die ersten in See stechenden Schiffe

sich manchmal kleinere Fetzen zum Flicken der Segel herausreißen oder sich darin den übriggebliebenen nächtlichen Schlaf einwickeln und ihn zurückwerfen in den Horizont, von dem sie aufgelöst und verschluckt werden.
Noch hält niemand für möglich, daß die typischen Begleiterscheinungen gewisser Tageszeitungen einmal einfach kurzfristig abgesagt werden, solange die verschiedenen Bestandteile der Windturbinen in gewissen Zeitabständen von den Hausmeistern in die Wetterfabriksbetriebe zur peinlich genauen Überprüfung und Reinigung gebracht werden.

Während allgemein beklagt wird, auf niemanden könne man sich verlassen, niemandem dürfe man trauen, denn selbst die Admiräle könnten abgesetzt, die Kapitäne verprügelt und die Matrosen geköpft werden, wie im Herbst das Obst auf die Dächer falle, poltere, ja, es poltert, hören Sie, es poltert ganz dumpf, sind wir zum ersten Mal den Leuchttürmen gegenübergestellt, ja, die Voraussetzung für die Errichtung vieler Leuchtgestelle in dieser Gegend darf nicht unterbewertet werden, schon jetzt beobachten viele gebannt eine vor allem von den Hausmeistern befürchtete Vermehrung der Leuchttürme und deren unmittelbar unabsehbare Folgen, denn die Fliegenschwärme der ganzen Welt würden, so die Hausmeister, von allen gegenübergelegenen Küsten übers Meer hinweg, ungeachtet jeder Entfernung, von diesen Leuchtmaschinen magisch angezogen, sich auf den Weg durch alle Klimazonen hindurch begeben und hier versammeln, und deren in den Flügeln gelagerter mitgebrachter Schmutz der fremden Länder werde sich über die Häuser ergießen, und wer dafür dann wohl Abhilfe zu schaffen habe, dürfe man einmal raten, abgesehen von der die Millionen und Milliarden übersteigenden Anzahl täglich anfallender Chitinkadaver, deren abgefallene zerbrochen zerstäubte Flügelreste die Dächer mit einer transparent silbrig schimmernden Staubschicht überzögen, die aber durch die Ritzen der Dachböden und Fenster aufgrund der besonders fein geratenen Pulverisierungskonsistenz in die Häuser hineinsickern, die Luft der Zimmer hindurchschwebend, dort den Aufenthalt selbst bei immer gelüfteten Fenstern schwierig werden ließe wegen der in die Augen der Bewohner dann eindringenden Flügelstaubschlieren oder auch in die Höhlungen der Trommelfelle, woraus ein darauf fast wöchentlich notwendig anfallendes Ausspritzen der Ohren erforderlich folgere, um überhaupt noch ein paar Worte hin und wieder verstehen zu können, die Luft in den Zimmern würde durch das Flügelpulver mit einem immer unruhig schwebenden Glitzern verziert werden, das Licht in den Räumen durch ein solches Schimmern in Bewegung gesetzt, was den Anschein erwecke, das Licht im Haus habe angefangen zu lachen oder zu lächeln, von allen Wänden und auch von den Plafonds herab würde es zu grinsen anfangen, als würde man als der Bewohner vom Kichern der Zimmerbeleuchtung, dem durch die Räume so ähnlich wie die Flügelreste der Insekten schwirrenden Gelächter verhöhnt und verspottet, aus den Räumen vertrieben, denn schließlich ist es nicht jedermanns Sache, vom eigenen Zimmer und dessen Beleuchtung ständig ausgelacht zu werden, und bald würde es in den Häusern keiner mehr aushalten, und sie, die Hausmeister, stünden dann arbeitslos und verdienstverlustig da, insbesondere was Häuser in Leuchtturmnähe betreffe, ausgesetzt dem billionenfachen Summen der Nacht der auf den Lichtorgeldrehturbinen sich anklammernden Fliegenvölker, deren Großteil zwar von der Hitze der Leuchtkammern, in die einzudringen die Schwärme nichts unversucht ließen, am glühenden Glas verbrennten, aber bei sofort anbrechendem Morgengrauen begännen sie wieder, bis zum Abend zum alten Zählstand oder höher vermehrt zu den Türmen zurückzukehren, nach allen dringend nötigen Tätigkeiten des Befruchtens, des unmittelbar darauf schon erfolgenden Eierlegens und in der Hitze des Mittags schon das erste Auskriechen von Larven, welche der Metamorphose des Nachmittags in den Abend folgen, nach flüchtigen Einpuppun-

gen, Auspuppungen und ganz raschen Schlüpfungen bereit zum neuen Sterben im unwiderstehlichen Licht, aber morgens nach dem Abschalten der Lichtturbinen am Fuß der Türme die fürchterlichen Anhäufungen, Haufen, ganze Berge von zerstäubten Chitinkadavern, deren Ausläufer bis in die Stiegenhäuser der nächstliegenden Gebäude reichten, die aufzuräumen, wegzukehren die schwierige Aufgabe erwachsen ließe, und ob die Köpfe der Nachttürme, eingehüllt von derart undurchdringlichem Summen und Schwirren in trillionenfach schwarzem Geflatter gefangen überhaupt noch irgendein Licht von sich zu geben auszubreiten in der Lage wären, sei eine ganz grundlegende andere Frage auch noch; denn die Fliegen, wird abschließend erklärt, spüren solche Lichtkraft wie von vorliegenden Türmen auch tausende Kilometer weit, und manchmal müßte man denen glauben, die behaupten, alle Fliegen hätten gemeinsam ihre sämtlichen Augen zu einem einzigen riesigen Augennetz zu vereinigen verstanden, das sie dann von Zeit zu Zeit über verschiedene Weltgegenden spannen.
Ein solches Licht wie von dieser Ansammlung von Leuchttürmen könnte diesem Augennetz nicht entgehen, wenn es durch die Atmosphäre schwebe.
Es ist fast so groß wie unser Land oder größer, wissen Sie, ich weiß nicht so genau.
Ja, es gibt sogar Leute, die behaupten, nachgewiesen zu haben, es sei manchmal um unseren ganzen Planeten einfach herumgehüllt, wenn auch selten, dann aber fast wie ein Tuch um meinen oder Ihren Kopf!
Wenn das Augennetz das Gebiet überquere, höre man oft ein Rauschen wie von vielen unsichtbar niedergleitenden Segelfliegern.
Ich glaube zwar nicht alles, aber wer weiß.
Die Fliegen kennen jedes Licht auf der Welt, das weiß man, keines kann ihnen entgehen.

Um der oftmals aufgetretenen Langeweile zu entkommen, unterhielten wir uns über das Nächstliegende, die Luft; als ein sich dauernd veränderndes, verschiebendes Gewebe dargestellt, wobei unglaublicher Lufthunger um sich griff, Luftpumpen wurden immer unentbehrlicher, einzelne nahmen sich vor, bei nächster Gelegenheit möglichst viele verschiedenfarbige Luftballone aufsteigen zu lassen, in Zukunft, wo und wann immer nur möglich, vor allem viele Luftmaschinen zu installieren, dann waren alle einer Meinung, die Luft verfüge über Fähigkeiten, umliegende Schwingungen in sich fortzusetzen, und wurde dann von einem Höhepunkt der Luftschwingungen gesprochen, das Wort »Luftorgasmus« gebraucht.

Gerade in dieser Bucht fänden viele Leuchttürme zur Genüge spielend Platz, finden Sie nicht?
Ja, und werden auch laufend neue gebaut, aufgestellt mit Hilfe von merkwürdigen, eigenartig anmutenden, sonderbaren Krangestellen oder Krananlagen, sehn Sie, die wie unmäßig gigantisch vergrößerte Einsiedlerkrebse über den Himmel wandern und ihre Arme und Beine oft weit hinaus über die letzte Linie des hintersten Meeresbezirkes hinwegstrecken, sehn Sie!
Ja, das schon, aber was denn eigenartig oder merkwürdig oder noch schlimmer sonderbar daran sei, da solche Krananlagen, Krangerüste weder das eine noch das andere, wissen Sie, sondern etwas ganz Selbstverständliches seien, und solle man bitte erklären, wie denn andersartige Krangestelle man sich denke oder vorstelle, andersartige Kranprinzipien, die zur Aufstellung von Leuchttürmen geeignet, und solle doch bitteschön einer daherkommen und zeigen...

Der Wind. Ein vom Erdbeben gerütteltes Land. Die daraufhin im Land einstürzenden Millionenstädte, Brücken und hin und her schwankenden Industrieanlagen, die sich zunächst gegen das Beben zur Wehr setzen, noch immer stramme Hochspannungsmasten. Der inzwischen aufgekommene Sturm eilt dem Erdbeben zuvorkommend freundlich zu Hilfe, worüber sowohl Sturm als auch Erdbeben sich sehr freuen, einander erheitern, schallend auflachen, daß der ganze Kontinent zittert. Sturm und Beben leisten einander wertvolle Hilfe, und nehmen wir an, dieser Sturm, diese Erdbeben verwüsten tatsächlich ganz schrecklich das Gebiet der Vereinigten Staaten von Amerika, sind tatsächlich ein Rachefeldzug der Natur zur Vergeltung der hinterfotzigen Verbrechensakte in Guatemala und der Dominikanischen Republik, wie man das auf der Haut spürt, wies kalt, dann heiß übern Rücken läuft, während oben der Sturm das Heulen und Brummen bombenwerfender Fliegergeschwader naturgetreu zu imitieren versucht, dann ein hochspannungsgeladenes Gewitter sich mischt, gefährlich schwarze Wolken genau über solchen Punkten zusammenstößt, wo die Häuser über keine Blitzableiter verfügen, von den Blitzen getroffen werden, zu brennen beginnen, hörst die Sirenen, das Heulen rasch herbeirasender Feuerwehrlöschzüge, aber als die kommen, ist alles schon bis auf Grundmauern abgebrannt vernichtet, während das Erdbeben nach gewissenhaft sorgfältiger Zerstörung von Washington, New York und Boston auf eine Reise nach Chicago sich begibt, unterwegs kurz etwas erledigt, in kleineren Siedlungen und Dörfern seine durchsichtige Visitenkarte hinterläßt, Chicago erreicht und dieses auch dem Erdboden gleichmacht, Sturm und Erdbeben treffen einander in den Rocky Mountains, ein Abstecher nach San Francisco, Los Angeles wird erwogen, würde beiden gefallen, aber dann, ja, aber dann überlegen sie es sich anders, Ermüdung, Erschöpfung, Überanstrengung triftige Gründe, die Reise zu verschieben.

Am Ufer steht schon ein Turm neben dem anderen.
Es ist nicht mehr möglich, den Strand zu betreten, geschweige, einen Blick aufs Meer zu werfen.
Nur vereinzelt Luftzwischenräume, Luftritzen, durch die man unter günstigen Umständen durchklettern, durchsteigen könnte.
Besser nicht, abzuraten, gefährlich, nicht nur gefährlich, vielleicht auch verboten.
Ein fachliches Gespräch über die Qualität der vorteilhafteren, weniger vorteilhaften Leuchtturmeigenschaften einschließlich der Lichtsorten und deren wechselnde, künstlich mehr oder weniger günstig zu erzeugende Regenbögen an dieser Küste;
was, an der Küste, wie kann man nur von der Küste reden, als wäre die Küste was Besonderes, Besseres, bevorzugter Behandlung zu unterziehen womöglich!
Nein, denn auch im Inneren des Landes ist man gezwungen, alle möglichen Mittel aufzutreiben, die Lebensqualität die Flußufer entlang zu verbessern, weshalb nicht nur von Meeruferleuchttürmen, sondern auch von Flußuferleuchttürmen zu sprechen sein wird.
Ja, um die Finsternisse zu vertreiben, die aus den Flüssen aufsteigen, vom Grund der Ströme, und die über die Böschungen hinweg im Land sich ausbreiten;
ja, um den aus den Wasserläufen kriechenden Flußnächten endlich entgegenzutreten, deren schwarzer Nebel sich über die umliegenden Gärten breitet, über die Felder, vereinzelt die mühsam angelegten Vegetationskulturen bedeckt, in die Pflanzen eindringt, wissen Sie, die darauf entweder langsam absterben, vollgesaugt von der Finsternis der Flüsse erschöpft,
oder aber bei anderen Kulturen die Pflanzen zu einem ungemein beschleunigten, in etwas allerdings verdunkeltem Grün, Dunkelgrün oder Grünschwarz, wie sagte ich, Wachstum anregen, wissen Sie.
Ja, die Pflanzen schießen dann zwar in die Höhe, oft über die Dachfirste hinweg, hinaus, bis eines Tages ihre Früchte

unbrauchbar zu platzen anfangen und schwarze Samenwolken in den Wind blasen, die zwar nicht die Nacht aus den Flüssen, aber eine Art pflanzliches Dämmerungsgemisch verbreiten, Abendlichtsamenwolken, die ein schattenausstrahlendes Unkraut verbreiten, über dessen Bekämpfung, wenn es aus den Feldern und Gärten hochsteigt, man immer noch zu wenig, ja überhaupt nichts weiß, ja, weshalb ein solches bis zu den höchsten Hochspannungsleitungen am Rand der Felder hochgeschossenes dort sich anklammerndes Schattenschlingpflanzengewirr in systematischer Ordnung gebaut bald die herkömmliche Vegetation unter sich in seiner ständig um und in sich verbreiteten zu jeder Tageszeit immer schon beginnenden Nacht vergraben und erdrückt hat, verstehn Sie jetzt?

Ja, wie erstaunlich, wenn ihnen kein Mast als Stütze, sich hochzuranken, verfügbar, steigen sie auf zu den höchsten Leitungsdrähten auch stützenlos selbständig wie auf Stelzen, trotz ihrer ungemein dünnen Pflanzenhalmstiele durch die Luft zum Draht, greifen sie einfach immer weiter aufwärts, bis sie ihn ergreifen, ergriffen haben.

Aber das Erstaunlichste, wenn sie weder über Stützen noch oben über eine Drahtleitung, darauf freihändig auf- und weiterzuranken, verfügen, dann fangen sie an, plötzlich einander abzustützen, sich zu taudicken Pflanzenkabeln oder kletterstangenähnlichen Pflanzenmasten zu verflechten, sich zu verknüpfen zu oft völlig undurchdringlichen Pflanzengittern, Pflanzenmauern, bis sie den von ihnen bewachsenen Bereich zu einem durchwachsenen Haus ohne Tür in sich geschlossen fensterlos vollgewachsen haben, überdacht von den aufwärts ab einer bestimmten Höhe gemeinsam nicht mehr senkrecht, sondern waagrecht sich weiter entgegenverschlungen einander eingeknüpft weiterwachsenden Ranken zu einem Flachdach, dem Plafond eines in sich abgeschlossenen Pflanzengebäudes, oft miethausausmaßeerreichenden, zwar etwas schief gelegenen riesigen Quaders oder seltener Zylinders, unter welchem lange schon jede andere Pflanzenart, ein Feld oder mehrere, in der Abendlichtschattendämmerungsfinsternis ihrer riesigen Schlingpflanzenverflechtungspaläste zum Verschwinden gebracht, zum Verwelken, nur mehr dem Boden zur Kompostverbesserung dienlich, verstehn Sie?

Die Früchte der von der Finsternis aus den Flüssen zur Kreuzung gezwungenen Pflanzen sind zum Verzehr nicht sehr geeignet, Sie können durchaus probieren, wenn Sie demnächst uns bald besuchen, mehlig, schlammig, meist bitter, Sie werden schon sehn, und wie sollte eine aus Finsternis pflanzlich wuchernde Dämmerungs- und Nachtfrucht schon schmecken, wie schmecke denn die Einsamkeit der Dunkelheit oder eine Verlassenheit in versteinerter Schwärze, was glauben Sie, nun sie schleicht sich irgendwie schmierig durch den Mund drückend in den Magen hinunter.

Aber meistens hat man ohnedies mit ausgedörrten Kapselfrüchten zu tun, das verkümmerte, Nachtsamen verbreitende Obst platzt bovistartig plötzlich weit hinauf in die Luft sich hineinverblasend...

Manchmal seien diese Samen unfruchtbar aufgrund der Kreuzung, und immer lasse sich die Natur dieser Kreuzung von Pflanzlichem mit der Finsternis aus den Flüssen nicht aufzwingen.

Von wegen Kreuzung rede man, wo doch eindeutig schwere Nötigung, Notzucht, einfach Vergewaltigung vorliege!

Selten, eher selten das, aber haben Sie schon einmal eine solche Kreuzung mit Zierblumen gesehn, Zierpflanzen, da würden Sie aber Augen machen.

Warum?

Warum? Da stünde man dunkelfärbig immer leicht schwärzlich oder grau angehaucht gefönten Blumen gegenüber, deren immer weiter ausgebreitete Blütenblätter zumindest zunächst, sage man, tennisschlägergroß bei oft beinah ersichtlich verfolgbarem Wachstum in Form eines ungefähr dampfend fortfahrenden Anschwellens der Blütenblätter bald schon zu gerundet dimensionierten Fußabstreiferausmaßen oder besser von einer leicht gedehnten Klodeckelausbreitung zu kanaldeckelgeformter Vollendung bald überspringend die Formate großer und runder Teppiche oder auch tischtücherwischlappenartig oder wischtuchtischlappenähnlich vierfach gekreuzt oder sechsfach gesternt um den prallen Blütenstamm wulstartig wuchernd angeordnet...

Ja, man erinnere sich, einmal habe man gesehen, wie eine solche Blume entlang einer kleineren Einfamilienhauswand aufwärtsgleitend mit einem ihrer Blütenblätter zunächst über die Dachrinne geklettert, dann aber bald simsüberziehend langsam den ganzen Giebel des Hauses richtig überstülpt vom Dach abwärts über die Fenster und Türen gelappt das leicht fettig gerundete pralle Blütenblattsegel.

Ja, bis zum Verblühen der Pflanze sei ein solches Haus oft völlig eingefinstert, die Leute müßten einen halben Sommer, meist aber kürzer, nur einige Wochen in der Nacht das Schleifen und leicht dunstig raschelnde Knistern oder ganz leise auch Zischeln des an den Dachziegeln scheuernden Blütenblattes, das sein Zelt übers Haus gehängt hat, hören, wobei dann jeder Schlafversuch unter einem solchen Blütenblattzelt vergeblich wird, und vielleicht fangen diese Blumen auch erst richtig aufzuleben an in den Nächten, aus denen sie Teile der Finsternis in sich hineinsaugen, in sich hinein abzweigen, und seien die deshalb in letzter Zeit schon viel kürzer gewordenen, außerhalb solcher Pflanzen wirklichen Nächte einem noch nicht aufgefallen?

Ja, und wie, man glaube, daß die wirklichen Nächte, nicht die vom Grund der Flüsse aufsteigenden, in letzter Zeit immer mehr degenerierten, daß sie früher sich verzögen, abzögen, viel müder als sonst früher einmal zurück ins Meer zerbröselten, aber manchmal selbst dafür schon zu faul oder zu erschöpft für den etwas weiteren Weg und so womöglich in die Betten der Flüsse und Ströme hineinfielen, wo sie am Grund mit den Flußnächten zusammentreffen, und was aber die dann in den Flüssen weiter noch so treiben, möchte man lieber nicht genauer erfahren! Deshalb brauche man die Leuchttürme an den Ufern der Flüsse, um die Wasserströme, seine Ufer, zu beleuchten und deren Finsternis am Grund festzusetzen, gefangenzulegen, verstehn Sie?!

Natürlich hörst du noch immer das pausenlose Jammern der vom Sturm und vom Erdbeben Verletzten, das Weinen der hinterbliebenen Angehörigen der häufig herumliegend verstreuten Toten, noch immer Sirenen und raschelnde, polternde, pfauchende, kreischende, zischende, quietschende und spritzende Feuerwehreinsätze;

zur Sache, zum eigentlichen Thema zurück, wollten wir den oder die Partner einer Vereinigung mit der Luft definieren, von schwingenden Gegenständen war doch vorhin die Rede, ja, vielleicht jener vor kurzem recht flüchtig ins Bild gerückte Hochspannungsmast, diese Hochspannungsleitung, bei der wir stehngeblieben, um das Schwirren der Drähte im Wind auszuhorchen, natürlich eine sich in der Luft fortsetzende, in sie überleitende Bewegung, dann liefen uns das Erdbeben, der Sturm über den Weg,

dort drüben brennt noch immer eine Raffinerie, die Flammen spiegeln sich in der Luft sehr deutlich,

und daran anknüpfend wir der Lösung näherkommen:

Die Erde begann sich zu bewegen, zu beben, übertrug ihre Schwingungen in die Luft, die setzte Bewegung und Schwingungen des Erdbodens in sich fort, beschleunigte sie, steigerte sich zum Sturm; ist der Erdboden der Partner der Luft?,

ist sowohl das Beben der Erde als auch die Beschleunigung der Luft (Wind, Sturm, Orkan) als allgemein erkennbarer Gefühlsausdruck der beiden zu bezeichnen zulässig?,

ist der Erdboden der männliche Partner gewesen, die Luft der weibliche? (könnte in anderen Fällen der Erdboden weiblich und die Luft männlich sein?),

wie könnten die beiden sonst noch miteinander verfahren, um gegenseitige Erfüllung zu erlangen?

wie erinnerlich zwischendurch der Hinweis des Hausmeisters auf die Unentbehrlichkeit seiner Person,

kein Leuchtturm ohne Hausmeister, wer denn sonst solle die

Leuchttürme reinigen, in Betrieb halten, und werde in letzter Zeit immer weniger von »Hausmeistern« gesprochen, jeder halbwegs Gebildete solle sich der Anrede »Leuchtturmmeister« oder »Leuchtmeister« bedienen

Man sagt, die Luft könne sich nicht bewegen, könnte lediglich nur immer bewegt werden, geschaukelt.
Es gibt auch Leute, die behaupten, nichts könne sich selbst bewegen, ohne bewegt zu werden.

Es ist Vormittag, überall wird fleißig gearbeitet: Zimmerer, Tischler, Rauchfangkehrer, Straßenbauarbeiter und Glaser sind damit beschäftigt, schwarze Zierleisten, an den Himmel zu nageln, nein, nicht nur schwarze Zierleisten, sondern auch andersfarbige, und wer von Zierleisten am Himmel redet, fragt einer, wie könne man Zierleisten am Himmel befestigen, noch nie habe man irgendwo etwas befestigt, ohne den Untergrund vorher zu bemalen, nein, vorher zu reinigen, dann zu bemalen oder auszutapezieren, folglich würden jetzt keine Zierleisten am Himmel befestigt, sondern werde gerade jetzt der Himmel gereinigt, gekehrt, sehe man doch deutlich die Arbeiter, vor allem Straßenkehrer mit Besen, Schaufeln und Kübeln am Himmel, kehren, schaufeln das Firmament vom Dreck frei, füllen die Kübel, Abfalleimer, die mit Seilen heruntergelassen, abgeseilt, manchmal fällt was runter, nicht zu verhindern,
und jetzt noch lange nicht die Rede von Zierleisten, genagelt an den Himmel,
sondern wird augenblicklich Plafond des Tages in der östlichen Hälfte ausgemalt und in der westlichen austapeziert,
nein, entgegnet einer, wie könne man behaupten, in der östlichen Hälfte ausgemalt, in der westlichen tapeziert, da doch

deutlich zu erkennen, daß in der östlichen Hälfte tapeziert, in der westlichen ausgemalt werde,
nein, unterbricht ein anderer die hitzige Debatte, was für ein Blödsinn, wie man bloß von einer westlichen, einer östlichen Ätherhälfte rede, vielmehr müsse von einer nördlichen und südlichen Himmelhälfte die Rede sein, demnach werde der Himmel weder in der östlichen Hälfte ausgemalt oder austapeziert noch in der westlichen Hälfte austapeziert oder ausgemalt, sondern der Himmel werde in der nördlichen Hälfte ausgemalt und in der südlichen Hälfte austapeziert, was für ein Unsinn, unterbricht noch ein anderer die sich dem Höhepunkt nähernde Diskussion, der Himmel werde in der nördlichen Himmelhälfte austapeziert und in der südlichen Himmelhälfte ausgemalt,
wer redet von Ausmalen und Austapezieren, kehrt der erste Redner zum Ausgangspunkt des Gesprächs zurück, dergleichen widerspräche den eindeutigen Tatsachen, denn nun würden endlich die anfangs erwähnten Zierleisten am Himmel befestigt, selbstverständlich nun ständig Zierleisten an den Himmel genagelt,
wie es ja Vormittag sei und allgemein fleißig gearbeitet werde

Die Luft pflegt Bewegungen, Schwingungen, die sie in sich aufnehmen muß, spiegelverkehrt zu wiederholen.
Die unmittelbaren Folgen: Heiterkeit, schallendes Gelächter, des öfteren blauer Himmel, oft ein Durchbruch der Sonne, dadurch Wetterverbesserung; oder auch Regen und Sturm und Orkan etc.
Aber dürfte das alles für die Luft ein erheiterndes, fröhliches, vergnügliches Anliegen sein...

Noch immer werden Seile lotrecht hinaufgeworfen, oben aufgefangen, verknotet, manchmal wird einiges abgeseilt, Kästen, Kredenzen, Betten, Nachtkästen, Küchenherde,

Brennholz, elektrische Heizöfen, Badezimmereinrichtungen, alle erdenklichen Geräte, Anlagen, die von zwielichtigen Elementen während der Dunkelheit und insbesondere in der Zeit heftiger Regen- und Gewitterperioden in den kälteren, stürmischeren Jahreszeiten vermutlich dort hinter den Wolken installiert worden waren,
wirklich wird in diesem Augenblick ein ganzes Dorf, nein, eine ganze Stadt vorsichtig heruntergelassen, abgeseilt, unten von den Hausmeistern in Empfang genommen,
das in den heruntergelassenen abgeseilten Scheunen gelagerte Heu muß sofort verbrannt, wie auch herunten angekommene gefährliche Industriegebiete sofort entschärft werden müssen, so auch die am Himmel entdeckten ertragreichen Felder sogleich von plötzlich herbeigaloppierenden Reitern zertrampelt, da es gar keine andere Möglichkeit zu geben scheint, um dem Einschleppen womöglich ausländischer Krankheitskeime und -erreger vorzubeugen, und gerade bei solchen zwielichtigen Kriminalfällen aus der Atmosphäre wisse man nie, woher das Zeug stamme, denn auch die auf den für die Viehzucht besonders geeigneten Wiesen des Firmaments weidenden Rinder fallen schon aus allen Wolken, auch die Kirchtürme samt ihren zum Gottesdienst läutenden Glocken werden an Fallschirmen befestigt, schweben langsam herab.

Wir fahren weiter, kommen, fliegen weiter am Rückweg, zwischendurch rasch noch eine lehrreich informative Besichtigung verschiedenster Marktgenossenschaftsbetriebsgebäude, was niemanden darüber hinwegtäuscht, daß wir noch weiter zurückkommen, um unsere Pflichten zu erfüllen, die Selbstmordquote zu senken, der Republik aus schwieriger wirtschaftlicher Lage herauszuhelfen, täglich wenige Stunden die stillen Straßen, Gassen nahe des Fischereihafens zu geschäftiger Betriebsamkeit erwachen sehen, flimmern vor unseren Augen die schon lang uns erwartenden Überstunden, die einen halbwegs reibungslosen Ablauf der Produktion garantieren, Buden und Stände dürften wie Pilze nach einem warmen Sommerregen aus dem Boden schießen, braucht man uns, ist auf uns angewiesen, jeden einzelnen, jawohl, sitzen im gleichen Boot, schwimmen im selben Wasser, beobachten gemeinsam die sich zu ganz gewissen Zeiten entwickelnden verschiedenfarbigen Wasserblüten, die hautförmig über die Wellen gespannt, vom Wind wieder langsam zerstreut, versuchen, den auf uns zukommend gefährlichen Wasserhosen auszuweichen, obwohl sich jeder lieber mit Wasserrädern beschäftigte, orientiert jeder lieber an den Wassermarken sich, beobachtet die Wasserzeichen, spielt wirklich lieber jeder auf seiner Wasserorgel, raucht jeder viel lieber täglich ein paar Wasserpfeifen, und außerdem sind alle froh, über ein Wasserklosett zu verfügen.

Auf einmal wird von einem Kanal gesprochen und dessen landeinwärtsgleitender altsilbrig schimmernder Wasserschlangenhaut.
Anscheinend hatte man einen günstigen Weg durchs Gebirge gefunden, wie zügig rasch auf einmal alles zuwegegebracht, als wäre die Wasserstraßenverbindung vor kurzem erst vom Dauerfeuer einer künstlichen Blitzschlagorgelraketenwerfermaschine und deren automatenmechanisch den Kanalverlauf entlang übergleitend darüberfliegenden Gewittern ins Land gezogen worden durch die Berge gefurcht hafenauswärts das Meer hinter sich nachziehend in seinem in undenkbare Ferne langgestreckten Verlauf übers Land durch sein Bett in der Länge vielleicht schon des Kontinents. Oder hatte man jahrelang versteckt ihn zu halten gewünscht und gewußt, war er schon dagewesen, ohne daß man ihn bemerkt hätte, bemerken hätte können?
Bald darauf stehe ich am Ufer, sehe den Kanal, die Böschung und das Gras auf der Böschung.

Ich sehe die Spiegelung der Böschung im Kanal und ebenso die Spiegelung des Grases auf der Böschung im Kanal.
Unter dem dichten Gestrüpp der im Atmosphärenbereich über der altsilbrigen Wasserhaut auf ihr wachsenden nicht zu zählen unsichtbaren Luftrosenstöcke, deren Anwesenheit bei den in solchen Bereichen auffallend gekräuselt in alle Richtungen abwechselnd verbogen knotenreich verschlungenen Lichtstrahlentänzen, die sicher in den unsichtbaren Blumen ihre Ursache suchen, ja, unter diesen unsichtbaren Luftrosenstöcken zähle ich die mehrfache Bewegung des Grases auf der Böschung:
Die Bewegung des Grases im Wind.
Die Spiegelung der Bewegung des Grases im Wasser.
Die Bewegung der Spiegelung der Bewegung des Grases im Wasser auf den sanften Wellen am Wegrand des Windes über den Kanal hinweg.
Und dann schon wieder die Bewegung der Spiegelung der Bewegung des Grases im Wasser,
aber diesmal in den hoch an die Böschung beiderseits schlagenden Wellen des auf einmal vorbeifahrenden Motorbootes.
Der Mann beim Lenkrad vorne kommt mir bekannt vor.
Schaut aus wie ein berüchtigt berühmter Kapitän.
Nimmt seine Mütze vom Kopf und winkt.
Jetzt weiß ich, im Morgengrauen habe ich ihn vor dem Tor des Bordells mit dem Hemdsärmel dreimal den Mund sich wischen sehen.
Als Tausende niedergebrannte Dochte aus den Kammern durch die Korridore auf die Straße gekehrt, die restlichen Lampions zerschnitten wurden.
Als ich hörte, wie einer von weit weg durch ein fast blindes Fenster sagte: heut ist Donnerstag, die Wahlscheiben an den Telefonen sind zerschlagen.
Aber war es doch viel eher Sonntag, das konnte ich an den ungemein vielen durch die Luft herbei-, hinwegfliegend unsere Köpfe überquerenden Kirchengebäuden aller Stilarten, Größenordnungen und vermutlich auch Konfessio-

nen und ihrem dabei munter tätigen Glockengeläut, das mir genau auf den Kopf herabgeworfen wurde, ganz deutlich erkennen.
Ein kühler Luftzug drang durchs Hemd.
Die Kirchengebäude aber schwebten weiter fort aus dem Hafen übers Land, um über den noch in der vergangenen Nacht aufgebrochenen Ausflüglerversammlungen auf der Rast in den Lichtungen der Wälder anzuhalten, vorsichtig locker herabzuschweben und langsam ihre backsteingefügten Schiffswände am Boden über die sie schon lange herbeigewartet feldmeßgeordnet aufgestellt bereiten Sonntagsversammlungen zu stülpen und gleich darauf den Organisten zum Gottesdienst ohne Zeitverlust einleiten zu lassen.

Auch im Inneren des Landes nehmen sie immer mehr zu, nicht nur an den Ufern der Flüsse und Seen, sondern auch am Rande der Felder, neben den Toren der Gehöfte, am Beginn der Weichbilder der Städte, in gewissen Abständen entlang der Überlandstraßen und Landstraßen, auch auf den höchsten Erhebungen der Hügelketten, Vorgebirge und Gebirgsketten und selbstverständlich an den vermessenen Punkten und geometrischen Orten der Landschaft, wodurch vielen die berechtigte Hoffnung erwächst, bis jetzt immer nahezu unerträgliche Nächte ein wenig leichter zu überwinden.

Viel früher aber noch hatten drei Tischler die aufgegangene Sonne in etwa fünf Scheiben zersägt, mehrere geschmackvolle Wohnungseinrichtungen daraus verfertigt und günstig verkauft, weshalb der Vormittag so neblig, daß es notwendig erscheint, die Triebwerke der Leuchttürme auf vollere Touren zu bringen, womit aber einem neu eingestellten Leuchtturmmeister allein zunächst einige Schwierigkeiten

erwachsen, weil er sich auf den Schalttafeln, von wo die verschiedenen Scheinwerfer eingeschaltet und geregelt werden, nicht zurechtfindet in der Gestaltung und Ordnung der verschiedenen den ganzen Himmel ausfüllend durchkreisenden Lichtfühlerseilspinnennetze, die ihm in die Atmosphäre entgleiten, als ob der Kopf des Turmes zunächst ins Universum fortexplodierte als eine leuchtend erblühte Scheinwerferhaufendolde in der uferlosen Finsterniswüste, aber hatte er zum Glück nur die Drehung des Turmkopfes, seinem schwindelanfälligen Kreislauf nicht mehr erträglich, zu schnell hochgeschaltet, an einem falschen Knopf gedrückt, daß er in seinem Turm baumelt wie ein riesiger verkehrter in den Himmel getauchter musilscher Farbenkreisel, der den Nebel verscheucht;
hinkünftig mehr Leute man in Dienst zu nehmen veranlaßt sich sieht, Leuchtturmgehilfen oder Leuchthilfen, Leuchtturmlehrlinge oder Leuchtlehrlinge und Leuchtturmgesellen oder Leuchtgesellen, daß aber anderweitige Berufssparten einen empfindlichen Personalmangel verzeichnen, vor allem spricht man von einem bedenklich stimmenden Auftreten höchstempfindlichen Hausmeistermangels, allgemeiner Abwanderung öffentlich Bediensteter, dafür aber häufig Worte wie »Leuchtrat«, »Oberleuchtrat« oder »Leuchthofrat« in den Mund genommen.

Während wir die Großstädte verlassen, beobachten wir die Radfahrer, die sich in den Weichbildern und an den äußersten Rändern der Großstädte versammeln, die Großstädte verlassen.
Auswanderung, sagt einer, sei das vorübergehende oder dauernde Verlassen eines bestimmten Punktes, den man allgemein als sogenannten Heimatpunkt bezeichnet, zum Zwecke der Wohnungnahme eines ganz bestimmten anderen Punktes, der nach dem Ablauf einer ganz gewissen Zeit meistens als Wahlheimatpunkt bezeichnet wird.

Radfahrer können wir jetzt auf einmal nur mehr draußen auf dem Land finden, wodurch unsere Gespräche auf die verschiedenen Probleme der Landwirtschaft gelenkt werden, besonders auf jene unangenehme Erscheinung, die als das »Auswachsen des Getreides« bezeichnet wird, worunter man verfrühtes Keimen der schon fast ausgereiften Körner auf den Ähren, die schon ihre normale Höhe auf den noch nicht geschnittenen Feldern erreicht haben, versteht, was durch warme Temperatur und anhaltende, andauernde Regenfälle begünstigt wird. Wirklich ist es sehr warm, regnet andauernd, und schon beobachten wir den ungemein rasch darauffolgenden Keimungsprozeß der Körner auf den Ähren der noch nicht geschnittenen Kornfelder, aus den Körnern auf den Ähren sprießen mit bedenklicher Schnelligkeit neue Ähren, auf deren Spitze neuerlich sich Körner entwickeln und reifen, die neuerlich auskeimen, aus denen neuerlich mit einer unfaßbaren Geschwindigkeit neuerliche Ähren sprießen, auf deren Spitze sich neuerlich Körner entwickeln und reifen, die schon wieder auskeimen, aus denen wieder mit unfaßlicher Geschwindigkeit neuerlich Ähren sprießen, auf deren Spitze sich neuerlich Körner entwickeln und reifen etc., wodurch wir vor den Sachverhalt gestellt werden, oftmals drei bis vier Kornfeldern übereinander zu begegnen, tatsächlich zwei- bis drei-, ja sogar vierstöckige, sich nach obenhin unglaublich verdichtende Kornfelder, zwischen denen die Radfahrer in den Feldwegen verschwinden, von einem Dorf zum anderen fahren und sich dadurch das Autobusgeld ersparen, da sie ihr Fahrrad als Fortbewegungsmittel verwenden.

In besonders warmen und niederschlagsreichen Landschaften sind wir des öfteren Kornfeldern gegenübergestanden, die sich nach obenhin derart vermehrt und verdichtet hatten, daß sie bis weit in den Himmel hinein gewachsen waren noch oft durch die höchsten Wolken hindurch, so daß es mit einem Wort nicht möglich gewesen wäre, ihre tatsächliche Höhe zu bestimmen.

Radfahrer machen viel Bewegung, betreiben Sport, sind im-

mer in der frischen Luft, tragen viel zu ihrer Gesundheit bei.
Es hat aufgehört zu regnen.
Auf den Landstraßen ist wenig Verkehr.
Aus dem Boden dampft es, der Dampf schleicht die Feldwege entlang.
Radfahrer leben länger als andere Leute

Zur allgemeinen Überraschung wird es wieder heller.
Die Leuchttürme, natürlich die Leuchttürme; die Nebelhörner verstummen, das vorhin aufgekommene Sirenengeheul wird im Meer versenkt oder von Fernlastern in Bunker verfrachtet, die Leuchttürme, denkt jeder, endlich unsere Leuchttürme.
Aber das ist ein Irrtum, denn vermutlich haben die vorhin erwähnten drei Tischler nur einen kleinen Bruchteil der Sonne in Scheiben zersägt, zu Wohnungseinrichtungen verarbeitet und günstig verkauft, deutlich erkennbar schwebt jetzt mindestens die halbe, nein, weit mehr als die halbe Sonne am Vormittagshimmel und bewegt sich zum Mittagspunkt.
Die scheinwerferstrotzenden Schwungräder des künstlichen Lichts können ruhen in ihren ausgebauten Turmköpfen, deren äußere Gestalt anmutet, als habe man mit ihnen riesig überdimensionierte aus dem Küstenboden ihre Kopfkränze weit herausgestreckte aus dem Inneren der Erde ins Firmament zum Luftschöpfen hineingestreckte Würmer (Bandwürmer oder Spulwürmer) dargestellt in Form der vorliegenden Riesenskulpturversammlung am Ufer des Ozeans.
Ja, vielleicht haben Sie gar nicht unrecht, bei diesen aus dem Erdinneren in den Himmel erigierten Wurmstümpfen kann es sich nicht um sämtliche dieser Würmer handeln, glaube ich, obwohl kaum zählbar viele dort, aber vermutlich sei das ganze Innere der Erde vollgestopft mit solchen ineinander verschlungenen Milliarden Riesenwürmern;

was rede man da von Würmern im Erdinneren, und wovon denn sollten solche wohl sich ernähren? Erkläre man das!
Ja, wovon wohl, von den Innereien des Planeten natürlich, was denn sonst? Erdöl, Erdgas, wahrscheinlich aber am liebsten Schlick und Torf.
Richtig, vermutlich stelle die ganze Erde eine einzige Hülle, Schutzhülle nur für jene dar, der Planet, ein einziges unüberschaubares Wurmei, auf dessen Schale man sich herumbewege und aus dem eines Tages einmal alle hochkommen würden, die Haut des Planeten durchstoßen, sich auf dessen Oberfläche herumwälzen, während die Länder und Meere fürchterlicher als je zuvor ganz aufgewühlt werden von den hochbrechenden Explosionen dieser sich durch die Städte wälzenden Wurmriesen.
Bislang sehe man nur deren ruhig erstarrte zur Mahnung die Köpfe in den Himmel tastenden Darstellungen.
Aber höre man denn nicht von Zeit zu Zeit auch jetzt schon immer wieder ein angsterregendes Poltern im Boden und auch ein Sich-Wälzen, Schnaufen oder Keuchen?
Ja, jetzt zum Beispiel, hören Sie?
Was hören Sie? Dieses Poltern findet wohl in Ihrem eigenen Kopf statt und nirgend sonstwo, und der dürfte bei Ihnen durchaus voller Würmer sein!
Die drei verdächtigten oder verdächtigen Handwerker aber werden von der Exekutive steckbrieflich verfolgt, weil sie ohne behördliche Bewilligung Teile der Sonne gestohlen haben, wodurch die Tätigkeit der natürlichen Tagesbeleuchtung empfindlich gestört, eine solche unsachgemäße Beschädigung des Tageslichts schwierig, wahrscheinlich gar nicht zu beheben.

Wissen Sie, daß die vor kurzem gegründete Leuchtturmgewerkschaft immer mehr Mitglieder aufzuweisen hat, die Gründung einer Leuchtturmpartei werde vermutlich in allen

Belangen eher sich radikal gebärden, sollte sie die Macht an sich reißen, was durchaus schon im Bereich der Möglichkeit, nichts mehr wäre infolgedessen abzusehen.

Um der Langeweile beim Verbringen der Zeit endloser Rückkehr zu entgehn, erinnern wir uns gerne an die Besichtigung von Museen, Kirchen oder Fabriken und an die in ihren Hallen uns dargebrachten erklärenden Ansprachen: Intensivste Forschungen hätten es zuwege gebracht, einen Apparat zu bauen, der das 100prozentige Wissensgut einer gesamten Bibliothek durch spezifische Strömungen in das Gehirn eines einzigen Menschen einwärtstransportiere, wobei ein mit dem Apparat verbundener Pol am Hinterkopf des Kandidaten befestigt, der hingegen mit dem Apparat ebenso verbundene Gegenpol mit je einem der zwei Bibliothekspole kurzgeschlossen werde, der zweite Bibliothekspol dagegen, um den Kreis zu schließen, mit dem zweiten Kandidatenpol in Verbindung trete; zwischen Versuchsperson und Bibliothek befinde sich nun der Apparat, ein weißer oder auch andersfarbiger Kasten, wie man sehe, der sogenannte »Transmitter«, welcher die Übertragung vornehme, und verfüge man deshalb sowohl über die Möglichkeit, das gesamte Wissen der Welt in einem einzigen beliebigen Gehirn (und somit in allen Gehirnen der Welt) zu lagern, als auch andererseits unser gesamtes neuzuerworbenes Wissen in eine Bibliothek zu transferieren; daß der Transmitter noch einiger Verbesserung bedarf, sei beim erstmaligen praktischen Versuch, den Betrieb zu prüfen, deutlich geworden: Der Schädel des Kandidaten, der sich als Versuchsperson auf eigene Verantwortung zur freundlichen Verfügung gestellt habe, sei geplatzt, auseinandergespritzt durch den ganzen Saal, war sowohl oxydiert als auch explodiert auf die umliegenden Wände geschleudert hinaufgepatzt, dort, dort, und auch noch dort, man sehe und schaue, könne man nach wie vor die Spuren des Unfalls erkennen, und zwar sei

all das schon passiert, als die Bibliothek noch nicht einmal
zu ihrem Tausendstel in seinen Kopf hinein übertragen gewesen sei, aber bald schon könne ein jeder von uns risikolos
in den Vorzug der überzeugenden Vorteile des Transmitters
gelangen, und ob man sich nicht jetzt schon teilbereichs-
weise – das schon jetzt problemlos – ganz kurz dem
Transmitter sich anzuvertrauen entschließe?

Viel früher aber noch
beinahe vor der Entstehung des Morgengrauens, bevor man
die abgebrannten Dochte aus den Kammern auf die Korridore gekehrt hatte,
bevor die ihre Arbeit beginnenden Hausmeister die auf den
Korridoren herumliegenden abgebrannten Dochte aus den
Korridoren auf die Straßen und Gassen gekehrt hatten und
bevor die ihre Arbeit beginnenden Straßenkehrer die auf
den Straßen und Gassen herumliegenden abgebrannten
Dochte in ihre Mülleimer gekehrt und die gefüllten Mülleimer in die öffentlichen Abfallgruben geleert hatten,
hatten sich die Leute bereits vorgenommen, die Anschaf-
fung neuer und qualitativ einwandfreier Kerzen für die
Kammern nicht in Vergessenheit geraten zu lassen,
als der berüchtigte Kapitän noch keine Vorbereitungen getroffen hatte, das Motorboot zu besteigen und kanalaufwärts zu fahren landeinwärts.

Auf den Baumstämmen sind Schilder befestigt, auf denen
sowohl die jeweilige Entfernung zum nächsten Rasthaus
oder Gasthaus einigermaßen genau angegeben ist als auch
die jeweiligen charakteristischen Eigenschaften des nächsten
Gasthauses oder Rasthauses einigermaßen anschaulich geschildert werden, seitdem
sich der Verein der Gastwirte mit dem Verein der Rastwirte

zu einem einzigen Verein, nämlich dem Verein der Rastwirte und Gastwirte, kurz auch Rastgastwirteverein zusammengeschlossen hat, der sich mit der Erforschung der verschiedenen Speisen und Getränke sowie der statistischen Erfassung des Fremdenzimmergewerbes auseinandersetzt, ein Jahrbuch, das größere wissenschaftliche Arbeiten und Untersuchungen enthält, herausgibt und mit Erfolg die Teilnahme von Laien auf allen Gebieten dadurch fruchtbar zu machen versucht, daß er ihnen in einem Korrespondenzblatt die Gelegenheit zu Mitteilungen, Fragen und Antworten gewährt

Langsam wird es dennoch Mittag, die aus den Sargassomeeren in den Hafenbereich eingewanderten verschiedenfarbigen Schwimmpolypen werden für ein paar Stunden zum Horizont geschoben, und die Hafenmautgrenze entlang werden für eventuell ankommende Schiffe Bojen verankert,
auf den Bojen sind Tafeln mit der Aufschrift WÄHREND DES MITTAGESSENS IST ALLEN SCHWIMMENDEN FAHRZEUGEN DAS EINLAUFEN IN DEN HAFEN UNTERSAGT,
und überall wird klirrend, schleifend, pfeifend und klappernd das Menü vorbereitet.

Vielen Menschen in der Stadt geht die Luft aus.
In der Stadt mehr Menschen als auf dem Land, in der Stadt viel weniger Luft als auf dem Land. In der Stadt verschwindet mehr Luft als auf dem Land, weil auf dem Land viel weniger Leute wohnen als in der Stadt, deshalb auf dem Land weniger Luft verschwindet.
Eines Tages merken die Leute in der Stadt, daß sie nicht mehr über genügend Luft verfügen können, soviel davon in sich verschwinden zu lassen, daß keine Schwierigkeiten

beim Luftholen auftauchen, niemand mühevoll nach Luft schluckt.
Mehr Luft!, fordern die Leute in der Stadt keuchend, schnaufend, wir wollen frische Luft! Was ist das für eine Luft?! Was für eine schlechte Luft!
Man schimpft über die miserable Luftpolitik der höheren, höchsten Beamten, Luftbeamten, fordert den sofortigen Rücktritt des Luftministers.
Die Luftbehörden und Luftamtsbehörden sind der ausweglos scheinenden Lage gewachsen.

Die vor kurzem erwähnte polizeilich verfolgte Beschneidung der Sonne wird nicht mehr wie ursprünglich den Tischlern, sondern den Anhängern der vor kurzem gegründeten Leuchtturmpartei vorgeworfen, die sich dadurch unentbehrlich zu machen und ihre Stellung im Land hiemit zu sichern und zu festigen versuchen,
wie es aber auch möglich ist, daß keineswegs die Anhänger, sondern deren Gegner es waren, gezielt nach begangener Tat die Leuchtturmpartei des Vergehens bezichtigen zu helfen, die als einzige daraus erheblich Nutzen ziehe und gezogen und auch nicht versäumt worden, auf ihre aus dem Tathergang folgernde Unentbehrlichkeit für die Allgemeinheit marktschreierisch hinzuweisen, und da ihre Stellung im Land genug gefestigt erschienen, alleröffentlich auch noch sich zur Behauptung hinreißen läßt, die Allgemeinheit, das habe sich schon erwiesen, sei auf die Leuchtturmpartei nicht nur angewiesen, sondern von ihr auch abhängig hinkünftig, denn ohne ihr Bestehen und daraus folgende Garantien für die erfolgreiche Fortsetzung des tätigen . Turmleuchtens nicht mehr sehr lange handlungsfähig liquid das Land.
Wer wollte nach solchen dann durch alle Provinzen bis in deren letzte Winkel gespuckten Tönen die Leuchttürme zu verdächtigen und bezichtigen einhalten, hätten sie doch solche Abhängigkeit erst hergestellt durch Auftragsvergabe,

durchzuführen vorliegendes Vergehen durch eiserne Hintermänner ihrer geheimen Logen, und wenn die Tat auch von den Gegnern begangen, um sie ihnen in die Schuhe schieben zu können, dürften nur wenige zögern, dennoch die Leuchttürme mit den finsteren Geschäften zu verbinden oder mindest im Hintergrund Pate gestanden zu haben ihnen zutrauen, um den Betrieb ihrer Lichtmaschinentürme lohnend zu gestalten, bald mit der Einnahme gewinnabschöpfenden Mehrwerts tätig zu werden, dazu der Beschädigung des Tageslichts aber bedurft, was den Türmen erst vollausgelasteten Betrieb beschert; aber denken wohl viele insgeheim auch demgemäßer, daß selbst sie in solcher oder ähnlicher Lage dementsprechend oder identisch gehandelt hätten, stünden vergleichbarer Problematik sie gegenüber und verfügte man nur annähernd über entsprechend erforderliche Mittel.

Es ist aber auch möglich, daß wirklich die Gegner der Leuchttürme das Verbrechen begangen, oben ausreichend angeführt provokatorisch taktischer Überlegungen gemäß; oder aber auch, ohne zu wissen oder zu ahnen, daß sie von der Leuchtturmpartei und von niemand anderem dazu beauftragt worden waren über deren eiserne Hintermänner und Strohpuppen der geheimen Logen, welchen niemand von den Leuchttürmen nur vorgeschoben zu sein zugetraut hätte, könnten die Leuchtturmgegner ohne das Wissen, von den Leuchttürmen beauftragt, befohlen und auch bezahlt zu sein, sondern nach wie vor im schon ausreichend beschriebenen festen Glauben, die verlustige Reputation, damit wieder verlorene Stellung sowie Einflußruin herbeizuverursachen, und zwar ihrer ihnen nicht bekannten Auftraggeber, von denen sie nichts ahnen können, noch, daß sie mit der Ausführung des Vergehens der Leuchtpartei sowohl deren Auftrag befolgt zu haben, als auch den lange erwarteten Geschäftsaufschwung endlich herbeizuführen geholfen sie ihr, im Glauben, ihr großen Schaden zuzufügen, in Wirklichkeit im Moment einen großen Dienst eigentlich unbezahlbarer Natur erwiesen haben, aber auch den Gegnern der Leuchttürme in die Tasche gearbeitet, indem letztere das Verbrechen den Leuchttürmen anzulasten in der glücklichen Lage endlich sich befänden; womit diese Brüder es fast allen recht gemacht haben, eigentlich gar keines Fehlers in ihrem vorbildlichen Verhalten wären sie fähig gewesen, hatten sie doch immer schon, ohne es zu merken, verstanden, es allen recht zu machen, selbst ihren erbittertsten Gegnern, denen sie ahnungslos in ihren sie zu bekämpfen beabsichtigten Maßnahmen oft schon den größten Gefallen erwiesen hatten, so häufiger ihren Gegnern entscheidender und gewinnbringender ahnungslos weitergeholfen als Freunden und Verbündeten, und hätte der einzige Fehler dieser Brüder darin bestehen können, das Tageslicht unbeschädigt zu lassen, die Sonne nicht zu zersägen, kein Stück aus der Sonne herauszuschneiden und in handliche Stücke zu zerlegen, und ebensowenig elegante Möbelgarnituren daraus zu verfertigen und letztere teuer ins Ausland zu verkaufen, damit aber wäre niemandem der um die Macht und den Einfluß sich bekämpfenden Richtungen nicht einmal ein kleiner Dienst absolut nirgends erwiesen gewesen.

Der Kapitän ist weit aus dem Blickfeld geraten. Fährt kanalaufwärts, und natürlich gleich bedenklich die damit verbunden aufkommende Frage: Was hat er im Landesinneren vor? Was will er dort? Da, wie man sorgfältigen Nachforschungen entnehmen konnte, ihn weder familiäre noch irgendwelche freundschaftlichen oder andersartig privatisierender Natur und schon gar nicht geschäftliche weder Verpflichtungen noch Erwägungen dorthin binden oder ziehen und außerdem von ihm bekannt ist, daß die Gegenden im Landesinneren eher verhaßt ihm sind und er schon immer mehr als küstenverbunden der hektischsten Nervosität verfällt, wenn das Meer oder der Beginn des Ozeans ihm nicht so nahe ist, daß er es jederzeit, wenn ihm das Bedürfnis dazu aufkommt, in eine seiner Westentaschen stecken kann.

Um diese Zeit gerät die Meeresoberfläche in den Zustand mild beruhigender Erstarrung, als ob sich ihre sonst flüssige Konsistenz zu einem festen Körper wandelte.
Zunächst hat es den Anschein, als würden stahlblau-silbergraue Tücher aus den Gischtkronen der Wellen geworfen, die auf den Brechern herumhüpfen, zunächst noch von den Wogen bewegt, dann aufgeschaukelt zu selbständiger Bewegung und bald die Wellen unter sich durch ihre strenge, inzwischen etwas filzige Schwere zu allmählicher Beruhigung glättend, bis diese Tücher noch härter werden, zunächst ganz leicht papieren pappig feucht gefasert, dann wie Lederfetzchen oder Asbest, die zu einem einzigen Tuch einander schließen, ihre langsam eintretende Beruhigung schon aufgrund ihrer schwer biegbar gewordenen, immer härteren Konsistenz, jetzt fast schon etwas holzig, aber glänzend wie Email, bis das riesige steife Tuch, immer starrer von der eigenen Stille erfaßt, jede Rührung einstellt und die gesamte Bucht wie ein gepflegter unregelmäßig wellblechgemäß großzügig gerillter dunkler Spiegelbelag lückenlos überzogen ist.
Es ist üblich, zu dieser Zeit auf der Meeresoberfläche zu sitzen, die größeren Wellen als Bänke und Tische zu benützen, und ganz bestimmte Stellen des Golfes sind mit bunt bestickten Tischtüchern verziert bespannt für den Beginn des Mittagessens.
Oder sind diese auf dem Meer zwischen den erstarrten Brandungsresten sitzenden Figuren vielleicht nur die vom Ozean gespiegelten Wiederholungen der Leute am Ufer?
Nein, sehn Sie nicht, die sitzen wirklich am Meer, kommen Sie bitte, gehn wir hin, damit Sie sich selber überzeugen!

Am Stadtrand hat man Luftlager, Luftsilos gebaut, deren Ventile geöffnet werden, daß wieder frische Luft in die Stadt eindringt; ein frischer Luftwind wird durch die Straßen wehen, wird die ohne ausreichende Luft von den Bäumen gefallenen verdorrten Blätter fortblasen, daß auch alle Erinnerungen an die kurzen luftknappen Zeiten verschwinden, auch durch die schmalsten Gassen und Hintertüren wird wieder genügend Luft schleichen.

Nach dem Essen wird die Oberfläche der Bucht abserviert, sehn Sie, das Ufer gereinigt, einzelne Leute sitzen noch eine Zeit auf den erstarrten Wellen, holen aus den Rocktaschen Pfeifen, Zigarren oder Zigaretten, sie sich in den Mund zu stecken, anzuzünden und auf bestellten Kaffee, Tee und dergleichen zu warten.
Bald aber wird es notwendig sein, die Leute zum Verlassen des Ozeanspiegels aufzufordern, der bald wieder in Bewegung gerät, die Brandung wird wieder einsetzen, um den lebensnotwendigen Schiffsverkehr nicht unnötig zu behindern.
Der Belag am Golf wird brüchig, die einzelnen Bruchstücke verschieben einander, aufgeworfen gegenseitig, beginnen leicht zu hüpfen immer höher, immer dünner, bis nur mehr stahlblau-silbergraue Fetzen von den Wellen und deren Gischtkronen hochgeworfen werden, weit hinaus durch die Wogentäler versinken hinter die lange Linie des Ozeans hinunter.

Unter der Luftknappheit und Luftnot haben besonders die Luftfahrt und Luftwaffe zu leiden, da viel zu wenig Luft vorhanden, daß sich ein Luftschiff in die Luft erheben, geschweige durch die Luft fliegen könnte, und daß ein Luftschiff oder Flugzeug nur durch die Luft fliegen kann, wenn genügend Luft vorhanden ist, durch die es fliegen kann, ist leicht zu verstehn, denn wie soll ein Flugzeug in der Luft durch die Luft fliegen, wenn zu wenig oder überhaupt keine Luft vorhanden ist, in der es in der Luft oder in die Luft fliegen könnte?

Man sagt, schon viele Flugzeuge und Luftschiffe, die sich in ein Gebiet verirrt, in dem zu wenig oder womöglich überhaupt keine Luft vorhanden ist, seien plötzlich vom Himmel heruntergefallen.

Viel früher aber noch hatte der Kapitän den Leuchtturm dort betreten, einige Zeit im Gebäude daneben verbracht, es wieder verlassen, sein Motorboot bestiegen und war ohne hinterlassene Nachricht kanalaufwärts landeinwärts verschwunden und anschließend von der Besatzung seines im Hafen liegenden Schiffes fieberhaft gesucht worden, da der Zeitpunkt des Auslaufens nähergerückt war. Undurchführbar, unausdenkbar, die Schiffsmaschinen ohne sein Kommando in Betrieb zu nehmen, worauf man sich trotz des sorgfältig vorbereiteten Zeitplanes, den einzuhalten existenznotwendig gewesen wäre, auf eine gewisse Verzögerung vorzubereiten begonnen hatte, was einige Besorgnis hervorrief und die allgemeine Nervosität noch steigerte samt einigen bestimmten Befürchtungen, welche man bislang noch immer als unbegründet lächerlich von der Hand gewiesen hatte, denen aber jetzt eine gewisse angedeutete Berechtigung nicht mehr abzusprechen war.

Man spricht von einem beginnenden Nachmittag, von einer damit verbundenen Müdigkeit, die überwunden werden muß, da die unabwendbare Nachmittagsarbeit nicht umgangen werden kann.
Aber bis jetzt sind die Nachmittagsstunden wahrscheinlich noch immer hervorragend dazu geeignet gewesen, sich zum Gebirgsrand, der die Stadt vom Inneren des Landes trennt, zu begeben, ganz bestimmte Werkzeuge, Geräte und Maschinen in Betrieb zu setzen, um den Kanal durchs Gebirge zu warten, eine der notwendigen Verbindungen zu den wich-

tigsten Zentren des inneren Landes, so sind bis jetzt fast alle
Nachmittage dazu aufgebraucht worden, der schon zur Gewohnheit
gewordenen sprichwörtlichen sogenannten »hafenpolitischen
Langeweile« endlich zu entfliehen.

Seit am vorhergehenden Nachmittag die Wasserstraße ins
Land durch das Gebirge fertiggestellt ist, träumen alle im
Hafen schlafenden Schiffe davon, ins Landesinnere zu gleiten;
die Arbeit an diesem vorliegenden Nachmittag besteht
darin, den Kanal auf seine Tauglichkeit und Funktionstüchtigkeit
zu überprüfen,
was dazu führt, daß alle Boots- und Schiffsbesitzer ihre
Wasserfahrzeuge fahrbereit machen, unnötige Frachten ans
Ufer schleudern, sich zu wichtigen Besprechungen versammeln,
im ersten Moment seltsam anmutende Lagepläne erörtern,
die Boote losbinden, die Anker lichten, sich von der
Meeresoberfläche in die Furche des die Meeresoberfläche
verlassenden Kanals einwärtsschieben, hineindrängen, der
Reihe nach ins Gebirge, Ruderboote Fischkutter Erzfrachter
Passagierdampfer Segeljachten verschwinden,
verflüchtigen sich zwischen den Hügeln, zwischen den Felsen,
der Hafen ist leer bis auf das Schiff des Kapitäns und seine
an diesem Nachmittag sanft überwundene Müdigkeit.

Zur Kenntnis genommen werden muß, daß vor einem Monat
in diesem Gebiet Telegraphenstangen aufgestellt worden
sind in einer Reihe zum Strand hinunter den Strand entlang
manchmal im Wasser auf Betonsockeln die Reihe der Stützen
den Küstenstreifen entlang irgendwohin in einen Erholungskurort,
wo die Oma vom Hotel aus gern mit dem
Enkel daheim telefonieren möchte,
haben die Gestelle aber in der Zeit Wurzeln gefaßt und

wachsen oben weiter über den Drähten keimende Buchenzweige oder so was,
deshalb
hängen die Blätter schon bald zwischen Drahtlinien,
weshalb
durch die fernmündlichen Wortgefechte manchmal das Rauschen der von der Brandung bewegten Zweige und Blätter zu hören ist und oft die wesentlichsten Punkte des Gesprächs verschluckt.

Daß es Landschaften ohne Luft gibt, sei darauf zurückzuführen, daß man vor einiger Zeit die Luft dieser Landschaften verpackt, auf verschiedenartigste Transportfahrzeuge verladen, in Tankwagen, Tankwaggons, Lufttankschiffe gefüllt, in die Stadt befördert, und dort in den Luftspeichern, Luftsilos und Luftvorratskammern eingelagert hat, um die Stadt vor eventuellen Zeiten der Luftknappheit zu schützen.
Selbstverständlich habe man nur aus solchen Landstrichen, die unbewohnt gewesen, die Luft in die Stadt geleitet, sagen die Leute.

Der Kapitän war schon mittags aus dem dem Landesinneren zugewandten Gebirgsrand hervorgekommen und hatte bereits weit im Zentrum der Republik das Mittagessen zu sich genommen,
wissen Sie,
er hatte sein Motorboot noch tiefer in die Landschaft getrieben, entlang der fortschreitenden, unabwendbaren Leuchtturmbauarbeiten, unterwegs diese beobachtet und sich dabei, wo und wann es die Zeit erlaubt hatte, mit Rat und Tat behilflich erwiesen.
Was sagen Sie dazu?

Aber im Winter, wenns kalt wird, die Telegraphenstangen von den Einwohnern abgeholzt und verheizt werden, obwohl
die meisten wenig Freude mit dem Holz haben dürften, weil es wieder frisch und grün geworden, nicht gut brennbar, oder muß es erst trocknen, bevors in den Ofen kommt, aufgeschichtet vorm Herd, sonst rauchts in den Zimmern,
die Oma aber erst im Frühjahr wieder vom Hotel aus mit dem Enkel telefonieren kann, das heißt, genauer gesagt, erst nach dem Frühjahr, denn
es ist noch immer der ganze Lenz für die Bauzeit der Telegraphenstangen voll aufgebraucht worden.

Sie müßten lange zurück sein. Wo sind sie, die vor einigen Stunden schon landeinwärts ins Gebirge hinaufgestiegenen Schiffe? Der Nachmittag abgeschrieben, in den Notizbüchern seine Stunden abgezeichnet, durchgestrichen, erfolgreich oder vergeblich verzeichnet.
Hinter halbdurchsichtigen Fensterscheiben hocken, sich an etwa zwanzig Jahre alte Träume, die meist ohne Ausnahme als bös bezeichnet werden, erinnern, oder die Aufmerksamkeit vor allem den durch die nicht umgehbar täglichen oder stündlichen Gewohnheiten abgegriffen abgewetzten Spielautomaten zuwenden, sobald die letzte der vergessenen Erledigungen dieses aus dem Sichtbereich sich zurückziehenden Spätnachmittags in den dafür vorgesehenen Schlupfwinkeln eingeschlossen ist.
Aber die ins innere Land geglittenen, ins Gebirge hinaufgekletterten Schiffe werden wohl nie mehr in den Hafen an diesem Ozean zurückkehren, dessen man ganz sicher sei, sondern irregeleitet die Segler von den Leuchttürmen der Ebene in alle Richtungen der Regenbögen verstreut, bis ihre Kiele in der Steppe steckenbleiben, oder einige wenige weiter forttreiben bis ans Ende der Landschaft, hinter der sie die Ströme des Himmels passataufwärts fortschwimmen, bei-

läufig durch eine unbekannte Windkammer, die sich hinter ihnen schließt, oder vom Sog eines vergessenen Sonnenunterganges angezogen durch die über sie erhabenen Stiegenhäuserfluten des glühenden Abendrotbühnenvorhangs gleiten, in dessen undurchdringbaren tropischen Regenschnürböden sich verirren, verfangen, festgefahren in ein und für immer demselben unbeendbar kreisenden Tag, der über das Ende der ungewissen Zeitrechnung hinaus noch derselbe ist, den Augen nicht ermöglicht, sich zur Ruhe zu schließen und den Bootsbesatzungen an den Folgen so erzwungen schlafender Wachsamkeit und wacheschiebenden Schlafes bald die Augenlider erstarren, ihre Pupillen verwelken in der Schwüle erhitzter Dämmerung, von deren brennender Finsternis geblendet an diesem entlang den Kammern der Zeiträume unberechenbar zwischenzeitigen Tag.
Waren sie in ihrem Ehrgeiz, dem Kapitän nachzueifern, ihm so leicht zum Opfer gefallen, der die stolzen Flügel ihrer Fregatten in die Wüste lockte, und wie lange hatte er das schon geplant und vorbereitet?

Einige Leute sagen, manchmal habe man die Luft irrtümlicherweise auch aus solchen Landschaften entfernen lassen, die zwar sehr dünn, aber immerhin einigermaßen besiedelt gewesen seien.
Alle diesbezüglichen Beschwerden wurden und werden von den Behörden dahingehend zurückgewiesen, daß
1. seitens der angeblich wirklich Geschädigten und Luftbeschädigten keine Schadenersatzforderungen weder angemeldet worden sind noch vorliegen, und
2. sämtliche Beschwerden aus zweiter und dritter Hand seitens der eventuell angeblich Verwandten solcher angeblich Schwerluftbeschädigten und am naturgemäßen plötzlichen Luftmangel in gesagten Gebieten Erstickten mangels stichhaltiger Beweise und glaubwürdiger Zeugenaussagen *nicht* berücksichtigt werden können.

Wanderer und Spaziergänger werden aufgefordert, ihre Wanderkarten genau zu studieren, auf die in den Wanderkarten eingezeichneten, deutlich gekennzeichneten luftlosen Gebiete zu achten, diese zu meiden, ihnen in weitem Bogen aus dem Wege zu gehn und womöglich schon gar nicht erst zu betreten.
Es gehört zu den gefährlichsten und waghalsigsten Wanderunternehmungen, ein luftloses Gebiet ohne die Hilfestellung mindestens eines Spaziergängerkollegen zu betreten.
Bevor der Wanderer ein luftloses Gebiet betritt, holt er tief Luft.
Während er im luftlosen Landstrich herumspaziert, wird er vom Wanderkollegen außerhalb der luftlosen Landschaft beobachtet. Die beiden sind durch ein Seil miteinander verbunden.
Es ist wichtig, daß sich der Spaziergänger vor dem Betreten der luftlosen Zone anseilt, damit er vom Kollegen notfalls aus dem luftlosen Gebiet herausgezogen werden kann, falls der Luftvorrat für den Rückweg in das luftige Gebiet nicht mehr ausreichen sollte.
Spaziergänger, die sich allein, ohne Hilfestellung eines beobachtenden Kollegen in eine luftleere Landschaft hineingewagt, haben sich schon oft darin verirrt, nicht mehr herausgefunden und auf die unangenehme Weise ersticken müssen.
Es ist schwer, aus einem luftlosen Gebiet heraus in das luftige Gebiet hinein zurückzufinden.
Viele verirrte Spaziergänger liegen zusammengekrümmt erstickt in den Luftlosigkeitslandstrichen, man kann die von der staatlich angeordneten Luftentfernung irrtümlich nicht oder nicht rechtzeitig benachrichtigten oder zu spät von der bevorstehend befohlenen Entluftung informierten und deshalb erstickten zusammengekrümmt herumliegenden ehemaligen Bewohner solcher Landschaften nicht mehr von den verirrten erstickt zusammengekrümmt herumliegenden Spaziergängern unterscheiden, die ihr Los der eigenen Unvorsichtigkeit zuzuschreiben haben.

Die luftlosen Landschaften werden oft als Spaziergängerländer bezeichnet.
In der Stadt kann man das Denkmal des unbekannten verirrten Spaziergängers besichtigen, in den Kirchen wird neben vielen anderen Sehenswürdigkeiten auf das Grab des unbekannten verirrten Spaziergängers hingewiesen.

Die Leuchttürme in Betrieb genommen und alles trotz des Vorhanges, den man landläufig als »Nacht« bezeichnet und zu gewissen allgemein bekannten Stunden längs und quer übern Himmel spannt, noch als durchsichtig beschrieben wird, schon die aus den Scheinwerferkontrollamtsräumen die Reise um ihren ruhenden Mittelpunkt durch die Räume anfallender Finsternis über den Nachthimmel zitternd zu jedem der unsichtbaren Punkte dieser anfallenden Zeit mindestens einmal im Lauf einer Stunde zu streifen beauftragten Lichtstrahlenfühlernetze übers versteckte Firmament zu spannen Auftrag erteilt wird, auf ihm einzuhängen, sich zu verhaken über die Küste und das Meer, weiter rollen Tankerwagen durch die fremden totenruhigen Dörfer, hilflos gleiten Frachtkähne durch die aufgebrachten gegen sich selbst einander erhebenden Menschenmengen wütender Großstädte, und bleibt der noch immer auf den Kapitän wartenden Besatzung seines, des einzigen Schiffes jetzt im Hafen nichts anderes übrig, als die Ereignisse der kommenden Nacht nächsten Tages auf sich zukommen zu lassen.

Trotz des allgemein befürchteten Luftmangels gibt es keinen Grund, den Kopf hängen zu lassen, denn Luft kann immer häufiger in landwirtschaftlichen Betrieben hergestellt werden.
Man hat vor, Luft auf Feldern, Äckern und in Gärten anzubauen und anzupflanzen.

Unter verschiedenen klimatischen Bedingungen versucht man, Luftsamen, Luftsamenkörner, Luftkörner zu säen, hat aber bis jetzt nur wenig Luft ernten können.
Die Luftfelder blieben kahl, vereinzelt zeigten sich kleine Luftkeime, noch seltener konnte man das Sprießen einiger Luftblasen da und dort beobachten, die aber im fortgeschrittenen Wachstum meistens zu platzen pflegten.
Vermutlich hat man bis jetzt noch nicht den richtigen Luftdünger, die erfolgverheißenden Luftdüngungsmethoden gefunden.
Größere Erfolge konnten auf dem Gebiet der Luftviehzucht erzielt werden.
Das Halten von Lufttieren, Lufthaustieren hat sich zu einem der Hauptzweige der Landwirtschaft entwickelt, viele Betriebe sind auf Luftlandwirtschaft, Luftviehzucht spezialisiert.
Es gibt aber nicht nur Lufthaustiere, sondern auch Lufttiere, die für die Viehzucht nicht geeignet und die man als Luftwild bezeichnet.
Die Spaziergänger müssen sich nicht nur vor den luftleeren Landschaften sondern auch vor wilden oder wild gewordenen Lufttieren in acht nehmen.
Wilde Lufttiere werden häufig unterschätzt: das Luftwild ist ganz unsichtbar zum Unterschied vom Lufthaustier, das zwar, wenn schon nicht ganz sichtbar, so doch einigermaßen mit dem freien Auge erkennbar ist.
Oft schon hat man in der Landschaft einen Spaziergänger von einem wilden Lufttier verletzt oder getötet aufgefunden. Wilde Lufttiere können nicht gesehen, bestenfalls gehört, manchmal nicht einmal gehört werden.
Wilden Lufttieren, die man hört, soll man immer aus dem Weg gehn und ausweichen.
Wildem Luftvieh, das man nicht hört, sollte man auch ausweichen, was mit Schwierigkeiten verbunden ist, da man nicht weiß, wann sich ein solches Luftvieh wo aufhält.

Es ist aber auch möglich, daß sich auf ein ganz bestimmtes, nur gewissen Leuten bekanntes ausgemachtes Zeichen hin deren Gegner versammeln, zusammenrotten, um die vorliegende Nacht früher als vorgesehn einem Ende zuzuführen, indem sie den schwarzen über den Himmel gespannten Vorhang beschädigen, zerschneiden, zu Wohnungseinrichtungsgegenständen verarbeiten und günstig verkaufen,
was der Stellung der darauf verzichtbaren Leuchtturmpartei empfindlichen Schaden zufügen würde, sie ja ruinieren könnte, da ihre Hauptwaffe wirkungslos wäre,
was man diesen Leuten andererseits sehr übel nehmen würde, da eine Beschädigung der Nacht samt ihren Träumen als unerwünscht empfunden würde, wie
aber die Anhänger der Leuchtturmpartei auf derartige Maßnahmen vorbereitet solches erwarten und alle nötigen Sicherheitsvorkehrungen treffen, das alles zu verhindern, aber auch andererseits die Leuchtpartei, um ihre Leuchttürme unabhängig werden zu lassen, in der Ausübung der unbeschränkt strahlenden Macht des Kreislaufes ihrer Scheinwerferorgeln die vorliegende Nacht zum vorgesehenen Zeitpunkt vom Himmel wieder rechtzeitig abzuziehen verhindern könnte, daß jeder hinkünftig auf die Seelsorge der Leuchttürme angewiesen wäre, weil niemand mehr ohne sie existieren könnte, versunken in den verkommenen Traumkammerbereich der verwahrlost vergessenen Erinnerung an ein für sehr lange nicht mehr so bald oder überhaupt nicht mehr entfaltbares Morgengrauen.

Die Luftspeicher, Luftsilos und Luftvorratskammern am Stadtrand sind leer, die in ihnen eingelagerte Luft strömt durch die Ventile in die Stadt, schon ist wieder genügend frische Luft vorhanden, daß jeder soviel davon in sich verschwinden lassen kann, daß keine Schwierigkeiten beim Luftholen aufkommen.
Ein frischer Luftwind weht wieder durch die Straßen, wir-

belt die von den Bäumen gefallen vertrockneten Blätter fort, auch durch die schmalsten Gassen und Hintertüren schleicht wieder genügend frische Luft. Endlich wieder frische Luft!, rufen die Leute einander zu. Was für eine herrliche Luft! Diese erfrischende Luft!

Auch die Luftfahrt und Luftwaffe kann ihre Arbeit wieder aufnehmen, viele Luftschiffe, Luftkähne, Luftboote und Luftdampfer schweben über die Dächer, und die Leute schicken einander wieder Luftpostbriefe.

Die leeren Luftspeicher am Stadtrand werden angefüllt mit Luft aus den Luftscheunen der luftlandwirtschaftlichen Betriebe, man befördert größere und kleinere Luftladungen, wirft einander scherzhaft Luftblasen zu, schleudert einander Luftblasen ins Gesicht, gegen die Köpfe und läßt nebenbei immer die einem zukommende, verordnete Menge an Luft in sich verschwinden.

Man veranstaltet wieder Luftspiele, Luftfestspiele! Um Meinungsverschiedenheiten aus der Welt, aus der Luft zu schaffen, schlägt man einander sehr häufig den Luftschädel ein. Ansonsten gibt es keinen Anlaß zu besorgniserregenden Befürchtungen.

Ich stehe am Kai des leeren Hafens, blicke lange landauswärts, bis mir von einer Reflexbewegung meiner Hände, die aber nicht aus mir, meinem Nervensystem heraus gesteuert sein dürfte, sondern von außerhalb mir aufgezwungen erscheint, sagen wir, von der Luft, dem über mir geflickten Geviert oder auch der heute etwas schottisch kariert anmutenden Oberfläche des Meeres der Blick versperrt wird: Plötzlich schlage ich die Hände ins Gesicht vor die Augen, sehe nichts mehr, überlasse es meiner mich bekleidenden Abendumgebung, von nun an alles für mich zu spüren, mich von den Strapazen der Empfindungsarbeit zu befreien, sonst hätte sie mir den Reflex doch nicht zugeworfen. Als ich die Hände wieder fallen lasse, kehren Spuren der Erinnerung zurück, vorhin ganz kurz etwas sehr Dunkles, Finsteres gesehn zu haben, ja, von etwas übertrieben Schwarzem geblendet worden zu sein, geblendet, und zwar durchaus andeutungsweise schmerzbegleitet. Natürlich begreife ich nicht, daß es sowas Finsteres überhaupt gibt oder geben kann, eine Dunkelheit, die das Auge schwer oder überhaupt nicht aushält.

Ich hatte mir vorgenommen, mich so bald als möglich umzudrehn, um nachzuschaun, ob jemand in meiner Nähe war oder noch immer ist, der hinter meinem Rücken vielleicht verstanden hatte, mir die eigenen Hände so ins Gesicht klatschen zu lassen, daß ich mich geohrfeigt fühle, und zwar so, als hätte ich mir selbst eine heruntergehauen, aber das wäre doch dumm gewesen, da muß schon jemand anderer dahinterstecken, eine Person etwa, oder die Abendluft persönlich, vielleicht das durch die Sonnenstrahlenabflußkanäle durch den Nebel bewegte, von den Geviert-Inseln sich verziehende letzte Tageslicht, ja, das wird es sein, denn dieses Tageslicht kommt mir lange schon verdächtig vor, und vorhin hat es vermutlich die eigenen Hände mir ins Gesicht klatschen lassen, mich zu ohrfeigen versucht.

Ich schaue mich um, niemand da, das ist beruhigend, bestätigt beinah meine Annahme. Anschließend unternehme ich den Versuch, die erwähnte Finsternis oder Dunkelheit,

das blendende Schwarz zu finden, falls es nicht schon wieder verschwunden ist, zurückgetaucht irgendwohin, sorgfältig suche ich alle Richtungsbereiche ab, aber da ist nichts mehr, oder war vielleicht gar nie was gewesen, ist alles nur eine Folge der hohlen Angst und Öde, die mein Nervenzentrum beherrscht und dessen Überängstlichkeit so gut wie fast allem gegenüber deshalb auch die allzu häufigen Überreaktionen auf die geringsten Sinnesreize auslöst.
Manchmal hege ich durchaus den Verdacht, daß solche Überreaktionen schon auf die Reize zurückzuführen sind, die mir von den eigenen Sinnesorganen gar nicht angezeigt werden, sondern von ganz anderen Organen außerhalb meiner Person diktiert sind und mir Verfahrensweisen verordnen, die mit mir nicht nur in solchen Augenblicken gar nichts zu tun haben, denen ich dennoch tatkräftig entspreche. Manchmal weiß ich durchaus nicht, warum ich etwas ganz Bestimmtes tue und nicht dessen Gegenteil, es ist mir selbst am unbegreiflichsten, demgemäß zu verfahren, aber ich kann nicht anders, obwohl es mir hinten herum angedreht, untergeschoben worden ist. Einmal könnte es dann soweit sein, daß ich nicht nur die mich unmittelbar betreffenden Wahrnehmungen, sondern auch die Sinnesorgane und Nerven der ganzen restlichen Welt in meinem Benehmen zu berücksichtigen gezwungen wäre, weil ich nicht mehr unterscheiden könnte, was aus mir selbst käme und was aus einem mir völlig fremden Bereich, in dem sich ganz weit entfernt was abspielt, das auch ganz nah sein kann, aber deshalb so weit weg ist, weil ich's nicht bemerke oder nicht begreifen kann, und das mich zwar nichts angeht, dem mein Verhalten hingegen so zu entsprechen hätte, als wäre ich tiefinnerlich berührt worden, doch weiß ich nichts davon, und berührt bin ich nicht einmal äußerlich. Es ist schon vorgekommen, daß ich mich z. B. an irgendeiner Stelle des Körpers selbst gezwickt habe, ohne es zu wollen, ohne an besagter Stelle etwa einen Juckreiz verspürt zu haben, der das eigenhändige Zwicken rechtfertigt hätte, und als ich es endlich spürte, war ich darüber so erschrocken und schrie auf,

als hätte nicht ich selbst, sondern jemand ganz anderer mich gezwickt, aber da niemand in meiner Nähe gewesen wäre, der mich zwicken hätte können, hätte ich niemand dessen zu beschuldigen die Möglichkeit gehabt, bis ich meine eigene Hand von der soeben gekneiften Körperstelle sich entfernen sah, was mir erkenntlich machte, daß ich selbst ... oder war ich etwa von der Luft, den Strahlen der Sonne gezwickt worden, hatten jene mir ein solches Zwickbedürfnis ins Hirn geworfen?

Oder letztens zu Mittag unmittelbar nach einem kleinen Rundgang durch die Stadt am Rückweg plötzlich in meinem Stammgasthaus, das Mittagessen wie üblich einzunehmen, wobei die größten Schwierigkeiten aufkamen, das Menü, dessen hundertprozentiger Verzehr ansonsten kein Problem ist, zu überhaupt einem Drittel zu verzehren, bis ich am Gehabe des wie ich glaubte mich belächelnden Kellners merkte, daß irgendwas an mir außergewöhnlich war. Ich bat ihn zu mir, zu erfahren, was los wäre, ich wisse von nichts. Zunächst wollte er mir nicht antworten, sondern war erschrocken über die Frage. Mit viel Mühe konnte ich dann erfahren, daß ich an jenem Tag schon zum vierten, fünften oder sechsten Male nach jeweils kleinen Pausen eines vermutlichen Zwischenrundgangs durch die Stadt immer wieder ins Gasthaus hereingekommen, um neuerlich das vor kurzem verzehrte dreigängige Menü neuerlich zu bestellen und bis zum zweiten oder dritten Male auch vollständig zu verzehren, aber ab dem vierten und fünften Male zunächst nur die Hälfte und dann auch nur mehr ein Drittel der Speisen zu mir zu nehmen und den Rest zurückzuschicken, aber er, der Kellner, hätte nichts dagegen einzuwenden, und solle ich seine Auskunft nicht falsch verstehn, sondern sofort das vorliegende Menü wieder zurückschicken und gleichzeitig neuerlich bestellen, und werde er umgehend dem Wunsch Rechnung tragen, sooft mir beliebe, und wünsche er übrigens guten Appetit.

Kurz darauf fand ich mich vor einer mir unbekannten Wohnungstür in einem fremden Stiegenhaus. Plötzlich öffnete sich die Türe, heraus trat eine fremde Person, stellte sich in den Türstock, sah mich an und wartete. Worauf eigentlich? Vielleicht wußte das die Person nicht, wie ebensowenig ich wußte, warum ich ihr gegenüber stand. So hielten wir eine Weile inne, jeder wartete auf den anderen, daß endlich das besondere Begehren, die entscheidende Frage verlaute. Aber alles blieb still. Warum stand die Person da, ohne daß ich sie gerufen oder herbeigewünscht hätte, warum hatte sie die Türe geöffnet, hätte sie damit nicht warten können, öffnen, wenn ich wieder fort gewesen wäre? Warum ging sie nicht zurück, schloß hinter sich wieder die Tür? Konnte sie nicht erkennen, daß sie hier fehl am Platz war? Gerade als ich ihr diesbezügliche Empfehlungen geben wollte, begleitet von der Beschwerde, ihre störende Belästigung meiner Belange nicht länger hinzunehmen, begann die Person zu sprechen. Zunächst nur ein fragendes Wort: Bitteschön? Was hätte ich darauf sagen sollen, worum wollte sie mich bitten? Dankeschön, hätte ich fast erwidert, aber da ich ihr nichts zu verdanken hatte, schwieg ich weiter, während sie weiter auf ein Zeichen von mir wartete. Natürlich gab ich ihr das Zeichen nicht, da hätte sie lange warten können, und was für ein Zeichen denn?! Auch sie war nicht bereit, mir einen Millimeter entgegenzukommen, und spürte ich, daß von ihr nicht das geringste Zeichen zu erwarten war. Statt dessen stellte sie wieder eine Frage: Was wünschen Sie bitte? Ging sie damit nicht zu weit? Was sollte ich denn wünschen? Von ihr?! Natürlich blieb ich weiter höflich, antwortete, daß ich keine Ahnung hätte, was mir noch zu wünschen übrig, und falls sie was wünsche, so erklärte ich weiter, könnte ich ihren Wünschen zwar nicht entsprechen, aber vielleicht empfehlen, wohin gewandt sie am besten ihr Ziel erreiche. Sie wünsche nichts, antwortete sie. Wenn sie nichts wünsche, hielt ich ihr darauf entgegen, warum sie dann ihre Wohnungstüre geöffnet hätte? Dieser Treffer zeigte Wirkung, sekundenbruchteilig war sie ganz baff, dennoch behauptete sie anmaßend, ich hätte an ihrer Türe geklingelt, sie herausgeläutet, deshalb sie die Türe geöffnet, und habe man einen Fehler gemacht?, gut zu wissen, denn beim nächsten Mal, wenn ich wieder vor ihrer Türe stünde, wie übrigens in letzter Zeit immer häufiger, und warum heute so unfreundlich, kaum wiederzuerkennen, sonst doch immer so nett, nächstes Mal würde sie mir nur öffnen, wenn ich *nicht* klingle, wenn ich klingle hingegen, wisse sie genau, daß sie die Türe auf jeden Fall verschlossen zu halten habe, solange ich vor ihrer Tür stünde, bis ich wieder fort. Ich soll geklingelt haben; ausgerechnet bei ihr, das geht mir seither nicht mehr aus dem Kopf, davon wußte ich nichts, und das glaubte sie wohl selbst nicht! Ich auch nicht. Kann man denn bei keiner Türe zu stehen kommen, ohne daß diese Türe sich gleich öffnet, einen schluckt und überlappt?! Glücklicherweise wurde ich gerade in diesem Moment von den Wasserfällen des vom Dachboden in den Keller rollenden Stiegenhauses erfaßt und wieder gebäudeauswärts in eine Gegend dieser Stadt gestürzt, die mir bis dahin unbekannt gewesen war.

Was aber war das vorhin gewesen mit dem erwähnten Schwarz der intensivsten Finsternis, die mir bislang vermutlich untergekommen, das mich nicht in Ruhe läßt, obwohl ich noch immer ruhig am Ufer des Meeres stehe, jetzt den ersten Landungssteg im Hafen gemessenen Schritts horizontwärts gehe, um alle diesbezüglichen Nachforschungen von einem günstiger gelegenen Punkt weiter zu betreiben. Wahrscheinlich ist es gar nichts gewesen, und wenn es etwas gewesen wäre, dürfte es sicher entferntest nicht einmal etwas für mich gewesen sein, und wenn die mir aus der Umgebung der ganzen Welt zufließenden Nervenströme mich so überlasten, daß die körperfremden Wahrnehmungen meine eigenen überschwemmen, dann werde ich wohl sowas wie eine die Welt nervlich repräsentierende Person sein, die von sich selbst nichts mehr spürt, aber weil ich auch die Welt, die mich überschwemmt hat, dadurch nicht besser verstünde, indem sie mir alles verdeckt, würde ich ebenso kaum was von ihr spüren können, hätte sie aber darzustellen als einer, der weder sich noch die Welt begreifen kann und demgemäß in allen Einzelheiten verfährt, weil ich sonst ernsthaft befürchten müßte, das ganze Land fiele aus seinem Rahmen, und als ein gewissermaßen hoher Verantwortungsträger kann man sich sowas nicht leisten. Daß die Welt vermutlich mit meinem Denken und Fühlen noch einiges vorhat, beweist mir, daß ich eines strahlenden Tages ganz unvermutet in durchaus keiner unangenehmen Lage mich vorfand, nämlich am Deck eines ausnehmend vornehmen Schiffes auf hoher See, und wie ich aus den Gesprächen der mich umgebenden Passagiere entnehmen konnte, gerade dabei war, den Ozean zu kreuzen. So hatte die Welt, ohne daß ich davon Notiz genommen, es verstanden, mich zu ihrer Überquerung zu veranlassen, wahrscheinlich vor allem, um mir ihre bessere Hälfte vorzustellen. Dankbar für die erste Seereise des Lebens, schien mir die Erde nicht mehr so lästig wie sonst oft. Als ich am kommenden Abend wie alle anderen Passagiere mich im Speisesaal niederlassen wollte, fand ich zu meiner Verwunderung leider keinen für mich vorbereitend gedeckten Platz, alle Tische und Stühle waren besetzt. Endlich wurde der Steward auf mich aufmerksam, fragte, warum ich mich nicht setzte zum Essen, dieses Gehen, diese weit ausgeholten Schritte meiner Gestalt seien dem sofortigen Beginn der reibungslosen Abfolge des Mahles nicht sehr zuträglich. Wohin denn, fragte ich mit dem Ausdruck tiefen Befremdens, und man zeige mir einen freien Stuhl. Wo ich denn sonst gegessen, und ob denn dort jemand anderer sitze, wer denn, ich solle zeigen. Nein, sagte ich, und wußte durchaus nicht, wo oder wer. Aber wo ich denn heute mittag und gestern abend gespeist? Wüßte auch davon nichts, erklärte ich, und meiner Meinung gemäß würde ich durchaus zum ersten Mal hier zu speisen gedenken. Ja hätte ich die ganze Zeit an Bord noch nichts gegessen? So genau wollte ich das nicht beschwören, aber ich sprach von einem Gefühl, doch eher schon längere Zeit keine Nahrung mehr zu mir genommen zu haben. Ach, so wurde erwidert, sei man womöglich krank gewesen, immer nur in der Kabine gelegen, ob man wohl nicht allzu schwer gelitten? Nein, darüber ebenso mir nichts bekannt sei, und in was für einer Kabine denn? Darauf verschwand er kurz in einem seitlichen Zimmer, kehrte zurück mit der enttäuschenden Nachricht, ich solle einen anderen Raum aufsuchen, wo man mir besser als hier zu dienen verstünde. Am vor mir ausgestreckten Gang bat mich ein Matrose, ihm zu folgen, denn der erste Offizier verspüre das unaufschiebbare Verlangen nach einem persönlichen Gespräch mit mir von höchster Dringlichkeit. So hatte also der Offizier von mir und meinem Fall gleich Kenntnis genommen, dachte ich, und bat mich wohl umgehendst privat zu seinem Abendessen? In heiterster Erwartung ging ich über einige gußeiserne Stiegenhäuser aufwärts und abwärts durch spärlich beleuchtete enge Röhren, die von Schlauchgeflechten durchzogen waren bis vor eine Tür, in die einzutreten ich gebeten wurde. Im leeren Zimmer fiel mir aber auf, daß der Tisch noch nicht gedeckt war. Endlich kam der Offizier, fragte, wie ich an Bord gekommen, wann und warum; wahrheitsgemäß erklärte ich, darüber leider selbst nicht viel zu wissen, daß ich auf einmal an Deck mich gefunden, über die gefleckte Rinderhaut des Meeres blickend, dann von einem außergewöhnlichen Hungergefühl übermannt dennoch zu keinem Abendessen gekommen ihm nun sehr verbunden für seine gegenwärtige Einladung sehr danke. Was ich mir dabei gedacht, begann er neuerlich mit denselben Fragen, immer wieder und zunehmend bedrohlicher, bis er mich zum Schluß als einen Blinden beschimpfte, worauf ich ihm nur entgegenhielt, gerade meine Augen seien das an mir noch am besten Funktionierende. Vermutlich wollte er mir gleich das Gegenteil beweisen, denn ich wurde eingeladen, in einer kleinen fensterlosen Kammer die kommende Zeit meines Lebens zu verbringen, in der ich wirklich bald blind war, meist schlief, bis ich einmal auf einer weit unserer Küste vorgelagerten Insel erwachte, von deren Ufer ich sah, wie das Wunderwerksungeheuer des Hochseedampfers hinter den letzten erkennbaren Meereshimmelsstrichen vom Rand des unüberschaubaren Bauchfells der ozeanischen

Ebene auf die andere Seite der Welt abrutschte, mir nur ein paar Rauchfetzen überließ, die mir vom Wind gleich gestohlen wurden.

Ob es der um den Beginn des Meeres gelegte Strandbogen gewesen ist, der mir diese angebrochene Seereise untergejubelt hatte, und wundert mich, daß mir noch nie eine entgegenspringende Welle einzuflüstern versucht hat, mich ihr zu übergeben, und zwar endgültig, und frage, ob ich dann wohl folgsam gleich zu vorbereitenden Maßnahmen alles dafür in die Wege leitete oder etwas in mir unverrückbar Verbliebenes dagegen aufgelehnt werden kann? Noch glaube ich, manchmal noch etwas stärker sein zu können als die mich weiter verschüttende Umgebung, die mich oft genug schon ganz in ihrer Hand hat. Noch glaube ich, daß man noch nicht alles mit mir machen kann; nein, alles kann man mir noch nicht zumuten; aber noch weiß ich nicht, wie lange noch.

Ich schaue wieder landauswärts, von der Spitze des Landungssteges, die Hände wie gesagt schon lange aus dem Gesicht von den Augen weg; nun jedoch sehe ich was, ja, es kommt wieder hoch, beinahe hätte ich die Hände wieder aufs Gesicht klatschen lassen, mir selbst dummerweise eine heruntergehauen, aber warum, das hätte ich nicht verstanden, da ich momentan gar nicht viel gegen mich einzuwenden habe, und bis ich mich selbst ohrfeige, muß sehr viel Zeit vergehn, und auch nur, wenn's nicht mehr anders geht, nichts mehr übrigbleibt, haue ich mir wirklich eine herunter, wenn ich was anstelle, worüber ich mich dann so ärgere, daß es mir einfach ausrutscht, und ich dann aber wohl so schnell mir eine verpasse, daß ich selbst es ganz übersehe. Ja, schon wieder hätte ich beinah meine Augen zugedeckt, konnte diesmal aber dem mir aus dem körperfremden Bereich zugeworfenen fast auferzwungenen Reflex widerstehn, ihn überraschend abwehren und schaue somit weiter hinaus in die Weite und Tiefe und tiefe Weite, weite Tiefe, in die Tiefe und Weite des Ozeans hinein. Das ist sehr anstrengend; eine Überanstrengung für die Augen, die dabei einem Schmerz ausgesetzt werden: einerseits ein stechendes Bohren langsam hornhauteinwärts gezogen ganz langsam, ganz langsam auch andererseits von der Netzhaut auswärts ein bohrendes Ziehen wie gestochen, und wenn sich diese jeweils zwei Schmerzstränge unterwegs irgendwo in der Gegend treffen wollten, aufeinanderprallen, dann dürfte ich mich wohl auf etwas gefaßt machen.

In der riesigen lederbespannten Fläche des Meeres eine Anhäufung derart geballter Finsternisflecken, die mich wieder blenden wie vorhin, aber »blenden« ist natürlich das falsche Wort, oh, da könnte ich stunden- und tagelang nachdenken und käme doch nie darauf, und ich glaube, das richtige Wort dafür gibt es gar nicht oder nicht mehr, ist es verlorengegangen oder in Vergessenheit geraten, eine Art Gegenteil von Blendung jedenfalls, nein, keine Umnachtung, sondern eher, als schaute man ins Zentrum einer betörend schwarzen Lichtquelle.

Noch nie habe ich ein derart starkes Schwarz gesehn, eine so geballte Finsternis, als hätte man mindestens eine vollständige Nacht, deren gesamten Dunkelheitsgehalt zu einem einzigen würfelzuckergroßen Stück zusammengepreßt, vielleicht ergäbe das ein Schwarz von solcher Qualität, eine vollendete Finsternis der endgültigsten Nacht, die das Auge, wie schon beschrieben, schmerzfrei nicht ertragen kann, der Schein eines schwarz glühenden Fixsterns. Länger als zehntelsekundenweise kann ich nicht dorthin schauen, würde sonst erblinden, genauso als schaute ich lange mitten in die Sonne, obwohl diese Flecken, die draußen im Meer schwimmen, durchaus nicht übertrieben großflächig sind, würden mit ihrer Ausdehnung nicht einmal einem Zweiunddreißigstel, ach was, Vierundsechzigstel eines herkömmlichen Nachthimmels entsprechen.

Jetzt sieht man deutlich, wie sie sich ordnen, über den Wellen tanzend einander überlappend nehmen sie Formen an, verwandeln sich zu bootsähnlichen Figuren in ihrer Gestalt, ja, Schiffe, es sind gewöhnliche Schiffe, nichts weiter, und aufgrund ihrer dicken Bäuche jetzt auch schon eindeutig als

Frachter näher zu bestimmen, schwarze Frachter, eine schwarze Frachterflotte, deren äußere Bordwände mit dieser geballten Finsternis bemalt oder besprizt sind, es handelt sich um eine sich nähernde Frachterflotte, deren Haut mit der absolut endgültigen Nacht verziert ist, Schiffe, gekleidet in den Faltenwurf der vollendeten Dunkelheit, Frachterschwarz, das zwischenzeitig zunimmt, wie ich spüre, und wieder abklingt, dann wieder hochtönt, und erhebt sich die Frage, ob die Schwankungen dieser Strahlung willkürlich vom Wind bestimmt werden, der die Finsternisfetzen aus dem Meer schneidet und ans Ufer treibt, oder genau gesteuert sind, ja vielleicht lenkt jemand auf den Schiffen die Dunkelheit herbei, besprochen und abgestimmt in der Versammlung der Kapitäne oder befohlen von einem ihnen allen übergeordneten Frachteradmiral, oder gleiten die Lappen der schwarzen Strahlung von den Wellen der Himmelsspiegelung getrieben aus der Ozeanfläche und wieder zurück, das kann ich nicht beurteilen, aber dafür deren Stärke messen und ablesen an der in den Augen zu- oder abnehmenden Intensität der Schmerzen beim Hinschauen zur Finsternisfrachterwand in der See.

Auf einmal hat der Schmerz aus allen Blickwinkeln ganz aufgehört, somit ist das Schwarz nun erträglich geworden.

Aber jetzt haben sich draußen die Schiffe zu einem Keil formiert, dessen Spitze genau mir entgegengerichtet ist, somit aber auch dem Hafen, der Stadt und allem anderen auch, und muß das schon allein deshalb zwar durchaus keine Maßnahme ausdrücklich gegen mich und meine Person darstellen, sondern hat wahrscheinlich mit mir gar nichts zu tun, dennoch erschrecke ich, bin zumindest beunruhigt, verunsichert, spucke gestrige Tabakreste aus dem Mund, ratlos, bemühe mich aber redlich, äußerste Einsicht in und um mich zu sammeln, als wäre endlich noch ganz vieles zu bedenken aufgekommen, zusammengekommen, angefallen oder zusammengefallen, was alles nun einer unendlichen Durchsicht bedürfe, deren Konsequenzen darauffolgend usw., und dessen Formulierung zwar außerhalb der mir

möglichen Gedankengänge zu erfolgen hat, aber trotzdem ganz leicht sein wird.
Während ich jemand ganz hastig vermutlich aufgrund der sich entwickelnden neuen Lage die Stufen des leeren Hafenamtsgebäudes aufwärtsschreiten sehe, wundere ich mich, daß mir ab nun auf einmal absolut nichts mehr leid tut, so schnell geht das, als wäre ich einer nicht mehr überbietbaren Gleichgültigkeit endgültig anheimgefallen.
Das Meer hat sich zu drehen, durch den Himmel zu rotieren begonnen, oder ist das ein flüssiger Schleifblock, der immer größere Brocken aus der Küste schlägt, die vom Ufer wie große Funken in die späte Nachmittagsdämmerung abdriften, den Abend erhellen.
Dann will ich zu einem lautlosen Selbstgespräch übergehn, um alle Besonderheiten der neuen Situation mit mir genauer durchzugehn, leichter über alles klar zu werden, aber leider kann es dazu nicht mehr kommen, weil mir soeben die allerletzten Worte jener schon ganz vergessenen, verlorenen Sprache, die ich einmal sehr gut beherrscht zu haben glaube, im Mund steckengeblieben und von dort gleichfalls in die Vergessenheit fortgeschwemmt sind, als eine nicht nur mir, sondern auch für alle anderen somit für immer verlorengegangene Sprache, die mit der besonderen Empfindlichkeit ihrer großräumigsten Ausdrucksqualität sich von allen anderen ganz entscheidend abgehoben haben dürfte. Ja, das muß einmal ganz meine Sprache gewesen sein in einer fern vergangenen Zeit, denn obwohl ich nichts mehr von ihr weiß, scheint sie mir ganz fremd persönlich vertraut, ja, es muß einmal eine Epoche angebrochen gewesen sein, als ich mich nur dieser verlorengegangenen Worte bedient hatte, und diese Jahre oder Wochen, Tage oder auch vielleicht nur Stunden dürften sehr glücklich und undenkbar gültig gewesen sein, und die auch erst zu jenem Punkt des Lebens auszulaufen begonnen haben dürfte, als ich dieser verschwundenen Grammatik langsam zu entgleiten angefangen, bis soeben die allerletzten Wortreste sich auch noch verzogen haben. Obwohl mir nun nicht eine einzige Silbe

und keine der verweht vorübergleitenden Erinnerungen an den unvergleichbaren Klang ihrer Sprechweise geblieben ist, glaube ich dennoch genau zu wissen, daß man in den Unterkünften dieser Sprache mit deren Satzwendungen von deren Grammatik bekleidet all das reden, schreiben und denken konnte, von dem die Leute, denen nur eine andere Sprache vertraut ist, nichts ahnen und deshalb nicht einmal träumen könnten; in den verlassenen Dörfern jenes Vokabulars konnte all das entscheidend Mutmaßliche, das wesentlich Eigentliche, alles verloren Unbegreifliche ganz einfach und leicht den verständlich wunderbar verwundbarsten Ausdruck finden, und damals muß man Sachen gesagt und beschrieben haben, über die es einem heute nicht einmal mehr die Sprache verschlagen kann, weil sie mit dem Verschwinden dieser Wörter nicht nur unausdrücklich geworden, sondern auch jenseits jeden Bereiches einer Unausdrückbarkeit hinweggesunken sind.

Aus der Tiefe der offenen See glaube ich etwas Musik von den Wogen an Land geworfen zu hören, klingendes Strandgut von ganz weit entfernten Festen übriggeblieben, versunken ans Ufer geschwemmt die Harmonieausläufer irgendeiner einmal erhaben wie nicht bald was anderes zuvor vergleichbar Erklungenes, fange ich diese gerade noch hörbaren Tonfetzen und völlig verstümmelt geschüttelten Melodiekettenreste samt ihren durchgerüttelten von der Brandung hoffnungslos zerrissen zerfransten Akkordlappen auf, die von den Brechern endgültig an die scharfen Klippen der Küste zum letztmaligen Zerschellen hingeschleudert werden, bis auch die letzten dieser Akkordsegel mit dem Saum ihrer ausgeleierten Melodienschnüre bald schon restlos zerstäubt hinterm Strand zerfallen.

Der Himmel ist noch immer eine Decke aus Wellblechstahl, die schon bedenklich verrostet herunterbrechen will, aber gerade noch nicht kann.

Das Gras in den Dachrinnen der hafenumsäumenden Häuser beginnt, wild in die Höhe zu schießen unaufhaltbar weiter fast wachstumsbewegungsersichtlich aufwärts, klammert sich mit den Krallen seiner Luftwurzeln auf die verschmierte Schultafel des Firmaments.

Aus dem Tor der Zementfabrik poltern prall gefüllte Säcke in den fetten Rumpf eines in der Kanaleinfahrt verankerten Schiffes hinein. Manchmal platzt einer, dann quillt aus dem prallen Schiffsbauch ein dicker Wolkenballen, heftig aufwärts an den Hafenmauern hochzischend strandet er über den Dächern, zerrissen von den Schnäbeln der Wetterhähne und aufgeschlitzt von den Hutnadeln der Turmspitzen, als wäre jemand auf diesen blitzschnell gewachsenen zinshausgroßen Bovist getreten, der in seiner zerborstenen Elefantenhaut diese ganze Gegend verpackt, einhüllt, die Landschaft in den Sonnenuntergang fortkippt, dessen zementgrau schimmernde Lichthaut über die Dämmerung springt, die mit ihrem feinen Staub jetzt aus dem Schiffsbauch platzend alles um mich herum überwirft;

auf einmal wird die Luft etwas aufgelockert durchzogen von jenem vorbeiwehenden endlos langen gelben Haar, das von ganz weit her schon zu mir herübergrüßt mit seinem vom Wind glattgestrichenen Leuchten, und gehört es einer vorerst nie gefundenen, dennoch anschließend gleich darauf verlorenen weit entfernten Geliebten, von deren Kopf es gesichtsauswärts übers ganze Land gefächert weiterwächst, flatternd den Hügeln sich vorausbreitet, und das mir jetzt noch einmal entgegenblitzt, zum Abschied am Weg ins Gebirge sich empfehlend fortschimmert zurück in ihr Gesicht, eine stolze Verzierung der Luftströme;

wie aber da oben diese Wetterfahne ebenso, die sich vorhin bei Windstille vom Masten losgerissen, ausgehängt hat und in den anschließend aufgekommenen lebhaften Passat hineingehängt, ins Zentrum seiner Lungenflügel hineingestellt hat, in ihm lange stehnbleibt, um sich dabei von ihm ordentlich durchkämmen, ausfrisieren und kräftig ausbürsten zu lassen, dann noch lange im Inneren der Spiegelkammer des Gevierts frei herumweht, schüttelt sie manchmal dem einen oder anderen der weit unter ihr vorübergehenden Passanten einen schönen Gruß aus ihrem Fahnenstoff heraus zu, läßt gute Wünsche herabflattern, die von ihr Gegrüßten ziehen aber sofort glücklich über so viel umsichtige Aufmerksamkeit den Hut oder die Kappe oder nicken mit dem Kopf aufwärts zu ihr zurück, werfen die Hände in den Himmel, fangen sie wieder auf, schicken ihr ein Lachen hinauf oder ein Husten, ein Hüsteln und werfen auch ein paar den Tag oder die kommende Woche und die ganze Familie betreffende Gruß- und Höflichkeitsadressen zu ihr hinauf, während der Passat die Gegend schon wieder zu verlassen beginnt hafenauswärts; auch ich bin einer der glücklich Begünstigten, besonders freundlich von der Wetterfahne gegrüßt zu werden, was aber niemand besonders verwundern wird, denn ich kenne sie schon lange, ist sie doch eine meiner wenigen mir wohlgesinnten guten und beinah auch schon alten Bekannten, der ich bedingungslos vertrauen kann, ich stehe unter ihr, sehe, wie ihr vom Wind, der sie verläßt, ganz langsam die letzten Flatterfalten aus der Fahnenhaut gestreift werden, etwas ratlos bleibt sie weiter hoch über mir mitten im zusammengeklappten Geviertspiegel in der Windstille jetzt schlaff zerdrückt hängen in der vor Reglosigkeit beinah versteinerten Luft, in unübersehbarer Trauer und Enttäuschung stehen- und sitzengelassen, und jetzt erst verstehe ich, daß sie nämlich gerne mit diesem Wind weitergewandert wäre, fort, abgereist durch alle Gebiete, die er einwärtszudringen, in alle Richtungen, die er einzuschlagen ermöglicht, und wäre sie, das weiß ich inzwischen ganz genau, nur mit diesem und keinem anderen der sonst noch so vorüberstrolchenden Luftstromtagediebe mitgegangen, und war sie wie üblich auch schon dafür vorbereitet gewesen wie so oft schon, aber hatte er sie wieder einmal nicht mitgenommen, sondern hier stehn- und sitzengelassen mitten im brennenden Glatteis des Himmels, wie in sich zusammengefallen ärmlich sie jetzt anmutet, beinahe wie eine etwas zu magere Frau, die sich in ein zu weites Kleid hüllt, das bei Windstille vorhangartig baumelnd von den Schultern abwärtstropft, bei Wind dann aber auseinandergeflügelt von ihr abgehoben über den Kopf gezogen wird und hinwegflattert wie eine durchs Land fliegende Wetterfahne; meine liebe gute alte Bekannte, Wetterfahne dieses Küstenbogens, der ich dir mein Beileid versichere, und wie sehr ich dir das entscheidende Glück deines Lebens gewünscht hätte, gebe ich ihr wörtlich zu verstehn, aber sie hört mich nicht, während sie von diesem Punkt des Tages schon leicht herabschwebt, schüttelt runzelglättend ein wenig sich aus, ehe sie zu ihrem vorherigen Masten zurückkehrt und läßt die Fahnenflügel ihres Körpers hängen, bevor sie sich dort wieder einhängt, ja, so wird sie warten bis zum nächsten Mal, wenn dieser Passat wieder vorbeikommt, etwa in einem Jahr, um sich wieder auszuhängen, wenn sie seine Ankündigungen von ganz weit her schon spürt, vielleicht nimmt er sie dann endlich mit, oder erst in zwei Jahren, vielleicht auch erst drei, aber einmal doch ganz sicher, so, und jetzt hat sie sich aber schon wieder ganz ordentlich auf ihrer Fahnenstange aufgehängt, und wie sie dabei mit welcher Würde und auch ein wenig Wut, obwohl von der erlittenen Enttäuschung ermüdet und abgeschlafft zur schlafkranken Erschöpfung, ihre Haltung zu wahren versteht, würde ich es, wüßte ich darüber nicht schon sehr gut Bescheid, einfach weder für möglich halten noch jemandem glauben.

Der schwarze Frachterkeil ist der Einfahrt schon ganz nahegerückt, aber seine Bordwände strahlen offenbar nicht mehr wie vorhin aus der Ferne jenes finsternisgebündelte Nachtkonzentrat ab, nein, der Blick zu diesen Schiffen dürfte niemandem mehr besondere Schmerzen zufügen;

irgendwie scheint einiges darauf hinzudeuten, man könnte jederzeit ein sanftes Wetter in die Enge treiben und dessen Regenbogenhaut über die Dächer spannen.

Dann hört man von irgendwoher aus der Stadt Flüstergeschichten durch die Luft getragen, irgendwas von soeben abgesetzten Admiralen, was von einem durchs Licht klatschenden Händeschlagen über den Köpfen begleitet wird, von verprügelten Kapitänen, das mit einem köpfewiegenden Zungenschnalzen durchs Abendrot tönt, und abschließend von geköpften Matrosen, was völlig übergangen wird, ich

kann aber nicht in Erfahrung bringen, wo das woher, oder wann und warum, oder sonst wie;
aus dem Hafenamtsgebäude tönt jetzt ein endlos langsames unaufhörliches Telefonläuten, warum nimmt der vorhin Hineingegangene den Hörer nicht ab? erhebt sich die Frage, ob er schon wieder durch einen Hintergang unbemerkt hinausverschwunden sein kann oder für niemand zu sprechen ist; und jetzt erreicht der erste Frachter die Hafeneinfahrt, gleitet ganz langsam durch das Wassertor, die anderen Schiffe hinter sich nachziehend in nach wie vor finsterniskeilgemäß aufgestellter Formation,
Nebelhörner, gestopfte Trompeten und Tuben ertrinken im bewegten Hügelland des Golfes,
ich stehe natürlich nach wie vor weit draußen jetzt ganz am Spitz des ersten Landungssteges, um eine bessere Übersicht über diesen Punkt des Lebens weiter beizubehalten,
und wie langsam sich das erste Schiff noch immer durch die Hafeneinfahrt beinah »wälzt«, allerdings mit einer unaufhaltsamen Beharrlichkeit, dahinter aber schon der nächste bitte, und das Schwarz, oje, hat wieder zu wirken begonnen, die geballten Finsternisfetzen von den Schiffshäuten auswärtsgeblasen ans Ufer, so stark wie bisher war es noch nie gewesen, aber dennoch schaue ich zwischendurch immer ganz kurz nur hinüber, sehe jetzt schon den dritten Verband dieser unsagbar oftmalig schwärzer als kohlrabenschwarzen Frachterflotte durch den Eingang sich schieben, während der erste sich immer weiter dem ersten Landungssteg nähert, an dessen Spitz ich mir nichts entgehen lasse, denn obwohl es den Blick empfindlich verletzt, empfinde ich das alles als ein mich tief berührendes Naturereignis voller wehmütiger Eindringlichkeit, und der Finsterniswundschmerz beim Betrachten der glühend schwarz brennenden Nachtflächen auf den Bordwänden übergibt mich der unsagbaren Sehnsucht, meine Augen kopfauswärts gleiten zu lassen, fortzuschicken als Vögel verkleidet, meine Blickflügel übers Land durch den ganzen Kontinent um den Planeten herumzuschicken, mir von ihnen alles über die weitesten Entfernungen hinweg

anschauen zu lassen, auf dieser Augenreise die Atmosphäre mit den Irisringen meiner Sichtflüge zu umspannen, bis einmal das Flattern meiner Pupillen nicht mehr zu mir zurückfinden kann, weil ich meine Augen hier allein sich selbst überlassen müßte, die aber dennoch lange weiter noch für mich Umschau halten, sich für mich umblicken, bis sie eines Tages beim Schauen ertrinken, weil sie tränenversunken erkannt haben, daß sie mir nichts Neues mehr übermitteln können, oder sind sie einfach ganz müde geworden vom unendlich unzählbar oftmaligen Auf- und Abschlagen der Lidflügel; vermutlich reift dieser Plan aufgrund der Beobachtung jener vollendeten Nachtfrachterpartie, die jetzt fast schon in vollständiger Formation ins Hafenbecken eingedrungen ist, weil die Augen dem Kopf entgleiten wollen, um den weiteren Verwundungen eines solchen Schauens zu entweichen, aber inzwischen habe ich ganz übersehen, daß ja das erste Schiff, der Führungsfrachterkreuzer mir schon ganz nahe gekommen ist, um vermutlich am ersten Landungssteg anzulegen, kann kaum mehr was sehen, muß immer dichter die Hände vor die Augen decken, denn der Schmerz ist rasend geworden auch nur bei ganz kurzem Hinblick zwischen den Fingern, ein derart kalt glühendes Schwarz, so dicht und gewalttätig finster auf den Nachtmauern der Bordwandflächen, daß man meint, die äußere Haut der Frachter müßte jeden Moment platzen an den Strand zur beginnenden Stadt in den undurchdringlichen Rand der Leuchtturmwälder spielend durchs Blendwerkdickicht der Feuerschiffskräne und allen anderen Seezeichengelichters;

jetzt scheint der erste Frachter am ersten Landungssteg anlegen zu wollen, hat nur mehr ein paar Meter, fährt frontal darauf zu, aber warum, so frage ich, verringert er nicht seine Fahrt, und wenn er so weiter, frage ich mich, was dann weiter, oje, rammt, ja, er rammt, ja, rammt, verringert nach wie vor nicht die Fahrt, sondern weiter, ja, rammt, ich habe in der Aufregung auf den Schutz meiner Augen vergessen ganz fassungslos, und schon beginnen die Blicke mir aus dem Kopf glühend erstarrte Feuer zu schlagen, das ist kaum mehr auszuhalten, aber der Frachter rammt weiter den Landungssteg, auf dessen Spitze ich nach wie vor stehe und die Augen vor Schmerz mir in den Kopf drücke, fast nichts mehr sehen kann, sondern bald darauf einen fürchterlich alles herumreißenden Krach höre von einem großen Zerbrechen, Zersplittern, Zerbröseln, Zerstäuben, Zerbersten, Zerpflücken, Zerpflocken, und dann gleich darauf ein Hochbersten, Hochpressen, Hochbrechen, Hochbröseln, Hochstäuben, Hochpflücken, Hochsplittern, Hochpflocken samt einem seitliche Fontänen absprengenden Hoch- und Aufwärtsspritzen, ja, des ersten Landungssteges, wie ich jetzt wieder ganz kurz durch die Ritzen zwischen den Fingern erkennen kann, auf dem ich zwar noch immer hocke, mir den Kopf, mein Schauen halte, bis mir aber klar wird, daß ich eigentlich mit hochgespritzt, hochgeschossen, hochgesprengt, ja, ganz unvorstellbar weit hinaufgewachsen bin und bald darauf von einem Fallen übernommen werde, einem Gleiten in die Finsternis eines derart fassungslosen Schwarz einwärts, das zwar mindestens gleichwertig dicht, endgültig, vollkommen vollendet unwiderlegbar ist wie alle vorherige Dunkelheit zusammengenommen, aber ohne Schmerz zu bereiten, und das eine Spur nur ein gleichmütig ausgeglichenes Leuchten verbreitet.

GERT JONKE
Erwachen zum großen
SCHLAFKRIEG

Erzählung

Was heißt denn hier SCHLAFKRIEG?! Wenn die Karyatiden, Atlanten oder Telamonen an den Gebäuderahmen dieser Erzählung eines Tages auf einmal einschlafen könnten?! Würden dann nicht die auf deren Mauerschultern ruhenden Häuserfassaden, Toreingangsbögen und auch die übereinandergestockwerkten Steinvorsprünge und damit vermutlich alle davon betroffenen Gebäude insgesamt zum Einstürzen kommen müssen, nicht anders als in einem zerstörungswütigen Krieg!?! Das Wort SCHLAFKRIEG könnte hier aber durchaus auch noch eine weitere Bedeutung haben: Denn in dem Rahmen dieser Geschichte bewegt sich der Komponist Burgmüller (dem Leser vielleicht noch aus den vorigen Büchern des Autors in Erinnerung), und dessen Liebesbeziehungen zu den ihm zuneigungsbereit entgegentretenden Frauengestalten erscheinen unterschwellig immer mehr von einem zählebigen, wenn auch so gut wie stets »kalten« SCHLAFKRIEG durchzogen.

Die einzige erotische Anknüpfung, die vermutlich nicht zum Scheitern verurteilt ist, beginnt gegen Ende der Erzählung in der Bekanntschaft Burgmüllers mit einer ihm zufällig unter die Augen tretenden Karyatidenschönheit. Ihr könnte er mit Liebesgewalt verschiedene Techniken des menschlichen Schlafes beigebracht haben, was freilich den Ausbruch eines »telamonischen Schlafkriegs« nur um so bedrohlicher werden ließe. Letztlich ist die Erzählung aber eine wenn auch nicht gerade traditionell gebaute, so doch durchaus einfache Liebesgeschichte eines einigermaßen ungeschickten Lebenskünstlers,

Residenz Verlag

Nicolas Born

Die Fälschung

Roman. 317 Seiten. Gebunden

«Ein herausragender Roman ... in seiner gedanklichen Intensität und poetischen Evidenz außergewöhnlich. ‹Die Fälschung› ist, so präzise – und dennoch ohne peinliche Besserwisserei – die Topographie Beiruts und der libanesische Krieg beschrieben wird, ein Buch über Deutschland, welches, ohne daß der deutsche Herbst als künstlerische Dauereinrichtung bemüht wird, die Vereisung erklärt. Hoffentlich wird es gelesen und nicht nur ‹rezipiert›.»
Michael Krüger, Die Zeit

Die Welt der Maschine

Aufsätze und Reden. 224 Seiten. Broschiert

«Die eingepaßte Funktion fast jedes einzelnen in der Industriemaschine zwingt ihn zu immer rationellerem Verhalten. Er hat vieles zu vergessen, viele Möglichkeiten seines Körpers und Geistes sind als Möglichkeiten abgestorben. Die Maschine erzwingt ein verstümmeltes Sprechen.»
Nicolas Born

Die erdabgewandte Seite der Geschichte

Roman. rororo Band 4370

«Eine der großartigsten literarischen Leistungen der letzten Jahre ... Lesearbeit von einer quälenden und zugleich befreienden Intensität, wie sie nur in seltenen Glücksmomenten in Gang kommt. Wer überhaupt auf Borns Prosa anspricht, der wird sich dem Sog nicht entziehen können, der von ihr ausgeht und den sie immer wieder neu erzeugt.»
Lothar Baier, Westdeutscher Rundfunk

Gedichte 1967 – 1978

Gebunden und als rororo Band 4780

Täterskizzen

Erzählungen. 228 Seiten. Gebunden

ROWOHLT